悦讀之旅

叶帮义 ◎ 著

安徽师范大学出版社

·芜湖·

图书在版编目（CIP）数据

悦读之旅 / 叶帮义著 . —芜湖 : 安徽师范大学出版社 , 2015.12（2024.4重印）
ISBN 978-7-5676-2248-7

Ⅰ.①悦… Ⅱ.①叶… Ⅲ.①阅读－青少年读物 Ⅳ.①G792-49

中国版本图书馆 CIP 数据核字（2015）第 252707 号

悦读之旅

叶帮义 ◎ 著

封面题签 : 邓晓峰
责任编辑 : 胡志恒
装帧设计 : 陈　爽　王晴晴
责任印制 : 桑国磊
出版发行 : 安徽师范大学出版社
　　　　　芜湖市北京中路2号安徽师范大学赭山校区　　邮政编码 : 241000
网　　　址 : http://www.ahnupress.com/
发 行 部 : 0553-3883578　　5910327　　5910310（传真）
印　　　刷 : 苏州市古得堡数码印刷有限公司
版　　　次 : 2015年12月第1版
印　　　次 : 2024年4月第5次印刷
规　　　格 : 700 mm × 1000 mm　　1/16
印　　　张 : 21.5
字　　　数 : 339千字
书　　　号 : ISBN 978-7-5676-2248-7
定　　　价 : 45.00元

凡发现图书有质量问题 , 请与我社联系（联系电话 : 0553-5910315）

阅读：从有恒到有成（代前言）

　　虽然阅读不能代替学习，也不能取代实践，但阅读是件重要的事，怎么强调都不为过。阅读是件快乐的事，怎么形容亦不为过。

　　一个不喜欢阅读的人，是没有资格说自己接受过良好的教育。对于一个人来说，一旦阅读成为兴趣、成为习惯，就能享受到阅读的乐趣，就能在阅读中获得各种知识和智慧，在阅读中找到成就感，阅读就真的变成悦读了。但阅读要成为一种习惯，决不是一蹴而就的事情；想要从阅读中获益，更是贵在坚持。正如清人石成金所说："读书首要立志，立志若专，反难为易。然志虽贵乎专一，又要贵乎有恒。"曾国藩也说："学问之道无穷，而总以有恒为主。"阅读和学问一样，首先要有恒，接下来才谈得上有成。

　　阅读之有恒，标志就是使阅读成为一个人的习惯。怎样判断一个人有没有养成阅读的习惯呢？看他等车的时候是在读书还是在玩手机，看他回家以后第一个动作是打开书还是打开电视，看他出去旅行的时候是否记得在背包中放一本或几本喜欢的书，看他和朋友聊天的时候是否聊到书。对于一个人来说，如果阅读变得和呼吸一样自然了，那他真的就养成了阅读的习惯。要想阅读有恒、有成，前提是要有阅读的习惯，要有随身带书、随时阅读的习惯，最好能养成终身阅读、终身学习的习惯。阅读习惯的形成，前提是要有阅读的兴趣，没有兴趣就难以成为习惯。查理斯·史兹韦伯说："每个从事自己无限热爱的工作的人，都可以获得成功。"什么样的工作才是自己无限热爱的工作呢？当然是自己感兴趣的工作。只有从事这样的工作，你才会热爱它，才可能在这方面获得成功。梅尔·列文在《破茧而出：发现孩子的先天优势》中说："学好阅读的最佳方法是去阅读有关你知道的很多的东西。"所谓"你知道的很多的东西"，也就是你感兴趣并且已经熟悉的东西，也只有这样的东西，你才愿意知道得更多，才可能知道得更多。

　　陈鹤琴在新中国成立前曾经感慨国民阅读环境之差："没读过书的固然

可以不说，但是读过书的，又怎么样呢？不少受过教育的男女出了学校之后，对于看书，也都没有大的兴味，好像书是属于学校的，于本身的职业，于本身的修养，于本身的娱乐，是没有多大关系的。"（《家庭教育》第13章）这种感慨至今仍有启示意义。这种状况的出现尽管原因很多，但跟孩子从小没有养成阅读的习惯、没有激发出阅读的兴趣有很大关系。那么，怎样才能培养阅读的兴趣呢？对于很多孩子而言，阅读的兴趣主要靠教师和家长来培养。教师和家长要善于利用孩子的求知欲、好奇心，激发他们的阅读兴趣：从小就牵着孩子的手逛逛书店或者图书馆，在孩子触手可及的地方放几本书，坚持每天睡前十分钟的阅读时间，投入感情地为孩子读书，让孩子自然而然地喜欢上阅读。当然，阅读兴趣的激发，孩子自身的努力也很重要。特别是随着年龄的增大，生活阅历不断丰富，理解力不断增强，孩子的阅读兴趣更多地要靠自身来激发，自己要明白开卷有益的道理与手不释卷的意义。更为重要的是，孩子要努力把这种兴趣发展为习惯，这牵涉到阅读环境、阅读时间、阅读方法等诸多因素。具体地说，要注意以下几个方面的问题：

——重视阅读环境对阅读兴趣的影响。对于孩子来说，阅读很容易受到周围环境的影响；当然，养成阅读习惯之后，阅读的环境就不是很重要了。阅读环境包括硬环境（阅读的物质条件，如书本、书桌、书架、书房、图书馆）与软环境（阅读的氛围），最基本的条件是有书可读。家庭、学校应尽可能为孩子提供阅读的环境，以激发孩子的阅读兴趣。"很少有孩子会主动喜欢上阅读，通常都必须有某个人引领他们进入书中奇妙的世界。"教师和家长的引领，正是帮助孩子建设阅读环境的关键所在。

——保证充足的阅读时间。没有充足的阅读时间，阅读量就很少，阅读兴趣和习惯也难以形成。一般而言，亲子阅读的时间有保障，但孩子上学以后，家长不能因为孩子的学习压力大，就让孩子无限制地压缩阅读时间；学校要尽可能地利用各种课程增加孩子的阅读时间，甚至尝试开设专门的阅读课，让孩子的阅读时间得到保障。

——制定一份合适的阅读计划。无论做什么事都要有计划，有计划才能有目标，有目标才会有动力，才能看出自己前进的脚步。阅读也是如此：不能随意性太强，要有目的性和计划性。孩子如果太小，家长可以根据孩子的兴趣和能力，帮助孩子制定阅读计划（包括阅读书目和进度），哪怕是粗糙的、简略的计划，对养成阅读习惯、提高阅读效率很有帮助。当然，最好能做个贯穿几年的系统阅读计划。阅读计划要注意阅读的分类、分级，尤其是从易到难、由浅入深的梯度。著名学者叶开对此有个很好的设计，不妨参考一下："青少年阅读需要区分岁数进行推荐：学龄前儿童以童话、故事的阅读和听诵为主；少年儿童期阅读以幻想、科幻、魔幻文学作品阅读为主；青少年阅读要有选择地加入历史和哲学读本。这样逐步来开阔视野，形成逻辑思维，培养独立思考能力。从图文书、故事书、幻想作品到文化哲学读物，是一个逐步进阶过程，每一步有每一步的积累。"

——尽可能读适合儿童阅读的好书。对于儿童来说，绘本、童话、童诗、儿童小说等儿童文学应是首选的阅读对象，这类书籍也最能激发孩子的阅读兴趣。当然，我们要挑选那些最好的儿童文学作品给孩子们阅读，而不是随手拿起一本书就读。高年级的同学，可以在阅读儿童文学的同时进行其他作品的阅读，不断扩大阅读的范围，防止阅读出现偏食的情况。这些阅读可以是纸质的书，也可以是有声书、电子书。

——尽可能地教会孩子一些基本的阅读方法。阅读的方法很多，每个人、每本书的读法都不一样，我们不能强行统一，但阅读的基本方法，如精读、泛读、诵读，我们应该让孩子知道并掌握，尤其是在孩子记忆力好的黄金期，要有一定的背诵积累。叶圣陶曾经提到一些阅读习惯，也可以说是好的阅读方法，不妨借鉴一下："学生读课外书籍要养成习惯。先看序文或作者、编者的前言，知道全书的概况，是好习惯。把书估计一下，预定若干日读完，而且如果能按期看完，是好习惯。有不了解处，不怕查工具书，不怕请教老师或者朋友，是好习惯。自己有所得，随手写简要的笔记是好习惯。"另外，别忘了告诉孩子：爱读书，也要爱惜书，不管是自己的书还是别人的书，都应该爱护，不应污损。读书本来是增加知识、提高修养的，如果随意污损图书，何来修养？

——尽可能地与孩子一起交流阅读的心得。古人云："君子以文会友。"（《论语·颜渊》）阅读是需要交流的，中小学生的阅读尤其如此。教师和家长应该重视与孩子交流阅读心得，还可以鼓励并创造条件让孩子们一起交流、分享阅读的心得。一旦孩子感觉到周边的大人和孩子都喜欢阅读，他对阅读的兴趣肯定也会增强的。

阅读兴趣和阅读习惯的形成，目的在于让孩子享受到阅读的乐趣，在阅读中体会到情感与理智之美、知识和智慧之妙，即在阅读中有一种成就感，这也就是我所说的"有成"。阅读的成就感是培养阅读兴趣和阅读习惯的目的，反过来又能进一步激发阅读的兴趣、巩固阅读的习惯。阅读有成的标志是个性化的阅读，包括阅读趣味、阅读方法、阅读体验和阅读经验。如何做，才能提高阅读的效果，提高阅读的成就感呢？

——坚持读经典、读原著。古人云："穷经为读书之本。"（李光地《榕村集》）《弟子规》说："非圣书，屏勿视。"这些话说得有点绝对了，因为经书、圣贤的书未必都是经典（至少不是每句都是经典），很多经典的书不是出自圣贤之手，却不会"敝聪明，坏心志"，仍然值得我们阅读。因此，我们要用现代的眼光来审视经典，不能把经典完全等同于古人说的圣贤书，不能把经典局限于儒家的经书，但把各个领域的经典之作当做圣贤书一样来重视是很有必要的。费尔巴哈说："托马斯·霍布斯只阅读非常杰出的著作，因此他读的书为数不多，他甚至经常说，如果他像其他学者那样阅读那么多的书籍，他就会与他们一样无知了。"伊塔洛·卡尔维诺说："一部经典作品是一本每次重读都像初读那样带来发现的书"，"一部经典作品是一本即使我们初读也好像是在重温的书"。我们不能把经典阅读与广泛阅读对立起来，但强调经典是非常有必要的，因为经典，尤其是经典原著，内涵丰富，阅读的收获自然也丰富。经典的书读起来可能有难度，但对经典的书要不厌其烦地反复阅读，甚至熟读成诵，难度最终能跨过去的，正所谓"读书百遍，其义自见"。阅读这些经典，尽可能读纸质的书，当然也不反对读电子书。

——在坚持广泛阅读的同时，坚持文学阅读，重视诗歌的阅读。从自己以前读过的书、从教材节选或引用或涉及的书到别的书籍，从已知到未知，由浅到深，不断扩大自己的阅读范围，进一步激发阅读的兴趣。广泛的阅读包括自己感兴趣的阅读内容，也包括自己不大感兴趣的内容。就很多人的阅读而言，诗歌的阅读普遍不受重视。也许，包括诗歌在内的文学作品对一个人的学习和专业没有直接的帮助，但它对个人的长远发展和全面发展肯定有作用，可谓"无用之用，乃大用也"。所以，一定要重视文学的阅读，包括诗歌在内。还要注意：诗歌的读法与故事、小说不一样，仅仅读是不够的，还得诵读或者吟诵，最好能背诵一些诗歌（小说可以不用背诵）。

——学会做读书笔记，坚持做读书笔记。这一点，只要想一想"好记性不如烂笔头""不动笔墨不读书""最淡的墨水胜过最强的记忆"这类话，你就能明白其中的道理。如果你再去看看钱锺书等著名学者的读书笔记，你就更能理解读书笔记的重要性了。至于读书笔记的方式，倒没有什么特别的要求。但做读书笔记绝对不是单纯地摘抄，而是包括思考、回味、分享、讨论等诸多层次的内容，这不仅能提高我们的写作和思维能力，也能提高我们的阅读水平。

——学会找时间读书。时间总是不够用的，越到后来，学习的压力越大，阅读的时间越容易被挤占。这时要学会找时间、挤时间来读书，尤其是善于利用零散时间阅读。三国时期，有个人想跟董遇学习，董遇不肯教，只是让他把书读上百遍，求教的人说自己没有时间。董遇说："应当用'三余'。"有人问"三余"的意思，董遇说："冬天是一年的农余时间，夜晚是白天的多余时间，下雨的日子是农忙的空余时间，都可以用来读书，怎么能说没有时间读书呢？"如果能学会利用"三余"来阅读，我们就不会感慨自己没有时间阅读。

——学会发现、学会思考、学会质疑。这是重要的学习方法，也是重要的阅读方法。我们要学会发现表面上平淡无奇的字里行间所蕴涵着的语言之美、人性之美、大自然之美。除了别人的推荐，我们要能根据自己的眼光（而不仅仅是兴趣）发现适合自己阅读的好书。这些"发现"的能力，当然不是自然而然形成的，而是需要长期的训练与培养，但持之以恒地做下去，肯定有收获。在阅读的过程中，我们要学会思考、学会质疑。孟子说："尽信书则不如无书。"（《孟子·尽心下》）这是在提醒我们不要太相信书，要有怀疑的精神。宋代理学家张载和朱熹也说过类似的话："读书先要会疑。于不疑处有疑，方是进矣"，"在可疑而不疑者，不曾学。学则须疑"，"读书无疑者，须教有疑；有疑者，却要无疑，到这里方是长进。"（《朱子语类》卷十一《读书法》）明代著名学者陈献章则说："前辈谓学者有疑，小疑则小进，大疑则大进。疑者，觉悟之机也。一番觉悟，一番长进。"（《白沙语要》）明人吴因之甚至说："凡理不疑必不生悟，惟疑而后悟也。小疑则小悟，大疑则大悟。故学者非悟之难，实疑之难也。"（见唐彪《读书作文谱》卷之二）苏霍姆林斯基认为："能够在阅读的同时思考和在思考的同时阅读的学生，就不会在学习上落后。"（《给教师的建议》）读书如果不善于质疑，就不大可能提出自己的见解，最多成为别人的传声筒或者应声虫，很难有大的成就。

——学以致用。学以致用是阅读的重要方法，也是阅读有成的重要途径。这种用，不仅指专业学习，也包括生活实践。读书的目的不是为了炫耀才学，也不是单纯地为了提高成绩，而是在求知的同时更好地指导自己的人生实践，丰富和提升生活的境界。所以，我们要让阅读与自己的学习、生活结合起来，与人生、社会结合起来。《中庸》提出："博学之，审问之，慎思之，明辨之，笃行之。"陆游诗曰："纸上得来终觉浅，绝知此事要躬行。"（《冬夜读书示子聿》）朱熹诗曰："问渠那得清如许，为有源头活水来。"（《观书有感》）这都是在告诉我们，学习不仅要善于思考，也要善于实践，只有生活实践才是知识和智慧的真正源头。心理学家罗杰斯说："没有任何人能教会任何人任何东西。'教会'从根本上说都是学生通过自己的内化而学会的。"这是在告诉我们学习的内容要经过内化，才能成为自己的知识与素养。实践的过程正是内化的过程，也是将书本知识运用于人生、积淀于心的过程。阅读的过程既是欣赏的过程，也是探索和发现的过程，更是内化和创造的过程。不经历这样一个过程，我们很难说自己的阅读有所收获。当然，"用"的前提是熟读，一如朱熹所言："大抵观书先须熟读，使其言皆若出于吾之口。继以精思，使其意皆若出于吾之心，然后可以有得尔。"（《训学斋规》）

总之，一个人的阅读要经历从亲子阅读到自主阅读、从自主性阅读到个性化阅读的过程。在这个过程中，一个人在家长、教师的引导下，通过个人的努力，逐渐形成阅读的习惯。一旦阅读成为兴趣乃至习惯，他就可以在阅读中享受到阅读的乐趣，体会到探索之喜、发现之乐、创造之美，阅读也就从有恒走向有成了。在这个过程中，兴趣、意志、热情、方法、理念、环境等因素都很重要，但最关键的因素还是个人的坚持，舍此别无他途。叶圣陶说："要养成习惯，必须经过反复的历练。"养成阅读的习惯需要反复历练，想从阅读中收获知识和智慧何尝不是如此呢？"书山有路勤为径"，这是古人读书的经验之谈，至今都没有过时。所谓的"勤"，说的就是坚持的道理。杨绛说："有些人之所以不断成长，就绝对是有一种坚持下去的力量。好读书，肯下功夫，不仅读，还做笔记。人要成功，必有原因，背后的努力与积累一定数倍于普通人。所以，关键还在于自己。"（《钱锺书是怎样做读书笔记的》）只要我们持之以恒地阅读，不断改进阅读方法，提高阅读水平，就能感受到阅读的乐趣，增强阅读的兴趣，阅读就可能成为我们的一种生活习惯甚至生活方式。到了那个时候，我们还会怀疑自己的阅读没有成就吗？

目　录

阅读之美

文学之美

诗歌之美

阅读之美

阅读的意义

　　为什么要阅读？阅读的意义何在？很多人对此都能说出一大通道理，甚至举出很多名人名言如"一日无书，百事荒芜"，"立身以立学为先，立学以读书为本"，"书是人类进步的阶梯"，"书籍是全世界的营养品"，来佐证自己的观点，但我发现，很多家长（甚至包括一些教师）对学生的课外阅读仍然存在一些认识上的误区。

　　一是认为课外阅读耽误时间，影响孩子的学习。这个看法有点偏颇。的确，如果孩子在学校的成绩不好，又把时间花在课外阅读上，那当然会影响孩子的学习，但这不是说课外阅读就一定影响孩子的学习，而是因为孩子本身的学习就不大好，不当的课外阅读使得成绩更不好。我觉得，在不影响孩子学习的前提下，应该鼓励孩子利用课外时间大量阅读，因为课外阅读对课堂学习是有帮助的，而且中小学阶段正是求知欲高、好奇心强的时候，单是课本根本满足不了学生强烈的求知欲和好奇心。比如小学语文课本选了巴金的散文《鸟的天堂》，我们就可以鼓励孩子进一步读巴金的其他散文，这可以加深孩子对课文的理解。学过低年级数学的孩子，我们可以推荐《李毓佩数学童话集》之类的书给他看；学过小学中年级数学的孩子，我们可以推荐《李毓佩数学故事集》之类的书给他看；学过小学高年级数学的孩子，我们可以推荐《李毓佩数学历险记》之类的书给他看。

　　一个孩子如果只读课本，不读课外书，即使成绩很好，将来仍然可能是一个知识贫乏、思想简单的人，算不上杰出的人才。要知道，孩子面对的世界是浩瀚的，需要的知识远远不止语文、数学和其他课本上提供的那些内容，所以孩子的课堂学习需要有课外阅读作为辅助和延伸。吕叔湘说："学习过程中，我们百分之七十的知识是通过课外阅读而获得的"，"语文水平较好的学生，你要问他的经验，异口同声说是得益于课外阅读"。虽然只是就语文来谈，但道理同样适用于其他科目的学习。叶圣陶说："语文教材无非是例子，凭这个例子要使学生能够举一反三，练成阅读和作文的熟练技能"（《大力研究语文教学，尽快改进语文教学》），"在课内，阅读的是国文教本。那用意是让学生在阅读教本的当儿，培养阅读能力。凭了这一份能力，应该再阅读其他的书，以及报纸杂志等。这才可以使阅读能力越来越强。并且，要阅读什么就能阅读什么，才是真正的受用"（《中学国文学习法》）。这段话在强调课外阅读对语文学习的作用的同时，还提出了一个重要的学习原则："得法于课内，受益于课外。"也就是说，要将课堂上学到的阅读方法运用于课外的阅读，这不仅能扩大知识面，也能促进课内学习。苏联著名教育家苏霍姆林斯基说："凡是那些除了教科书以外什么也不阅读的学生，他们在课堂上掌握的知识就非常肤浅，并且把全部负担转移到家庭作业上去。由于家庭作业负担过重，他们就没有时间阅读科学书刊，这样就形成一种恶性循环"，"让学生变聪明的办法不是补课，不是增加作业，而是阅读、阅读、再阅读。"（《给教师的建议》）他经过20多年的研究，发现学生在课外广泛阅读的东西，有成千上万个"接触点"是跟课堂所学教材相通的。这些教育名家的真知灼见提醒我们，不能只盯着孩子眼前的学习成绩，更要考虑到他的发展后劲，也就是他的长远发展。这是我要强调的第一个阅读的理由："阅读让孩子有了宽广的知识背景，学习会更轻松，更牢靠。"

二是认为课外阅读只是对孩子的语文学习特别是作文有帮助。这个看法也是有偏颇的。的确，"读书破万卷，下笔如有神"（杜甫《奉赠韦左丞丈二十二韵》）、"读书万卷始通神"（苏轼《柳氏二外甥求笔迹》）。李白是大诗人，他在诗文中说自己"五岁诵六甲，十岁观百家，轩辕以来颇得闻矣"（《上安州裴长史书》）、"十五观奇书，作赋凌相如"（《赠张相镐》），想来他也认识到了早年的大量阅读与他后来的创作之间存在着密切的关系，所以一再提及早年的读书经历。从这里我们可以看出，大量的课外阅读特别是阅读文学作品对写作确实帮助很大，但我们也应该认识到：虽然读和写关系密切，但它们各有各的作用，并不存在谁一定要为谁服务的关系。也就是说，阅读虽然有助于写作，但"阅读对写作的意义，是不经意间渐渐发生的"（梅子涵《放本童话到黄书包里》）。更为重要的是，阅读并不是为写作而存在的，阅读自有其存在的必要性。如果单纯为了写作，也许读作文选之类的书对学生更有帮助。而阅读的目的从来就不是或者不仅仅是为了写作，也包括熏陶情感、净化心灵、提高欣赏水平与思考能力，加深对自然、社会、历史、人生的认识。而且，课外阅读从来就不是单纯指阅读文学作品。像一些科普读物、科幻作品就能激发孩子科学探索的兴趣，这对孩子学习数理化何尝没有帮助呢？比如读读《算得快》《数学花园漫游记》《奇妙的数王国》这样的科普书籍，对数学的学习怎么会没有作用呢？还有，孩子们阅读历史故事、人物传记、游记散文，对他们了解中外历史和地理又怎么没有帮助呢？比如阅读牛顿或者爱迪生的故事，同时就能了解很多科学方面的知识；阅读哥伦布或者麦哲伦的故事，同时就能了解很多历史和地理方面的知识；阅读华罗庚或者陈景润的故事，同时就学到了数学方面的知识；阅读马克思或者恩格斯的故事，同时就学到了哲学方面的知识；阅读齐白石或者徐悲鸿的故事，同时就学到了艺术方面的知识；即使是阅读曾被很多家长禁读的金庸的武侠小说，也有助于孩子了解中国历史，感受中国的传统文化。可见，课外阅读对语文学习有作用，对数学、物理、化学、生物、历史、地理乃至哲学、艺术的学习也有帮助。

有些人觉得自己将来要出国留学，关键是要学好外语，其实不然。出国留学的人固然要学好外语，但同样需要了解外国的历史、文化，这些都离不开课外阅读；如果要从事翻译，那就更离不开阅读——不仅要阅读外国的作品，也要阅读本国的作品，比如英语翻译就需要多方面的知识储备，无论是英译汉还是汉译英，都对英语水平和汉语水平提出了很高的要求，所以即使将来从事的是英语学习，也要重视阅读——不仅要重视英语的阅读，还要重视母语的阅读。

有些人觉得自己将来从事的是理工类工作，读不读课外书无关紧要。实则不然。著名科学家李远哲说："一个人的成长，往往并不是要做科学家就只做科学一样，像锻炼身体或是生活的各个方面也应该好好发展。"李远哲自己就是很好的榜样：他小的时候喜欢玩，还常常在节假日策划举行家庭音乐会，他既是指挥者，也是表演者；他也喜欢读课外书，读过屈原的《离骚》、司马迁的《史记》、唐诗宋词、明清小说，笛福的《鲁滨逊漂流记》、雨果的《悲惨世界》、屠格涅夫的《猎人笔记》以及罗曼·罗兰写的传记作品《米开朗琪罗传》、《贝多芬传》。他还读过罗曼·罗兰那部散发着理想主义与人道精神的长篇小说《约翰·克里斯朵夫》，被傅雷的《译者献辞》给震撼了："真正的光明决不是永没有黑暗的时间，只是永不被黑暗所掩蔽罢了。真正的英雄决不是永没有卑下的情操，只是永不被卑下的情操所屈服罢了。"当然，对他从事科学研究影响最直接最大的书是《居里夫人传》。著名科学家李政道在中学的时候养成了博览群书的习惯，他对中外历史、古典名著、现当代文学都很感兴趣，甚至连科幻小说、侦探小说也爱不释手。可见大量的阅读对科学工作者也是非常必要的。

　　还有些人觉得自己从事的是绘画、音乐、建筑设计等艺术工作，读不读书并不重要。其实，即使是从事这类工作，读不读书还是有区别的：一个搞绘画（特别是国画）的人多读点历史、多读点诗文有什么不好吗？《洛神赋》与《洛神图》的关系不就说明了文学与绘画之间的关系很密切吗？一个搞音乐的人多读点文学方面的书有什么不好？歌德的《浮士德》曾演绎出不同风格的音乐，不读歌德的《浮士德》，真的能懂歌剧《浮士德》吗？不读莎士比亚的戏剧《仲夏夜之梦》，能真正欣赏门德尔松创作的《仲夏夜之梦》序曲吗？一个阅读丰富的建筑师会给城市留下许多经典的建筑，一个阅读丰富的家装设计师会给很多家庭留下温馨的家居环境，这样我们的城市就不再是火柴盒的堆砌，我们的家居也就不再是蜗居了。英国著名哲学家培根说："读史使人明智，读诗使人灵秀，数学使人周密，科学使人深刻，伦理学使人庄重，逻辑与修辞使人善辩。"（《论读书》）可见，不同类型的书对我们的学习都有作用，都有利于人的全面发展。这是我讲的第二个阅读的理由："阅读有利于人的全面发展，属于真正的素质教育。"

　　三是以为孩子今天读了一本书，明天就能见成效。其实，阅读的作用没有那么快，大部分的阅读效果是慢慢体现出来的，因而有一定的滞后性。著名作家爱伦堡说："书籍能改造人，但这是一个漫长和潜移默化的过程。"中国古人也说："腹有诗书气自华"，"熟读唐诗三百首，不会做诗也会吟"，"开卷有益"，这些都是在说读书对人具有潜移默化的作用。邹韬奋曾这样谈到自己读书和写作的体会："我所看到的书当然不能都背诵得出，看过了就好像和它分手，彼此好像都忘掉，但是当我拿起笔来写作的时候，只要用得着任何文句或故事，它竟会突然出现于我的脑际，效驰于我的腕下。我所以觉得奇怪的是：我用不着它的时候，它在我的脑子里毫无踪影，一到用得着它的时候，它好像自己就跑了出来……我在当时暗中发现了这个事实，对于课外阅读格外感觉到兴奋，因为我知道不是白读白看的，知道这在事实上的确是有益于我的写的技术的。"可见读书与写作之间是厚积薄发的关系，不是立竿见影的关系。的确，有些书读过之后能马上起作用，但很多书的作用不是立竿见影的，也许一两年之后，也许十年八年之后才能看出来；还有些书可能看不出直接的作用，但能熏陶我们的心灵、陶冶我们的情操，使我们摆脱庸俗、远离低级趣味，这即使不是最大的用处，至少可以说是无用之用。可是不少人有点急不可耐。比如有些家长发现孩子看小说就把书没收，以为小说对孩子的学习和成长没有作用，实际上是非常短浅的看法，他不知道小说的阅读对人的长远发展是有作用的。我们要知道，日本人读《三国演义》，并不仅仅把它们当作小说来看，还当作企业管理的书来看。如果我们以为孩子课外阅读《三国演义》没有意义，并进而阻止孩子阅读《三国演义》，说不定就扼杀了中国未来的一个优秀企业家。不仅《三国演义》，还有《红楼梦》《孙子兵法》，也都蕴含着丰富的管理学思想。读这些书的人，即使成不了红学专家、军事家，能成为一个企业家，也很不错啊（即使什么"家"也成不了，读读这些经典总归是好的）。很多成功的种子就是在小时候的阅读中不经意地播下的。只要一个人愿意读书，他的未来就比别人拥有更多的可能性。

"书到用时方恨少。"为了让孩子长大以后不至于后悔自己小时候读书太少，现在就应该让他们多读点书，这些书在多数情况下，会储存在孩子的头脑中，遇到合适的机会，这种潜存的信息就会自动跳出来，成为解决问题的有力帮手。值得指出的是，阅读对人的长远作用不仅体现在知识方面，更体现在心灵的陶冶、精神的提升、道德的净化等方面。培根说："知识就是力量。"通过阅读，我们获得知识，也就增强了力量。歌德说："读一本好书，就是和许多高尚的人谈话。"培根也说："读书在于造就完全的人格。"这是说阅读有利于培养我们高尚的人格。综合起来看，阅读从知识与修养两个方面对我们进行提升，可见阅读的确有利于人的全面发展。这是我讲的第三个阅读的理由："阅读有利于孩子的长远发展，让孩子赢在终点，受用一生。"

总之，大量的课外阅读对孩子的学习和成长有着多方面的作用：不仅能提高孩子的写作，即书面表达能力，也能提高他的口头表达能力，使他的谈吐、演讲等更儒雅，更有吸引力；不仅有助于孩子的语文学习，也能促进其他科目的学习；不仅能提高孩子的学习成绩，还能丰富他的日常生活和精神境界，提高他的思想修养，使孩子明白很多人生道理，这些都是人的成长所需要的。正因为阅读对人的长远发展和全面发展有这么重要的作用，所以我们不要急功近利，不能急于求成。有谁能肯定，那些迷恋皮皮鲁、鲁西西的人，将来不能成为第二个郑渊洁呢？又有谁能肯定现在迷恋《哈利·波特》的孩子，将来不能成为中国的J·K·罗琳呢？

苏霍姆林斯基说:"如果孩子从儿童时代起没有养成对书籍的喜爱,如果阅读没有成为他一生的精神需要,那么到了少年时期,他的心灵就会空虚,似乎不知从哪儿来的坏东西就会蓦地出现在他的身上。"(《育人三部曲·把整个心灵献给孩子》)这段话值得我们重视,尤其是在中国越来越强调素质教育的今天,我们要进一步加深对阅读重要性的认识。在某种意义上,素质教育能否成功,就看孩子的阅读。我总觉得,现在的孩子处在新的时代条件下,他们这一代人应该跟上一代人不同,阅读应该是生活中的一种习惯,就像科学是生活的一种态度,艺术是生活中的一部分。这既是孩子个人成长的需要,也是整个民族进步的需要。

中小学生最应该看的三类书籍

中小学生的课外阅读，在很大程度上是一种自我教育、自我丰富、自我提高。无论是从哪个角度来说，它的作用都是巨大的，但前提是读的书确实有价值。倘若将宝贵的时间浪费在一些价值不大的书籍上，那么阅读的效果就会大打折扣；如果读的是有副作用的书，那还不如不读书。但到底读什么书，专家学者们各有见解。我觉得，中小学生的课外阅读，以下三类书籍最值得重视。

一是文学类书籍，包括故事、小说、戏剧和各种美文。就低年级学生而言，当然首选篇幅短小、内容浅显的故事书，像中外神话传说（包括改编后的荷马史诗、天方夜谭）、民间故事（如济公的故事、阿凡提的故事）、童话（如贝洛童话、格林童话、霍夫曼童话、安徒生童话、王尔德童话、爱罗先珂童话、雅诺什童话）、寓言（如伊索寓言、拉封丹寓言、克雷洛夫寓言）、历史故事（如史记故事、资治通鉴故事、中华五千年、世界五千年、吴姐姐讲历史故事）、成语故事等，都值得阅读。这类浅显的读物应该让孩子早点读，因为阅读有一定的阶段性，过了一定年龄孩子再读这些书，可能觉得内容太浅而不愿意看。

随着阅读能力的提高，孩子可能逐渐喜欢阅读成长小说、校园小说、动物小说等儿童文学，如亚米契斯的《爱的教育》、林海音的《城南旧事》、张天翼的《宝葫芦的秘密》、任溶溶的《没头脑和不高兴》、洪汛涛的《神笔马良》、曹文轩的《草房子》、梅子涵的《女儿的故事》、沈石溪的《狼王梦》、怀特的《夏洛的网》、亚当森的《野生的爱尔莎》、韦伯斯特的《长腿叔叔》、蒙哥马利的《绿山墙的安妮》，这些小说或者跟孩子的生活比较贴近，或者是孩子们感兴趣的题材，因而颇受孩子的喜欢。

近几年来，魔幻故事、冒险故事也被孩子们所喜爱，除了中国的《西游记》《封神演义》《聊斋志异》，还包括笛福的《鲁滨逊漂流记》、史蒂文森的《金银岛》、J·K·罗琳的《哈利·波特》、刘易斯的《纳尼亚传奇》、托尔金的《魔戒三部曲》以及罗尔德·达尔的诸多奇幻小说，这些作品奇特的想象、曲折的情节，满足了孩子们的好奇心和想象力，因而流行于孩子的阅读圈中。

等孩子们读完了这些在他们小的时候喜欢读也应该读的书之后，他们就可以在以后的时间中去读其他的中外名著，如中国的四大名著，巴金、老舍、莫言、塞万提斯、大仲马、狄更斯、雨果、司汤达、福楼拜、巴尔扎克、果戈里、屠格涅夫、陀思妥耶夫斯基、列夫·托尔斯泰、高尔基、罗曼·罗兰、普鲁斯特、霍桑、海明威、塞林格、福克纳等人的长篇小说，鲁迅、沈从文、汪曾祺、都德、莫泊桑、契诃夫、欧·亨利、马克·吐温等人的中短篇小说，以及王实甫、汤显祖、曹禺、埃斯库罗斯、莎士比亚、莫里哀、易卜生、萧伯纳、萨特等人的戏剧。这些名著较前述故事书程度深些，但大多有一定的故事情节，所以对孩子们仍有吸引力。

需要提醒的是，文学类作品并非都是故事、小说，还包括各种美文（尤其是那些优美的诗词），像唐诗宋词，何其芳、艾青、海子、华兹华斯、拜伦、雪莱、惠特曼、普希金、泰戈尔等人的诗歌，欧阳修、苏轼、朱自清、汪曾祺、史铁生、王小波、周国平的散文，以及培根的随笔、纪伯伦的散文诗、梭罗的散文集《瓦尔登湖》等，都是经典之作。据我所知，孩子们对诗文兴趣不大，但优美的诗文对培养孩子们纯正的文学趣味、提高文学修养帮助更大，怎样引导孩子们阅读诗文值得老师和家长思考。

二是科学类书籍。这类书籍也可以称为益智类书籍，它涉及的科学门类十分广泛，包括数学、物理学、化学、天文学、地理学、生物学等基础科学和能源科学、农业科学、空间科学、医学科学等应用技术科学，蕴藏着丰富的知识。阅读这类书籍，有利于丰富孩子的科学知识，培养其科学精神、科技意识。这类书籍首选浅显易懂的科普读物、科学小品，著名的除了各种少儿版的《十万个为什么》《少儿百科》《世界大发现》《地球之谜》《宇宙之谜》《人体奥秘》，以及普雷斯的《少年科学游戏》、后藤道夫的《让孩子着迷的77×2个经典科学游戏》、考伯的《神奇的科学魔方：令你惊奇的128个科学小实验》等科学游戏、科学实验之类的书籍以外，还有贾兰坡的《爷爷的爷爷哪里来》、高士其的《细菌世界历险记》、李四光的《穿过地平线》、王梓坤的《科学发现纵横谈》、林之光的《气象万千》、梁衡的《数理化通俗演义》、徐刚的《守望家园》等科普著作。

此外，伊林的《十万个为什么》、法布尔的《昆虫记》、康拉德·劳伦兹的《所罗门王的指环》、房龙的《人类的故事》、比安基的《森林报》、哈里斯的《孩子提问题 大师来回答》，以及《希利尔讲给孩子的世界史》《希利尔讲给孩子的艺术史》《希利尔讲给孩子的世界地理》，也都是这方面的名著。这类著作大多出自名家之手，深入浅出，有的还写得生动有趣，有较强的可读性，孩子们大多爱读。

凡尔纳的科幻小说（如《八十天环游地球》《神秘岛》《海底两万里》《格兰特船长的儿女》）、张之路的科幻小说《非法智慧》《霹雳贝贝》，以及像《福尔摩斯探案集》《博士侦探桑代克探案故事》等探案小说，虽然属于小说，但跟科学关系密切（科幻小说中的有些内容后来成了科学现实），采用的又是文学笔法，可读性更强，因而也深受孩子们的喜爱。

至于像《别闹了，费曼先生：科学顽童的故事》、盖莫夫的《物理世界奇遇记》、霍金的《时间简史》、比尔·布莱森的《万物简史》、艾萨克·阿西莫夫的《新疆域》、布封的《自然史》、利普斯的《事物的起源》、德博诺的《发明的故事》、韦尔斯的《文明的故事》、蕾切尔·卡森的《寂静的春天》、达尔文的《物种起源》、魏格纳的《海陆起源》等名家名著，虽然也值得一读，但涉及较多、较深的专业知识，不是所有的孩子都愿意看，那就只能根据孩子的兴趣和能力来选择。

三是励志类书籍。它主要的功用在于对孩子的价值观、世界观、道德感、意志力等非智力因素的培养，这对于价值观、世界观尚处在形成阶段的中小学生来说，显得尤其重要而迫切。中小学生，尤其是处于青春期的孩子，本来就面临各种成长的烦恼与心灵的困惑，需要通过阅读这方面的书籍帮助他们度过这个人生的重要阶段。再加上现在的孩子大多是独生子女，他们由于"过盛的营养，过分的照顾、过多的疼爱、过度的保护"，很容易养成"不知感恩、不善交流、不懂竞争、不会生活"的"靠父母、靠老师、靠关系、靠金钱"的啃老性格和娇气、自私、任性等不良品质。这些不良品质对他们的成长极其有害，因而应该在他们青少年时期加强非智力因素的培养，大量阅读励志类书籍就是一个很好的途径。

车尔尼雪夫斯基说："凡是好书，必定会在读者心中唤起对真善美的向往，这是一切好书所具有的共性。"从这个角度来说，所有的好书都有励志的作用（包括我们前面说的两种，但不包括那些心灵鸡汤之类的东西）。但有些书的励志作用更为明显、直接，尤其是那些名人传记和带有传记性质的小说，如《孔子传》《毛泽东传》《周恩来传》《邓小平传》《雷锋的故事》

《长征的故事》《拿破仑传》《贝多芬传》《梵·高传》《华盛顿传》《林肯传》《富兰克林自传》《马克思传》《牛顿传》《居里夫人传》《爱因斯坦传》《甘地自传》《普希金自传》《乔布斯传》，以及张海迪的《轮椅上的梦》、海伦·凯勒的《假如给我三天光明》。孩子们可以在这些名人传记中与人物对话，感受其人格精神，让他们意识到伟大的理想、坚持的力量、科学的态度、友爱的精神等对于事业的成功的重要性。

其次是那些红色经典，像《小兵张嘎》《小英雄雨来》《鸡毛信》《闪闪的红星》《两个小八路》《铁道游击队》《红岩》《青春之歌》《青春万岁》《牛虻》《卓娅和舒拉的故事》《钢铁是怎样炼成的》《绞刑架下的报告》等作品，对于培养孩子的理想主义、乐观主义，以及坚韧不拔的品格、机智勇敢的精神，很有作用。

还有一些抒情、说理的书籍，也能起到励志的作用，如《曾国藩家书》《傅雷家书》《罗兰小语》《蒙田随笔》《培根随笔》《爱默生随笔》，以及帕斯卡尔的《思想录》、莫洛亚的《人生五大问题》、马克斯韦尔·莫尔兹的《人生的支柱》、拉罗什福科的《道德箴言录》、阿尔伯特·哈伯德的《致加西亚》、奥格·曼狄诺的《世界上最伟大的推销员》。阅读这些书籍，孩子们可以学会感恩、自信、自立、敬业等优良品质。

西方不少成功学、心理学方面的著作也有一定的励志作用，如卡耐基的《人性的优点》《人性的弱点》、派克的《少有人走的路——心智成熟的旅程》等，孩子们从中学到的不仅是知识，也能从中汲取不少精神力量和思想智慧。改革开放以来，中国也出现了不少这方面的著作，如李开复的《做最好的自己》、吴军的《见识》就是其中比较好的著作。当然，这类书不能多看，因为其中有不少书属于心灵鸡汤，读多了反而消磨人的志气。

此外，一些关于艺术鉴赏、艺术教育的书籍也有励志的作用，因为审美"常常比知识和思维更直接地引导我们走向真理"，建议中小学生根据自己的阅读兴趣和能力，适当读一读《罗丹艺术论》、《歌德谈话录》、王国维的《人间词话》、丰子恺的《少年音乐和美术故事》、朱光潜的《谈美》、宗白华的《美学散步》、李泽厚的《美的历程》等谈艺著作。

需要提醒的是，不少励志类书籍是故事性的，有些故事还有虚构的嫌疑，为了使故事叙述得更有励志的效果，往往把成功的原因简单地归结为一些高大上的因素，相对忽视甚至有意淡化学习和成长的复杂性和艰巨性，这类近乎心灵鸡汤的励志作品读多了未必是好事。有些励志类书籍以思想性和哲理性见长，故事性不强，不像文学类、科普类那么好懂、有趣，可能很多孩子不是很喜欢阅读，甚至有些家长也轻视这类著作，觉得读文学类书籍至少能培养孩子的文学素养、科普类书籍至少能丰富孩子的科学知识，殊不知，不通过阅读这类励志书籍来培养孩子的非智力因素，孩子的成就会受到很大的限制。因此，我建议家长和老师，不管孩子爱不爱励志类书籍，都应该引导孩子阅读这类书，尤其是在他们的价值观、思想观易受外界影响的时候——过了一定的年龄阶段再读这类书，孩子们就更没什么兴趣了，阅读的作用也不明显了。

以上三类书（其间难免有交叉），我觉得孩子们尽可能都看、多看，但也不必强求。可以根据孩子的兴趣，着重看其中一类或两类，适当兼顾其他类型的书——我们不能为了求全而打击了孩子的阅读兴趣。当然，如果孩子对各种类型的书都愿意看，那是最好不过的事情了。

阅读的三种方法

　　世界上可读的书本来就多，现在出版的图书更是多得有点泛滥了，如果不讲究一点读书方法，阅读质量可能很低，不仅读不完自己需要读的书，而且简直不知从何读起，这对孩子而言尤其如此。究竟如何指导孩子的阅读，每个家长和老师都有自己的做法。应该承认，他们的做法都有一定的道理，但众说纷纭也让孩子们有点无所适从。英国著名哲学家培根和中国著名哲学家冯友兰有两段话专门论及读书的方法，对我们思考这个问题颇有启发。培根说："有些书可供一尝，有些书可以吞下，有不多的几部书则应当咀嚼消化。这就是说，有些书只要读读他的一部分就够了，有些书可以全读，但是不必过于细心地读；只有不多的几部书则应当全读、勤读，而且用心地读。"（《论读书》）冯友兰也有类似的话："古今中外，积累起来的书真是多极了，真是浩如烟海。但是，书虽多，有永久价值的还是少数。可以把书分为三类，第一类是要精读的，第二类是可以泛读的，第三类是只供翻阅的。"（《我的读书经验》）读书方法尽管很多，但基于阅读对象与阅读目的的不同，下面三种基本方法不可或缺。

　　一是精读，这主要用于专业性的阅读。对于成人而言，主要指的是阅读专业书籍或跟专业有关的著作（如医生看医书、律师看法律书）；对于中小学生而言，专业性的阅读主要是指教科书以及与教科书有关的部分参考资料。教科书又被称为课本，它是学生学习、阅读的根本，自然要读得精一点。著名语文教育专家夏丏尊说："教科书专为学习而编，所记载的只是各种学科的大纲，原并不是甚么了不得的著作，但对于学习还是有价值的工具。学习一种功课，应该以教科书为基础，再从各方面加以扩充，加以比较、观察、实验、证明等种种切实的工夫，并非胡乱阅读几遍就可了事。"（《阅读与写作·阅读什么》）虽然专业书和教科书未必都要精读，但总体而言，专业性的阅读常常采用精读、熟读的方法，用培根的话来说，就是"吞下"，或者"咀嚼消化"。用叶圣陶的话来说就是："细细品味作品中一章一节一句，若在阅读中遇到自己有疑惑的地方，先标记下来。等读完整本书后，再整理归纳自己有疑问的地方。解决问题时先依靠自己原有阅读经验进行解答，再对比其他辅助资料以此加深自己阅读印象。对于自己无法解决的问题，可以直接借鉴相关资料帮助自己解答，但当所有问题解决完毕时，需要复读作品，以此加深对作品的思想和内容的理解。最后再次通读作品，形成对作品一个完整认知，从而构建自己阅读体系。"（叶圣陶、朱自清《精读指导举隅》）精读好比书法中的临帖，需要下很大的功夫，才能学到临帖对象的神气。精读一本书，我以为不妨先看看书的前言或者后记，再看看目录，根据目录选择先看的内容，再通读全文，获得大致的印象；通读之后再看看目录，如果能根据目录回忆起全书的内容，说明大致把握了这本书，接下来只需要细读感兴趣的内容或重要章节；如果看到目录还不能回忆起全书内容，则需要继续研读，直到最后合上全书、不看目录也能清晰地记得全书的总体结构、主要内容及其内在联系。如果阅读的对象是教材，不仅要把握它的诸多知识点（包括插图、附录表、注释、常识介绍），而且要熟练掌握它的要点、重点、难点（包括基础知识、基本概念、基本原理）。只有这样读，才可能读出书的"神气"，读出书的真精神。怎样提高精读的效果呢？朱熹提倡读书有三到，"谓心到、眼到、口到"（《训学斋规》）。胡适在此基础上又加了一个"手到"（《读书》）。鲁迅则提出读书要五到：眼到、口到、手到、耳到、脑到。毛泽东读书学习的方法是坚持四多，即多读、多写、多想、多问。这都是很好的精读经验，值得我们借鉴。专业性阅读常常采取比较功利的态度，因为它关系到我们的升学、求职、工作、晋升等，所以多下点功夫是应该的，也是必要的。当然，专业书中，有的属于工具书（比如字典、词典、地图册），主要供查阅，一般不需要通读，更无需精读，所以这类专业书花费的时间并不多；更多的时间还是用来精读其他的专业书籍，尤其是专业性书籍中比较经典的著作，应该"全读、勤读，而且用心地读"。精读的具体方法很多，因人而异。东坡《与王郎书》云："少年为学者，每一书皆作数过尽之。书富如海，百货皆有。人之精力不能兼收尽取，但得其所欲求者耳。故愿学者每次作一意求之。如欲求古今兴亡治乱圣贤作用，且只作此意求之，勿生余念。又别作一次求事迹。文物之类，亦如之也。若学成，八面受敌，与涉猎者不可同日而语。"朱熹曾将其作为精读的方法推荐给他的门人。朱光潜在给青年读者介绍读书经验时说："凡值得读的书至少须读两遍。第一遍须快读，着眼在醒豁全篇大旨与特色。第二遍须慢读，须以批评态度衡量书的内容"，"读过一本书，须笔记纲要和精彩的地方和你自己的意见。记笔记不特可以帮助你记忆，而且可以逼得你仔细，刺激你思考。"（《谈读书》一）也可以作为精读的方法加以借鉴。

二是泛读，这主要适用于拓展性或者消遣性的浏览。教科书对于专业的学习固然重要，但要想使专业的学习获得宽广的知识背景，要想使自己对历史、人生、自然、社会有进一步的理解，需要浏览更多的书。这类书籍在读者的大脑中形成一种知识储备，在以后的学习和工作中随时被再次召唤，当然也不排除精读的可能性。对中小学生而言，这主要指他们的课外阅读，比如幽默小品、小说故事、人物传记、生活常识，或者旅游、影视等娱乐休闲方面的书，或者建筑、雕刻、音乐方面的通俗读物。这类书大多文字浅显，趣味性强，既可以调节大脑，使大脑从紧张的专业学习中暂时摆脱出来，也可以扩大知识面，提高文化素质。这类书属于培根说的"可供一尝"的那一类，我们可以采取冯友兰说的两种方法"泛读"或者"翻阅"来读——有时就是随手翻翻，未必通读全书，读它的一部分就可以了，即使全读，也不必过于细心地读。对于成人来说，泛读当然可以只凭兴趣来选择阅读对象，不一定考虑专业需要；对于中小学生而言，我觉得还是适当结合自己的学习来选择浏览的对象。以前的孩子余暇时喜欢看金庸的武侠小说、琼瑶的言情小说，现在的孩子则喜欢看魔幻故事、穿越小说，这些书籍未尝不可以读，但我以为即使是泛读，孩子们也不能仅仅阅读这类流行读物，而应该尽可能阅读比较经典的书籍，尽量让阅读范围广泛一些，科学、文学、艺术、历史、政治、哲学、社会学、心理学方面的书都可以涉猎一二。鲁迅说："爱看书的青年，大可以看看本分以外的书，即课外的书，不要只将课内的书抱住"，"应做的功课已完而有余暇，大可以看看各样的书，即使和本专业毫不相干的，也要泛览。譬如学理科的，偏看看文学书，学文学的，偏看看科学书，看看别个在那里研究的，究竟是怎么一回事。这样子，对于别人，别事，可以有更深的了解。"（《读书杂谈》）这就提醒我们阅读面尽量要广泛一些，因为不同类型的书对我们的专业学习都有一定促进作用，比如《寒夜》《围城》《边城》《城南旧事》《我的遥远的清平湾》《狼图腾》等小说，《陶庵梦忆》《浮生六记》《雅舍小品》《文化苦旅》《四季随笔》《面对秋野》《蒙田随笔》《一个孤独的散步者的遐想》等散文、随笔，《万历十五年》《1948：天地玄黄》《巨流河》等历史著作，即使跟专业学习无关，也可以激发我们的想象力，或者满足我们的好奇心、求知欲。甚至像刘墉等人的畅销书，以及蔡志忠、几米的漫画，虽非经典著作，也可以看看，读后一定会发现这些书不仅帮助我们放松身心，也有益于我们的学习进步。

精读和泛读哪个更好？这两种方法都是有效的阅读方法，但对于中小学学生而言，因为没有发现自己的兴趣，没有确定自己的研究方向，还是以泛读为主，这是因为，"精读熟读是为已经有相当基础的人说的，并不一定是入门的好方法"，"作为一个初学的人，最好是训练自己快读的能力。不拘什么书，尽量用高速度阅读，在短时间内发现其中最感兴趣的部分，抓住了这一部分，这就为我所用了。那不感兴趣的部分，听其滑过，是不妨的"，"假如每逢不懂的地方都要寻根究柢，非解决不放过，那就一辈子没有几部书好读了。"（瞿蜕园和周紫宜《文言浅说》）这的确是一番有心得的话，值得我们重视和借鉴。

三是诵读，主要用于欣赏中外美文。前面所说的精读和泛读在大部分情况下属于默读，但欣赏中外美文，不管是精读还是泛读，都需要诵读。诵读是理解领悟的过程，它不仅能体现我们对作品的理解，也能加深我们对作品的理解（包括作品的节奏与意义）。古人云："熟读唐诗三百首，不会做诗也会吟。"可见诵读的功效有多大！古今不少学者都肯定了诵读的作用。朱熹说："大凡读书，多在讽诵中见义理"，"如今诗、曲，若只能读过，也无意思，须是歌唱（即朗诵）起来，方见好处"，"须是先将诗来吟咏四五十遍了，方可看注。看了又吟咏三四十遍，使意思自然融液浃洽，方有见处。诗全在讽诵之功。看诗不须着意去里面分解，但是平平地涵泳自好"。曾国藩在指导儿子曾纪泽读书时批评他"阅看书籍颇多，然成诵者太少，亦是一短"，指出"宜将《文选》最惬意者熟读，以能背诵为断"，像《昭明文选》、李杜韩苏之诗、韩欧曾王之文这样的作品，"非高声朗诵则不能得其雄伟之概，非密咏恬吟则不能探其深远之韵"（《曾国藩家训》）。吴宓也说："背书，能使其神味、格调化为己有。"胡适指出："我们现在虽不提倡背书，但有几类的书，仍旧有熟读的必要，如心爱的诗歌，如精彩的文章，熟读多些，于自己的作品上也有良好的影响。"（《读书》）朱光潜回顾小时候上私塾"程序是先背诵后讲解"，尽管开讲时他能了解的很少，"可是熟读成诵，一句一句地在舌头上滚将下去，还拉一点腔调，在儿童时却是一件乐事"，成年后"所记的书大半还是儿时背诵过的，当时虽不甚了了，现在回忆起来，不断地有新领悟，其中意味确是深长"（《从我怎样学国文说起》）。现代作家巴金背诵过《古文观止》200篇，茅盾能背诵全本的《红楼梦》，这对他们后来的文学创作很有帮助。据说，马克思能整段地背诵莎士比亚的作品，恩格斯能用俄语整段背诵普希金的名著《欧根·奥涅金》。前人的这些经验对我们认识诵读的重要作用很有启发。可惜的是，现在很多家长（甚至部分老师）不大重视背诵，以为它是一种死记硬背的方法。实际上，古代的诵读法并非纯粹的死记硬背，而是通过反复的吟诵来领略作品的精妙所在。虽然我们不能完全照搬古代的诵读法，但在阅读包括诗词在内的诸多美文和一些经典著作的时候，仍需要采用这种方法，因为这类作品大多短小精悍，文笔优美，蕴含着丰富的人生智慧，具有"永久价值"，它不仅是给人看的，也是给人念、给人听的，只靠浏览、翻阅的方法无法完全领略其妙处，只有经过反复朗诵乃至熟读成诵，才能真正体会到它的美感和深刻内涵；有些作品看似难懂，但反复诵读也能把握其节奏、语气，即使不能全部理解，也能逐步理解，至少可以先背下来，到了一定年龄自然明白。叶圣陶深有体会地说："吟诵的时候，对于讨究所得的不仅是理智地了解，而且有亲切的体会，不知不觉间，内容与理法化而为读者自己的东西了，这是最可贵的一种境界。学习语文学科，必须达到这种境界，才会终身受用不尽。"（参《叶圣陶语文教育论集》第13页）这段话对我们的阅读和语文学习很有启发。

对于很多成人而言，采取诵读法来阅读存在诸多困难，因为很多人在工作和专业阅读方面花费了很多时间，剩下来的时间已经不多，又被消遣性的浏览占据，留给诵读的时间微乎其微，更何况他们的记忆力不如孩子那么好，背诵就显得更难了。但我以为中小学生不能因为学习任务重就忽视美文和经典的诵读，因为古今中外美文的诵读，有利于培养我们的语感、提高我们的审美趣味。

文言文的语感获得，尤其依赖于诵读，直至能背出来。中国古典诗词，如陶渊明诗、李白诗、杜甫诗、李商隐诗、李后主词、李清照词、纳兰词（像张若虚的《春江花月夜》、李白的《将进酒》不诵读，是很难领略其意境和气势的）；中国古代经典著作的诵读，如《论语》《大学》《中庸》《孟子》《道德经》《庄子》等，则让我们领略到道家的智慧和儒家善的理想，其中有些段落写得和美文差不多。

不少外国名著，如莎士比亚的戏剧、泰戈尔的诗歌、海明威的小说

《老人与海》，也值得我们诵读，甚至像《世界上最伟大的推销员》这样的通俗读物，里面也有不少好的句子、段落值得我们轻声吟诵或大声诵读："我不想听失意者的哭泣，抱怨者的牢骚，这是羊群中的瘟疫，我不能被它传染。我要尽量避免绝望，辛勤耕耘，忍受苦楚。我一试再试，争取每天的成功，避免以失败收场。在别人停滞不前时，我继续拼搏"，"我笑遍世界。我用笑声点缀今天，让歌声照亮黑夜，以笑容感染别人。我要使生活保持平衡，记住无论失败绝望，还是成功欢乐，这一切都会过去"。

就其价值而言，这类著作中蕴含的美感与美德超过消遣性读物，甚至超过一些专业性书籍，更何况一个人记忆力最好的时候就是在中小学阶段，一旦在诵读的过程中背会了这些经典就会受用终身。要知道，工作以后也没有多少空余时间去诵读，再说工作以后的记忆力远远比不上中小学的时候，所以一定要让孩子在记忆的黄金期多多诵读经典的著作和古今美文。虽然这种方法在课堂学习中偶有采用，但教材所选之作并非都是美文和经典作品，所以这种方法使用得很有限，效果也不明显，我们需要在教科书之外诵读更多的美文和经典著作，即使不是为了促进专业学习而只是为了心灵的享受（但不是消遣），也是值得的。这类书大多不属于专业书，其作用主要着眼于长远，所以我们要抱着一种超功利的态度，带着一种审美的眼光，只有这样，才会觉得诵读有利于孩子们加强人格修养，提高人生境界。

总之，阅读的原则应该是根据不同的阅读目的，面对不同的阅读对象，采取不同的阅读方法。正因为每个人的阅读目的不一样、阅读对象不一样，所以具体的阅读方法也不一样。明白了这个道理，我们就不必为众说纷纭的阅读方法感到无所适从。只要我们明确了自己的阅读目的，就一定能面对不同的阅读对象，找到恰当的阅读方法。赫胥黎说："每个知道读书方法的人，都有一种力量可以把他们自己放大，丰富他的生活方式，使他的一生内容充实，富有意义，而具兴味。"一旦找到了适合自己的阅读方法，我相信每个人一定有力量把自己放大，一定能通过阅读丰富各自的生活方式，使生活更充实、更有兴味，从而成长为最好的自己。

阅读的三个层次

　　阅读需要讲究方法，也需要讲究层次，这一点对于中小学生来说也是如此。在我看来，阅读存在三个层次。通过这三个层次，读者不仅能逐渐扩大阅读面和阅读量，也能不断提高阅读效果。

　　第一个层次是博览，也就是说，文学、历史、哲学、科学等各种各样的书籍都应该看一看。博览有利于培养阅读兴趣，拓展知识面，满足求知欲和好奇心，使人眼界开阔、思维活跃，符合现在社会对"通才"的要求。相对于其他层次而言，博览更具有基础性的地位——它不仅是阅读的第一个层次，也存在于其他两个层次之中。也就是说，博览存在于一个人的整个阅读史。对于中小学生来说，博览阶段的首要任务是激发阅读兴趣，其次才是扩大阅读范围，并形成阅读的习惯。但不管是激发兴趣，还是扩大范围，都离不开博览的原则——只有博览，才可能发现自己的阅读兴趣；也只有博览，才能不断扩大自己的阅读范围。正如饮食，不仅要有强烈的食欲，还不能有偏食挑食的毛病。读书也需要强烈的兴趣，而且需要博览，不能只读一种类型的书，否则阅读面将非常狭窄，阅读兴趣也会降低。

　　鲁迅是文学家，但他看书的范围非常广泛，并不限于文学作品。他在给人进行阅读的指导时说："只看一个人的著作，结果是不大好的。你就得不到多方面的优点。必须如蜜蜂一样，采过许多花，这才能酿出蜜来，倘若叮在一处，所得就非常有限，枯燥了"，"专看文学书，也不好的。先前的文学青年，往往厌恶数学，理化，史地，生物学，以为这些都无足重轻，后来变成连常识也没有，研究文学固然不明白，自己做起文章来也胡涂，所以我希望你们不要放开科学，一味钻进文学里"，"其次是可以看看世界旅行记，借此就知道各处的人情风俗和物产"（《致颜黎民》）。但现在不少孩子要么不喜欢阅读（就像吃饭时食欲不振），要么只看某一类书（就像吃饭挑食偏食），比如有的小孩子一进书店就直奔奥特曼、变形金刚之类的书，对其他的书不感兴趣。从博览的角度来看，孩子喜欢看奥特曼、变形金刚这类书无可厚非（因为这符合他们的年龄特点，因而也是他们的兴趣所在）；同样，从博览的要求出发，孩子也不能只看奥特曼、变形金刚（阅读有所偏重属于正常现象，但阅读也不可有偏废）。不过，我觉得家长也不必对孩子迷恋某一类读物过分担心，这是因为人的阅读兴趣不仅可以转移，也可以延伸。孩子在某些年龄阶段迷恋奥特曼、变形金刚这类书，是很普遍的现象，过了那个年龄阶段，他的兴趣转移，自然会觉得这类书没有太大意思。家长与其逼着孩子不读这些书，不如让他自然转移阅读的兴趣。再者，家长可以从这些书中找到孩子的兴趣点，引导孩子去读同类型中更有价值的书，因为一本书是打开另一本书的窗口。当然，孩子一味看奥特曼，家长也可以转移他的阅读兴趣，引导孩子对其他儿童读物产生兴趣，比如童话、神话、寓言、历史故事，或者比较经典的漫画，如《三毛流浪记》《父与子》《史努比》《玛法达》《丁丁历险记》《小屁孩日记》《大力水手》等。如果孩子一时产生不了这方面的兴趣，那就从他当下的兴趣入手，找一些跟他的兴趣点比较接近、同时质量比较好的书。

以我的观察来看，孩子们（包括那些爱看奥特曼、变形金刚的孩子）天性爱听故事，爱看故事书（包括漫画、绘本里面的故事），像《没头脑和不高兴》《神笔马良》《黑猫警长》《小猪唏哩呼噜》《大头儿子和小头爸爸》《笨狼的故事》等故事书，都是孩子们的所爱，所以我建议家长可以从故事书入手，先激发孩子的阅读兴趣，再不断扩大阅读范围——比如孩子喜欢看科幻故事，可以把他从科幻故事的阅读引导到科普读物的阅读；孩子喜欢看历史故事，可以把他从历史故事的阅读引导到历史书籍的阅读。如果是好奇心比较强、兴趣广泛的孩子，家长可以引导他看各个领域的启蒙读物（不限于故事书），从各个领域最容易吸引孩子的书籍入手，让他对各个领域都产生兴趣，这样下去就能不断扩大孩子的阅读面。

据我观察，有些孩子不大愿意看外国的作品，这与我们提倡的博览是不相符合的。要知道，在改革开放的今天，我们要尽可能地了解这个世界（这个世界再也不等于中国），就必须了解外国尤其是西方；中国要超越西方，就必须了解西方，而要了解西方，就必须阅读西方的作品。试想一下，有人在你面前提到"阿喀琉斯之踵""达摩利斯之剑"这样的典故，运用"修昔底德陷阱""俄狄浦斯情结""皮格马利翁效应""约拿情结""马太效应"这样的术语，你却一脸茫然，那该是多么尴尬的事情啊！也许有人会说，西方的作品难懂，实则未必。比如希腊神话故事，读起来并不困难，为什么不读一读呢？要知道，这是西方文化的源头之一，影响到西方后来的文学、艺术、哲学乃至科学等。比如希腊神话故事直接成为后来西方很多戏剧、小说、诗歌的题材。

第二个层次是经典的阅读，也就是说，尽可能多地阅读那些代表人类文化精华的经典著作。一个人的阅读时间毕竟有限，不可能面面俱到，所以博览也是有限度的。到了一定的阶段，家长应该根据孩子的兴趣，引导孩子把时间用在那些更值得阅读的书上面。哪些书更值得阅读呢？——经典。著名教育家陶行知说："人生应该读几本垫底的书。"以我的理解，垫底的书就是指经典的作品。什么样的作品属于经典？意大利著名作家卡尔维诺说："经典作品是一些产生某种特殊影响的书，它们要么本身以难忘的方式给我们的想象力打下印记，要么乔装成个人或集体的无意识隐藏在深层记忆中"，"这种作品有一种特殊效力，就是它本身可能会被忘记，却把种子留在我们身上"（《为什么读经典》）。像种子一样留在我们身上的书，当然属于经典。林语堂有一段话也可以用来解释"经典"："杰作之所以能使历代人爱读，而不为短暂的文学风尚所淹没，甚至历久而弥新，必然具有一种我们称之为发乎肺腑的纯，就犹如宝石之不怕试验，真金不怕火炼。"（《苏东坡传》）这段话主要是解释文学经典，我觉得用来解释其他经典也可以。凡是经典的作品，都充满知识和智慧，有的还不乏美感。它们历久弥新，像种子一样留在我们身上，奠定人生的底蕴。

为什么要阅读经典？因为阅读经典可以去掉人的低级趣味，培养高雅、纯正的阅读趣味。但据我观察，当下的中小学生课外阅读有远离经典的倾向。有的孩子一味追求轻松快乐的阅读，喜欢看那些通俗文学、流行读物（如校园小说、青春文学）。尽管这也是阅读行为，但从中难以获得真正的价值。这类读物虽然不属文化垃圾，但多数作品只能算是文化快餐，对孩子的身心发展没有大的帮助。即使是阅读成长小说，我觉得也应尽量读一些比较经典的作品，如《城南旧事》《草房子》《小飞侠彼得·潘》《绿山墙的安妮》等，不能一味沉浸在《查理九世》之类的通俗读物。

有些学生虽然在阅读经典著作，但存在两大明显不足：一是有的只读中国的经典，而且局限于现当代的经典，很少读古代的经典，也不大爱读外国的经典（有的学生见到书中的外国人名、地名，就觉得头疼）；二是只读故事类作品，诗词之类的美文读得少（2013年6月，广西师范大学出版社通过对近3000名读者的调查，统计出读者"读不下去"的十本书，其中有《红楼梦》，理由是受不了书中的大量诗词，认为妨碍了阅读故事），科学和励志类的经典也读得不多。要知道，经典是存在于各种领域的（不限于故事类），也是产生于不同时代（不限于现当代）、不同国家的（不限于中国），只要精力允许，都值得一读。

一提到经典，很多人就以为指的是大部头的名著或深奥难懂的著作。其实，经典著作中也不乏浅显易懂之作，比如儿童文学中的经典之作（有些还获得了诺贝尔文学奖），《寄小读者》（冰心）、《宝葫芦的秘密》（张天翼）、《伊索寓言》、《格林童话》、《安徒生童话》、《王尔德童话》、《一千零一夜》、《尼尔斯骑鹅旅行记》（拉格洛芙）、《爱丽丝漫游奇境》（卡罗尔）、《青鸟》（梅特林克）、《夏洛的网》（怀特）等，都是孩子能读懂的。这些儿童文学经典，有些孩子可能已经在博览阶段读过，但这还不够，我们不可能永远是儿童，因而也不能只读儿童文学作品。实际上，还有不少中外古今的经典名著值得中小学生去读，如孔子、孟子、庄子、屈原、司马迁、陶渊明、李白、杜甫、苏轼、曹雪芹、鲁迅、巴金、老舍、柏拉图、黑格尔、汤因比、莎士比亚、泰戈尔、雨果、列夫·托尔斯泰、高尔基等文学巨匠、史学大师、哲学巨人的作品。

当然，对于中小学生而言，阅读这些经典名著存在一定的障碍（如文言文和外文的障碍，有的著作篇幅太长、内容艰深），很多学生觉得阅读起来有些吃力。我的建议是：面对那些部头大、内容深的经典，中小学生可以阅读这些经典的改编本（包括节选本、缩写本、改写本、绘图本、白话本以及其他形式的中外名著，甚至根据经典著作改编的影视作品）。对于中小学生而言，阅读经典并非都是阅读经典原著。不少专家提倡学生直接阅读原著，反对阅读改编过的经典著作，这在理论上是对的（如果孩子有这个能力，我也觉得直接阅读经典的原著更好一些），但在实践中很难行得通，因为经典的作品太多，不可能每一本都要阅读原著，有时只要读改编本有个印象就可以；再说经典作品都是值得反复看的，孩子们在小的时候看改编本，随着阅读水平的提高再读原著，等于是读了两遍原著，效果不比一开始就读原著差；更何况有些经典作品对于中小学生来说的确难以理解，让他先阅读改编本，大致了解一下原著的基本内容，再决定是否阅读原著，我觉得更为可行。比如我们要求孩子从小背诵唐诗宋词，孩子未必感兴趣，我们不妨借助有关唐诗宋词的漫画书或者歌曲，激发孩子的兴趣，虽然孩子当下未必能懂原作，但只要他有兴趣并熟记在心，将来总有懂的时候，自然会去再次翻阅乃至细细品味；再如我们要求一个初中生阅读《史记》原著，显然是不切实际的要求，但如果孩子愿意阅读白话翻译的《史记》（哪怕只是节选的），也有收获，即使他将来不再阅读《史记》原著，他也因为阅读过白话本《史记》而增加了对中国历史的了解。让一个小学生直接阅读《红楼梦》原著可能也不大现实，但可以让他先看影视作品《红楼梦》，了解故事的基本情节和主要人物，再去阅读原著，我觉得更符合中小学生的实际情况。据我所知，很多成人读者并没有读过中国古代四大名著，但基本上熟悉故事中的人物和情节，这是因为他们小时候读过这方面的小人书。

读外国小说有时也会遇到读不下去的情况。在这种情况下，我们不必一味反对学生读改编本。比如麦尔维尔的《白鲸》被誉为"美国想象力最辉煌的表达"，像这样的小说似乎不该读改编本，但这部小说在出版之初毁大于誉，原因在于书中有很多的篇幅是有关捕鲸业的掌故和传统，内容庞杂，对于中小学生而言，直接读原著不如读改编本。其实，让孩子阅读名著的改编本，在国外也并非少见之事，最著名的例子有英国的兰姆姐弟把莎士比亚的剧本改写成孩子们可以阅读的故事集（《莎士比亚戏剧故事集》），这个故事集本身也成了一部名著，和舞台上演出的莎士比亚一样有名，从孩子的角度而言，这本故事集可能更有意义。所以，让孩子在阅读能力有欠缺、时间也有限的情况下，阅读经过改编的经典名著是一种可行的方案。比如小学阶段，如果孩子读不懂或不喜欢读中国古代四大名著的原著，看看周锐写的《幽默三国》《幽默水浒》《幽默西游》《幽默红楼》等作品，也是可以接受的。

第三个层次是原著的阅读。这里讲的原著，当然指的是经典著作。这一层次有可能在上面两个层次里就出现了，比如《城南旧事》这样的小说，有的学生可能在博览阶段就读过了。但对于大多数学生而言，不少经典的原著恐怕要到这个阶段才能涉及，尤其是中国古代的经典（用文言文写的）、理论性比较强的经典（如哲学著作）、外国经典（外文原著）。阅读这些经典的原著，属于更高层次的阅读，也是难度最大的层次。不过，随着阅读能力不断提高，这些著作必然要进入到学生的阅读视野，无法回避也无须回避。为什么要强调原著的阅读呢？这是因为经典经过改编以后都存在一定的缺失（删改本更是如此），剩下的那些筋骨只能让读者领略其大概，无法获得血肉丰满的印象。比如安徒生童话《丑小鸭》，原作有6000多字，但改到北师大版三年级语文教材中只剩下500多字（有的版本改到400字，放在二年级），许多生动的内容失踪了，原本震撼人心的童话只留下一个梗概，如果不去阅读原著（哪怕是译文），孩子很难获得应有的感动（参见窦桂梅《回到教育的原点》）。此外，安徒生的童话《一颗小豌豆》、巴金的散文《鸟的天堂》、王安忆的散文《我们家的男子汉》在入选教材之后，也被改编得韵味大减。教材对入选作品进行改编固然是难以避免的，但由于主观和客观的原因，常常出现改编不当的情况。这就提醒我们，要多读原著。虽然很多经典原著读起来很困难，但也不能因此望而却步。理智的做法是：由浅入深，慢慢加大理论书籍的阅读量；即使是看小说等故事类书籍，也应该尽量看中外名著。如果原著是文言文，那就尽可能看文言文，而不看白话翻译的；如果原著是外国名著，那就尽可能地看外文原著。比如看《论语》，我们可以借助注释看原版的《论语》，但不能抛开《论语》本身去看白话翻译，更不能拿于丹的《论语心得》代替《论语》。有的学生到了高中阶段，炫耀自己看过《西游记》，而且看了好几遍，一问，原来看的是电视连续剧《西游记》，而《西游记》原书根本就没摸过，这是很幼稚的。不管电视连续剧《西游记》拍得多好，都不能代替阅读原著《西游记》（《西游记》属于古代的白话小说，初中生基本上能读懂，程度好的小学生也能看懂）。

对于中国孩子而言，阅读经典原著，难度最大的可能是外文原著（我指的是全篇都是外文的，而不是中文译本）——比如莎士比亚的戏剧，本身就充满了故事性，再加上朱生豪的汉语翻译本身就很好，很多学生可能都愿意看这种翻译本，如果要他们看莎士比亚原著的话，难免产生畏难的情绪。不过，有些外国名著（尤其是文学著作）不看原著、只看汉语译本，很难领略个中奥妙。张海迪结合自己的阅读体验说："我喜欢读英文小说，特别是在有些翻译作品质量不高的情况下，读原著或许是一种更好的选择"，"即使最好的翻译也不可能把原著的全部内涵展现出来"（《美丽的英语》）。我在阅读翻译过来的外国诗歌时也深有此感，这是因为翻译过来的外国诗歌很容易丧失原文里面才有的韵味。即使像《爱丽丝漫游奇境》《小熊温尼·菩》《菩角小屋》这样的儿童文学作品，里面有许多双关语、藏头诗、典故和文字游戏，也只有在看英语原著的时候才能体会出来。这里说的外文原著，指的是没有任何改编的完整的外文原著，汉译的固然不算，节选版、简写本甚至中英对照版也都不是真正意义上的外文原著；即使是教材上选的英文名著，经过层层改编，也被赋予了过多的教育意味，丧失了原著的原汁原味，同样不属于外文原著（参见《把你的英语用起来》）。

当然，要达到直接阅读外文原著的水平很难，但对于那些想进一步提高阅读水平的学生而言，这应该是他们努力的方向。要知道，阅读外文原著，不仅有利于我们深刻理解原著，也有利于我们自身的文化创造。古龙在大学期间读了几十本欧美原著，吸取西方文学精华之后开创了武侠小说的时代，这种创造不能说跟他阅读外文原著没有关系。就英语阅读而言，我们可以先看可读性比较强的故事类书籍，再看专业性比较强的书籍，由易到难，容易见出成效；在小学阶段或者初中阶段，我们可以阅读中英文对照的双语读物，逐步提高自己的英语阅读能力；如果到了高中还达不到阅读英文原著的水平，也可以读一读经过改编的英文著作，从而为进一步阅读英文原著打下好的基础。总之，通过不懈的努力，我们总有一天能达到直接阅读外文原著的水平。

阅读的感觉

　　阅读是有感觉的，而且，阅读也是培养感觉的。应该说，每个人都有阅读的感觉，但每个人对阅读的感觉并不相同，同一个人每一次的阅读感觉也不相同，这是因为阅读的感觉存在三个层次，这三个层次的感觉有深有浅，大不相同。

　　第一层次是感触。我们读某些作品，常常觉得很好玩、很有趣，觉得某些作品有意思，或者有用，但也仅仅如此。这种感觉就是一种感触。那些好玩、有趣的作品，常常能唤起我们身体上比较明显的愉悦的感官享受；那些有用的作品，则是因为其中的知识作用于我们的理智，使我们觉得它有价值。无论是感官，还是理智，多数作品不会在我们的心里产生很大的情感波澜，比如孟浩然的《春晓》："春眠不觉晓，处处闻啼鸟。夜来风雨声，花落知多少？"有人说，这首诗是写人睡懒觉：天都亮了，鸟儿都起床了，可这家伙还没起床呢！这种理解当然不对，如果诗人真的要写睡懒觉，后二句就没有必要写，因为后二句跟睡懒觉没什么关系。实际上，这首诗写的就是盎然的春意，为的是表现春天的美好。"处处"是听觉，也是一种心理感觉，因为作者刚刚醒来，还未出门，当然不会知道外面到底有多少鸟儿在叫，但在作者的心里就是处处有鸟鸣，这种心理感觉表面上是由于鸟鸣引起的，实际上是被窗外的春意激发的。但春意仅仅存在于窗外吗？不是的。窗内这个酣睡的人，以及这个人的酣睡，本身也表现出一种春意：春天是那样的美好，以至于人睡得那么酣畅，甚至需要"处处闻啼鸟"才能唤醒。这样的春睡本身就写出了春天的美好。不管是睡，还是醒，都能见出春天的美好。

　　我们再看贺知章的《咏柳》："碧玉妆成一树高，万条垂下绿丝绦。不知细叶谁裁出？二月春风似剪刀。"写的是柳，其实写的是春天，是二月的春天：二月的春风像剪刀，剪出了细细的柳叶，也剪出了春天；而且，这个剪刀很不一般：它不仅能将柳条的细叶裁出，还能裁得那么高、那么长、那么密。这是春天才有的剪刀，也是大自然才有的剪刀，所以我们不仅从诗中看到了春天的美丽，也看到了大自然的神奇。

杜甫的《春夜喜雨》："好雨知时节，当春乃发生。随风潜入夜，润物细无声。野径云俱黑，江船火独明。晓看红湿处，花重锦官城。"写的是春雨，其实也是在写春天：春雨好像知道春天来了，好像知道春天需要它，所以还没等天亮，春雨就开始下了。在"野径云俱黑"的黑夜里，你可能什么也看不到，即使"江船火独明"，也不能照亮黑夜，但你一定能听到雨声，一定能听到"润物细无声"的春雨，你甚至能想象到第二天早晨，整个锦官城的花都被春雨滋润开了，锦官城的花呀，正带着春雨的湿润在尽情地绽放，整个城市都被笼罩在这花香雨润之中！

现当代文学作品中也有这样的作品，如朱自清的散文《春》。读这种作品，我们马上产生一种春天般的感觉，好像温暖的春风正在迎面吹来，温柔的柳条正随风飘荡，春天的鸟儿正唱着春天的歌曲，春天的雨正湿润着春天的花。在冬天的时候读这样的作品，更让人觉得温暖，春天似乎悄悄地回到了我们的心里。这些作品带来的感觉不算强烈，但很丰富，很细腻，值得我们回味。

第二个层次是感动。这类作品读完之后，我们常常感觉到心灵的颤动甚至情感的震撼，以至泪流满面、失声痛哭、心如刀绞。引发我们感触的作品中不乏经典，有的甚至令我们感动（如《春夜喜雨》中写春雨滋润万物的品质），但令我们感动的作品中更多经典之作，其中不少是篇幅较长的厚重之作，如《史记》《红楼梦》《悲惨世界》《战争与和平》等。这些作品具有震撼人心的力量，但这不是说篇幅短小的作品就没有这样的艺术效果，我们不妨举诸葛亮的《出师表》为例。

古人云："读《出师表》，不下泪者，其人必不忠。"话虽然说得有点绝对，但也说明《出师表》令人感动，而这种感动来自诸葛亮对君主（即后主刘禅）的忠诚之心。不过，作者在文中表达自己的忠君之心时，也很注意表达方式。他不仅要让后主能感受到自己这位老臣的忠心，还要让后主能接受自己对他的许多忠告。可是，后主再怎么年轻，也是皇帝；自己再怎么忠心，也是臣下啊！怎样说才能让后主接受自己的意见呢？作者察觉到了单凭自己的一番赤诚未必能打动后主，于是他抬出了先帝，以老臣的身份在后主面前不断地提及先帝（全文多次出现"先帝"一词）。这是因为借用先帝的口吻对后主提出忠告，比单纯用臣下的身份来劝说后主，更能激发后主的责任感，后主也就更容易接受自己的意见，而作者也能更好地披露自己的赤诚之心。无论是具体的人事安排，还是对北伐事业的谋划，甚至在回顾自己的人生经历之际，作者都不忘追述先帝之意，突出自己念念不忘先帝的知遇之恩和自己的报答之情。追述先帝的目的，固然有报答先帝之意，更多的还是在表达自己对后主的忠心，正如作者在文中所言："追先帝之殊遇，欲报之于陛下"，"报先帝而忠陛下"。因此，全文是对先帝的效忠之词，更是对后主的效忠之词。在作者看来，报答先帝的最好途径就是辅佐后主。作者希望以自己对先帝的忠心来打动后主，也希望以先帝的遗诏来激励后主，希望后主能"光先帝遗德"，以期共同完成"兴复汉室，还于旧都"的事业。作者在追念先帝的同时，自然地带出自己对后主的忠心，这比直接向后主效忠更为真切，也更符合自己作为老臣的身份。在向后主提出忠告的同时，不忘"深追先帝遗诏"，那是因为在作者看来，即使后主不看他这个老臣的一番忠心，即使后主不能接受自己的意见，也不至于忘记先帝的嘱托。只要后主还能顾念先帝之情，就会对自己这个老臣的忠心有所感悟。如果后主对自己的忠言不愿意听，也会因为自己是先帝托付之臣而不至于反感、愠怒。不难看出，作者既忠于先帝，也忠于后主；而在表奏后主时，既要让后主感受到自己的忠心，又要让后主愿意接受自己的忠告。作为老臣，他不能不去完成先帝未竟的事业，而要完成这项事业，必然要对后主提出很多忠告，而这些忠告对于后主来说未必就是动听的话，甚至可能拂逆后主之意。如何说，才能符合他这个老臣的身份，才能达到这个老臣的目的呢？作者真是煞费苦心，但也正是因为这番苦心突出了他的忠心，真可谓忠心耿耿，感人至深。

类似的作品还有李密的《陈情表》、孟郊的《游子吟》、朱自清的《背影》等，都让人感动，让我们的内心久久不能平静。

第三个层次是感化。所谓"感化"，就是在情感与理智的共同作用下，将阅读的心得内化为一种力量，成为一种自觉的情感与心智的诉求，并体现在自己的行为和行动中。第一层次的阅读感觉比较常见，第二层次的阅读感觉相对就要少一些；第三层次的阅读感觉更少，但这不是说能感化读者的作品不多。其实，能感化读者的作品也就是那些令我们感动的作品，但这些作品能否感化读者，不但取决于作品本身的水平，也跟读者自己的阅读能力有关。有些读者读了这类作品，可能没什么感觉，或者只有些许感触；还有些读者虽然深深地被感动，但不愿意将感动转化为自己的行为和行动，这都不能把责任推给作品，而应该归咎于读者自己。

比如孟郊的《游子吟》不仅仅赞美了母爱，也唤起了我们对母亲的感恩之心、报答之情。但很多人读完《游子吟》，虽然觉得感动，但在生活中总是忍不住嫌母亲烦人，嫌她婆婆妈妈，不愿意表达对母亲的感恩之心，更谈不上对母亲的报答之情，这样的阅读感觉仍然是层次不高的。

再比如许地山的《落花生》。这是一篇托物言志的散文，所托之物是花生，所言之志是做人要像花生那样不刻意追求外在的好看，而要追求内在的有用。很多人读《落花生》，没有强烈的共鸣感，觉得那不过是说教而已，就像在家里接受父母的说教，有一种厌烦的情绪。其实，这篇文章并不是说教。作者可能也意识到单纯的说教容易引起读者的反感，所以他在由物到志的过程中做了很多的铺垫和引导：首先是让一家人参与种花生的过程，因为亲自参与，所以收获花生时就更有喜悦之感，有了这种喜悦，谈论花生的好处并由此联系到人生道理也就容易接受，这实际上是在为后文做铺垫。其次，谈话的氛围酝酿得也很好：把花生做成好几样食品，并选择在园里的茅亭举行，一家人一边吃，一边谈，这种氛围不像是说教，而像是家庭聚会。一家人一起播种，一起收获，一起享受，一起交流，在这样的氛围中，在这样的场合，谈一谈人生的哲理，不是一种享受吗？这哪里像说教？即使是说教，也不会引起人的抵触情绪。有人也许会问：我长得好看，就像那些"好看的苹果、桃子、石榴"，有着"鲜红嫩绿的颜色"，就不好吗？这当然也很好，只要对人有用就可以，好看的外表本身不是错误。作者意在强调人应该有用，而不要只追求外表的好看，但因为生活中多数人喜欢追求外表的好看而不重视内在的东西，所以文中的父亲特地向子女强调内在的重要性，但并没有走极端，没有一味地反对好看，并不希望这个世界上只剩下花生，苹果、桃子、石榴都应该去掉。可见，这种教育比一般的说教更心平气和、客观公正，因而也就更容易让人接受，更容易感化我们，对我们的人生更有启迪和指导作用。

不难看出，阅读是有深浅、高低之分的。这就启示我们：首先，我们要尽可能地阅读那些能感动、感化我们的作品；如果做不到，起码也要读那些能引发我们感触的作品，不能把宝贵的时间浪费在那些垃圾作品上。其次，我们要不断提高自己的阅读能力，提升自己的阅读趣味。对于经典的作品，我们要努力读得深一点，让自己的阅读感觉丰富一些，至少要读出一点感动，否则的话，我们既对不起经典，也对不起自己。

提倡读"整本的书"

就现代语文教学而提出"整本书阅读"这个概念的，最早可以追溯到夏丏尊和叶圣陶等人。1931年，夏丏尊在《关于国文的学习》一文中将中学生的读书范围分为三大类别，重视整本书的阅读。此后，叶圣陶先生分别在1940年撰写的《国文教学的两个基本观念》和1942年撰写的《论中学国文课程的改订》两篇文章中先后提出了阅读"整部的书"和"整本的书"的概念，特别是他为"供参加中等教育会议的诸君作参考"而写的《论中学国文课程的修订》一文指出："现在国文教材似乎该用整本的书，而不该用单篇短章……退一步说，也该把整本的书作主体，把单篇短章作辅佐。"新中国成立（1949年）后，他为当时教科书编审委员会草拟了《中学语文科课程标准草稿》，把这一思想进一步表述为这样的观点："中学语文教材除单篇的文字而外，兼采书本的一章一节，高中阶段兼采现代语的整本的书。"这一观点受到后来学者（如顾黄初、董菊初等）和老师们的重视。2001年7月出版的《全日制义务教育语文课程标准（实验稿）》，"教学建议"部分有这样的表述："培养学生广泛的阅读兴趣，扩大阅读面，增加阅读量，提倡少做题，多读书，好读书，读好书，读整本的书。"2003年4月出版的《普通高中语文课程标准》提出："学会正确、自主地选择阅读材料，读好书，读整本书，丰富自己的精神世界，提高文化品位"。2011年颁布的《初中语文课程标准》在"教学建议"中明确提出："提倡少做题，多读书，好读书，读好书，读整本的书。"2016年颁布的《普通高中语文课程标准（征求意见稿）》中的"学习任务群2"就是"整本书阅读与研讨"，在2017年《普通高中语文课程标准》中，"整本书阅读与研讨"从"学习任务群2"调整到"学习任务群1"。可见，"读整本书"的思想已经被广泛接受，并作为语文教育的重要原则被确立下来。

其实，古代学者也很重视读整本的书。古人读书，虽然在起步阶段也读《唐诗三百首》《古文观止》这样的选本，但最终都要去读那些诗人、古文家的集子，不这样读，就无法欣赏每一个作家的艺术个性，无法判断他们的创作成就。叶圣陶提出读"整本的书"的主张，与古人的做法是一致的。与叶圣陶同时代的一些学者，如陶行知、胡适等人，也有类似的主张。这说明，读整本书是历代学者读书的经验之谈。的确，要在阅读中培养学生的整体观念和宏观把握作品的能力，特别是要让阅读有一定的长度，充满厚度和深度，不读整本的书是不行的，因为整本书负载的内容比单篇文章要丰富得多、深刻得多，不仅为读者提供更多的信息，当然也对读者提出了更高的要求。

阅读整本书，有利于培养读者的阅读耐心，特别是读那些篇幅特别长的作品——有的学生可能一开始有兴趣，但因为整本书的阅读过程比较漫长，以至于在失去新鲜感之后可能逐渐倦怠甚至放弃；

阅读整本书，有利于完整领略作品的原貌，并作出自己的理解和判断——很难设想，不读《孟子》全书，仅仅读《生于忧患死于安乐》这样的选段，我们能感受到孟子的圣贤气象；只读《林教头风雪山神庙》而不读《水浒传》全书，学生最多知道林冲这一个人的遭遇，无法了解其他好汉的经历和命运，也无法了解整个梁山泊的事业及其意义。

阅读整本书，有利于把一本书看做一个有机整体，并努力寻求作品内部的有机联系——很难设想，不读《红楼梦》全书，仅仅读《葫芦僧乱判葫芦案》这样的选段，我们能读出《红楼梦》的博大精深与精细缜密。只读《林黛玉进贾府》而不读《红楼梦》全书，学生可能将贾宝玉视为一个不拘礼法的公子哥形象，看不到这个愤世嫉俗、性格乖张的人物所蕴含的反封建的价值。只读《两茎灯草》而不读《儒林外史》，学生可能觉得严监生是个吝啬鬼、守财奴，却不知他是一个勤劳节俭的人，作者并没有讽刺他的意思，被讽刺的是严贡生。

提倡读整本书，要求我们不能满足于读教材。虽然教材选的作品大多属于优秀之作，但这并不意味着未被入选的作品就不优秀——实际上，受教材的篇幅、体例和编者水平的限制，很多优秀之作难以入选，如果不读教材之外的作品，就很难弥补教材自身缺陷带来的这种不足；更为主要的是，教材中多数是单篇文章、短文章，有些文章则是从长篇童话、小说、戏剧中节选出来的，既不是完整的作品，也不是真正的原著，再加上有些文章节选不当（有时只剩下一个故事梗概），原著的精彩之处被破坏，如果我们只读这类节选之文，是无法看到原著全貌的，因而也不能真正读懂原著。试想，一个学生只读《美猴王出世》，能算读过《西游记》吗？一个学生只读过《草船借箭》，能算读过《三国演义》吗？一个学生只读过《景阳冈》，能算读过《水浒传》吗？一个学生只读《林黛玉初进贾府》，能算读过《红楼梦》吗？一个只读过《王子复仇记》的故事梗概的学生，能算读过《王子复仇记》吗？教材里的课文都是单篇文章，没有长篇宏著，长期读这种单篇文章很难全面提高阅读水平，特别是不能提高阅读长篇巨著的能力。当然，提倡整本书的阅读，并不是要取消教材的阅读，而是要避免教材的不足，并充分发挥教材对阅读的引导作用，将教材作为一个引子、一座走向深层次阅读的津梁。现在每册语文教材都重点推荐几本书，这些书都值得整本整本地读，相信这些文学书读完之后，学生在语感和美感方面一定有收获的；我们还可以根据教材中所选课文提供的线索，进一步阅读同一作家的其他作品，或者相关作家、相关题材、相关主题的著作，从而进一步扩大阅读范围。

提倡读整本书，要求我们不能满足于读文选之类的书，无论是美文选还是作文选。现在，不少学者、一线老师、阅读推广人，为中小学生编写了不少系列的阅读文选，如钱理群、王尚文主编的《新语文读本》，薛瑞萍、徐冬梅、邱凤莲主编的《亲近母语：日有所诵》，朱自强编著的《快乐语文读本》，选文优美，编排新颖，很好地弥补了语文教材的不足，适合中小学生阅读。但它的缺陷和语文教材类似，即只能读到单篇美文，无法读到长篇巨著；这类读物虽然入选之作质量较高，但受编者的水平和意图所限，好作品未必都能入选；再加上这类书的体例决定着很多作品之间缺乏内在的联系，如果编者再对入选之作加以不必要甚至拙劣的改编，就难以看出作品的原貌。更为主要的是，编者都有一定的编选意图和编选标准，这直接决定了他入选哪些作品，以及如何解读这些作品，而这些解读未必触着作品的精彩之处，对读者不仅没有启发，有时甚至是一种束缚；即使解读本身不乏精彩，但编者强烈的编选意图也会限制读者做其他的解读。这些都是汇编书存在的缺陷，也是我们提倡读整本书的原因。至于作文选，虽然选的是同龄人的优秀作文，但毕竟与经典之作存在很大的差距，阅读效果难以得到保证；不少学生读这类作文选，主要是为了学习作文，甚至只是看其中的好词好句，但阅读的目的并不仅仅是为了写作，更不是关注好词好句，而是整体把握作品的思想、感受文章中的感情，进而熏陶自己的情感，净化自己的心灵，这些只有通过读经典，尤其是整本整本地读经典才能实现。当然，适当阅读文选尤其是美文选，并通过这些美文进一步去读其他相关作品，也能扩大阅读范围，促进阅读水平的提高。

提倡读整本书，要求我们不能满足于读报纸、杂志之类的读物。成年人因为生活节奏太快，无暇读书（更不用说读整本整本的书），只能通过报纸、刊物等进行浅阅读或者获得一些资讯。但中小学生的阅读不能让报纸、杂志成为自己的主要阅读对象，因为那里面很难读到经典的作品，也读不到整本的书。不少学生喜欢读《读者》《青年文摘》《实用文摘》《意林》这类杂志，里面有些文章或文笔优美，或具有哲理，颇能吸引一部分读者。但长期阅读这类杂志而不读整本书，很容易出现阅读碎片化的弊端，难以获得系统化的知识。当然，我们并不一味反对学生浏览报纸、杂志，因为这些阅读材料能提供比教材、文选等书籍所没有的最新信息，成为教材、文选的有益补充，这对我们扩大信息来源和阅读面很有帮助（教材、文选之类的读物一旦编写、出版了，很难及时跟踪、反映最新信息，因为修订工作需要较长时间才能完成）。

读整本书，要求我们必须有一个阅读的整体感，但也不能忽视作品的细节。要有整体感，就要注意把握全书的整体结构和布局，不能只读书中精彩的章节、段落或者句子，不能只读对自己有用的地方，更不能只读故事的结局或者点题的地方。要知道，精彩的地方只是相对而言的，没有全书的衬托或者铺垫，所谓的精彩也无从谈起。而那些对自己"有用"的地方，未必是书中的精彩之处，从那些地方学习到有用的东西，实在是令人质疑的。但我们不能因为强调整体感，就专门读改写本、摘要本，因为读这种本子，跟只读故事的结局或者点题的地方差不多，所得只是梗概甚至皮毛，于书的精彩或者微妙之处很可能全无心得——要知道，缺乏对细节的细心体会，也很难真正做到对全书的整体把握。所以，我们阅读一本书要有点耐心，才不至于那么急切地知道故事的结尾或者主题，而忽视故事的情节特别是那些耐人寻味的细节。

总之，我们提倡读整本书，但不排斥教材、文选、报纸杂志的阅读，因为这些编选出来的书，也有整本书所不能取代的价值。比如我们要读李白的诗，如果不是出于研究的目的，只是一般的欣赏，读《李白诗选》比读《李太白全集》更合适，因为李白诗选所选之作基本上是李白的优秀之作，而全集中的作品则是参差不齐，一般的读者没必要去读李白那些水平一般的作品；再比如我们要读某年或者某个年代的散文，不可能自己去一一翻阅，最简捷的办法是读这方面的选编；比如我们想读一些关于亲情的文章，那就只能去看看这方面的选本，因为很少有作者在创作之初就是定位在亲情方面，即使是，这样的书也做不到篇篇精彩。但无论如何，教材、文选、报纸杂志的阅读存在明显的不足，我们需要通过整本书的阅读来弥补，并且努力将整本书的阅读，与教材、文选、报纸杂志的阅读结合起来，互相补充，进一步提高阅读的水平。

是不是所有的书都值得整本整本地阅读？当然不是。哪些书需要整本整本地读呢？首先，经典名著最值得整本整本地阅读，对于儿童阅读来说，这类书多半是经典的童书，尤其是儿童文学经典（包括绘本）。其次是自己感兴趣的书。有些书虽然是经典，但超出了孩子的阅读能力，或是孩子不喜欢读的，我们也不能强行要求孩子整本地阅读，这时我们应该考虑让孩子读自己感兴趣的书。有些书虽然不是经典，仍不失为好书，如果属于自己感兴趣的书，也可以整本整本地阅读。但我们不能迁就自己的兴趣，不能只读自己感兴趣的书（这些书大多数可读性比较强，难度不大），而应该适当读一些有点阅读坡度的书，尤其是那些理论性比较强的经典著作（如《人间词话》《美学散步》《美的历程》《歌德谈话录》），适当增加阅读的难度，这对自己来说是挑战也是提高。这类书虽然难懂一些，但啃过几本之后，能使自己的理论思维得到较大的提高。此外，不少人在从事专业研究时，也需要整本阅读很多不是经典的著作，当然，这种阅读是属于学术研究性质的，跟中小学生的阅读不完全是一回事。总之，需要整本整本地阅读的书并非都是经典著作，但中小学生整本阅读的应该是经典之作，至少是自己喜欢看的好书。

读整本书，一般要求读原著，比如《城南旧事》《呼兰河传》《草房子》《夏洛的网》《小飞侠彼得·潘》，这本来就是适合儿童阅读的儿童小说，没有必要去读改写本、缩写本。读整本书，很多情况下指的是读全集，比如看冰心的诗集《繁星·春水》、鲁迅的小说集《呐喊》《彷徨》，最好不读选本。当然也可以读选集，比如安徒生童话未必要看全集，可以只看选集；朱自清的散文可以只看选集，未必要看全集；泰戈尔的诗也可以只看选集，不一定要看全集。有些书不存在全集，那就只能读选本，如《中国成语故事》《中国古代寓言故事》等书，形式上跟语文教材、美文选差不多，都是一个一个故事的汇编，像这类书，我们读它，也可以算是整本整本地阅读了。

整本书的读法，在很多情况下需要精读，而不是泛泛浏览或者知道个梗概：读整本书，不仅要了解全书的内容和结构等，也要关注作者介绍、书的封面（书名、作者、国籍）、序言（前言、引言、导读）、目录、插图、后记等内容，甚至出版社、版次，以及出版社的促销信息。也就是说，我们要从封面读到封底，而且不止一遍地读。如果读完整本的书，却不知道这本书是哪个出版社出的，甚至连书的作者都不知道，这是说不过去的。至于市场上出现的《哈佛凌晨四点半》《塔木德》之类的书，多是编选之物，并非原作，虽不能说是什么坏书，但因为编者都是打着哈佛大学、犹太民族等吸引眼球的旗号，"兜售"一些励志或者智慧的东西，谈不上多高明，浏览即可，就是不看也是可以的，当然用不着精读。

另外，提倡读整本书，未必就只是语文课程的事情，就像阅读从来不单单是读文学作品一样，其他的课程也应该提倡读整本书。比如学生物，我们不能只读教材，也可以读读达尔文的《物种起源》这样的著作；学历史，我们也可以读读司马迁的《史记》或希罗多德的《历史》这样的著作；学地理，我们也可以读读魏格纳的《海陆的起源》这样的著作。即使是百科（知识）阅读，我们也可以读一读整本的书，甚至读系列丛书，如《十万个为什么》。而像《数理化通俗演义》这本书，对我们学习数理化三门课程尤其是理解这三门课程之间的有机联系，帮助很大，这比单纯阅读数理化三门课程的教材更有意义。

需要指出的是，"读整本书"主要是针对教材中单篇课文的阅读提出来的，因为教材都是一篇一篇汇总起来的文章（很多文选也是这样编选出来的），只读这些作品，读者接近经典原著的机会就会大大降低——毕竟直接阅读经典原著比阅读教材更有必要性，更有效果，更能培养学生的语感和美感。但我们也不能过于强调"读整本书"，甚至将其与课堂学习对立起来。要知道，二者是互补的关系而非对立的关系，更为重要的是，对于中小学生而言，阅读水平的提高主要是通过精读单篇文章来实现的，在中小学阶段，"读整本书"可以作为学习的一种补充方式而不能作为学习的主渠道，否则可能得不偿失。

提倡个性化阅读

这里说的"个性化阅读",与自主阅读有联系,但不完全是一回事。在某种程度上,个性化阅读包括自主阅读。自主阅读是相对于亲子阅读、师生共读而言的,强调阅读的自由、自主,包括阅读对象、阅读方式的自主性;个性化阅读强调的是在自主阅读基础上有个人的创造性解读(阅读效果的创造性和独特性),而不仅仅是自主性(阅读对象、阅读方式的自主性)。自主阅读是个性化阅读的基础,个性化阅读是自主阅读的提高,是更高层次的阅读。

可惜的是,现实生活中存在诸多阻碍孩子个性化阅读的因素。这些因素包括家长、教师,还包括教材、图书的编者,有时还包括作者。有的家长和老师喜欢把自己认可的书强行推荐给孩子读,或者把自以为正确、深刻的理解灌输给孩子,让孩子去接受;不少教材、图书的编者则喜欢在导读和思考题中灌输自己的理解,并以此来"引导"孩子的阅读;还有些作者喜欢在前言、后记或者创作谈中交代自己的创作意图,并且希望这种意图能被读者接受。但我们不得不说,这些都不利于孩子的个性化阅读。不少专家学者喜欢探求作品的本意或者作者的原意,以为追溯到此,就算读懂了这部作品。实则不然。我们要知道,作者的原意或作品的本意是一个不断接近的目标,而不可能成为完全实现的目标。即使作者明确地说出作品的主题、寓意,读者也未必就要按照这个来理解作品,更何况其他人代替作者所做的解释呢?正如清代学者谭献所言:"作者用心未必然,读者用心未必不然。"(《复堂词录序》)读者的用心完全可以与作者的用意不一致,这是阅读中的正常现象,好的作品更容易出现这种现象。这也告诉我们,阅读不能受作品的本意或作者的原意所限,也不能受编者编选的意图所限,更不能受老师或家长的指导束缚,读者要相信自己的感受,要敢于提出自己的见解。

个性化阅读之所以被提出,首先是因为很多作品意蕴丰富,存在各种理解、阐释的可能性，这在经典作品中体现得尤其明显，只有不断进行个性化的解读，才能真正体会到作品内涵的丰富性，才能丰富我们对经典作品的理解。比如《西游记》的主题就存在不同的说法，有人说是反封建（曲折地反映了劳动人民对统治阶级的斗争），有人说是反理学，有人认为它是借三教之争（儒教、道教、佛教）来宣扬佛教，也有人认为它写的是个人的成长史：取经途中遇到的各种妖魔实际上是人性中恶的一面在和善的人性交锋，人生就是在不断和恶的人性的交战中收获善果，人生也必须经历各种磨难才能获得最终的完善和幸福（参柯云路《童话人格》；吴从先《小窗自纪》说《西游记》是一部定性书，大概也是这个意思）。林庚先生认为它是一部童话性质的书，因而把它当作童话来读。新版《西游记》总制片人张纪中说："孙悟空是国际巨星，每个人的青春都有它的影子，它的叛逆不羁，追求解放，与全球年轻人有着共鸣，按好莱坞的说法，他就是个超级英雄。同时，孙悟空从猴性到人性再到佛性的转变也正是青年人的成长写照，这是《西游记》的普世价值。"这些理解很难说一定是《西游记》的主题，也很难说就穷尽了《西游记》的思想意义，但都有一定的道理，对我们认识《西游记》的丰富内涵很有启发。经典作品之所以内涵丰富，是因为它塑造的艺术形象往往超出作者的用意，用高尔基的话来说，这叫"形象大于思想"。《阿Q正传》正是这样一部经典作品。书中的阿Q形象，一般认为是辛亥革命时期落后的农民的典型形象，作品总结了辛亥革命没有发动和依靠农民进而导致失败的历史教训，提出了农民问题在中国民族革命中的重要性；但也有人认为，作为阿Q形象主要特征的精神胜利法，不仅是中国农民身上的弱点，也可以说是普遍存在于中华民族各阶层的思想局限性，也就是说，作品的意义并非在于反映农民的落后，而在于反映国民的劣根性；还有学者指出，阿Q的精神胜利法也是对人类的一种普遍的精神弱点的形象概括，这就超出了批判国民劣根性的层次，从民族性上升到人性，升华为对人类普遍存在的人性弱点的批判。我们不知道鲁迅创造阿Q这一形象究竟有何用意，但即使他说出来，我们的理解也不能局限于此，"形象大于思想"的现象决定着作品具有多种理解的可能性，读者的理解必然超出作者的原意和作品的本意。

个性化阅读之所以被提出，也是因为读者（阅读主体）存在着很大的差异（个体差异性），这直接导致每个读者的阅读内容、阅读方法、阅读效果都不同，即使阅读对象相同，也会出现不同的理解。比如《红楼梦》这部经典，不同的人用不同的眼光读出不一样的味道："经学家看见《易》，道学家看见淫，才子看见缠绵，革命家看见排满，流言家看见宫闱秘事……"（鲁迅《〈绛洞花主〉》小引）但王国维、鲁迅提出了不同的看法："《红楼梦》一书，与一切喜剧相反，彻头彻尾之悲剧也"，"《红楼梦》者，可谓悲剧中之悲剧也"（《红楼梦评论》）；"悲凉之雾，遍被华林，然呼吸而领会之者，独宝玉而已"（《中国小说史略》）。这是把《红楼梦》当做悲剧来读，比前面很多看法更接近《红楼梦》的实际，但这不妨碍别人继续提出新的解读，比如毛泽东把《红楼梦》当作历史来看，从《红楼梦》里读到了封建社会的变迁和封建家长制的衰亡。这种解读的多样性，同样存在于西方经典。西方有句谚语："一千个读者，就有一千个哈姆雷特。"说的就是这种情况。既然不同读者对同一部作品有不同的看法，我们还能要求读者统一看法吗？不能。我们只能尊重差异，提倡个性化的解读，否则的话，不仅抹杀作品的丰富内涵，也抹杀了读者的个性，最终导致理解的千篇一律。

需要指出的是，阅读的个性化原则更强调创造性，而不是个体的差异性。个体差异形成的阅读差别，并不都具有意义，只有那些基于深阅读之后提出的富有个性的独特理解，才是真正意义上的个性化阅读。同样阅读古希腊神话，尼采提炼出了酒神精神和日神精神这两种不同的艺术精神，弗洛伊德提出了"恋母情结"的理论，马克思则发现它再现了人类童年时代的完美天性。这些见解都是独特的，也是富有创造性的，对我们认识古希腊神话颇有启发。当然，每个人的独特见解既可能是正确的，也可能是错误的，谁也无法保证自己的见解都是正确的，关键是要敢于提出自己的见解，即使前人在这方面已经有了不少好的见解。王国维读唐宋词，对前人的很多见解提出了不同的看法，如王安石欣赏南唐中主词《浣溪沙》中"细雨梦回鸡塞远，小楼吹彻玉笙寒"二句，甚至认为超过南唐后主《虞美人》之"一江春水向东流"（胡仔《苕溪渔隐丛话前集》卷五十九引《雪浪斋日记》），王国维为此颇致感慨："'菡萏香销翠叶残，西风愁起绿波间'，大有众芳芜秽，美人迟暮之感。乃古今独赏其'细雨梦回鸡塞远，小楼吹彻玉笙寒'，故知解人正不易得。"（《人间词话》）针对宋祁的名句"红杏枝头春意闹"，前人有过这样的非议："红杏之在枝头，忽然加一闹字，此语殊难着解。争斗有声之谓闹，桃李争春则有之，红杏闹春，予实未之见也。闹字可用，则吵字、斗字、打字，皆可用矣。"（李渔《窥词管见》）。但王国维认为："'红杏枝头春意闹'，著一'闹'字，而境界全出。"（《人间词话》）两相对比，不难看出，王国维的见解更为合理。苏轼绝爱秦观的词《踏莎行》"郴江幸自绕郴山，为谁流下潇湘去"两句，并自书于扇曰："少游已矣，虽万人何赎。"（胡仔《苕溪渔隐丛话前集》卷五十）但王国维认为："少游词境最为凄婉。至'可堪孤馆闭春寒，杜鹃声里斜阳暮'，则变而凄厉矣。东坡赏其后二语，犹为皮相。"王国维对苏轼的批评未必合理，但他欣赏"可堪孤馆闭春寒，杜鹃声里斜阳暮"，亦不失为有得之见。至于他引用唐宋词，提出"三境界"说，更是一种创造性的见解，虽然这种见解并不符合作品的原意。

也许有人会说，上面这些解读都出自名家，中小学生能提出那样个性化的解读吗？的确，不是所有人都能提出创造性的解读，即使是名家也未必时时刻刻都能做到，但这并不意味着中小学生始终就提不出个性化的解读。我曾经带过一批小学生研读《论语》，有一个三年级的学生对"无友不如己者"提出了不同的看法："如果人人都结交比自己好的人，而不结交不如自己的人，那么那个不如自己的人，不就永远得不到提高吗？这也是君子之道吗？"还有个小学生针对杜甫《酒中八仙歌》提出了自己的看法："'自称臣是酒中仙'，还是免不了杜甫那种甘为臣下的习气、臣服感，不如改为'自称爷是酒中仙'，那神气劲儿、那醉意，全写出来了，也就更为符合李白那种傲岸的个性。"看到这两个例子，我想诸位应该相信：中小学生完全可以进行个性化的阅读，完全可以提出富有创造性的独立见解。所以我们要珍视孩子的独特理解，并且鼓励孩子进行个性化的阅读，只有这样才能不断提高他的阅读水平、提升他的阅读境界。

如何做读书笔记

　　培根在《论读书》一文中说："读书使人充实，讨论使人机智，笔记使人准确。因此不常作笔记者须记忆特强，不常讨论者须天生聪颖，不常读书者须欺世有术，始能无知而显有知。"这段话强调了阅读的重要性，也说出了做读书笔记的重要性。中国有句俗语："好记性不如烂笔头。"说的道理跟培根所言一致，也是在强调做笔记在阅读中的重要作用。莫提默·J·艾德勒和查尔斯·范多伦合著的《如何阅读一本书》第五章专门探讨了做笔记的方法，也是基于做笔记在阅读过程中的重要性。

　　做读书笔记有助于积累——积累知识、材料，为进一步的学习打下扎实的基础。读书本身就是一种积累，在阅读的同时做点读书笔记，更有助于积累各方面的知识、材料。这些积累在生活中常常用得上，即使暂时用不上，先把它留着作为储备，一旦需要可以随时提取。

　　做读书笔记，有助于加深阅读的理解、记忆，提高阅读的效率。很多人都有这种感觉，一本书读完了，如果不读第二遍，也不做读书笔记，时间长了就记不起其中的内容，但只要就这本书做过读书笔记，即使时间长了，也能回忆起其中的很多内容，至少是通过翻阅读书笔记，能回忆起其中的一些内容。这就是因为做读书笔记的时候，我们对全书的内容又做了一次回顾，加深了理解，印象自然就深刻得多。很多书我们未必有时间读第二遍，又不做读书笔记，可能看过和没看过区别不大，这样的阅读效果当然不是我们所希望的。

　　做读书笔记，还能锻炼我们的思维，提高我们的写作能力。简单的摘抄在这方面起的作用可能不是很明显，但那种写阅读心得、做评论的读书笔记，其作用不是单纯地记录阅读的内容，还要对阅读的内容加以评价，这就不是单纯的记忆，而需要有深入的思考了。这种思考，很能锻炼读者的思维能力，对我们的写作能力的提高有着直接的帮助，对我们从事其他工作也有作用，因为思维能力的训练在各种工作中都是需要的，所有的工作要想做好，都要我们有很好的思维能力。

做读书笔记，首先要思考的问题是记什么、如何记。依我看来，对于小学低中年级的学生而言，做读书笔记的要求可以放得很低，低到只要学生记录一下读书的时间和书的名字、作者就可以。如果要求高一点，可以让学生把书名、作者、版本（出版社名称、出版年月）以及自己阅读的时间都记下来；如果读的是单篇的文章，可以记下文章的作者、文章标题、文章所在书籍的页码、书籍的版本情况等信息。即使是这样简单的笔记，也能给孩子成长的脚步留下温暖的痕迹，给生命留下美好的记忆。

有人说，做读书笔记就是摘抄，也就是摘抄好词好句，比如精彩的词语、段落，以及名人名言。其实，这种理解有些偏颇。首先，摘抄好词好句，在很大程度上是为写作做准备的，但阅读的目的从来就不是单纯地为写作服务，所以做读书笔记绝对不仅仅是摘抄好词好句那么简单。其次，即使是摘抄也不限于好词好句、名人名言，一切有用的知识、信息都可以摘抄。名人名言和作品中的精彩描写固然值得摘抄，但只注意这些是不够的，值得摘抄的内容很多，即使是那些民间的谚语、俗语也值得摘抄。虽然这些谚语、俗语过于通俗，但形象生动、幽默深刻，充满智慧，如：跑得了和尚，跑不了庙；留下葫芦籽，哪怕没水瓢；留得青山在，不怕没柴烧。多积累一些谚语、俗语，对我们的交流与写作很有帮助。很多作家、学者在从事创作和研究之前，要积累大量材料（包括历史、地理、科学等多方面的材料），那些材料很多不是好词好句，但都属于读书笔记的内容。杨红樱说她在写三本有关地球环保方面的科学童话时，除了去沙漠实地考察外，还做了几百张资料卡片。再次，还有比摘抄层次更高的读书笔记方式，那就是写摘要、提纲、简评、阅读心得。摘要和阅读心得之所以比摘抄层次更高，不仅是因为它不是简单的摘录，而且牵涉到对全书的理解，如果对全书没有很好的把握，是难以完成摘要工作的，也写不出自己的心得。阅读心得可以和摘要结合在一起，也可以单独写，可以是批注式的，也可以是论文式的。古人读书喜欢在书上圈点或者做眉批、评点，就属于批注式；札记则属于论文式。但札记、论文已经进入了研究的层次了，非普通读者所能为。

就是单纯地摘抄也很有作用。东汉著名学者桓谭就说过："躬自抄乃当十遍读"，意思是抄书比看书印象深刻。梁启超也说："当读一书时，忽然发觉这一段资料可注意，把它抄下。这段资料自然有一微微的印象印在脑中，和滑眼看过不同"，"过些时，碰着第二字资料和这个有关系的，又把它抄下，那注意便加浓一度。经过几次之后，每翻一书，遇有这项资料便活跃在纸上"。不过，他们说的摘抄都是为了研究学问。就中小学生而言，创作和研究还不是很迫切的工作，写作文倒是他们常常要完成的任务，对他们而言，做读书笔记有时就是摘抄好词好句，这些好词好句在写作文的时候能用上。就摘抄好词好句而言，我们也得明白：

（1）像《柳林风声》这样文笔很好的童话，我们当然能从中摘抄很多的好词好句，但不是所有的作品都有好词好句供我们摘抄，如叶圣陶、张天翼、任溶溶的童话，以及丰子恺、许地山的散文，大多语言平实，但都不失为好作品，值得阅读，却未必值得摘抄；像《福尔摩斯探案集》《哈利·波特》这样的小说，主要靠情节取胜，也未必有很多好词好句供人摘抄。

（2）所谓的好词好句，还牵涉到理解和判断。何为好词好句，实在是仁者见仁、智者见智。见多识广的人能从平凡的字句中读出不平凡的意思来，读得少、见解浅的人可能将平凡的词句视为精彩，甚至觉得处处精彩、目不暇接，这样摘抄下来不仅很累，收获也不大。我曾经在一所小学看三年级的孩子做摘抄，有的孩子不知道哪些是好词好句，就把书本上的句子都画了。可见，发现好词好句对于有些学生而言，不是一件容易的事情。

（3）即使真的是好词好句，但离开原文，很难说都是好词好句；不联系全篇，也很难说清好词好句好在哪里（如"悠然见南山"的"见"字、"春风又绿江南岸"的"绿"字）。

（4）名人名言可能比好词好句更容易单独拎出来进行摘抄，但这些零星的句子堆积在一起，不与全文、不与作者说话的语境结合起来，就难以进行整体的把握，理解起来就容易出现破碎化、碎片化、片段化的弊端。这样说，是不是意味着摘抄好词好句没有价值了呢？当然不是。我的意思是：在做读书笔记的初级阶段，摘抄好词好句是可以的，甚至到了更高的阶段，还可以继续摘抄好词好句，但随着阅读的深入，应该逐步提高好词好句的"含金量"；而且，我们要记住，不管在阅读的初级阶段还是高级阶段，始终都不要以为读书笔记只有摘抄好词好句这一种方式。

值得关注的是，为了满足中小学生摘抄的需要，目前市场上有很多的名人名言、好词好句、精彩段落之类的书（如小学生好词好句好段大全集、景物描写辞典），不少学生就专门找这类书来摘抄，这种做法并不可取——

因为他记下来的东西都是别人替他摘出来的，他本人的笔记只是简单的抄录，没有阅读和思考的过程。由于缺乏本人的阅读和思考，这种摘抄很难在自己的脑子里留下深刻印象，因而也很难被有效利用。现在，有些出版社提倡无障碍阅读，在出版一些经典作品的时候，把书中的好词加以注音甚至解释，把精彩描写或具有哲理性的句子画出来，还在边上有点评。这些做法对孩子加深对作品的理解、指导孩子做读书笔记有一定的作用，但这类书不能成为孩子阅读的主要对象，这是因为：生字词孩子可以通过查字典的方式来解决，我们应该通过来培养孩子查阅工具书的习惯，提高查字典的速度，不能怕阅读的时候查字典影响阅读速度，就替孩子省去这些事情，这样做可能起适得其反的作用；更何况，有些生字词，孩子还可以根据上下文来推断，不仅用不着查字典，也用不着编者来注释——根据上下文来理解某些字词，本来就是阅读理解的任务，这个任务必须由孩子自己来独立完成，别人不能越俎代庖。至于那些精彩的描写或者富有哲理的好句子，也应该由孩子自己来寻找，有些好句即使编者找出来，并点出它的妙处所在，孩子也未必理解，更何况它们的精彩之处也是仁者见仁智者见智，编者的点评有可能限制孩子的理解。我们提倡孩子自主阅读，也包括解读的多元化，孩子可以有自己独特的理解。也许有人会说，孩子太小，自己发现不了好句，或者找出来的句子在成人眼里不算好句，即使发现了，理解也不深，但这不是我们替他做的理由。孩子的进步总要经历这样一个过程：从发现不了好句到能发现，从理解不深到理解比较深。我们不能指望孩子一步登天，毕竟人的成长需要一个过程，阅读也是一个长期的过程。

提倡无障碍阅读当然是出于好心，但我们也应该知道，阅读不可能都是无障碍的，有障碍是正常的。孩子正是在跨越一道道障碍的过程中享受阅读的乐趣，提高阅读的水平。我们没有必要为孩子消除掉所有的障碍，在现实中也不可能消除所有的障碍（而且，我们认为的障碍对孩子来说是不是障碍、是否有必要去消除，也是值得思考的）。过度的指导，过多的指导（无障碍阅读），无异于"嚼饭哺人"，名义上是为孩子好，实际上孩子未必真的如家长所愿地好起来。比如泰戈尔《园丁集》："满满的水壶靠着臀部，你在河滨小径上走过。你为什么迅速地转过脸来，透过飘扬的面纱偷偷地睃我呢？"（《泰戈尔诗选》，吴岩译，浙江少年儿童出版社第59页）这个"睃"字，学生可能不知道它的意思，但可以根据字形推测它跟眼睛、跟看有关，再联系上文"偷偷地"等词语，可以推断它不是正眼看的意思，而可能是瞟之类的动作。学生还可能不知道它的读音 suō，但如果是默读，不知道这个字的读音是不会影响阅读的，学生就可以忽略它的读音；如果学生想知道读音，可以查阅字典。过多的或者不必要的注释、点评，影响阅读的速度特别是阅读的连贯性。当然，有关作者、作品的资料可以在注释中介绍，这有助于读者了解作家、作品；作品中某些生僻或专门性的词语，在一般的工具书中难以查找到，可以注释，这可以减少读者的翻检之劳。

做读书笔记，除了要解决记什么和如何记的问题，也要思考如何处理阅读的速度和效率的关系，这一点在家长和教师指导学生阅读的时候尤其要注意。读书笔记固然有利于增强阅读效果，提高阅读效率，但阅读的目的绝对不是为了做读书笔记。有些老师喜欢要求学生摘抄好词好句、写读后感，甚至规定一周之内必须摘抄多少好词好句、写下多少字的读后感，却常常发现收效不理想，甚至引起一些学生的抵触。作为老师，我们当然可以鼓励学生在阅读的时候做读书笔记，但我们一定要知道：摘抄好词好句耗费时间（因为好词好句牵涉到理解和判断的问题，不是单纯的抄写问题，而且不是所有的书都有好词好句可以摘抄），写读后感更不是一件容易的事情（即使是老师，写读后感也不是一件轻松的事），所以我们千万不要对学生做读书笔记定下硬性的任务，使得孩子在读书的时候心里老惦记着要完成这个任务，这会影响学生的阅读速度甚至阅读兴趣。再说，不是所有的书都需要做读书笔记，有些书读后即使不做读书笔记照样有阅读的效果。拿成人阅读为例，很多人不做笔记，但喜欢阅读，而且觉得在阅读中有很多收获、启发。成人可以这样阅读，中小学生当然也可以这样阅读——毕竟，阅读是一种心灵的需要，只要在心灵中留下了痕迹，阅读的意义也就体现出来了。如果再能用笔记下来，或者写点心得，当然更好，但不必对此过分强调。也就是说，做读书笔记是可以提倡的事情，但不能作为硬性任务，可以因人而异，阅读基础好的学生鼓励他们多做读书笔记；也可以根据年级来安排，对于低年级的孩子，把作者和书名记下来或是能复述故事情节就可以，对于中年级的孩子，可以摘抄好词好句（写读后感对于中低年级的孩子显得有点难），对于高年级的孩子，可以在摘抄的同时尝试着写写读后感。

随着时间的推移，读书笔记越来越多，越来越厚，如何处理和使用这么多的读书笔记，也是需要我们思考的问题（这在中学阶段是完全可能遇到的）。小学阶段的读书笔记可能不多，似乎不用担心笔记太多不易检索的问题，但到了一定阶段，就应该思考一下读书笔记的使用问题，这就牵涉到对读书笔记进行分类。著名教育家苏霍姆林斯基在写给儿子的信中也说要养成分类做笔记的习惯，因为"分类而又有系统的笔记，能为以后的工作节省许多时间"（《给父母的建议·给儿子的信》）。以前的学者做读书卡片都要分门别类地加以整理，以便在使用的时候依类查找（有的还做索引以便查阅）。现在我们可以将读书笔记输入到电脑中，届时借助电脑来查找我们需要的资料。但即使是这样，也要把资料分好类，这样查找起来更为便捷。当然，起步阶段的读书笔记，我以为还是用手抄比较好，而不宜用电脑。这不仅是因为电脑用多了，对身体尤其是视力有负面影响，也是因为手抄还能帮助基础教育阶段的学生习字、练字。

至于读书笔记的形式，可以多种多样，如卡片、摘抄本，直接在书上做圈点、批注——找出书中的好词好句、划重点或者关键词，或者分析文章结构、提炼文章的主题。很多学者做读书笔记喜欢用卡片，这是一种有效的做法，现在的中小学生大多用摘抄本来做读书笔记，但也不妨尝试用卡片的方式来做。如果是报纸，可以做剪报，将各种剪报资料汇集在一起并加以分类，以备查阅。有些学生喜欢直接在书上圈点或记录心得，但这样做需要一个前提：书必须是自己的，别人的书是不能在书上动笔的；即使是自己的书，圈点或批注也要注意不能密密麻麻，这不仅是为了爱惜自己的书，也是为了提高阅读笔记的使用效果。

总之，做读书笔记方法、形式很多，可以因人而异（有人专注好词好句，有人专注别的内容），也可以因时而异（不同年级、不同年龄），但贵在坚持——和阅读一样，做读书笔记必须坚持不懈地做，才能有成效。随着时间的推移，读书笔记做得越来越多，看着不断丰富的读书笔记，我们常常会产生一种成就感，这就进一步增强我们的阅读兴趣和信心。

阅读的时代变迁

经历过20世纪80年代全民文化大补课的人，对那个时代的读书气氛一定会记忆犹新，如果再将其与此后尤其是当下的阅读氛围对比，一定会感慨阅读的时代变迁太大。

80年代全民读书热，人们渴求知识，由此带动读书热。不仅在大学校园里，就是在中小学、在街道、在书店，也很容易看到读书人的身影。人们看的书也不像现在这样偏于轻松消闲，而是广泛涉及政治、哲学、文学、科学，凡是一切有利于开阔眼界、丰富知识、提高修养的书，都在人们的阅读视野之中。于是《红楼梦》《安娜·卡列尼娜》《红与黑》《约翰·克利斯朵夫》《瓦尔登湖》这样的经典名著有人在读，弗洛伊德的心理学著作、叔本华和尼采的哲学著作、丹纳的《艺术哲学》也有人在读，就是像诗歌这样的纯文学作品也深受人们的喜爱，甚至像《唐诗鉴赏辞典》《唐宋词鉴赏辞典》这样的书都成了畅销书，有人在交友、征婚的时候特意还提及自己喜欢文学、喜欢诗歌，说明当时的阅读并不功利，甚至有点超越现实（海子的诗在那个时代流行与这种时代氛围有关）。90年代出现了文化热，不少人喜欢读余秋雨的文化散文和陈忠实等人带文化寻根意味的小说。进入21世纪，人们对创造财富更加向往，诸如经济、商业方面的实用书籍，以及比尔·盖茨、马云等商业天才们的语录和传记，受到很多读者的追捧。即使不从成人的角度来回顾80年代以来的阅读变迁，只从中小学生的角度来回顾，我们也能感受到这几十年里阅读发生了很大的变化。

80年代的中学生迷恋的是席慕容和汪国真的诗，三毛和琼瑶的小说，金庸和梁羽生的武侠小说；到了90年代，中小学生迷恋的是郑渊洁的童话和杨红樱的校园小说；进入新世纪以后，中学生（包括部分小学生）开始迷恋《哈利·波特》这样的魔幻小说，以及韩寒、郭敬明等人的青春小说，有的还迷恋网络小说。

总的来说，阅读的时代差异主要表现在两个方面：一是阅读对象的变化；二是阅读主体的变化。这两个方面当然是互相联系在一起的，比如阅读主体的变化与阅读对象的变化不无关系（80年代的孩子无论如何是读不到《哈利·波特》这样的魔幻故事的），但它们毕竟是互相独立的两个因素。阅读对象的变化容易看得出来，前文对80年代以来阅读的回顾也主要是从阅读对象的变化来说的。相对而言，阅读主体的变化不大容易看得出来，也不大容易引起一般读者的关注，但阅读主体的变化才是阅读变迁的主要原因。家长和教师在指导孩子阅读的时候，如果不注意到这种变化，很可能就会导致各种失误。

随着经济和文化条件的改善，中等以上的城市、中等收入的家庭的孩子2岁就开始阅读，上小学之前已经有了一定的识字量和阅读能力，这跟80年代很多孩子（尤其是农村孩子）到上小学的时候才开始学拼音、认字、阅读的情况大为不同了。这就提醒我们，对于起点较高的学生，阅读要求可以提高一点，不能按80年代、90年代的水准来要求他们，那样做难以提高他们的阅读水平，甚至会挫伤他们的阅读积极性。当然，有的孩子身处农村，或来自城市里的低收入家庭，父母的文化水平不高，对阅读重视不够，因而孩子的阅读起点较低（有可能还停留在80、90年代的水平），我们不能按照阅读起点较高的学生的要求来指导他们，应对他们适当地降低要求。

随着改革开放的进一步发展，中国不仅产生了许多新作家和新作品，国外的许多优秀作品也被大量引进中国，这给我们的阅读提供了更多的选择。80年代的小学生除了能读到格林童话、安徒生童话，以及为数不多的中国作家写的童话，接下来就只能看看当时比较流行的革命小说（如《小英雄雨来》《小兵张嘎》），其他可看的书并不多（有的学生可能看看凡尔纳的科幻小说）。现在，我们除了可以看郑渊洁、梅子涵、曹文轩、郑春华、秦文君、黄蓓佳、汤素兰、沈石溪等中国作家为孩子们写的优秀儿童文学作品，还可以在格林童话、安徒生童话之外，看到美国作家怀特、意大利作家罗大里、瑞典作家林格伦、德国作家凯斯特纳写的童话，以及像《哈利·波特》这样的畅销作品。这也提醒我们，不能再以过来人的经验，强行要孩子读我们在80年代或90年代读的那些书，要尊重孩子，也要尊重时代。如果有的老师感慨现在的学生不爱看郑渊洁的童话，却爱看《哈利·波特》那样的魔幻小说；不爱看《小兵张嘎》那样的革命小说，却爱看杨红樱等人的校园小说；不爱看冰心的《寄小读者》，却爱看曹文轩的成长小说；不爱看《细菌世界历险记》那样的科普读物，却爱看沈石溪的动物小说；不爱看金庸的武侠小说，却爱看《明朝那些事儿》那样的历史故事；侦探小说不爱看，却爱看盗墓小说，担心孩子们的阅读水平滑坡，我觉得这是不必要的担心，要知道这是时代变迁带给阅读的变化，未必就是坏事。只要孩子们爱阅读，看的不是坏书（即使它不经典），我觉得都能接受，而不必强行指导。我们在儿童时代读过的好书，当然可以推荐给现在的孩子；但这个时代提供给孩子们的选择比过去多得多，我们也要尊重孩子的选择。

值得关注的是，伴随着阅读对象的变化，阅读主体的阅读方式也在发生变化，主要体现在网络作品与电子阅读方面。现在进入网络时代，电脑、手机和网络无处不在，给读者提供了极大的方便，传统的纸质阅读面临网络阅读的巨大挑战。传统的纸质阅读出现于慢节奏的时代，人们可以伴着香茗孤灯，捧着一本经典细细地品读，既关注整体也关注细节，既关注信息和知识，也关注感受与哲理，因而这种阅读属于深度阅读，可以提高人的工作能力和学识修养。跟传统的纸质阅读相比，网络阅读主要是一种浅阅读，包括阅读短信、博客、微信、邮件、新闻、时尚杂志、影视作品，以及网络文学和电子书、手机报。网络作品门槛低，水平参差不一，不像正式出版的作品需要通过编辑审订以及有形无形的读者检验，水平相对有保障，再加上网络中的内容太多，每个人固然可以自由选择自己的阅读内容，但选择需要太多的时间，很多人就靠着网络的推介或受周边人物的影响去读，导致网络阅读普遍缺乏个性、系统、深度，体现出快捷化、碎片化、雷同化的特点，不利于培养人的想象力和创造力；不少人的网络阅读等同于浏览信息，很多信息看过即扔，不会保存在记忆里，所以每天看似接触到了很多信息，但真正记住的信息很少，内心还是免不了空虚和迷茫。但我们不能因此就把网络阅读当成洪水猛兽来防范，而要辩证地看待它：既要看到它有利的一面，也要看到它不利的一面，并在利用它的时候尽可能扬长避短。

其实，网络阅读并非天生就与经典阅读、深度阅读绝缘。网络阅读变为浅阅读最根本的原因不在于网络阅读本身，而在于技术革新带来的巨大社会变化。现代社会是信息化社会，同时又是个快节奏的社会，人们每天都要接触到大量的信息，每天都要处理大量的信息，不可能对每条信息都能做到细致而深刻的思考，很多信息只是浏览而已，甚至是跳跃式的，有时看一下标题就放过去了；即使是阅读那些经典作品，也大多是浅尝辄止、不求甚解，来不及深度阅读（比如只看改写本或根据经典改编的影视作品，不看原著）。这不完全是因为现在的人变浅薄了，而是节奏太快，时间有限，留给深度阅读的时间很少，只好进行浅阅读了；更何况经典的作品也很多，也不可能每部经典都深度阅读，能浏览就已经不错了。

另外，浅阅读也并非一无是处。首先，作为浅阅读的网络阅读，信息量大，携带、检索方便。在这个时代，大概没有几个人再去通读二十四史或者背诵十三经了，因为二十四史、十三经（甚至四库全书）都有电子版了，查阅起来非常便捷。在这个时代，《大不列颠百科全书》大概也没有几个人去翻阅的，因为"维基百科"比它收的内容更多，更新更快，检索更方便。现在的读者可以携带这些类似四库全书、大不列颠百科全书这样的大部头著作（当然是电子版），在公交车上、地铁、飞机上阅读，更别说单本的书籍了。这在传统的纸质阅读中是无法想象的，但在网络阅读时代却是轻而易举之事，也很好地适合了现代人的快节奏生活。其次，网络阅读的文本可以互相链接，常常能提供许多相关的信息，这对我们从事专题性、探究式的学习非常有帮助，能够让我们在很短的时间中找到有价值的相关信息，这种高效是传统阅读很难比得上的。可见，深阅读与浅阅读并非水火不容。浅阅读可以激发阅读兴趣、扩大阅读范围，让读者更容易发现自己喜欢和值得深阅读的读物，而深阅读培养出来的思考习惯、思维能力、欣赏趣味，能使浅阅读的选择更为精准，使浅阅读也能产生深层次的思考，从而尽可能地避免浅阅读的不足，发挥浅阅读的长处。此外，浅阅读门槛较低，使得对传统阅读不感兴趣的读者也能对阅读产生兴趣，这对促进全民阅读、提高全体国民素质有一定的作用。

不过这种浅阅读目前主要属于大众阅读，中小学生的阅读仍然属于传统阅读。中小学生以学习为主，而不是以工作为主，生活节奏相对慢一些，有条件也有必要深度阅读。大众阅读可以是浅阅读，但中小学生的阅读不同于大众阅读，他们的阅读本身就是学习，就是熏陶，是在培养价值观和人生观，这与大众阅读的功利性、消费性、娱乐性特点有着很大的区别。同时，大众阅读不是专业性阅读，中小学生的阅读虽然也谈不上是专业阅读，但将来有可能发展为专业阅读，一个社会的阅读不可能都是大众阅读，而将专业阅读付之阙如；更何况中小学生的阅读不完全是为了获得专业知识，也是在寻求情感的寄托和思想的熏陶，这就更与大众阅读有别。

以上简单回顾一下80年代以来的阅读变迁。从中不难看出，阅读的时代变迁有利有弊：弊端在于我们很难把我们在以往时代读过的好书强行推荐给现在的孩子，很难按照我们所期待的阅读方式来要求现在的孩子；但因为时间的检验，的确有一些经典的书被人们发现、选择出来，可供孩子阅读（如《城南旧事》《宝葫芦的秘密》《神笔马良》《钢铁是怎样炼成的》《格林童话》《安徒生童话》《王尔德童话》《伊索寓言》），同时也由于技术的进步，阅读方式变得更为便捷、多样。阅读的这种时代变迁提醒我们要与时俱进，密切关注时代的变化，积极利用时代变化带来的便利因素，尽可能避免其消极面。阅读的时代变迁也提醒我们，要尽可能把宝贵的时间用来阅读那些被各个时代认可的经典作品，而不能一味追随时代、追逐时髦，只看本时代的流行读物，而忽视那些经过时间检验的经典之作。对于中小学生而言，这一点尤其重要。毕竟，深阅读可以培养大视野、大境界，对个人的成长、对国家的发展、对民族文化的传承，意义重大，而中小学生在这方面承担着更大的责任，所以我们对他们的深度阅读提出的要求更高、期待更大。

总之，中小学生的阅读既要坚持传统，又不能脱离时代；我们既要将那些经过时间检验的经典著作不遗余力地推荐给孩子，也要从不断涌现出的新书中发现好的作品，从而不断发现新的经典，进一步丰富孩子们的阅读天地。

阅读的性别差异

我们很难说有独立存在的女性阅读或男性阅读，甚至也可以说性别阅读是个伪命题，但性别因素影响到阅读却是不争的事实。有学者通过研究，发现从全球范围来看，女性阅读能力普遍高于男性，女性视阅读为乐趣，男性的阅读则是不得已而为之；男女阅读习惯也有差别，女性阅读时比男性更喜欢反思和评价（参见石运章、刘振前《外语阅读焦虑与英语成绩及性别的关系》）。阅读的性别差异在中小学生当中也体现得比较明显，像"男生不可不读王小波，女生不可不读周国平"这样的话之所以出现，就体现了这种阅读的性别差异。不少学者、一线老师已经注意到了男女生的阅读差异，笔者曾经在一所初中和一所小学进行过问卷调查，也发现男女生在阅读方面存在明显的差异。

大致说来，这种差别体现在阅读动机、阅读内容、阅读方式等方面。

阅读动机方面：男生更多是为了需要而阅读，女生比男生更喜欢阅读，也更懂得阅读，更能享受阅读的乐趣，男生在家无法安心阅读的现象比女生要多一些；女生更愿意接受家长和老师的引导，而男生更愿意自主阅读。

阅读内容方面：虽然中小学生都喜欢看想象力丰富的文学作品，但男生更喜欢科幻小说，女生对科幻小说的兴趣不如男生（男女生在魔幻小说的阅读方面则没有明显的差异）；相对于男生喜欢读科幻、侦探、冒险之类的题材而言，女生则更喜欢读公主王子之类的童话故事、动物故事之类的书籍；相对于女生喜欢读那些写景优美、抒情唯美的文章，而男生基本上不大喜欢写景的文章，对写景的文字不大敏感。

阅读方式方面：相对于女生更喜欢纸质阅读而言，男生更喜欢电子阅读，甚至用很多课余时间来看电视、玩电脑；相对于男生更喜欢读报纸、漫画而言，女生可能更喜欢阅读杂志，尤其是对那些唯美、浪漫和梦幻的作品更为倾心；相对于男生比较喜欢实际动手试试、亲自验证书上说的知识而言，女孩更喜欢读完书后与人分享心情；男生的阅读相对粗糙一些，女生对文字的敏感度比男生要强一些，在阅读时女生比男生更为关注细节，而男生更为关注情节，对细节的敏感度不如女孩细腻。

性别之所以影响到阅读，是因为性别影响到人的生理、心理、性格、兴趣、能力，并通过这些因素影响到人的阅读。《红楼梦》里说男人是泥做的，女人是水做的，"天地间灵淑之气只钟于女子，男儿们不过是些渣滓浊沫而已"。西方有人说："男人来自火星，女人来自金星。"这些说法虽然不是从科学的角度来揭示人的性别差异，但很生动地展现了男孩与女孩的不同。现代科学则通过科学研究的手段揭示了男孩与女孩在生理、心理方面以及学习方式的差别，这对我们思考男女生的阅读差别颇有启发。

李文道、孙云晓有篇文章《"男孩危机"：一个亟需关注的教育现象》（见 2009 年 12 月 9 日《光明日报》），结合现代科学的某些研究成果，揭示了男孩与女孩基于生理、心理的不同而导致学习方面的诸多差异。性别教育专家迈克尔·古里安认为，男孩的大脑与女孩大脑相比，更多地依赖动作，更多地依赖空间机械刺激。男孩天生更容易接受图表、图像和运动物体的刺激，而不易接受单调的语言刺激。而女孩由于大脑颞叶中拥有更强大的神经联系，她们具有更为复杂的感知记忆存储能力，对声音的语调更为敏感，因此更倾向于通过谈话和运用语言交流学习。同样面对教师滔滔不绝的讲授，男孩的大脑就要比女孩更有可能感到厌烦、分心，他们也更容易表现出瞌睡或坐立不安的行为。另外，男孩体内的雄性激素使他们精力旺盛，也让他们需要更多的运动。男孩爱冒险、爱挑战、爱争吵、爱跑动，这些行为倾向都与男孩体内更高水平的雄性激素分泌有关。此外，男孩发育落后于女孩：研究证实，从胎儿起，男孩在生理和心理发育上都落后于女孩，直到青少年晚期，男孩才能真正追赶上女孩。在动作发展上，女孩的精细运动技能走在男孩前面。在身体发育上，女孩达到成年身高的一半、进入青春期及停止发育的时间都比男孩早。在大脑和神经系统发育上，男孩的大脑要花更长的时间才能够走向成熟，有研究指出 5 岁男孩的大脑语言区域发育水平只能达到 3 岁半女孩的水平。在心理发育方面，英国学者 Geoff Harman 的量化研究指出，在 11 岁时，男生口语能力、读写能力和计算能力的发育水平分别比女生晚 11、12 和 6 个月。研究还表明，在自制力和言语发展上，男孩的落后尤为突出。

明白了男女生的诸多差别，我们也就不难理解男女生在阅读方面显示出的差别。比如，与女孩不同，男孩更倾向于以运动、实验、参与体验的方式学习，所以我们就能明白，为什么男生比女生更沉迷网络，为什么男生在阅读方面喜欢冒险、侦探之类的作品，这都跟男生好动的性格有关。与男孩不同，女孩在语言能力的发展方面更早，也更为擅长，所以我们就能明白为什么男生的观察能力和表达能力不如女生细腻，对写景抒情的文字感觉不如女生敏感。

应该说，性别差异并不直接导致男女生阅读水平的高低，但它的确造成男女在阅读方面的种种不同，这些不同可能会存在利弊，需要我们在指导学生阅读的时候加以注意。当前，中国在很多方面都出现了"阴盛阳衰"的局面，这种现象在中小学乃至大学里都比较突出。女孩发育早于男孩，学习成绩也优于男孩，这种普遍存在的优越感使得女生要么过于女性化，要么成为"女汉子""男人婆"以及淡化女性色彩的中性人，这些都需要关注，并通过各种方式（包括阅读）加以引导。如果一个女孩子已经成了"女汉子"，我们可以鼓励她多阅读一些公主故事之类适合女孩阅读的作品，适当突出她的女性气质。但假如一个女孩子只读这类书，也不是什么好事。我在网上看到一位家长这样感慨女儿的阅读："性别阅读把我家小妞罩得真准，她恰好就是极喜欢文学故事，不爱读科普、冒险、鬼怪之类的书。三卷公主故事被她翻得快烂了，内容熟得不能再熟，随便一幅插图她就能给你说出相关的情节。我以为她读得太偏——正在矫正中——难道不该矫正？"的确应该矫正这种过于女性化的阅读。要知道，科普是不分男女的，冒险也不是男生的专利（尤其是科学的冒险是属于全人类的事业，不分性别）。女孩子多看点唯美的童话自然是正常的，但要求女孩子也读点科幻作品和冒险文学，多一点科学知识和冒险精神，也不是什么过分的要求。

与女孩男性化的现象相比，男孩的女性化更值得我们关注。现在的孩子在幼年和青少年阶段，主要由女性来陪伴他成长：在家是母亲（有时间、有心思在家教育孩子的父亲很少），在学校是女老师（学校里男教师越来越少），这对男孩的成长是不利的。再加上同龄的男孩子在很多方面的发育、发展比女生要晚，这很容易导致男孩子在成长过程中的性别和人格错位，对他的阅读也会产生不利的影响——要么缺乏引导，要么引导有偏颇。有的男孩子不爱阅读，或只看某种类型的书，如有的男生只看军事、冒险方面的书，不爱看唯美的文字，有的则只喜欢看唯美抒情的文章，就与引导有关。虽然没有一个作家在写作之初就把自己的作品预设成只给男孩子看或者女孩子读，也没人限定某本书只给男孩子看、谢绝女孩子读（好的作品是不分性别的），但当下的很多儿童文学作品确实偏于女性化（这跟作家的性别、作品中人物的性别不无关系），再加上引导孩子的阅读大多是妈妈和女老师，这些都潜在地影响着男生的阅读，使男生阅读出现滞后的情况，甚至出现女性化的倾向，对男孩的成长造成负面的影响。作家杨鹏说："对以科幻、侦探、冒险为代表的比较阳刚的儿童文学作品的阅读，长期以来一直很弱。"这一现象值得我们关注。如果一个男孩在日常生活里显得过于拘谨、缺乏勇敢、冒险等男性气质，我们应该引导他多阅读《木偶奇遇记》《鲁滨逊漂流记》《海底两万里》《八十天环游地球》《汤姆索亚历险记》等冒险故事，让他的性格更阳光开朗一些，让他的品格更坚强勇敢一些。

总之，阅读既受到性别因素的影响，同时又反过来影响到人的性别定位和性格、心理成长。因此，我们要密切关注阅读中的性别因素，认识到性别影响阅读。认识到阅读中存在一定的性别差异，要求家长和老师对不同性别的孩子进行阅读引导时，一方面尽可能按照孩子的性别选择适合孩子的图书，积极利用性别因素引导孩子阅读，避免盲目选择或强行推荐，另一方面避免性别因素对阅读造成负面的影响，不必迁就这种因素而导致阅读面太偏、过窄的弊端，而要加以必要的引导——毕竟，性别因素在阅读中不是决定性因素，而是可以超越的因素（女生适当读一点科幻、冒险方面的书，男生也读点公主故事之类的童话，都是可以的，也是必要的）。我们既要避免性别的刻板印象，也要防止性别和性格错位，让女孩子像女孩子，而不是女汉子（当然我们不反对女孩适当有点男性气质），男孩子变得像男孩子，而非娘娘腔（当然我们不反对男孩适当有点女性气质）。这是教育和阅读应该努力实现的目标。

正如女生并非天生就不爱读科幻、侦探、冒险故事，男生也并非天生不爱读那些写景抒情的优美文字，关键要有人加以切实的引导。有位小学老师曾经跟我说起这样一件经历：

一次，我试着把一本《假话国历险记》借给一位不爱读书的男孩。课间，我偷偷观察发现那个男孩安静地坐在座位上，正津津有味地看得起劲儿，有几次忍不住笑出了声。我找到了他，问他为什么喜欢这本书。他说，那书写得特别有趣，还有点儿刺激。不像其他书，总是"写景啊"什么的，感觉是女孩子看的。他的话让我心里微微一动。不是吗，我们一直在强调孩子的阅读，可是，我们却很少关注男孩与女孩之间阅读的差异。回想我们所见的那些作品，优美、抒情、唯美、诗性的往往获得我们的青睐，兼之儿童文学家似乎又以女性居多，于是，整体的风貌呈现一种阴柔化的倾向。

　　这个不爱读书的男孩，遇到了一个会引导的老师，也就爱上了阅读，可见合理引导的重要性。南山学校的周其星老师提到他在2012年新浪亲子大讲堂"开卷有益"节目里，用心地介绍了他推崇的几本书给全国的家长朋友。他推荐的每一本书都指向一个特定的目标群体，分别关照男孩、女孩、大人和男女老少几个层面。给男孩推荐的绘本是《我是霸王龙》，意在希望男孩子读完之后，知道既要有外在的强悍也要有温柔善良的内心；给女孩推荐的绘本是《我的名字叫克里桑丝美美菊花》，希望女孩在看过之后，知道如何去应对小女孩群体里的各种矛盾各种纠结，学会找到自我。

　　我们希望生活中有更多这样的老师和家长，重视性别因素对孩子阅读的影响。当然，我们也希望出版社对此有足够的重视。在纪念安徒生200周年诞辰时，上海少年儿童出版社曾经推出《安徒生童话》的不同性别选本。这是关注孩子性别阅读的一个大胆尝试。我们希望有更多这样的尝试，也希望这些尝试取得成功。

怎样给孩子挑书

　　从儿童天性好奇、喜欢幻想这个角度而言，儿童应该是喜欢阅读的，因为书中的内容对他们来说是新鲜的，能满足他们的好奇心和幻想。从这个角度来看，似乎不需要引导，只要把孩子带到书店或者书房，孩子自然就知道去读书。但事情并非那么简单。想一想我们成年人进入图书馆或者书店，面对浩如烟海的图书，也是望书兴叹，不知读哪本为好？成人尚且这样，孩子认知力和判断力毕竟有限，对书籍更是缺乏辨别能力，再加上现在的图书市场上有着海量的图书，这就需要家长和老师帮助孩子选择图书，引导他们阅读更有价值的作品。那么，什么样的书才是孩子们喜欢读的优秀之作呢？

　　早在1931年，陶行知就提出儿童用书的三种判断标准：（1）要看这本书有没有引导人动作的力量，有没有引导人干了一个动作又要干另一个动作的力量。（2）要看这本书有没有引导人思想的力量，有没有引导人想了又想的力量。（3）要看这本书有没有引导人产生新价值的力量，有没有引导人产生新益求新的新价值的力量。（《教学做合一下之教科书》）应该说，这三个标准至今仍然适用，可以作为我们给孩子挑选书籍的参考。但这仅仅是从大原则、大方向上解决了挑书的问题，即我们要从有益的原则来给孩子挑书，要选择那些有益于孩子知识学习和素质培养、有益孩子身心健康发展的书。但这个原则仅仅考虑书的因素，没有考虑人的因素。在现实中，我们常常发现，家长和老师给孩子们推荐的好书，孩子们并不爱看。这值得我们思考，即怎样从孩子的角度思考，让孩子爱看我们推荐给他们的好书呢？我觉得，给孩子挑选书籍，必须注意以下原则：

　　适度的原则：并不是所有的好书，孩子都爱看，都能看，即使是名著，即使人人叫好的经典，有些孩子照样不喜欢读。这就要求我们给孩子挑选书籍的时候要考虑孩子的阅读能力和兴趣。也就是说，给孩子推荐作品，要注意到个体差异，这种差异不仅指的是每一个孩子与别的孩子之间有差别，也指每一个年龄段的孩子与别的年龄段的孩子之间的不同，因此这个原则也可以说是个性化原则。同一个班级，每个学生的阅读情况差别很大；不同班级、不同年级、不同地区的学生，阅读的差别更大。所以我们不能搞一刀切，要考虑到每个孩子自身的情况，以及他的家庭甚至学校和班级背景。每个人的阅读起点不一样，阅读兴趣不一样，阅读能力不一样，直接导致有的人喜欢读这本书、这类书，有的人则不喜欢读；有的人在这个年龄喜欢读这本书、这类书，有的人则要等到那个年龄才读。比如有的孩子在二年级就喜欢读《哈利·波特》，有的孩子则到中学才开始读，有的人则根本不喜欢读；有的人从小就喜欢读历史，有的人则一辈子对历史方面的书不感兴趣；有的人只喜欢读小说而不喜欢读诗，有的人读诗歌特别有感觉；有的书以前时代的孩子喜欢看，但这个时代的孩子不爱看；有的人喜欢读外国的书，有的人则不喜欢读外国作品（即使有中文译本也不读）。我们要尊重每个孩子的差异，不能也不必强求一致。

　　适时的原则：也就是说，有些好书应该在适当的时机去读，既不能过早地阅读，也不能过迟地阅读，否则的话，孩子未必爱看，或者看的效果不佳。我曾看到有的孩子在五年级的时候阅读《小妇人》《嘉莉妹妹》，也许他看的都是少儿版，但这有点读之过早。虽然这些书也值得看，但值得在小学阶段看的书很多，像《小妇人》《嘉莉妹妹》这样的书没必要在小学阶段看完，完全可以等到中学甚至大学阶段再读。要知道，适合小学生看的书，尤其是儿童文学作品（包括中国的、外国的），现在已经很多了，足够孩子们在小学阶段挑选。至于有的孩子在小学阶段阅读《宫苑深深锁红妆》，那就更不妥当了。有些书则应该及时看，过了阅读的黄金年龄，孩子可能就不看了，或者阅读的效果就要打折扣了。比如安徒生童话，虽然这部经典适合所有年龄的人阅读，但更适宜小学中低年级的孩子阅读，这不仅是因为它相对浅显易懂，阅读障碍较少，也是因为童话作品中爱与美的主题，对于幼小的心灵更有滋润的作用。我曾遇到一个五年级的小学生，她的妈妈给她买了一套《最美最美的中国童话》，尽管这套书印刷精美，内容也不错，但她的阅读兴趣并不大，这就是因为她已经过了阅读童话的最佳年龄，到了五年级，她已经不再满足于阅读童话了（当然，并非所有的孩子都是这样，有的孩子在五年级照样阅读童话）。此外，适时的原则也要求我们为孩子选书的时候尽可能与时俱进，把那些更带有时代感的好书推荐给现在的孩子，比如向小学生推荐有关抗战题材的少儿文学，我们除了推荐传统的《小英雄雨来》等作品，也可以推荐《少年的荣耀》等新作品；向高中生推荐人物传记，我们除了《富兰克林自传》《巨人三传》等作品，也可以推荐《乔布斯传》这样的作品。

适量的原则：这既涉及总量，也涉及不同书籍的阅读量。有的家长和老师对阅读很重视，给孩子定下了很大的阅读量，甚至规定不读完就要受到惩罚。这种做法实在不可取，长此以往只会让孩子厌恶阅读。阅读量的要求虽然可以提出，但一定要适量，因为大量的阅读需要时间来保障，但孩子一天的时间也就是24小时，除了阅读之外，还得上学、做作业，游戏、运动、休息，有的还得上各种兴趣班，留给孩子的阅读时间并不是特别多，所以我们不能把孩子的阅读量定得太高，以至于影响孩子的学习与休息，进而影响到阅读本身。再说，阅读也不能简单以量来计算，试问：诗歌的阅读量应该如何计算？一首诗可能就几十个字，但它花费的阅读时间有时比一篇小说还多。如果我们只看阅读量的大小而不管时间的多少，进而指责孩子读得太少，就未免错怪孩子了。另外，一般而言，孩子都喜欢看故事书，有些家长因此就只给孩子买故事书，这种做法并不可取。虽然在中低年级，孩子主要看的是故事书，但故事书也不能成为孩子阅读的全部，家长应该引导孩子适量地阅读一些科普方面的书（科幻方面的书当然也可以）；随着年龄的增大，家长和老师都应该引导孩子不断增加人文社会科学、自然科学方面的书在阅读中的比重，让孩子的阅读水平在均衡适量中不断发展，比如让一个中学生看看《苏菲的世界》这样的人文著作、《科学发现纵横谈》这样的科学著作，并不是过分的要求。

给孩子挑选书籍，有时还要考虑到版本问题——尤其是外国作品和中国古代作品。国学热导致很多出版社竞相出版跟传统文化有关的书籍，但泥沙俱下，水平参差不齐，这给读者选购图书带来困惑。如果我们要阅读古代经典，尽可能选择像中华书局、上海古籍出版社这样的专业性出版社，比如我们要看《论语》《孟子》，可以读中华书局出版的、杨伯峻的《论语译注》《孟子译注》。相对而言，中华书局、上海古籍出版社等出版的古籍，比一般的出版社更有质量上的保证（人民文学出版社也出版跟古代有关的书籍，质量也很好）。阅读外国作品，当然是直接阅读外文最好，但这很难做到，很多人的外文水平达不到阅读原著的水平，即使某一种外语达到了，也做不到每门外语都能达到阅读原著的水平。因此，对于绝大多数人而言，阅读外国作品必须借助中文译本，像外国文学出版社、上海译文出版社、译林出版社等专业性出版社的译本，均可供选择。但有的外国作品不乏多种译本，这就牵涉到挑选的问题。遇到这种情况，我们要尽可能选择名家的译本，比如《安徒生童话》我们可以看叶君健的译本，《夏洛的网》可以看任溶溶的译本，《柳林风声》我们可以看杨静远的译本，《爱的教育》我们可以选夏丏尊的译本，狄更斯的《大卫·科波菲尔》我们可以用董秋斯的译本，罗曼·罗兰的《约翰·克利斯朵夫》我们可以看傅雷的译本，塞万提斯的《堂吉诃德》我们可以看杨绛的译本，毛姆的《月亮与六便士》我们可以看傅惟慈的译本，加缪的《西西弗神话》可以看沈志明的译本，梭罗的《瓦尔登湖》可以看徐迟的译本，契诃夫的小说可以看汝龙的译本，杜拉斯的小说我们可以看王道乾的译本，莎士比亚的戏剧我们可以选朱生豪的译本，莎士比亚十四行诗我们可以看屠岸的译本，普希金的诗可以选查良铮的译本（或者戈宝权的译本），泰戈尔的诗我们可以选郑振铎的译本（或者冰心的译本）。但是，再好的译本也代替不了原著。虽然我们可以根据译本来分析题材、主题和结构，但很难根据译本来分析语言及其风格，因为译本的语言并非原著的语言，有时候我们所做的语言分析只是在分析译本的语言风格，而不是分析原著的语言，这一点在分析外国的诗歌时尤其明显。所以阅读外文，最好的版本是外文原著，而不是译本，即使那是最好的译本。

顺便提一下，挑书的时候也要考虑到出版时间的问题（这也属于版本问题），因为有些书出版较早，后来没有再版，网上不好买，图书馆也未必有，找起来很麻烦，比如我想找《盲音乐家》《两个意达》这两部外国的儿童小说来读一读，但在网上买新书很长时间都没买到，后来买的是旧书，而柯罗连科四卷本自传体小说《我的同时代人的故事》到现在也没有新书出版，旧书很贵，我也只能是暂时不读了。如果推荐这样的书给学生读，那就等于没有推荐，因为学生找不到书。我们建议出版社能及时将这些质量不错的老版书籍重新出版，以满足读者的阅读需要。

以上从原则和版本方面谈了挑选书籍的问题，可能有的家长和老师还是觉得没有完全解决问题：书那么多，我怎么一下子就能找到哪本书适合孩子看呢？我总不能一本一本地看，看完之后再决定是否推荐给孩子看吧？这个办法当然不适合所有的老师和家长，但我们在书店里每拿到一本书，首先浏览一下前言或后记，初步判断这本书是否值得看，还可以在网上看看有关该书的评论或者咨询他人，以做进一步的决定。挑选书籍，我们应该充分发挥网络的作用，因为网上书店对书籍多有内容介绍，甚至可以试读部分章节，有的还附有读者的评论，这些都可以作为我们挑选书籍的参考。此外，我们在网上还可以看到不少名校、名家的推荐书目，比如朱永新、梅子涵、朱自强、曹文轩等著名学者就开过书目，或推荐过不少好书。我们要充分利用名家的推荐书目，作为自己给孩子挑选书籍的参照。

谈谈阅读的分级

分级阅读起源于英美等发达国家，在中国的香港、台湾地区也发展了很多年，为的是让青少年的阅读和阅读指导更具有针对性、系统性、连续性。与欧美国家相比，中国的分级阅读的研究与推广起步较晚，但最近十年，分级阅读的理念逐渐为国人接受，很多研究机构、专家学者、阅读推广人、出版机构在中国积极倡导和推广分级阅读。有的出版社引进国外的分级阅读丛书，如广州出版社引进出版风靡欧洲的儿童分级阅读"桥梁书"——"我爱阅读丛书"；有的出版社则尝试着出版自己的分级阅读丛书，如光明日报出版社的"新语文分级读本"、湖北教育出版社根据教育部语文新课标出版的"N+1分级阅读丛书"；有些出版社在出版儿童文学作家的专集时也注意分级出版，如冰波经典美文分级悦读、汤素兰经典美文分级悦读。在分级阅读的研究与推广方面，广东的"南方分级阅读"成就较为突出，他们不仅出版了南方分级阅读红、蓝皮书系列，创建国内首个儿童分级阅读网站——小伙伴网，还研发了《中国儿童青少年分级阅读内容选择标准》和《中国儿童青少年分级阅读水平评价标准》，为建立具有中国特色的分级阅读标准做了有益的探索。

分级阅读主要是针对青少年（尤其是基础教育阶段的学生）阅读提出来的，目的是更好地引导学生阅读，增强他们的阅读兴趣，提高他们的阅读水平。

分级阅读，首先要考虑的是学生（阅读主体）的年龄和年级。不同年龄、年级的孩子，生理、心理特点和智力水平不同，阅读能力、阅读兴趣、阅读习惯也不同，读什么、如何读，是很多学生和家长、老师常常要面临的问题。分级阅读正是在这种情况下提出来的，它按照青少年的心智成长规律，在其成长阶段提供适合他们阅读的作品，这说明分级阅读的提出有其合理性与必要性。比如幼儿园阶段和小学低年级的孩子适合阅读绘本，因为绘本文字较少，内容也比较简单，又有图画配合，符合那个年龄段学生的心智发展水平。小学阶段，尤其是中低年级学生喜欢读童话，因为童话的想象力和情感体验比较贴近他们的心理需求和思维习惯。到了小学中高年级，故事、小说尤其是魔幻小说、科幻小说、冒险小说、校园小说等，深受学生欢迎，因为这些作品中的神奇想象和冒险故事符合这个年龄段学生的心理和情感需要。而到了中学阶段（也可以包括小学阶段的高年级），有一定的深度和哲理性的作品（如科学、历史、人物传记），也可能成为学生的阅读对象。这都是随着年龄、年级自然显现出的阅读现象，家长和老师只要适时关注并加以一定的引导，就能取得很好的阅读效果。

阅读不仅涉及阅读主体的阅读能力、阅读兴趣、阅读习惯，也涉及阅读对象。不同阅读对象的内容有难易深浅之别，自然形成了阅读的梯度。因此，分级阅读的提出，不纯粹是因为阅读主体的原因，也有阅读对象的因素。也就是说，阅读主体的年龄、年级不是分级阅读考虑的唯一因素，阅读对象也直接影响和决定着分级阅读。有些书超过了孩子的阅读能力，读早了不行，有些书特别适合某个年龄段的孩子，读迟了也不行。比如《笨狼的故事》比较适合一二年级的学生阅读，如果放到五六年级阅读，有些学生会觉得兴趣不大甚至趣味索然。还有些书与别的书存在一定的关联，在看某本书之前最好先看另一本书作为基础。比如，阅读查尔理·金斯莱的《水孩子》，最好先读一读希腊罗马神话、《爱丽丝漫游奇境》、《木偶奇遇记》，因为本书提及它们；阅读特拉芙斯的《随风而来的玛丽阿姨》，最好先读一读《灰姑娘》《鲁滨逊漂流记》，因为本书提及这些作品；阅读刘兴诗的科幻小说《美洲来的哥伦布》，最好有一定的世界历史和世界地理方面的知识，因为书中不仅提到哥伦布和美洲，还提及墨西哥湾暖流、印第安人、克伦威尔、罗宾汉、狮心王查理等；阅读诺顿·加斯特的《小米勒旅行记》至少要四年级才能读，因为该书涉及乘法、除法、除不尽、平均数、百分数等概念，而这些数学内容要到小学三四年级才能学到。

当然，不同的阅读对象，分级的意义也不一样。也许，故事书的分级到了一定阶段不是很重要，但科学性和专业性比较强的科普著作、有深度的文学经典、用文言文写的古代文化经典、外文读物（包括双语读物），始终存在分级的必要，至少在很长一段时间里都有分级的必要。因为这些书需要不同程度的知识储备和文化积累，学生只能是分级阅读，不可能随意阅读或跨越式阅读。比如我们不能要求所有的初中生都阅读列夫·托尔斯泰的《战争与和平》、罗曼·罗兰的《约翰·克里斯朵夫》这样的文学经典，因为这些经典著作的广度和深度超过了大部分初中生能理解的程度。假如一个学生的外语程度很低，即使让他读很浅显的外语读物，他也未必读得懂；假如一个学生没有一点古典诗文的功底，让他读《唐诗三百首》或《古文观止》这样的书，也只能是心有余而力不足。即使是像绘本这样的读物，名义上说是给低幼儿童读的，其实也有分级的必要，因为不是所有绘本都适合低幼儿童阅读，有的绘本要等到学生进入高年级才能阅读，比如一些内容比较深的科学绘本和哲学绘本，可能适合于五六年级甚至更高年级的孩子阅读，像哲学启蒙绘本《我与世界面对面》推荐给小学中低年级的学生就不适合，五六年级的孩子才可能有能力和兴趣读它。即使是童话，也有分级的必要，并不是所有的童话都适合儿童阅读，至少不是所有的童话都受到儿童的喜爱，比如《豪夫童话》就不如《格林童话》《安徒生童话》《王尔德童话》《贝洛童话》那么受儿童的喜爱，因为《豪夫童话》的篇幅较长，内容较深，超出了一般儿童的接受能力，即使推荐，也只能放在高年级阅读，或者读青少版。

但我们也要看到，分级阅读有它的局限性。

首先，阅读主体存在着巨大的个体差异。虽然学生的心理、智力发展乃至阅读能力、阅读兴趣有一定的规律，但因为家庭、学校、班级、地区、时代等诸多因素的影响，即使是同一年龄（年级）的学生，阅读能力、阅读兴趣也是差别很大，所以分级阅读更为重要的依据是学生的阅读能力、阅读兴趣，而不是年龄或年级，虽然学生的阅读能力、阅读兴趣跟年龄或年级密切相关，体现出鲜明的年龄或年级特征。因此，我们对阅读进行分级，除了考虑年龄或年级特点，还要兼顾到学生的个体差异，而个体差异正是分级阅读的难点所在，甚至在一定程度上显示了分级阅读的局限性。比如，有的学生在小学阶段能看懂中国古代四大名著原著，但这不代表小学生的普遍阅读水平，所以我们不能据此要求所有的学生在小学阶段都阅读中国古代四大名著原著；同样，有的学生能在中学阶段看懂《史记》《聊斋志异》这样的古典文学名著，但这不能说明所有的中学生都有这个阅读能力，所以我们不能据此要求所有的中学生都阅读《史记》《聊斋志异》。考虑到阅读的个体差异巨大，我们不能把阅读的分级当做放之四海而皆准的东西进行推广，不能要求所有的孩子按照那个标准来读书。要知道，我们不能把美国学生的分级阅读全部用到中国学生身上，也不能把中国城市学生阅读的分级标准套用在农村孩子身上（就像我们不能把北京上海等地区的分级阅读照搬到云南、贵州的孩子身上）。分级阅读作为一个总的原则提出来是可以的，但具体到个人、班级、学校、地区、国家，还得根据具体情况加以调整，最好能把分级和分层结合起来，在分级的同时考虑到不同层次读者的能力。

其次，到了一定阶段，阅读的年龄或年级差异并不明显，这说明分级阅读并非在任何年龄、年级都有必要，也说明分级阅读的依据只是相对的，而不是绝对的。不少童话在小学中低年级都能阅读，比如《安徒生童话》安排在小学三四年级阅读当然可以，即使安排在一二年级阅读也是可以的，虽然我们向学生推荐这些童话的时候将其安排在不同年级，但这种分级只是相对的，而不能僵硬地理解，以为安排在三四年级的书，就一定不能在一二年级阅读。还有一些比较浅显的故事、小说，初中生固然能看懂，小学生也能看懂，阅读的年龄、年级特征并不明显。比如《城南旧事》《呼兰河传》《草房子》这样的儿童小说，放在初中阶段阅读固然可以，放在小学高年级阅读也未尝不可。而像《老人与海》这样有一定深度的小说，高中生能阅读，初中生甚至部分小学高年级学生也能阅读，虽然他们读后的收获不一样。总的来说，年龄、年级越小，阅读的阶段性特征更为明显，分级阅读的必要性更大；越到高年级，阅读的阶段性特征越不明显，分级阅读的必要性越低。具体地说，小学阶段分级阅读的重要性大于中学阶段，小学中低年级分级阅读的重要性大于高年级，低幼儿童的分级阅读重要性大于小学阶段。

另外，不同性质的书分级的情况也不一样。科学方面的书有着严密的知识层级和体系，一般都要逐级阅读才有可能读懂，但像语文、历史方面的书，没有严密的体系，越到后面越没有分级阅读的必要。比如说，高一和高三的学生阅读语文、历史方面的书，完全可以一样。

值得指出的是，在进行分级阅读的研究和推广时，我们一定要重视教材的作用。教材是分年级、分学期编写的，这本身就是一种分级。自然，与教材相配套的课外阅读也应该分级。比如一年级的学生在语文课上要学习拼音，相应地，他们阅读的书很多地属于注音读物，或者文字较少、图文结合的书籍。但教材的分级不仅仅是语文教材的事情，所有的教材都涉及分级。比如学生阅读科普方面的书，必须要有一定的科学知识，这需要相关教材提供这方面的基础知识，而这些教材都是按年级、学期来编排的，因此很多科普读物的分级阅读牵涉到语文之外诸多教材的分级。如果一个学生要阅读《奇妙的数王国》这本书，他要有一定的数学知识，必须学过分数等内容才能读懂这本书，而小学要到中年级才能学到分数等知识，所以这本书至早也要到小学中年级才能推荐给学生阅读。《万物简史》是一本优秀的科普著作，但涉及物理、化学、宇宙科学、生命科学等诸多领域的专业知识，这些只有在中学阶段才可能学到，如果要一个小学生来读这本书，那就只能读经过改编的少儿版。即使是科幻著作，有时也需要分级。小学中高年级的学生大概能读叶永烈的科幻小说《小灵通漫游未来》，但如果要阅读吴岩的科幻小说《心灵探险》，恐怕要到初中阶段了，因为它需要更多的知识储备，特别是物理学方面的专业知识，以及弗洛伊德有关梦的理论，而不仅仅是想象力和好奇心。

当然，分级阅读可以参考教材，但不能完全依赖教材，因为教材不能解决所有作品的分级问题，而且教材自身的分级也有不准确的地方，比如人教版的语文教材把贺知章的《回乡偶书》放在二年级，未免高估了学生的理解能力；把《繁星·春水》和《伊索寓言》放在初一阶段阅读，又未免低估了学生的阅读水平，这些都属于分级不当。教材分级的科学性，不仅体现在某一门课程的教材要体现出知识的层次性，也体现在不同课程的教材相互协调。若缺少协调，有些知识的传授、讲解就显得生硬突兀。比如小学没有开历史课，有关课程也很少介绍中国的历史，这就使得五年级的学生在语文课上学习毛泽东的七律《长征》，因为不了解相关的历史背景，对作品的内容和意义很难理解。所以我们在加强阅读分级研究的同时，也应该提高教材分级的科学性，使之更好地推动分级阅读的研究和推广。

总之，分级阅读既有其必要性，也存在一定的局限性。如何解决分级阅读的必要性和局限性，提高分级阅读的科学性，是今后开展分级阅读的研究与实践所要思考的问题，也是教材编写所要思考的问题。

附 中小学生分级阅读书目（1-9年级）

一上

（美）玛格丽特·怀兹·布朗《逃家小兔》《晚安，月亮》（绘本）

（英）雷蒙·布力格《雪人》（无字绘本）

（法）安德烈·德翰《亲爱的小鱼》（绘本）

（德）优妲·朗柔亭《我只爱你》（绘本）

（爱尔兰）麦克·山姆布雷尼《猜猜我有多爱你》（绘本）

（美）利奥·巴斯卡利亚《一片叶子落下来》（绘本）

（比利时）布赫基农《象老爹》（绘本）

（美）佩特·哈群斯《母鸡萝丝去散步》（绘本）

（美）理查德·E·艾伯特《沙漠的礼物》（绘本）

第一次发现丛书：濒临危机的动物

（法）让·德·布朗霍夫《巴巴的故事》《国王巴巴》《巴巴和他的孩子们》

小企鹅心灵成长故事

小海豚心灵成长故事

波拉蔻心灵成长系列

（日本）古田足日《一年级大个子二年级小个子》

《蝴蝶·豌豆花》（中国经典童诗）

一下

（美）琼·穆特《石头汤》（绘本）

（美）谢尔·希尔弗斯坦《爱心树》（绘本）

（英）华莱《獾的礼物》（绘本）

（美）婉达·盖格《100万只猫》（绘本）

（日本）佐野洋子《活了100万次的猫》（绘本）

（法）克利斯提昂·约里波瓦《不一样的卡梅拉》（系列绘本）

（美）芭芭拉库尼《花婆婆》（绘本）

（瑞典）波·R·汉伯格《我的爸爸叫焦尼》（绘本）

方素珍《妈妈心·妈妈树》（绘本）

（奥地利）思格理德·劳伯《樱桃树下的约克》（绘本）

（美）朵琳·克罗宁《蚯蚓的日记》（科普绘本）

（德）埃尔文·莫泽《飞天猫和沙漠鼠：22个最美的晚安故事》

（美）哈里斯《雷姆斯大叔的故事》

（俄）列夫·托尔斯泰《托尔斯泰儿童故事选》

孙幼军《小猪唏哩呼噜》（拼音版）

周锐《大个子老鼠和小个子猫》（拼音版）

《永远的杨唤》（诗歌）

二上

王早早《安的种子》（绘本）

周翔《荷花镇的早市》（绘本）

（加拿大）菲比·吉尔曼《爷爷一定有办法》（绘本）

（丹麦）金弗珀兹·艾克松《我的爷爷变成了幽灵》（绘本）

（美）克里斯·范·奥尔斯伯格《极地特快》（绘本）

（美）大卫·夏农《鸭子骑车记》（绘本）

（美）达妮拉·库洛特《搬过来，搬过去》（绘本）

（美）洛贝尔《青蛙和蟾蜍》（科普绘本）

（比利时）埃尔热《丁丁历险记》

（法）玛·阿希·季诺《列那狐的故事》（狐狸列那的故事）

（法）夏尔·贝洛《贝洛童话》

（德）恩·特·阿·霍夫曼《咬核桃小人和老鼠国王》（《胡桃夹子》）

张乐平《三毛流浪记》

张秋生《小巴掌童话》

汤素兰《笨狼的故事》

任溶溶《没头脑和不高兴》

葛冰《大脸猫·小糊涂神》

冰波《月光下的肚肚狼》

樊发稼《春雨的悄悄话》（诗歌）

二下

熊亮编绘《雪人的故事》（绘本）

熊亮、熊磊绘著《蜗牛快递》（绘本）

（美）陆可铎《你很特别》（绘本）

（德）安妮·默勒《一粒种子的旅行》（科普绘本）

（德）安妮·默勒《世界上最最温馨的家》（科普绘本）

（美）乔安娜·柯尔《神奇校车》（系列）

（丹麦）汉斯·克里斯汀·安徒生《安徒生童话精选》

（英）罗尔德·达尔《了不起的狐狸爸爸》

（英）艾伦·亚历山大·米尔恩《小熊温尼·菩》（小熊维尼历险记）

《菩角小屋》

（德）亚奇·聂比奇《小野人和长毛象》

（美）休·洛夫廷《杜立德医生》（怪医杜立德）；《杜利特医生航海记》（杜里特航海记）

（德）迪米特尔·茵可夫《我和小姐姐克拉拉》

（德）保罗·马尔《文身狗》

中国古代寓言故事

中国民间故事精选

雷锋的故事

郑春华《大头儿子和小头爸爸》

诸志祥《黑猫警长》

王一梅《鼹鼠的月亮河》

刘健屏《今年你七岁》

高洪波《我喜欢你狐狸》（诗歌）

三上

（日本）松冈达英《鼹鼠博士的地震探险》（科普绘本）

（古希腊）伊索《伊索寓言》

成语故事

阿凡提的故事

洪汛涛《神笔马良》

孙幼军《小布头奇遇记》

贺宜《小公鸡历险记》

严文井《"下次开船"港》

陈伯吹《一只想飞的猫》

金近《狐狸打猎人的故事》

郭风《孙悟空在我们村里》

包蕾《猪八戒新传》（或猪八戒吃西瓜）

（美）乔治·塞尔登《时代广场的蟋蟀》

（英）刘易斯·卡罗尔《爱丽丝漫游仙境》（爱丽丝漫游奇境记）

（瑞典）塞尔玛·拉格洛芙《尼尔斯骑鹅历险记》（尼尔斯骑鹅旅行记）

（挪威）托比扬·埃格纳《豆蔻镇的居民和强盗》

（美）贝芙莉·克莱瑞《亲爱的汉修先生》

（奥地利）米拉·洛贝《苹果树上的外婆》《小熊跳跳》

（苏联）普里什文（普列什文、普列希文）《大自然的日历》

《任溶溶儿童诗选》（或任溶溶《给巨人的书》）（诗歌）

三下

（美）维吉尼亚·李·伯顿《生命的故事》（科普绘本）

中国神话与传说

（法）圣埃克苏佩里《小王子》

（意）卡尔洛·科洛迪《木偶奇遇记》（匹诺曹）

（英）肯尼斯·格雷厄姆《柳林风声》（风中的柳树、柳树间的风、杨柳风）

（奥地利）费利克斯·萨尔腾《小鹿斑比》（小鹿斑贝）

（法）阿纳托尔·法朗士《蜜蜂公主》（温柔蜜蜂）

（英）波特《彼得兔的故事》（兔子彼得的故事）

（奥地利）乔伊·亚当森《野生的爱尔莎》（猛狮爱尔莎、野狮爱尔莎）

金曾豪《苍狼》《独狼》

秦文君《男生贾里·女生贾梅》

叶永烈《小灵通漫游未来》

（英）罗尔德·达尔《查理和巧克力工厂》

（美）埃莉诺·埃斯特斯《一百条裙子》

（美）纳塔莉·萨维奇·卡尔森《桥下一家人》

（德）奥得弗雷德·普鲁士勒《小幽灵》《小水精》《小女巫》

（美）贝芙莉·克莱瑞《雷梦拉八岁》

金波《推开窗子看见你》（诗歌）

四上

（美）伯纳德·韦伯《勇气》（绘本）

（德）格林兄弟《格林童话精选》

（英）奥斯卡·王尔德《王尔德童话》（快乐王子集）

（日本）新美南吉《拴牛的山茶树》（或《新美南吉童话》）

梅子涵《女儿的故事》《戴小桥全传》

叶圣陶《稻草人》

张天翼《宝葫芦的秘密》

林良《会走路的人》

（意大利）亚米契斯《爱的教育》

（比利时）莫里斯·梅特林克《青鸟》

（保加利亚）埃林·比林《比比扬奇遇记》

（英）查尔斯·金斯利《水孩子》

（芬兰）托芙·扬松《魔法师的帽子》（魔帽）

（美）莱曼·弗兰克·鲍姆《绿野仙踪》（奥兹国历险记、奥茨国的故事）

（法）法布尔《昆虫记》（少儿版）

（法）黎达《春天的报信者》

（美）罗伯特·罗素《兔子坡》

（美）金南·劳伦斯《鹿苑长春》（《一岁的小鹿》）

冰心《繁星·春水》（诗歌）

四下

尼古拉斯·艾伦《小威向前冲》（科普绘本）

（苏联）米·伊林《书的故事》

林汉达、曹余章《上下五千年》（或林汉达历史故事集）

希腊神话故事

（阿拉伯）佚名《天方夜谭》（一千零一夜）

（意大利）贾尼·罗大里《洋葱头历险记》《假话国历险记》

曹文轩《草房子》

（瑞士）约翰娜·斯比丽《海蒂》（小海蒂）

（英）詹姆斯·巴里《小飞侠彼得·潘》（彼得·潘）

（美）E·B·怀特《夏洛的网》《吹小号的天鹅》《精灵鼠小弟》

（美）诺顿·加斯特《小米勒旅行记》

（德）米切尔·恩德《永远讲不完的童话》

（苏联）维·比安基《山雀的日历》（或者《比安基科学童话选》）

（美）司各特·奥台尔《蓝色的海豚岛》

管桦《小英雄雨来》

（美）海伦·凯勒《假如给我三天光明》（或《我的生活——海伦·凯勒自传》）

（日本）黑柳彻子《窗边的小豆豆》（窗边的小姑娘）

（美）弗朗西斯·霍奇森·伯内特《秘密花园》；《小公主》（小公主萨拉）；《小公子》（小伯爵、小爵士、贵族爷爷和平民孙子）

（美）简·韦伯斯特《长腿叔叔》

（德）彼特·赫尔特林《本爱安娜》《出走的泰奥》

（德）于尔克·舒尔格《当世界年纪还小的时候》

（日本）金子美铃《向着明亮那方》（或者《星星和蒲公英》）（诗歌）

五上

彼得·史比尔《人》（绘本）

（德）拉斯伯·毕尔格《吹牛大王历险记》（吹牛大王奇游记、敏豪生奇游记）

（捷克）雅洛斯托夫·哈谢克《好兵帅克历险记》（好兵帅克）

（英）阿瑟·柯南道尔《福尔摩斯探案集》

（德）米切尔·恩德《永远讲不完的故事》

（捷克）卡雷尔·恰佩克《恰佩克童话》（或者《狗和精灵的童话》）

（瑞典）林格伦《淘气包埃米尔》《长袜子皮皮》

（美）埃莉诺·霍奇曼·波特《波莉安娜》

（英）伊迪丝·内斯比特《铁路边的孩子们》

（法）儒勒·凡尔纳《八十天环游地球》（八十天环游世界、环游地球八十天）

（法）儒勒·凡尔纳《地心游记》（地底旅行）

高士其《细菌世界历险记》（菌儿自传）

长征的故事

（德）卜劳恩《父与子全集》

（美）凯特·迪卡米洛《浪漫鼠德佩罗》《傻狗温迪克》《爱德华的奇妙之旅》

（美）玛格丽特·桑德斯《美丽的乔》

（美）约翰·斯坦贝克《小红马》

陈丹燕《我的妈妈是精灵》

黄蓓佳《亲亲我的妈妈》《你是我的宝贝》

李毓佩《奇妙的数王国》（数学童话）

王宜振《少年抒情诗》（诗歌）

<h2 style="text-align:center">五下</h2>

《铁丝网上的小花》（绘本）

林海音《城南旧事》

萧红《呼兰河传》

赵丽宏《童年河》

程玮《少女的红发卡》

徐光耀《小兵张嘎》

路甬祥主编《科学改变人类生活的119个伟大瞬间》

（英）约瑟夫·鲁德亚德·吉卜林《丛林故事》（丛林传奇、丛林历险记、丛林之书、森林之书）

（英）约瑟夫·鲁德亚德·吉卜林《勇敢的船长》

（英）罗伯特·路易斯·史蒂文森《金银岛》

（法）埃克多·马洛《苦儿流浪记》（《苦儿努力记》）、《孤女寻亲记》（《孤女努力记》）

张之路《非法智慧》

（俄）季尔·布雷乔夫《阿丽萨外星历险记》

（加拿大）欧内斯特·汤普森·西顿《西顿野生动物故事集》

（德）米切尔·恩德《毛毛：时间窃贼和一个小女孩的不可思议的故事》

（英）帕·林·特拉芙斯《随风而来的玛丽阿姨》

（英）奥维达《佛兰德斯的狗》

（德）克里斯蒂娜·涅斯特林格《狗来了》

（美）玛格莉特·亨利《风之王》

（美）威尔逊·罗尔斯《夏日历险》

（美）凯特·道格拉斯·维金《太阳溪农场的丽贝卡》（日光溪畔的雷碧嘉）

（美）纳塔莉·巴比特《不老泉》

（西班牙）胡安·拉蒙·希梅内斯《小银和我》

（俄）亚历山大·谢尔盖耶维奇·普希金《普希金童话诗》（诗歌）

六上

我与世界面对面 （哲学启蒙绘本）

（美）马克·吐温《哈克贝里·芬历险记》（哈克贝利·费恩历险记）

（法）儒勒·凡尔纳《十五少年漂流记》

沈石溪《狼王梦》

格日勒其木格·黑鹤《狼獾河》

姜戎《小狼小狼》（《狼图腾》少儿版）

（法）蒂皮·德格雷《我的野生动物朋友》

（日本）椋鸠十《椋鸠十动物故事》

（苏联）维·比安基《森林报》（春夏秋冬）

（加拿大）露西·莫德·蒙哥马利《绿山墙的安妮》

（美）威尔逊·罗尔斯《红色羊齿草的故乡》

（美）劳拉·英格尔斯·怀德《草原上的小木屋》（大草原上的小房子）

（美）库柏《最后的莫希干人》（最后的莫西干人）

（德）埃里希·凯斯特纳《会飞的教室》（飞翔的教室）；《埃米尔擒贼记》（埃米尔捕盗记、艾米尔和侦探们）

（巴西）若泽·毛罗·德瓦斯康塞洛斯《我亲爱的甜橙树》

刘兴诗《讲给孩子的中国地理》

郑文光《飞向人马座》

（英）斯蒂文森《一个孩子的诗园》（诗歌）

六下

（美）道格拉斯·伍德《黎明开始的地方》（绘本）

（美）谢尔·希尔弗斯坦《失落的一角》

（英）丹尼尔·笛福《鲁滨孙漂流记》

（美）马克·吐温《汤姆索亚历险记》（汤姆·索耶历险记）

（意大利）万巴《捣蛋鬼日记》（《淘气包日记》）

黄蓓佳《我要做好孩子》

史雷《将军胡同》

（法）居里夫人《居里夫人自传》（或者杜尔利《居里夫人的故事》）

（美）杰克·伦敦《野性的呼唤·白牙》

（英）安娜·休厄尔《黑美人》（黑骏马）

（美）埃莉诺·阿特金森《义犬博比》

（美）埃里克·奈特《神犬莱西》（灵犬莱西）

（美）布莱森《万物简史》（少儿版）

丰子恺《少年音乐和美术故事》

几米《我不是完美小孩》（漫画）

何怀宏《孩子，我们来谈谈生命》

（德）贝蒂娜·施蒂克尔编《诺贝尔奖获得者与儿童对话》

北岛编《给孩子的诗》（诗歌）

七上

鲁迅《朝花夕拾》

朱自清散文选

老舍散文选

孙犁《白洋淀纪事》

郑振铎散文选

史铁生《我与地坛》《我的遥远的清平湾》

朱光潜《谈读书》

（法）让·乔诺《植树的男人》（绘本）

（美）斯托夫人《汤姆大伯的小屋》（汤姆叔叔的小屋）

（日本）宫泽贤治《宫泽贤治童话》

（法）拉·封丹《拉封丹寓言》

张之路《第三军团》

贾兰坡《爷爷的爷爷哪里来》

（奥地利）康拉德·劳伦兹《所罗门王的指环：与鸟兽鱼虫的亲密对话》

（俄）伊凡·谢尔盖耶维奇·屠格涅夫《猎人笔记》

吴承恩《西游记》

聊斋故事

《世说新语》选

七下

冰心《寄小读者》

宗璞《铁箫人语》

罗广斌、杨益言《红岩》

李森祥《台阶》

杨绛散文

（俄）克雷洛夫《克雷洛夫寓言》

（法）都德《都德短篇小说选》

（法）安托万·德·圣埃克苏佩里《夜航·人类的大地》

（奥地利）斯蒂芬·茨威格《人类的群星闪耀时》

（法）儒勒·凡尔纳《海底两万里》《神秘岛》《格兰特船长的儿女》

（美）阿西莫夫《基地》

刘慈欣《朝闻道》

（英）J•K•罗琳《哈利·波特》

绘图版《山海经》

贝多芬传

资治通鉴故事

八上

汪曾祺散文选

丰子恺散文选

叶圣陶散文

（德）威廉·豪夫《豪夫童话》

（美）奥尔科特《小妇人》

（德）安妮·弗兰克《安妮日记》

苏步青《神奇的符号》

卞毓麟《星星离我们有多远》

（法）让·亨利·卡西米尔·法布尔《昆虫记》

（美）蕾切尔·卡森《寂静的春天》

（美）埃德加·斯诺《红星照耀中国》（西行漫记）

王树增《长征》

李鸣生《飞向太空港》

史记故事

八下

朱光潜《给青年的十二封信》

梁衡《名山大川感恩录》

马丽华《在长江源头各拉丹冬》

路遥《平凡的世界》

（挪威）乔斯坦·贾德《苏菲的世界》

（苏联）奥斯特洛夫斯基《钢铁是怎样炼成的》

（法）罗曼·罗兰《名人传》（《巨人三传》）

（黎巴嫩）哈里尔·纪伯伦《纪伯伦诗选》

（法）大仲马《基度山伯爵》（基度山恩仇记、基督山伯爵）

（英）亨利·里德·哈格德《所罗门王的宝藏》

（英）赫伯特·乔治·威尔斯《时间机器》《隐身人》

（美）艾萨克·阿西莫夫《新疆域》

（美）奥尔多·利奥波德《沙乡年鉴》

李四光《穿过地平线》

王淦昌《无尽的追问》

九上

艾青诗选

余光中诗选（或者余光中选集）

毕淑敏散文

陶行知《中国教育改造》

（印度）拉宾德拉纳特·泰戈尔《泰戈尔诗选》（或者《泰戈尔抒情诗选》）

苇岸《大地上的事情》

（俄）德米特里·谢尔盖耶维奇·利哈乔夫《善与美书简：致青少年读者》

（苏联）阿列克塞·马克西姆·高尔基《童年》

（法）居伊·德·莫泊桑《莫泊桑短篇小说选》

施耐庵《水浒传》

（苏联）依·尼查叶夫《元素的故事》

（俄）德·谢·哈利乔夫《善与美书简》

（瑞典）林西莉《汉字王国》

（德）莱普曼等《长满书的大树》

九下

吴敬梓《儒林外史》

钱锺书《围城》

舒婷诗选

戴望舒诗选

路遥《人生》

（俄）安东·巴甫洛维奇·契诃夫《契诃夫短篇小说选》（或者《契诃夫小说选》）

（美）欧·亨利《欧·亨利短篇小说选》

（英）兰姆《莎士比亚戏剧故事集》

（日本）夏目漱石《我是猫》

（英）马丁·科恩《101个有趣的哲学问题》

叶永烈讲述科学家故事100个

高中生阅读书目

《论语》选

《孟子》选

《庄子》选

曹雪芹《红楼梦》

罗贯中《三国演义》

王国维《人间词话》

戴望舒诗选

徐志摩诗选

鲁迅杂文选

巴金散文选

林语堂《生活的艺术》

梁实秋散文选集

朱光潜《谈美书简》

余秋雨《文化苦旅》

李娟《阿勒泰的角落》

傅雷家书

费孝通《乡土中国》

（英）弗朗西斯·培根《培根随笔》

蒙田随笔

帕斯卡尔《思想录》

茨威格《人类的群星闪耀时》

梁衡《数理化通俗演义》

鲁迅《呐喊》《彷徨》

巴金《家》

茅盾《子夜》

老舍《骆驼祥子》

沈从文《边城》

汪曾祺《受戒》

王小波《沉默的大多数》

刘慈欣《三体》（三部曲）

查尔斯·狄更斯《大卫·科波菲尔》《匹克威克外传》

奥诺雷·德·巴尔扎克《高老头》《欧也妮·葛朗台》

维克多·雨果《巴黎圣母院》《悲惨世界》

罗曼·罗兰《约翰·克里斯朵夫》

列夫·托尔斯泰《复活》

米格尔·德·塞万提斯《堂吉诃德》

欧内斯特·米勒·海明威《老人与海》

夏洛蒂·勃朗特《简·爱》

威廉·莎士比亚《哈姆雷特》（哈姆莱特、王子复仇记）；《威尼斯商人》；《罗密欧与朱丽叶》

曹禺《雷雨》

老舍《茶馆》

阅读是最好的老师

　　我们都知道阅读对于学生很重要，却未必知道阅读对老师也很重要；我们都知道学生需要老师，未必意识到老师也需要老师，而阅读就是老师的老师。也就是说，阅读不仅是学生的老师，也是老师的老师；阅读是师生共同的老师，也是最好的老师——它既可以指导学生的成长，也可以指导老师的进步。

　　为什么说阅读对老师很重要呢？

　　一是自我提高、自我提升的需要。这种需要既可能出自教师的主动追求，也可能是学生的倒逼所造成的。为什么这样说呢？

　　首先，要提高教学水平，教师不能满足于一本教材和教参，要把课上得精彩、生动，需要老师有深厚的功底，而这功底很大程度上来自大量的阅读。对于教师而言，阅读是地基，是看不见深浅的；课堂教学是地上建筑，是看得见的，是容易出彩的，但没有地基，地上建筑是不能持久的，甚至会塌陷的。只有广博的阅读，才能深入理解教材与学生；只有深入理解教材与学生，课堂教学才有深度。也就是说，只有广博，才能深入；只有深入，才有深度。我看过全国名师窦桂梅写的一本书《回到教育的原点》，书中提到她教学《三打白骨精》这篇课文，不仅反复阅读了《西游记》这部小说，而且还阅读了学术界研究《西游记》的很多论文和著作，甚至还阅读了不少文艺理论著作，如《当代西方文论》《中国叙事学》《叙事学的中国之路》等，这些书大学中文系的老师未必都读过。我想，如果不追求卓越，不下这么大的功夫，窦桂梅的课堂教学就不可能那么精彩，她也就不可能成为全国名师。像《三打白骨精》这样的课文，现在的学生在读课文之前早已熟悉，如果一个老师在上课的时候仅仅是描述一下情节、简单分析一下人物，很可能让学生觉得课堂没什么意思，觉得老师的讲解比自己的水平高不了多少。教师要吸引学生，就要提高自己的课堂教学水平，而要提高教学水平，就要钻研，就需要大量阅读和思考。复旦大学附中有个语文老师叫黄玉峰，他出版了《说李白》《说杜甫》《说苏轼》等著作。在我印象中，这类书好像只有大学中文系老师（古典文学老师）才会写，中学语文老师很少写这样的书，但是黄玉峰写出来了，这说明他的古典文学修养很高，而这个修养是离不开阅读的——他肯定读过很多李白、杜甫、苏轼的作品以及其他有关著作（如传记），才能写得出来。

其次，教师不阅读，学生也会逼着你去阅读。现在的学生家庭条件比较好，很多学生的阅读面很广，教师如果不阅读，不要说指导学生，连跟学生交流都困难。也许有的老师会觉得自己教了那么多年书，再怎么着，也比学生看的书多。这话确实有道理，但也有偏颇：正常情况下，一对一，一个老师可能比一个学生读的书多，但一个老师无论怎么勤奋，也无法跟班上几个学生的阅读量相比（几十个孩子加起来的阅读量，肯定超过一个老师的阅读量）。如果师生之间的阅读量过于悬殊，老师读的书比学生少得太厉害了，学生就会对老师失望，老师也觉得自己无法满足孩子的需要。这等于是不断发展的形势在倒逼着教师不断阅读，以提高自己的水平。我曾经在安师大附小五年级的一个班上搞过一次小学生课外阅读的问卷调查，发现五年级已经有学生在读霍金的《时间简史》，至少是已经知道了这本书。这是一部讨论天体物理学的书，深奥难懂，知道这本书的老师未必很多，读过的就可能更少了。假如一个老师从未听说过这本书，而学生又正好要与老师交流这本书的阅读心得，老师却无可奉告，那不是让学生很失望吗？著名教育家阿莫纳什维利说，衡量教师好坏的一个重要标准就是你的学生是否有阅读的愿望。我想老师要达到这个标准，首先是自己要有阅读的愿望和习惯。

二是自我反思、自我总结的需要：很多老师教了很多年书，很有经验，这时候很容易产生满足的心理，但这种满足的心理，会阻止老师的进一步发展，甚至让老师故步自封，因为已有的经验总是有限的，而且它的有效性也会随着环境的变化而变化，所以老师不能过于相信自己的经验，至少是不能满足于已有的经验，要常常对自己的经验进行总结和反思，而这种总结和反思也需要通过阅读来实现，比如看看别的教师的教育心得、看看教育家们的理论总结，这对我们一线教师的自我反思很有帮助。阅读帮助我们思考，思考教材、思考教学过程、思考教学对象——学生。我曾经读过叶开的《对抗语文》、郭初阳等人合写的《救救孩子：小学语文教材批判》，这两本书的观点我不完全赞同，但他们对语文教材的批判的确值得我们重视。做老师的不能抛开教材另搞一套，但也不能将教材当圣经，以为它神圣不可侵犯，甚至明明发现了教材的错误，却为尊者讳，曲为之辩。大家感兴趣的话，可以去读读这两本书——读完之后，你至少不会迷信教材，对教材中的错误保持足够的警惕，因为教材也会有错误（比如杰克·伦敦的小说《海狼》并非动物小说，而是海上题材的冒险小说，"海狼"是一个船长的外号，而人教版六年级上册语文"课外书屋"提到它时，把它错误地归入动物小说之列）。一个教师，如果没有大量的阅读，没有深入的思考，不仅不会有这种警惕感，甚至很容易迷信教材，至少是局限在教材里，以为教学无非是教教材，不知道教材之外还有广阔的天地。教材是经过很多专家学者编出来的，集中了很多人的智慧，尚且有很多问题，我们做老师的，个人的那一点教学经验，就更有可能存在诸多不足。所以我们不仅要反思教材，也要经常反思自己的教学方法和教学经验。

其实，我们要反思的不仅是我们自己的教学经验，甚至很多习以为常的教学理念也值得我们反思，这种反思常常需要借助阅读来推动。我向大家推荐两本畅销书：一本是日本黑柳彻子的《窗边的小豆豆》，一本是美国雷夫·艾斯奎斯的《第56号教室的奇迹》，里面有很多先进的教育理念或者新鲜的教育思想，值得我们借鉴、学习，老师们不妨去看看。此外，华东师大出版社出过一套丛书"大夏书系"，收录了不少好的教育著作，比如方帆写的《我在美国教中学》、上官子木的《创造力危机：中国教育现状反思》。看看别的教师、别的学校、别的国家，是怎么理解教育的，是怎样进行教学的，这对我们反思个人的教学经验，乃至反思我们国家的教育观念，都很有启发。可惜现在，我们的老师日常事务太多，差不多每天都疲于奔命，这种状况很容易使老师被束缚在日常事务中，觉得自己能完成日常的教学事务和管理工作就很不错了，不大愿意去发现教学过程中出现的问题，或者遇到问题也很麻木。发现不了问题，或是对问题缺乏敏感度，这样下去，即使工作干得还不错，也只能说是维持已有的局面，很难打开新局面，而发现不了问题，当然也就谈不上解决问题，就很难有大的进步。实际上，在我们的教学实践（包括教学挫折、教学失败、教学难题）中，蕴藏着很多值得探讨的东西，只要你去思考，就会有收获。有人问全国著名教师李镇西："你遇到让人头疼的学生怎么办？"他说："换一种眼光去看这些让人头疼的孩子，我便不再头疼了。换一种什么眼光呢？那就是科研的眼光。我把在教育上遇到的每一个难题都当作科研课题来对待，把每一个难教儿童都当作研究对象，心态就平静了，教育就从容了。每天都有新的发现，每天都有新的领悟，每天都有新的收获，因而每天都有新的快乐。"李镇西对此有一个很好的总结，他说："把问题当课题。对于一线老师来说，最好的科研课题来自工作中遇到的问题。"（《做最好的老师》）这是深有体会的话，说得非常好。如果我们的老师读完李镇西的书以后，也有这种问题意识和科研眼光，那就太好了。我建议，老师们要尽可能地从日常事务中跳出来，尽可能多地阅读，这有助于培养我们发现问题的眼光，提高我们解决问题的能力——不仅是发现和解决新问题，也包括用新的视角审视老问题、用新的方法解决老问题。否则的话，我们只能成为一个教书匠，很难成为教学名师。

三是自我升华、自我成长的需要：这既是教师自身的需要，也是学生成长的需要。这里讲的成长，主要不是说专业方面的提高，而是指精神方面、心灵方面的成长。可能有些老师觉得这应该是讲给孩子听的，教师都是成人，还谈什么精神成长、心灵成长？教师虽然不是孩子，但也是人，只要是人，都会面临精神和心灵方面的困惑，都需要精神、心灵的不断成长。在我看来，教师首先要解决的是心灵问题，而不是专业问题；心灵问题也是最难解决的，专业方面的问题倒不是最难解决的。教师的职责是育人，要完成这个任务，首先要育好自己这个人。要育好自己，教师就需要不断升华自己的精神，不断净化自己的心灵——比如教师如何处理社会的诱惑、面临人生的困惑怎么办、如何对待自己的职业等等，这些问题的解决都不是一蹴而就的，甚至可以说是伴随终身的。更为重要的是，教师面对的是学生，是人，不是机器；教师不仅要传授知识，更要关注学生的方方面面，尤其是学生的生命体验、人格养成、习惯培养、思想情感的陶冶，这些很多属于非智力因素，需要老师用心灵的桥梁去沟通，用精神的光辉去照耀孩子。可见，精神、心灵的成长，即使不是为了教师自身的成长，单纯地为了孩子的成长，也是非常重要的；更何况教育是心灵的艺术，需要师生之间精神与精神的沟通、心灵与心灵的碰撞，这就更加凸显了精神、心灵成长对老师的重要性。所以，我们的老师在提高教学技能的同时，也应该多多关注自己精神和心灵方面的成长！吴非老师说他"之所以一直主张关注中小学生的阅读，绝不仅仅是考虑语文教育的需要，更是考虑到人的成长的需要。一个人的阅读积累越丰厚，他的人生感悟力就越强，他的发现就越多，而他对人间的关注和思考也就越有价值。教师的阅读经验，往往也是学生的精神资源；教师的人生情感体验，对学生会有很强的启示作用。"（《致青年教师·就让你的眼泪流出来》）诚哉斯言！

我们都知道，教师有一个很好的称号："人类灵魂的工程师。"既然是"人类灵魂的工程师"，那就不能没有灵魂。怎样才能使自己有个高贵的灵魂呢？怎样才能配得上"人类灵魂的工程师"这个崇高的称号呢？我觉得，一个好的老师，除了要具备专业素养、学科知识外，还需要对学生充满爱心、充满耐心；一个好的老师，除了有良好的专业素质，还有良心、奉献等好的精神品质。只有这样，才有可能成为"人类灵魂的工程师"。也就是说，我们要把教师这一职业当做事业来做，才有可能成为一个优秀的老师；而要完成一件事业，需要我们有奉献的精神，需要我们投入极大的热情。一个教师对自己的职业是否热爱、对自己的工作是否充满热情并且是持久的热情、对自己的学生是否充满爱心和耐心、课堂教学是否充满韵味和智慧，这些都不完全依赖于他的专业知识，而更多地依赖于他的精神是否充实、心灵是否纯净。教师的精神与心灵成长，固然需要通过实践来获得，但也需要借助大量的阅读来实现。通过广泛的阅读，特别是阅读那些人文、社会科学方面的经典著作，丰富自身对社会、历史、人生、自然、生命的感受与认识，老师就可以丰富自己的精神世界，净化自己的心灵世界，并通过课堂教学等途径进一步影响到学生。试想一下，如果一个教师本身就是一个斤斤计较、趣味低俗的人，他怎么可能培养出德智体全面发展的学生呢？

我读过一本书《低学历的五大师》，书中提到国学大师钱穆曾经做过多年的小学老师、中学老师。钱穆做小学校长的时候，遇到一个学生，课间不出教室，而别的孩子都出去玩。他打听之后才知道，原来这个学生表现不大好，前任校长禁止他课间出去玩，怕他出去惹事。钱穆当场宣布取消前任校长的限制，允许这个学生出去玩。不久就有学生来报告，说这个学生玩的时候，又犯了过错。钱穆当场批评了那些"告密"的学生，说那个孩子长期被禁止出教室，还不知道如何与大家相处，你们应该对他多宽容，并鼓励他和同学们多交往。钱穆后来发现这个学生在音乐方面有天赋，就鼓励他在这个方面发展，并让他在全班表现了一次，使全班同学对他刮目相看。几十年过后，钱穆打听这个班的学生情况，这个学生是最被大家认可的。我估计钱穆当时可能也没看过什么教育学方面的书，但他看过包括《诗经》《论语》在内的中国古代很多经典，这些经典已经将他熏陶成了一个蔼然仁者。什么叫仁？仁就是有爱心。孔子是这样教学生的，钱穆也是这样教学生的。我们呢？我们对孩子充满爱心吗？做老师的，应该时常问问自己这个问题。如果感觉自己爱心不够，建议大家读读《论语》，读读苏霍姆林斯基的书，也可以读读《低学历的五大师》这类介绍名师教学的书。可能很多老师对那些成绩好的学生有爱心，但对那些"后进生"未必有足够的爱心。如果是这样，我建议大家不妨读一读李镇西的书《做最好的老师》，看他如何转化"后进生"的。

大家可能都读过海伦·凯勒的自传，知道海伦·凯勒很了不起。海伦·凯勒是一个盲人，竟然取得了那么大的成就，这固然是作者不断奋斗的结果，也跟莎莉文老师的奉献有着密切的关系。莎莉文老师虽然没有儿女，但她有母爱。她正是凭着母爱般的力量来培养海伦·凯勒，并取得了成功。试想一下，莎莉文老师如果只是有专业知识，没有那种母亲般的投入，她未必能坚持那么长时间来培养海伦·凯勒，海伦·凯勒的成就可能不会那么大。我觉得，如果一个老师对待学生，就像一个母亲对待自己的孩子一样充满爱心，这样的老师想不优秀都不行！

谈谈语文教师的阅读

苏霍姆林斯基说："真正的教师必是读书的爱好者"（《帕夫雷什中学》）、"一些优秀教师的教育技巧的提高，正是由于他们持之以恒地读书，不断地补充他们的知识的大海"（《给教师的建议》）。教师一方面要教书，一方面也要读书，不管多忙，都要抽时间读书。我想要强调的是：阅读绝对不只是语文老师的事情，也是所有老师的事情，比如数学老师看看郜舒竹的《数学教学基础》、林崇德的《智力发展与数学学习》、季素月的《给数学教师的101条建议》、郑毓信的《小学数学教育的理论与实践：小学数学教学180例》、马复编著的《设计合理的数学教学》、马云鹏主编的《小学数学教学论》，或者李毓佩、张景中等著名学者写的数学故事书、数学科普书，英语老师看看焦晓骏《怎样成为一名优秀英语教师》、张海迪《美丽的英语》，科学老师读读王梓坤《科学发现纵横谈》、梁衡《数理化通俗演义》等科普著作，未尝不是好事。当然，由于学科性质的不同，阅读的意义可能会有所不同。相对而言，语文作为一门综合性学科，更需要阅读，要阅读的东西更多；也就是说，阅读对语文老师比对其他学科老师显得更为重要。本文主要结合语文教师的阅读来谈谈我对教师如何阅读的认识。

首先，教师的阅读与家长的阅读有不同，也有相同。不同的地方在于教师阅读的专业性更强。出于工作的需要，语文教师需要阅读跟学科教学有关的书籍，包括语文学科方面的专业知识（如语法、修辞、文学史知识、文学理论），还有教学法（拼音教学法、识字教学法、阅读教学法、说明文教学法、作文教学法、文言文教学法、诗词教学法、吟诵教学法、朗读学），像陶行知、叶圣陶、夏丏尊、朱自清、吕叔湘等老一辈教育家，斯霞、刘国正、于漪、钱梦龙等老一辈教育工作者，以及后来的肖复兴、魏书生、宁鸿彬、蔡澄清、李镇西、窦桂梅、郑桂华等优秀教师关于语文教学的著作，都值得我们阅读；但家长没有义务来阅读这些著作，也没有这个必要。家长可以不看这些专业书，但语文老师必须读，比如一个语文老师教孩子认字，不妨看看有关文字学方面的书（如林西莉的《汉字王国》、郭锡良的《汉字知识》），了解汉字的演变史、了解汉字的生成规律，对自己的识字教学可能会有很大的帮助，这不仅能让学生感觉到汉字之美，在帮助学生纠正错别字的时候也可能更有办法。比如，有些孩子容易把衣字旁和示字旁写错，如果我们告诉学生：衣字旁跟衣服有关，示字旁跟古代祭祀有关，相信孩子们会更容易纠正错误。还有，一个语文老师要引导孩子阅读、理解那些文学性比较强的课文，就必须有很强的文本细读功夫，而这种功夫是需要大量的文学阅读作为基础的，不大量阅读文学作品，一个语文老师就很难读懂读透文本，就很难对一篇课文做出独具特色的解读，甚至可能使教学淡而无味，吸引不了学生。"腹有诗书气自华"，这句话适用于学生，也适用于教师。对于语文教师而言，不仅要提高自己的教学能力，更要提高文学素养；不仅要读教材、教参，还要读教材、教参之外的很多书，比如中外文学名著甚至文学理论。

当然，教师的阅读与家长的阅读也有相同的地方，那就是都要阅读有关教育学、心理学方面的书。做教师的，不仅要熟悉教材，也要了解学生，要了解学生的心理世界和内在需求，而要做到这一点，就必须大量阅读教育学、心理学方面的著作——在这个方面，教师的阅读与家长的阅读有共通之处。比如，黑柳彻子的《窗边的小豆豆》和灰谷健次郎的《兔之眼》这两本小说里面有很多先进的教育理念，老师们应该读一读，家长们也可以读；尹建莉的《最美的教育最简单》、孙瑞雪的《爱和自由》、彭凯平与闫伟合著的《孩子的品格》、简·尼尔森的《正面管教》是值得所有父母读的书，老师们也可以读。但是，同样是阅读教育学、心理学方面的书，教师的阅读层次应该比家长的阅读层次高一些，理论性更强，不能仅仅阅读那些描述一般的教育现象、教育经验的书，而要尽可能多地阅读教育理论、教学哲学方面的书，如蒙台梭利、杜威、苏霍姆林斯基、陶行知、叶圣陶等中外著名教育家的著作，甚至像海伦·凯勒的《假如给我三天光明》、亚米契斯的《爱的教育》、凯斯特纳的《会飞的教室》、金斯利的《水孩子》、万巴的《淘气包日记》、刘健屏的《今年你七岁》、黄蓓佳的《我要做好孩子》，均可视为教育著作来读。此外，《中国教师报》《中国教育报》等报纸和《人民教育》等杂志，我觉得老师们也可以浏览，里面有不少教育政策、教改经验、教学探索方面的信息，对教师自我提高、自我反思、自我丰富不无启发。

其次，教师的阅读与学生的阅读有不同，也有相同。不同的地方在于教师的阅读面要广，层次要高，否则无法真正提高自己的文化素质和教学水平，也无法有效地指导孩子。学生可以根据自己的兴趣专门读《哈利·波特》那样的魔幻故事，但教师就不能迷恋《哈利·波特》而不读别的书籍；孩子可以只读故事书，但教师还得读那些文学性更强的美文以及思想性较强的人文社会科学著作（如《西方哲学史》《中国思想史》），以及《读书》《新华文摘》等杂志，并且引导孩子也来阅读，比如艾青与海子的诗、王小波与史铁生的散文、沈从文与汪曾祺的小说、培根与蒙田的随笔，小学生未必愿意看，但老师却是可以看的，也应该看。总之，一个语文老师要尽可能广泛地阅读，而且要多阅读经典性著作，也就是我们常常说的名著——有人说："没有阅读过名著的心灵是粗糙的，没有被感动过的情怀是苦涩的。没有被厚重的经典名著洗礼过的人也许无法拥有细腻的心灵。阅读史就是老师的生命史。"所以，我们强调教师要广泛阅读，提倡阅读的经典性，在广度和深度方面要超过学生的阅读，但这不是说教师的阅读与学生的阅读就可以截然分开。

实际上，教师的阅读与学生的阅读应该有交叉、重叠——也就是说，学生看的书，老师也应该尽可能地读一读。比如说，一个小学语文老师就应该多读一些儿童文学方面的书，这不完全是为了更好地指导孩子，跟孩子交流，也是因为儿童文学中有不少经典作品，确实值得我们读，即使不是出于工作的需要，即使不是以教师的身份去阅读，也可以去看看，除了《格林童话》《安徒生童话》《王尔德童话》等著名作品之外，还有怀特的童话三部曲《夏洛的网》《吹小号的天鹅》《精灵鼠小弟》，罗大里的童话《洋葱头历险记》《假话国历险记》，林格伦的童话《淘气包埃米尔》《长袜子皮皮》。中国作家写的不少童话也很好，早期的如叶圣陶的《稻草人》、张天翼的《宝葫芦的秘密》《大林和小林》、严文井的《"下次开船"港》、陈伯吹的《一只想飞的猫》、贺宜的《小公鸡历险记》、包蕾的《猪八戒新传》、任溶溶的《没头脑和不高兴》、孙幼军的《小布头奇遇记》，后来的如郑春华的《大头儿子和小头爸爸》、张秋生的《小巴掌童话》、金波的《乌丢丢的奇遇》以及郑渊洁、汤素兰、王一梅等人的童话等，都值得老师们去读。童话不仅属于儿童，也属于成人。安徒生曾经说过："孩子们会更喜欢我童话的故事，成人则会对我蕴藏于其中的思想发生兴趣。"帕乌斯托夫斯基在解释安徒生时也说："童话不仅为孩子，也是为成人所需要的。"这说明童话对成人的阅读也是很有意义的——大家可以回想一下安徒生那篇著名的童话《皇帝的新装》：生活中类似皇帝的新装那样的现象，我们见到的很多，但我们熟视无睹，甚至跟着一起说谎，至少是不会点破谎言，那是因为成人已经麻木，也没有勇气去说，但孩子却无所忌讳地说出来，这的确让我们成人有点汗颜，也让我们深思：我们长大了，可是我们的勇气去哪里了？当然，儿童文学不限于童话，还包括寓言故事、神话故事、民间传说、动物故事、校园故事、成长小说，比如林海音的《城南旧事》、萧红的《呼兰河传》、宗璞的《鲁鲁》、曹文轩的《草房子》、黄蓓佳的《我要做好孩子》、法布尔的《昆虫记》、怀德的《草原上的小木屋》、威尔逊·罗尔斯的《红色羊齿草的故乡》等。这些作品，不但是儿童的心灵家园，也是成人世界的诗意栖居地。

总的来说，一个语文教师的阅读包括这样三个层次、三个方面：首先是广泛的经典的阅读，但不限于教育方面的书，而是包括儿童文学经典和其他文学经典（童话、小说、散文、诗歌、戏剧、报告文学等），以及人文、艺术、社会科学、自然科学方面的经典著作。其次是教育理论、教育哲学、教育史方面的著作，尤其是中外古今教育家的经典著作。最后是学科教学方面的著作，这主要是指那些优秀教师根据自己的教学经验、教学心得、教学方法撰写的著作。

附教师阅读书目（语文）

1.广泛的阅读（尤其是经典的阅读）

·王力主编《中国古代文化常识》

·朱自清《经典常谈》

·曹伯韩《国学常识》

·吕思勉《为学十六法》

·钱穆《国史大纲》

·柳诒徵《中国文化史》

·冯友兰《中国哲学简史》

·林庚《中国文学简史》

·陆侃如、冯沅君《中国诗史》

·余恕诚《唐诗讲演录》

·赵仁珪《宋诗纵横》

- 叶嘉莹《唐宋词十七讲》
- 杨伯峻《论语译注》
- 杨伯峻《孟子译注》
- 陈鼓应《老子注译及评介》
- 陈鼓应《庄子今注今译》
- 李零《孙子译注》
- 徐中舒《左传选》
- 王伯祥《史记选》
- 刘义庆《世说新语》
- 余冠英《诗经选》
- 马茂元《楚辞选》
- 金性尧《唐诗三百首新注》
- 钱锺书《宋诗选注》
- 胡云翼《宋词选》
- 吴楚材、吴调侯《古文观止》
- 关汉卿《窦娥冤》
- 王实甫《西厢记》
- 汤显祖《牡丹亭》
- 赵秀亭、冯统一《饮水词笺校》
- （明清）四大名著：《红楼梦》《三国演义》《水浒传》《西游记》
- 蒲松龄《聊斋志异》
- 吴敬梓《儒林外史》
- 李汝珍《镜花缘》
- 张岱《陶庵梦忆》
- 沈复《浮生六记》
- 曾国藩家书（或者《曾国藩家训》）
- 王国维原著、滕咸惠校注《人间词话新注》
- 鲁迅《呐喊》《彷徨》
- 茅盾《子夜》《林家铺子》
- 巴金《家》《憩园》《寒夜》《第四病室》
- 老舍《骆驼祥子》《四世同堂》
- 张爱玲《倾城之恋》《金锁记》

- 沈从文《边城》
- 汪曾祺《受戒》（小说集）
- 钱锺书《围城》
- 古华《芙蓉镇》
- 刘心武《钟鼓楼》
- 张洁《无字》
- 冯骥才《神鞭》《三寸金莲》《俗世奇人》
- 路遥《人生》《平凡的世界》
- 陈忠实《白鹿原》
- 霍达《穆斯林的葬礼》
- 迟子建《额尔古纳河右岸》
- 王蒙《活动变人形》
- 莫言《透明的红萝卜》《红高粱》《蛙》《生死疲劳》
- 阿城《棋王·树王·孩子王》
- 阿来《尘埃落定》
- 王小波《黄金时代》《青铜时代》《白银时代》
- 王安忆《长恨歌》
- 余华《活着》《许三观卖血记》
- 苏童《米》
- 阎连科《日光流年》
- 毕飞宇《推拿》《玉米》
- 刘震云《一句顶一万句》
- 李洱《花腔》
- 金宇澄《繁花》
- 格非《春尽江南》
- 李佩甫《羊的门》
- 沈石溪《狼王梦》
- 姜戎《狼图腾》
- 金庸《射雕英雄传》
- 白先勇《台北人》
- 曹禺《雷雨》《日出》
- 老舍《茶馆》《龙须沟》

· 郭沫若《屈原》

· 冰心《繁星·春水》

· 徐志摩、林徽因、戴望舒、艾青、何其芳、冯至、卞之琳、穆旦、北岛、舒婷、海子、顾城、翟永明、余光中、郑愁予、洛夫、席慕容的新诗

· 鲁迅《朝花夕拾》（散文集）；《野草》（散文诗）

· 冰心《寄小读者》

· 林语堂《生活的艺术》

· 梁实秋《雅舍小品》《槐园梦忆》

· 丰子恺《缘缘堂随笔》《丰子恺谈艺术》

· 沈从文《湘行散记》

· 傅雷《傅雷家书》

· 巴金《随想录》

· 韦君宜《思痛录》

· 吴冠中《我负丹青》

· 季羡林《牛棚杂忆》

· 杨绛《干校六记》《我们仨》

· 《宗璞散文选》

· 俞宁《吾爱吾师》

· 王小波《沉默的大多数》

· 史铁生《病隙碎笔》

· 孙犁散文选

· 董桥《英华沉浮录》（《语文小品录》）

· 蒋梦麟《西潮·新潮》

· 何炳棣《读史阅世六十年》

· 启功自传（启功口述历史）

· 王彬彬《并未远去的背影》

· 岳南《南渡北归》

· 齐邦媛《巨流河》

· 许倬云《万古江河：中国历史文化的转折与开展》、

· 葛剑雄《统一与分裂》

· 唐际根《殷墟：一个王朝的背影》

- 黄仁宇《万历十五年》
- 张宏杰《饥饿的盛世：乾隆时代的得与失》
- 茅海建《天朝的崩溃：鸦片战争再研究》
- 唐德刚《晚清七十年》（又名《从晚清到民国》）
- 陈旭麓《近代中国社会的新陈代谢》
- 金一南《苦难辉煌》
- （美）埃德加·斯诺《红星照耀中国》（西行漫记）
- 《顾准文集》
- 钟叔河《念楼学短》
- 余秋雨《文化苦旅》
- 鲍鹏山《风流去》
- 吴思《潜规则：中国历史中的真实游戏》
- 徐刚《守望家园》
- 高尔泰《寻找家园》
- 王开岭《精神自治》
- 筱敏《阳光碎片》
- 何兆武《上学记》
- 钱理群《天地玄黄》《我的精神自传》
- 刘小枫《拯救与逍遥》
- 王鼎钧《王鼎钧散文》
- 罗兰（靳佩芬）《罗兰小语》
- 费孝通《乡土中国》
- 梁鸿《中国在梁庄》
- 熊培云《自由在高处》
- 苇岸《大地上的事情》
- 刘亮程《一个人的村庄》
- 李娟《阿勒泰的角落》
- 宗白华《美学散步》
- 朱光潜《谈美》《谈文学》《诗论》
- 李泽厚《美的历程》
- 李可染《李可染论文集》
- 熊秉明《看蒙娜丽莎看》

- 陈从周《说园》（或《梓翁说园》）
- 徐复观《中国艺术精神》
- 朱良志《曲院风荷——中国艺术论十讲》
- 木心《文学回忆录》
- （法）丹纳《艺术哲学》
- （德）爱克曼辑录《歌德谈话录》
- （俄）康·帕乌斯托夫斯基《金蔷薇》
- （英）E·H·贡布里希《艺术的故事》
- （意大利）亚米契斯《爱的教育》
- （美）海伦·凯勒《假如给我三天光明》
- （古希腊）伊索《伊索寓言》
- （德）古斯塔夫·施瓦布《希腊神话故事》（古希腊神话与传说）
- （阿拉伯）佚名《天方夜谭》（一千零一夜）
- （德）格林兄弟《格林童话》
- （丹麦）安徒生《安徒生童话》
- （英）奥斯卡·王尔德《王尔德童话》
- （俄）列夫·托尔斯泰《托尔斯泰童话》
- （捷克）卡雷尔·恰佩克《恰佩克童话》
- （法）安托万·德·圣埃克絮佩里《小王子》《夜航·人类的大地》
- （瑞典）拉格洛芙《尼尔斯骑鹅旅行记》
- （英）刘易斯·卡罗尔《爱丽丝漫游奇境》
- （英）詹姆斯·巴里《小飞侠彼得·潘》
- （英）乔纳森·斯威夫特《格列佛游记》
- （意）卡尔洛·科洛迪《木偶奇遇记》（匹诺曹）
- （意大利）贾尼·罗大里《洋葱头历险记》《假话国历险记》
- （美）怀特《夏洛的网》《吹小号的天鹅》《精灵鼠小弟》
- （瑞典）林格伦《淘气包埃米尔》《长袜子皮皮》
- 张天翼《宝葫芦的秘密》《大林和小林》
- 林海音《城南旧事》
- 萧红《呼兰河传》
- 曹文轩《草房子》
- 梅子涵《女儿的故事》

· 北岛等编《给孩子的诗》

· （英）丹尼尔·笛福《鲁滨逊漂流记》

· （英）罗伯特·路易斯·史蒂文森《金银岛》

· （美）马克·吐温《汤姆索亚历险记》《哈克贝恩历险记》

· （美）杰克·伦敦《野性的呼唤·白牙》

· （美）威尔逊·罗尔斯《红色羊齿草的故乡》

· （美）斯托夫人《汤姆大伯的小屋》（汤姆叔叔的小屋）

· （美）玛格丽特·米切尔《乱世佳人》（《飘》）

· （美）奥尔科特《小妇人》

· （英）威廉·戈尔丁《蝇王》

· （德）君特·格拉斯《铁皮鼓》

· （意大利）伊塔洛·卡尔维诺《寒冬夜行人》《宇宙奇趣》

· （法）凡尔纳《海底两万里》《八十天环游地球》《格兰特船长的儿女》；《神秘岛》

· （英）赫伯特·乔治·威尔斯《时间机器》；《隐身人》

· 刘慈欣《三体》（三部曲）

· 古希腊戏剧选

· （英）威廉·莎士比亚《莎士比亚四大悲剧》《莎士比亚喜剧五种》

· （法）莫里哀《伪君子·吝啬鬼》

· （挪威）亨利克·约翰·易卜生《玩偶之家》《人民公敌》

· （英）乔治·萧伯纳《圣女贞德》

· （爱尔兰）萨缪尔·贝克特《等待戈多》

· （美）阿瑟·米勒《推销员之死》

· （英）威廉·华兹华斯《华兹华斯抒情诗选》

· （英）乔治·戈登·拜伦《拜伦诗选》

· （英）珀西·比希·雪莱《雪莱诗选》

· （英）约翰·济慈《济慈诗选》

· （意大利）阿利吉里·但丁《神曲》

· （英）约翰·弥尔顿《失乐园》

· （德）约翰·沃尔夫冈·冯·歌德《浮士德》

· （德）海因里希·海涅《海涅诗选》

· （俄）亚历山大·谢尔盖耶维奇·普希金《普希金诗选》

· （俄）谢尔盖·亚历山大罗维奇·叶赛宁《叶赛宁诗选》

· （美）沃尔特·惠特曼《草叶集》

· （美）艾米莉·狄金森《狄金森诗选》

· （印度）拉宾德拉纳特·泰戈尔《新月集》《飞鸟集》《园丁集》《吉檀迦利》

· （黎巴嫩）哈里尔·纪伯伦《先知》《沙与沫》

· （法）夏尔·波德莱尔《恶之花》

· （英）威廉·巴特勒·叶芝《叶芝诗选》

· （美）欧内斯特·米勒·海明威《老人与海》《太阳照常升起》

· （美）赫尔曼·麦尔维尔《白鲸》

· （俄）伊凡·谢尔盖耶维奇·屠格涅夫《猎人笔记》

· （俄）果戈里《死魂灵》《钦差大臣》

· （俄）费奥多尔·米哈伊洛维奇·陀思妥耶夫斯基《卡拉马佐夫兄弟》《罪与罚》

· （俄）列夫·尼古拉耶维奇·托尔斯泰《复活》《战争与和平》《安娜·卡列尼娜》

· （苏联）阿列克塞·马克西姆·高尔基《童年·在人间·我的大学》

· （英）杰弗雷·乔叟《坎特伯雷故事集》

· （法）弗朗索瓦·拉伯雷《巨人传》

· （西班牙）米格尔·德·塞万提斯《堂吉诃德》

· （英）查尔斯·狄更斯《大卫·科波菲尔》《匹克威克外传》

· （英）夏洛蒂·勃朗特《简·爱》（简爱）

· （法）维克多·雨果《悲惨世界》《巴黎圣母院》

· （法）司汤达《红与黑》

· （法）居斯塔夫·福楼拜《包法利夫人》

· （法）奥诺雷·德·巴尔扎克《高老头》《欧也妮·葛朗台》

· （法）居伊·德·莫泊桑《莫泊桑中短篇小说精选》

· （俄）安东·巴甫洛维奇·契诃夫《契诃夫小说精选》

· （美）欧·亨利《欧·亨利短篇小说选》

· （英）乔治·奥威尔《动物庄园》《一九八四》

· （英）托马斯·哈代《德伯家的苔丝》《无名的裘德》

· （法）罗曼·罗兰《约翰·克里斯朵夫》

·（法）马塞尔·普鲁斯特《追忆似水年华》

·（法）阿尔贝·加缪《鼠疫》《局外人》《西绪福斯神话》

·（德）托马斯·曼《布登勃洛克一家》

·（德）赫尔曼·黑塞《荒原狼》

·（德）君特·格拉斯《铁皮鼓》

·（美）威廉·福克纳《喧哗与骚动》《我弥留之际》

·（美）杰罗姆·大卫·塞林格《麦田里的守望者》

·（美）杰克·克鲁亚克《在路上》

·（美）弗·司各特·菲茨杰拉德《了不起的盖茨比》

·（美）弗拉基米尔·纳博科夫《洛丽塔》

·（英）威廉·萨默塞特·毛姆《月亮和六便士》

·（英）弗吉尼亚·吴尔夫《到灯塔去》《达洛卫夫人》

·（奥地利）弗兰茨·卡夫卡《变形记》《城堡》

·（爱尔兰）乔伊斯《尤利西斯》《青年艺术家画像》

·（捷克）米兰·昆德拉《生命中不能承受之轻》

·（哥伦比亚）加夫列尔·加西亚·马尔克斯《百年孤独》《霍乱时期的爱情》

·（日本）夏目漱石《我是猫》

·（日本）芥川龙之介《罗生门》

·（日本）川端康成《伊豆舞女》《雪国·古都·千只鹤》

·（日本）村上春树《挪威的森林》

·（日本）东野圭吾《白夜行》《解忧杂货店》

·（澳大利亚）考琳·麦卡洛《荆棘鸟》

·（美）卡勒德·胡塞尼《追风筝的人》

·（美）哈珀·李《杀死一只知更鸟》

·（美）约翰·斯坦贝克《愤怒的葡萄》《人鼠之间》

·（法）帕特里克·莫迪亚诺《暗店街》

·（俄）亚历山大·索尔仁尼琴《古拉格群岛》

·梁衡《数理化通俗演义》

·吴国盛《科学的历程》

·路甬祥主编《科学改变人类生活的119个伟大瞬间》

·《薄世宁医学通识讲义》

· （苏联）米·伊林《十万个为什么》

· （美）艾萨克·阿西莫夫《新疆域》

· ［美］G.伽莫夫《从一到无穷大：科学中的事实和臆测》

· （美）布莱森《万物简史》

· （法）布封《自然史》

· （法）让·亨利·卡西米尔·法布尔《昆虫记》

· （苏联）维·比安基《森林报》

· （奥地利）康拉德·劳伦兹《所罗门王的指环：与鸟兽鱼虫的亲密
对话》

· （美）蕾切尔·卡森《寂静的春天》

· （英）卡尔·波普尔《猜想与反驳——科学知识的增长》

· （美）托马斯·库恩《科学革命的结构》

· （英）赫伯特·乔治·威尔斯《世界简史》（《世界史纲》）

· （德）奥斯瓦尔德·斯宾格勒《西方的没落》

· （英）阿诺德·汤因比《历史研究》

· （美）斯塔夫里阿诺斯《全球通史》

· （美）威尔·杜兰特、阿里尔·杜兰特《历史的教训》（或者《世界
文明史》）

· （美）塞缪尔·亨廷顿《文明的冲突与世界秩序的重建》

· （英）保罗·肯尼迪《大国的兴衰》

· （美）威廉·曼彻斯特《光荣与梦想：1932—1972美国社会实录》

· （美）威廉·夏伊勒《第三帝国的兴亡》

· （美）鲁思·本尼迪克特《菊花与刀——日本文化模式》（菊与刀）

· （美）托马斯·弗里德曼《世界是平的：21世纪简史》

· （美）斯文·贝克特《棉花帝国：一部资本主义全球史》

· （英）彼得·弗兰科潘《丝绸之路：一部全新的世界史》

· （美）贾雷德·戴蒙德《枪炮、病菌与钢铁：人类社会的命运》

· ［英］伊懋可《大象的退却：一部中国环境史》

· 郑也夫《文明是副产品》

· （古希腊）柏拉图《理想国》

· （古罗马）马可·奥勒留《沉思录》

· （美）戴尔·卡耐基《人性的弱点》《人性的优点》

·（英）亚当·斯密《道德情操论》《国富论》

·（德）卡尔·海因里希·马克思《资本论》

·（德）弗里德里希·冯·恩格斯《家庭、私有制和国家的起源》

·（德）亚瑟·叔本华《作为意志和表象的世界》

·（德）弗里德里希·威廉·尼采《查拉图斯特拉如是说》《悲剧的诞生》

·（挪威）乔斯坦·贾德《苏菲的世界》

·（英）伯特兰·亚瑟·威廉·罗素《西方的智慧》

·（美）托马斯·潘恩《常识》

·（美）亨德里克·威廉·房龙《宽容》（《人的解放》《人类的解放》）

·（法）安德烈·莫洛亚《人生五大问题》《生活的艺术》

·（法）让–雅克·卢梭《一个孤独散步者的遐想》（《漫步遐想录》）

·（法）夏多布里昂《墓畔回忆录》

·（法）布莱士·帕斯卡尔《思想录》

·（美）哈洛德·布鲁姆《西方正典：伟大作家和作品》；［英］汉默顿《思想的盛宴：与西方著名思想家伽达默尔等对话》

·（法）米歇尔·德·蒙田《蒙田随笔》

·（英）弗朗西斯·培根《培根随笔》（或者《培根论说文集》）

·（美）拉尔夫·沃尔多·爱默生《爱默生随笔》

·（美）亨利·戴维·梭罗《瓦尔登湖》

·（奥地利）维克多·弗兰克《追寻生命的意义》

·（法）史怀哲《敬畏生命》

·（美）约翰·缪尔《我们的国家公园》

·（美）奥尔多·利奥波德《沙乡年鉴》（《沙乡的沉思》《沙郡年记》《沙郡岁月》）

·（英）乔治·吉辛《四季随笔》

·（英）查尔斯·兰姆《伊利亚随笔》

·（俄）帕乌斯托夫斯基《面向秋野》

·（日本）东山魁夷《东山魁夷散文选》

·（法）罗曼·罗兰《名人传》（《巨人三传》）

·（奥地利）斯蒂芬·茨威格《人类的群星闪耀时》

·（美）本杰明·富兰克林《富兰克林自传》

·（法）艾芙·居里《居里夫人传》

·（美）艾萨克森《爱因斯坦传》

2.教育理论、教育哲学

·高时良《学记评注》（或者李绪坤《学记解读》）

·（法）让-雅克·卢梭《爱弥儿》

·（英）约翰·洛克《教育漫话》（《教育片论》或《家庭学校》）

·（捷克）夸美纽斯《大教学论》

·（苏联）A.C.马卡连柯《教育诗》

·（苏联）瓦·阿·苏霍姆林斯基《给教师的建议》；《帕夫雷什中学》；《把整个心灵献给孩子》

·（苏联）赞科夫（赞可夫）《和教师的谈话：小学教学问题》

·（美）约翰·杜威《民主主义与教育》《学校与社会·明日之学校》

·（德）克里斯托夫·武尔夫《教育人类学》

·（英）艾尔弗雷德·诺思·怀特海《教育的目的》

·（德）卡尔·雅斯贝尔斯《什么是教育》

·（法）埃德加·莫兰《复杂性理论与教育问题》

·（美）科尔伯格《道德教育的哲学》

·（美）奥兹门《教育的哲学基础》

·（美）约翰·D·布兰思福特 等《人是如何学习的：大脑、心理、经验及学校》

·（法）布尔迪厄《国家精英：名牌大学与群体精神》

·（美）理查德·杜富尔、罗伯特·埃克《有效的学习型学校——提高学生成就的最佳实践》

·（美）艾伦·布兰克斯坦《创建优质学校的6个原则》

·（美）罗恩·克拉克《优秀是教出来的——创造教育奇迹的55个细节》

·（美）道格·莱莫夫《像冠军一样教学：引领学生走向卓越的62个教学诀窍》

·（美）雷夫·艾斯奎斯《成功无捷径——第56号教室的奇迹》

·（美）加雷斯·B·马修斯《童年哲学》

·（日本）黑柳彻子《窗边的小豆豆》

·（日本）岛田洋七《佐贺的超级阿嬷》

·（日本）灰谷健次郎《兔之眼》

·（美）爱斯米·科德尔《特别的女生萨哈拉：一个孩子的特别成长经历》

·（英）尼尔《夏山学校》

·（加拿大）马克斯·范梅南《教学机智：教育智慧的意蕴》

·（美）帕克·J·帕尔默《教学勇气：漫步教师心灵》

·（美）英特拉托《我的教学勇气》

·（美）安奈特·布鲁肖、托德·威特克尔《从优秀教师到卓越教师：极具影响力的日常教学策略》

·（苏联）阿莫纳什维利《学校无分数教育三部曲》

·（巴西）保罗·弗莱雷《被压迫者教育学》

·（日本）佐藤学《静悄悄的革命》《学校的挑战：创建学习共同体》

·（美）加德纳《智能的解构》

·（美）加里·鲍里奇《有效教学方法》

·（美）彼得·圣吉《第五项修炼：学习型组织的艺术与实务》

·（美）格兰特·威金斯、杰伊·麦克泰格《追求理解的教学设计》

·（美）戴维·珀金斯《为未知而教，为未来而学》

·（法）古斯塔夫·勒庞《乌合之众：大众心理研究》

·（奥地利）西格蒙德·弗洛伊德《释梦》（《梦的解析》）；《精神分析引论》

·（奥地利）阿尔弗雷德·阿德勒《儿童人格教育》（儿童的人格教育）；《自卑与超越》

·（美）艾里希·弗洛姆《爱的艺术》；《逃避自由》

·（美）亚伯拉罕·哈洛德·马斯洛《动机与人格》

·（美）M·斯科特·派克《少有人走的路——心智成熟的旅程》

·（美）马歇尔·卢森堡《非暴力沟通》

·（意大利）玛利亚·蒙台梭利《童年的秘密》

·（瑞士）让·皮亚杰《教育科学与儿童心理学》

·（加拿大）马克斯·范梅南、（荷兰）巴斯·莱维林《儿童的秘密：秘密、隐私和自我的重新认识》

·（美）梅尔·列文《破茧而出：发现孩子的先天优势》

· （美）尼尔·波兹曼《童年的消逝》

· 联合国教科文组织国际教育发展委员会《学会生存——教育世界的今天和明天》

· 国际21世纪教育委员会《教育——财富蕴藏其中》

· 《蔡元培教育论著选》（或者《蔡元培谈教育》）

· 晏阳初《平民教育概论》

· 《陶行知教育文集》（或《陶行知教育名篇精选》教师读本）

· 陈鹤琴《家庭教育》

· 林崇德《发展心理学》

· 王健《创新启示录：超越性思维》

· 陈桂生《教育学的建构》

· 朱永新《新教育之梦》

· 郑杰《给教师的一百条新建议》

· 上官子木《创造力危机：中国教育现状反思》《教育的国际视野》

· 方帆《我在美国教中学》

· 张文质《教育是慢的艺术》

· 吴非（王栋生）《致青年教师》《不跪着教书》

· 于漪《点亮生命灯火》

· 钱梦龙《教师的价值》

· 魏书生《班主任工作漫谈》

· 李镇西《爱心与教育》；《做最好的老师》

· 郭元祥《教师的二十项修炼》

· 方贤忠《教师专业发展的4项基本技能》

· 郭思乐《教育走向生本》

3.学科教学（语文）

· （瑞士）费尔迪南·德·索绪尔《普通语言学教程》

· 叶圣陶《叶圣陶语文教育论集》

· 朱自清语文教学经验（或者《朱自清论语文教育》）

· 夏丏尊教育名篇

· 天资与修养（朱光潜谈阅读与欣赏）

· 吕叔湘、朱德熙《语法修辞讲话》

· 朱德熙《语法讲义》

· 吕叔湘《语文常谈》《未晚斋语文漫谈》《语文杂记》

· 吕叔湘主编《现代汉语八百词》

· 周有光《语文闲谈》

· 刘叶秋《语文修养》（《编辑的语文修养》）

· 夏丏尊、叶绍钧《国文百八课》《文章讲话》《文话七十二讲》

· 朱自清、叶圣陶、吕叔湘编《文言读本》

· 夏丏尊、叶圣陶《文心》

· 叶圣陶《文章例话》

· 周振甫《文章例话》；《诗词例话》；《小说例话》；《风格例话》

· 叶圣陶《叶圣陶语文教育论集》

· 张志公《传统语文教育教材论》

· 王力《古代汉语常识》（或者白化文、孙欣编著《古代汉语常识二十讲》）

· 张中行《文言和白话》《文言津逮》

· 瞿蜕园、周紫宜《文言浅说》

· 许嘉璐《古代文体常识》《中国古代衣食住行》《古语趣谈》

· 龙榆生《唐宋词格律》（或者王力《诗词格律》《诗词格律十讲》）

· 启功《汉语现象论丛》

· 陈振寰《读词入门》

· 吴丈蜀《读古诗入门》

· 鲍善淳《读古文入门》

· 吴小如《古文精读举隅》；《古典诗词札丛》

· 葛兆光《汉字的魔方：中国古典诗歌语言学札记》

· （瑞典）林西莉《汉字王国》

· 郭锡良《汉字知识》

· 尘元（陈原）《在语词的密林里·重返语词的密林》

· 唐弢《文章修养》

· 张中行《作文杂谈》

· 王梦奎编《怎样写文章》

· 苏培成《怎样使用标点符号》

· 何其芳《诗歌欣赏》

· 老舍《出口成章：论文学语言及其他》

· 夏衍《写电影剧本的几个问题》

· 秦牧《语林采英》

· 章熊、缪小放 编著《简明·连贯·得体——中学生的语言修养和训练》

· 《实和活：刘国正语文教育文选》

· 蔡澄清《我的语文教学观与方法论》

· 周正逵《语文教育改革纵横谈》

· 《我教语文：张必锟语文教育论集》

· 李吉林《情境教育的诗篇》

· 王尚文《语感论》

· 王荣生等《语文教学内容重构》

· 吴忠豪主编《从教课文到教语文》

· 窦桂梅《回到教育的原点》

· 薛瑞萍《给我一个班，我就心满意足》

· 于永正《我怎样教语文》

· 《诗意语文——王崧舟语文教育七讲》

· 余文森《核心素养导向的课堂教学》

· 叶开《对抗语文》

· 郭初阳、蔡朝阳、吕栋等《救救孩子：小学语文教材批判》

· 邓康延、梁罗兴等编著《盗火者：中国教育革命静悄悄》

· 钱理群《名作重读》

· 孙绍振《名作细读》

· 《语文学习》编辑部编：《名作导读》

· 陈日亮《如是我读：语文教学文本解读个案》

· 李杏保、方有林、徐林祥主编《国文国语教育论典》

· 陈雪虎《传统文学教育的现代启示》

· 黄耀红《百年中小学文学教育史论》

· 张伟忠《现代中国文学话语变迁与中学语文教育》

· 罗岗《危机时刻的文化想象——文学·文学史·文学教育》

· 李宗刚《新式教育与五四文学的发生》

· 丁钢主编《全球化视野中的中国教育传统研究》

· （美）哈罗德·布鲁姆《如何读,为什么读》

· （美）哈罗德·布鲁姆《西方正典：伟大作家与不朽作品》

· （意大利）伊塔洛·卡尔维诺《为什么读经典》

· （美）吉姆·崔利斯《朗读手册》

· （美）莫提默·J·艾德勒、查尔斯·范多伦《如何阅读一本书》

· （美）托马斯·福斯特《如何阅读一本文学书》

· （加拿大）阿尔维托·曼古埃尔《阅读史》

· （美）斯蒂芬·克拉生《阅读的力量》

· （美）威廉·H·麦加菲《美国语文读本》

· （美）哈里·P·贾德森《美国学生文学读本》

教师如何指导学生阅读

教师指导学生的阅读，我觉得有一个总的原则就是让学生好读书、读好书。

首先要做的是提倡广泛的阅读，但也允许学生有所偏爱的阅读。一个人的成长需要多方面的知识积累，这也就要求一个人的阅读尽可能地全面，不要只读一个方面的书，比如一个小学生喜欢读故事书是可以理解的，但不能只读故事书，最好适当地读一些历史、科学、励志方面的书。培根说："读史使人明智，读诗使人灵秀，数学使人周密，科学使人深刻，伦理学使人庄重，逻辑与修辞使人善辩。"（《论读书》）可见多方面阅读的作用有多大！这话适用于教师的阅读，也适用于学生的阅读。但是，我们在提倡学生广泛阅读的同时，也应该允许学生有所偏爱的阅读，这是因为不同年龄段的孩子有不同的阅读爱好，属于正常情况，比如低年级的学生喜欢看绘本和童话，高年级的孩子开始迷恋科幻或魔幻小说。既然孩子的阅读兴趣是变化的，那么有些书现在不看，并不代表他后来也不看，所以我们用不着担心学生在某个阶段迷恋某一类书。再说，即使他后来不看，我觉得也没关系——试想一下，一个学生从小学到大学只喜欢读文学方面的书，不喜欢看科学方面的书，就一定不行吗？担心他考不上大学？还是担心他找不到工作？我觉得不必担心。虽然，他同时看看科学方面的书可能更好一些，但真的不愿意看，也没什么大不了——只要他愿意大量的阅读中外文学名著，还怕他不能成人、成才吗？想一想，钱锺书考大学的时候，国文成绩顶呱呱，虽然他的数学成绩很差，但这并不妨碍他成为著名的人文学者。所以老师们在引导学生阅读的时候，可以先从学生的阅读兴趣入手，再扩大阅读范围、提高阅读层次。也就是说，先让学生读他**喜欢**看的书，再引导他读**应该**看的书。

其次，要尽可能地多读经典，少读那些纯粹娱乐搞笑的作品。娱乐搞笑的东西即使不是垃圾，价值也不大。但我们不能一味反对娱乐性阅读，这跟前面提到的"允许学生有所偏爱地读书"也是一致的。对于阅读层次高的学生而言，偶尔也需要一些娱乐性阅读来调剂学习与生活的压力；对于那些阅读兴趣不大、阅读能力不强的学生而言，娱乐性阅读可以作为他们的阅读起点，这有利于把他们引到阅读活动中来，如果一开始就要求这部分孩子读层次很高的经典作品，很容易让他们对阅读丧失兴趣，甚至从此与阅读绝缘——也就是说，对于一部分孩子而言，娱乐性阅读比经典阅读更能激发他们的阅读兴趣，更适合作为他们在起点阶段的阅读对象。只有先激发学生的阅读兴趣、具备阅读信心，才可能把他们引到更高的阅读层次——经典阅读。阅读经典，也要求我们尽量少读报刊，因为报刊里面的好作品不像经典那么集中，但到了一定阶段，浏览报刊也是可以的，甚至是必要的。至于网络书籍，中小学生似乎没有必要去阅读。一是因为网络作品泥沙俱下、良莠不齐，有很多不良信息会对孩子产生负面影响；二是为了保护孩子的身体健康，尤其是眼睛和颈椎，我觉得孩子远离网络比较好。一般而言，网络文学中如果有好的作品，最终也会通过纸质的书出版的，所以我们用不着担心不阅读网络书籍会错过好的作品。

再次，读经典的时候，要让学生尽可能多地阅读原著，但也不能急于求成，要循序渐进，采取多种方式阅读经典，逐步接近原著。我们要求学生尽可能阅读原著，而不是改编本；那些改编本经过改编以后，失去了原著的面貌，甚至丢掉了作品的精彩之处，那就更需要学生去读原著，读整本的原书。但是，我们强调学生阅读原著，不能要求太高，因为很多经典原著不是一下子就能读懂的，所以我们可以分阶段，采取不同形式来阅读经典，逐步接近经典，比如大部头的经典学生一下子读不了，可以先让他读缩写本；读古代的书，一下子读不懂文言文，那就先看白话翻译的；读外国的书，暂时不能阅读外文，就先读中文译本；有些著作，孩子可能一开始不感兴趣，那可以借助漫画、动漫、电影、电视等孩子喜欢的形式，激发他的阅读兴趣，看完相关经典著作的漫画版、动漫版、影视版之后，再去阅读原著；当然，也可以引导孩子们在读完原著之后，进而欣赏根据原著改编的电影或舞台剧，这可以丰富他们的阅读经验、激发他们的阅读兴趣。很多专家反对孩子阅读改编之后的经典名著，这在理论上当然是对的，但在实践中往往行不通，一是因为很多经典孩子未必喜欢、未必读得懂，二是名著太多，光儿童文学名著就有很多，更别说其他世界文学名著以及其他领域的世界名著，一个人一生是读不完这么多名著的，所以有些名著我们只能通过阅读改编本大致涉猎一下，觉得有必要再去读原著也不迟。

此外，要尽可能地发挥教材的引导作用，使课外阅读成为课堂学习的有机组成部分。教材里选的作品当然不是每篇都是经典，但总有一些名家名作，我们可以根据教材这一线索，引导学生去读名家的其他名作，或者由教材的节选之作带动学生去读全篇。我们拿六年级上册语文为例（人教版）：这一册语文选了沈石溪的《最后一头战象》，我们可以借此引导孩子去阅读沈石溪的《狼王梦》或者沈石溪的其他动物小说；还选了亚米契斯的《小抄写员》，我们可以借此引导学生去阅读《爱的教育》全书；这一册还有一篇课文《月光曲》，我们可以借此引导学生去读贝多芬的传记。只要老师们留心，差不多每一册语文书都能找到这样可供延伸的课文，比如三年级上册的语文教材选了《神笔马良》，我们可以引导孩子去读洪汛涛的原著《神笔马良》；三年级下册的语文教材选了《小狮子爱尔莎》，我们可以引导孩子去读原著《野生的爱尔莎》；四年级上册的语文教材选了《巨人的花园》，我们可以引导孩子去读王尔德的其他童话；四年级下册的语文教材选了《普罗米修斯》，我们可以引导孩子去读其他的希腊神话故事。这样引导下来，孩子的阅读面就会逐步扩大起来了。因为是跟教材有关联的书籍，所以学生容易亲近这些作品，容易产生阅读的兴趣，阅读的障碍也小些。发挥教材对阅读的作用，除了引导学生阅读跟课文直接相关的作品，我们还可以推荐与教材中某些作品同类或相似的作品给学生，作为拓展阅读，这不仅能扩大学生的阅读面，还可以加深对教材的理解，提高分析同题材、同母题作品的能力（比如写母爱、写父爱、写春天之类的作品）。当然，阅读并不限于只阅读跟教材有关的书籍，跟教材无关的好作品，也值得阅读。我们发挥教材对阅读的引导作用，主要是为了激发孩子的兴趣、减少阅读的障碍，以及扩大孩子的阅读面，如果一个孩子阅读兴趣很大、阅读能力很强，我们未必一定要通过教材来引导他的阅读，只要他喜欢读，只要是有价值的书，他愿意读什么就可以读什么。

最后，我建议老师们不仅带头阅读，还可以开设专门的阅读课，并尽可能地开展课外阅读的研究，教师可以借此更好地了解学生的阅读状况，摸索出一些好的阅读指导方式，比如指导学生如何利用工具书来解决阅读障碍、如何做读书笔记、如何写读书心得。具体方式可以是开设专门的阅读课，也可以将语文课与阅读课结合起来，在语文课中渗透阅读的内容；

考虑到一开始主要是培养阅读兴趣，低年级的阅读课可以让学生自由阅读，到中高年级，逐渐加大老师的指导力度，不断培养学生的阅读习惯，提高学生的阅读水平；阅读课可以是老师指定篇目，带领学生共同阅读一本书或一篇文章，也可以是学生互相交流各自阅读心得；可以根据作家来选择阅读的文本，也可以根据文体、题材、主题来确定交流的对象；可以像每周作文那样写"每月读书心得"，也可以搞美文诵读活动；可以在看完一部根据作品改编的动画片或影视作品之后，再一起阅读原著。总之，阅读课不仅让师生之间有了交流的平台，也让孩子们有了互相交流的机会，通过交流，彼此影响，进一步激发阅读的兴趣，提高阅读的水平。

当然，教师在指导学生阅读的时候，要避免过度指导，防止课外阅读课堂化，要尽可能地给学生创造直接阅读、自主阅读的机会，因为阅读课毕竟与语文课不同，语文课有教材、有教学大纲，需要完成一定的教学任务才能实现教学目标，但阅读课并没有明确的教学目标，也无须明确的教学目标，只要能激发孩子阅读的兴趣、养成阅读的习惯就可以，至于他读什么、怎么读、读的心得如何，倒没必要加以硬性规定。我们不能要求学生每读一本书，都要像课堂教学那样，分析全书的主题、结构、段落，那只会降低学生的阅读速度，破坏学生的阅读兴趣。所以，我觉得教师对学生的阅读指导不能过度，要让学生逐渐成为阅读的主体。

谈谈家长的阅读

针对孩子的教育，古人曾经说过："玉不琢，不成器"，"养不教，父之过"。其实，"养不教"岂止是"父之过"呢？应该说，孩子的教育是父母共同的责任，"养不教"是父母共同的过错。有些家长很重视孩子的教育，但有时感觉不得其法；有些家长觉得教育孩子是一件简单的事情，用老辈教育自己的办法来教育孩子，或者干脆凭着一种本能率性而为，走入溺爱或者高压的歧途之中。实际上，教育孩子并非易事。虽然从孩子生下来的那一刻开始，我们就开始了为人父母这一角色，但这并不意味着我们就能很好地履行这个职责。

为了提高自己的育儿水平，为了培养孩子的阅读兴趣和习惯，家长首先要培养自己的阅读习惯和兴趣。如果家长自己没有阅读的习惯和兴趣，就无法在家庭中营造阅读的气氛，就无法培养孩子的阅读兴趣，无法帮助孩子养成阅读的习惯；家长自己不带头阅读，却要求孩子静下心来读书，孩子未必愿意，甚至会反过来质问家长为何不读书、只知道看电视打麻将，到时家长哑口无言，即使家长对孩子进行高压，也只能让孩子口服心不服。更重要的是，没有哪个人天生就会做父母，要学会做父母，就需要不断学习。荣格说，若想教育好你的孩子，首先要教育好你自己。的确如此，不经过学习，不好好地教育自己，我们很难成为一个合格的父母。这里提到的"学习"，包括向书本学习，即通过阅读丰富家庭教育的经验，不断提高自己育儿的水平。虽然长辈的教育经验我们可以学习，但长辈的教育经验有的本身就是错误的，有的与时代脱节，难以全部照搬。做父母的，除了不断向他人请教育儿经验之外，更多的需要通过阅读，再结合自己的实践来总结、反思，从而不断丰富自己的育儿经验，提高自己的教育水平。

跟老一辈的家长相比，现在的家长大多数有文化，至少能识字，能阅读。但很多家长对阅读有一些误解：或者以自己工作太忙为借口，不愿意抽时间阅读；或者认为自己是成人，不是读书的年龄，因而觉得自己没有阅读的必要。其实，阅读对于每个人来说，都是一辈子的事情。孩子处在学习的年龄，固然需要大量的阅读；父母，即使不从提高自己的专业水平来论，单纯从培养孩子的角度来看，也需要高度重视阅读。也就是说，在阅读方面，孩子与父母都是阅读的主体，家长没有理由置身阅读之外。

我常常看到很多家长带孩子去学画画、钢琴、奥数、新概念英语的时候，就在教室外面闲聊或者发呆、玩手机，很少有看书的，真替他们浪费时间感到难过。我觉得不管是为自己，还是为孩子，家长都应该养成随时看书的习惯，学会利用生活中各种零散时间读书，不管是等人、等车、排队的时候，还是带孩子上各种培训班的时候，都可以随身带一本书、随时掏出一本书来读。家长的阅读可以是读孩子的书，也可以是家长自己读自己的书（包括育儿方面的书和自己的专业书）；既可以是读给孩子听，也可以是听孩子读书；既可以是在家里，也可以是在书店（比如到书店去，不妨带上孩子，把孩子放在婴儿车里，不必担心他看不懂，其实那么多的书和那么多看书的人对他是有触动的），还可以是在旅途中（这一点到了孩子上小学以后仍然很重要）。如果家长有一种随时看书、随身携带书籍的习惯，我相信孩子最终也会迷恋阅读的。

需要指出的是，家长的阅读与孩子的阅读不同。为了更好地引导孩子，家长的阅读面更广、阅读的层次更高（包括阅读理论性的书籍）。不过，既然是作为家长去阅读，那就始终不能忘记这一身份，不要把广泛的阅读理解为可以随意地读那些层次很低的畅销书（如《厚黑学》之类的书），那是把自己当做一个普通的读者，忘记了家长的身份。

我觉得，作为家长，首先需要阅读跟育儿直接有关的书，尤其是教育学、心理学、生理学方面的书，从中汲取好的教育理念与方法，更好地培养孩子，帮助孩子成长。对于准妈妈、准爸爸而言，在孩子呱呱坠地之前看看松田道雄的《育儿百科》是个不错的选择——该书从医学的角度讲述婴儿（包括胎儿）的抚育，涉及方方面面，可谓一部百科全书式的育婴著作（类似的书还有本杰明·斯波克的《婴幼儿养育大全》）。如果需要了解幼儿的教育，可以看看《冯德全早教方案》、絮然的《你是世界上最好的妈妈》，或者小巫的《跟上孩子成长的脚步》、尹建莉的《好妈妈胜过好老师》、李子勋的《陪孩子长大：李子勋亲子关系36讲》、李镇西的《做最好的家长》；对于孩子已经上学的父母而言，看看洪兰的《好孩子：三分天注定，七分靠教育》、卢勤的《告诉世界我能行》、孙云晓的《每个孩子都可以成功》、鱼朝霞的《培养后劲十足的孩子》、黄全愈的《家教忠告：素质教育在家庭》和《美式教育：素质教育在美国》、全惠星的《有奉献精神的父母培养大人物》、乔辛·迪·波沙达的《孩子，先别急着吃棉花糖》、尼尔的《夏山学校》、黑柳彻子的《窗边的小豆豆》、岛田洋七的《佐贺的超级阿嬷》、海姆·G·吉诺特的《孩子，把你的手给我》、简·尼尔森的《正面管教》、金伯莉·布雷恩的《你就是孩子最好的玩具》以及戈登·诺伊费尔德、加博尔·马泰这两位加拿大学者合写的《每个孩子都需要被看见》、赛西·高夫、戴维·托马斯、梅丽莎·切瓦特桑等三位美国教育专家写的《遇见孩子，遇见更好的自己》等。如果想看理论性强一点的教育书籍，可以阅读陈鹤琴的《家庭教育》、王东华的《发现母亲》、苏霍姆林斯基的《家长教育学》、沙法丽·萨巴瑞的《父母的觉醒》、梅尔·列文的《破茧而出：发现孩子的先天优势》、劳伦斯·沙皮罗的《EQ之门——如何培养高情商的孩子》、蒙台梭利的《童年的秘密》、卢梭的《爱弥儿》、约翰·洛克的《教育漫话》、塞德兹的《俗物与天才》，以及《卡尔·威特的教育》、《斯托纳的自然教育方法》等。此外，中国古代有很多家训（如《颜氏家训》）、家书（如《曾国藩家书》）、治家格言（如《朱子治家格言》、张英《聪训斋语》），甚至像《帝范》这类帝王教子之类的书籍，也能给今人很多的教育启迪；古代不少单篇文章涉及父母对孩子的教育，其中不乏精辟的见解，值得我们重视，如《左传·石碏谏宠州吁》"爱子，教之以义方，弗纳于邪"、《礼记·檀弓》"君子之爱人也以德，细人之爱人也以姑息"、《战国策·触龙说赵太后》"父母之爱子，则为之计深远"、《荀子·大略》："君子之于子，爱之而勿面，使之而勿视，道之以道而勿强"、马援诫兄子严、敦："好议论人长短，妄是非正法，此吾所大恶也，宁死不愿闻子孙有此行也"、刘备给刘禅的遗诏"勿以恶小而为之，勿以善小而不为"、诸葛亮《诫子书》"君子之行，静以修身，俭以养德，非澹泊无以明志，非宁静无以致远"、嵇康《家诫》"人无志，非人也。但君子用心，所欲准行，自当量其善者，必拟议而后动。若志之所之，则口与心誓，守死无贰。耻躬不逮，期于必济"、《颜氏家训·教子篇》"父子之严，不可以狎；骨肉之爱，不可以简。简则慈孝不接，狎则怠慢生焉"、司马光《训俭示康》"人之常情，由俭入奢易，由奢入俭难"、《朱子治家格言》"一粥一饭，当思来处不易；半丝半缕，恒念物力维艰"、《红楼梦》"不严恐不成器，过严恐生不虞"等。

但是，家长的阅读不能限于育儿方面的书，诸如自然科学、社会、经济、法律、道德、宗教、哲学、心理、历史、地理、文学、艺术（包括音乐、建筑、美术、雕塑）方面的书，也是需要阅读的，如《傅雷家书》、查斯泰菲尔德的《外交家爸爸给儿子的四十七封信》、金克雷·伍德的《企业家爸爸给女儿的二十五封信》、稻盛和夫的《活法》、路遥的《平凡的世界》、史铁生的《我与地坛》《命若琴弦》、余秋雨的《文化苦旅》、林语堂的《生活的艺术》、梁实秋的《雅舍小品》、钱穆的《国史大纲》、莫洛亚的《人生五大问题》、乔斯坦·贾德的《苏菲的世界》、彼得·德鲁克的《管理的实践》、罗伯特·清崎的《富爸爸·穷爸爸》、拿破仑·希尔的《思考致富》等。即使像赫伯特·乔治·威尔斯的《世界简史》、斯宾格勒的《西方的没落》、马克斯·韦伯的《新教伦理与资本主义精神》、汤因比的《历史研究》、斯塔夫里阿诺斯的《全球通史》、亨廷顿的《文明的冲突与世界秩序的重建》、弗里德曼的《世界是平的》、这类关于世界历史、国际政治、全球经济方面的书也可以看。这些书可以帮助我们更好地以国际的眼光来审视中国的情况，从世界的角度来观察中国的变化，从而进一步引导孩子认识国家、认识世界，也认识自己。

总之，文学、艺术、哲学、历史、社会、科学、宗教、哲学方面的书，即使不能大量阅读，做父母的也应该涉猎一二，哪怕只是读读概论之类的入门书也是好的，这是因为随着孩子的长大，他在社会、人生、历史、科学方面的困惑逐渐被提出来，家长光凭自己有限的人生经验很难应付，不进行广泛的阅读，很难起到指导孩子的作用。更何况，家庭对孩子的教育绝不止于让孩子有个健康的身体和睿智的大脑，也需要有高雅的审美趣味与高尚的思想境界（也就是说，家庭教育不仅要重视知识，也要重视人格），要实现这些，就离不开阅读，阅读能帮助家长们从各个方面汲取前人或时贤的教育智慧和人生经验。但据我观察，现在在家带孩子的大多数是妈妈，很多爸爸在外忙于职场打拼，而多数妈妈对社会、人生、历史方面的书籍没什么兴趣。我对此的建议只有两个：要么请做爸爸的抽空看这些书，要么请做妈妈的耐着性子看这些书，因为这都是为了更好地教育孩子。

家长的阅读与孩子的阅读的不同，还表现在家长的阅读始终要比孩子超前一点。家长不要以为自己比孩子年龄大，人生经历多、经验丰富，以为不需要阅读，也能胜任家长的工作。要知道，不管家长的文化水平有多高，他的人生经验中与育儿有关的很少，教育孩子对大多数家长来说是个熟悉而又陌生的领域（大多数人在为人父母之前未曾涉猎这一领域），不经过学习，没有人敢自信地说自己是个优秀的父母。而且，孩子成长得非常快，我们能陪伴他们的时间又非常有限，做家长的要有一种紧迫感，不及时阅读，不提前阅读，至多能跟上孩子成长的脚步，甚至可能落在孩子后面，那就不仅不能引导孩子，甚至连与孩子交流、沟通都变得困难。所以，我建议家长不仅要尽快地放下麻将、扑克、肥皂剧、网络游戏，停止阅读一般的小说和消遣性的杂志，而且尽可能早地阅读教育孩子的书籍以及其他有助于培养孩子的书籍。要知道，孩子的成长是不等人的，千万不要因为自己急于追求事业的成功而忽视履行自己为人父母的责任，要知道一旦错过孩子的成长将无法补救。

我们不能把自己指导的责任推迟到孩子成长之后，而应该提前做好准备，不要等到孩子追上来了，父母手忙脚乱，不知如何引导，甚至错过最好的教育时间。比如每个孩子的成长过程都有很多敏感期（包括认字的敏感期），一旦错过就很难找回，一旦抓住就能促进孩子更好、更快地成长，而敏感期的出现不能靠孩子告诉父母，只能靠父母自己去发现，但多数父母对此缺乏足够的认识，很容易错失孩子的各种敏感期，事后追悔毫无益处，还不如提前读读这方面的书，如孙瑞雪的《捕捉儿童敏感期》、王佳的《不能错过的儿童敏感期：有心的父母都能培养出一流的孩子》，就能更好地指导自己今后的育儿行为。再比如当孩子处在少儿阶段的时候，父母最好能提前看看如何教育青春期的孩子之类的书，如蒙谨的《陪伴孩子走过青春期：一个心理咨询师给家长的建议》、周婷丽的《让叛逆的孩子与你更亲密》；孩子在初中阶段，做父母的可以提前看看教育高中阶段孩子方面的书，如《夏烈教授给高中生的19场讲座》、刘称莲的《陪孩子走过高中三年》等；孩子考上大学，即将步入大学生活，不妨和孩子一起读读《跟着张鸣上大学》、雷体翠的《大学，可以这样度过》、覃彪喜的《读大学，究竟读什么》、吴军《大学之路：陪女儿在美国选大学》。

父母的阅读只有走在孩子前面，才能在孩子遇到问题的时候不至于束手无策，才能有效地引导孩子处理成长过程中面临的各种困惑。如果要对孩子进行性教育，不妨看看罗莉·伯金坎与史蒂夫·阿特金合著的《完全性教育手册：与2—12岁的孩子轻松谈性》、孙云晓与张引墨合著的《藏在书包里的玫瑰——校园性问题访谈实录》。如果是引导孩子双语阅读或者英语阅读，可以看看《考拉小巫的英语学习日记：写给为梦想而奋斗的人》、汪培珽的《培养孩子的英文耳朵》、钟沛的《我教女儿学英语》，或者伍君仪、刘晓光的《把你的英语用起来》。

当然，一味强调家长的阅读与孩子的阅读的不同，可能使一些家长产生错误的认识，以为家长不需要看孩子看的书（如儿童读物）。有些家长觉得自己是成年人，看的书应该比孩子的层次高，好像只有这样，才能起到指导孩子的作用。的确，从引导孩子的角度而言，家长应该站在比孩子更高的层次上；但是家长的阅读并非都是为了指导孩子，也是为了陪伴孩子成长，更好地与孩子沟通，更好地了解孩子，所以孩子看的书，家长也应该适当看一看（即使家长以前阅读过），至少要有一定的了解，否则孩子主动与家长交流心得，家长一片茫然，又怎么谈得上指导呢？指导的前提是了解，不了解就难以有效地指导。从这个角度来说，包括儿童文学、青春文学、校园文学之类的书籍，家长也要看一看，这不仅是因为这些书本身可读性强（其中还不乏经典之作），即使不以家长的身份去阅读也是值得的，更何况那是孩子正在看的作品，家长从了解孩子的情感、心理这个角度出发，也应该读一读，至少翻一翻。

比如家长和孩子一起阅读亲情文章、感恩文章，可以培养孩子的美好感情，增进家长与孩子之间的亲情，这种阅读不单单对孩子的语文学习有帮助，也有利于培养孩子的非智力因素。许多感恩书籍和文章中包含了对父母的感恩，父母不要以为自己对孩子的爱不求报答、培养孩子对自己的感恩是一件不必要的事情。实际上，培养孩子感恩父母的意识，也是在培养孩子感恩老师、感恩学校、感恩社会、感恩国家的意识。一个人对社会、国家没有任何感恩意识，他很可能只知道索取，不愿意任何付出，为了个人的获得可能不择手段，甚至连父母都不顾，这样的人即使他有知识、有才能，对社会又有什么用处呢？这样的孩子，对家长又意味着什么呢？跟孩子一起阅读亲情文章，和孩子一起分享人间亲情，让孩子从小就懂得珍惜父母的爱，进而对他人充满爱心，这比教给孩子知识更重要。从这个角度来看，和孩子一起阅读是一件多么有意义的事情啊！

总之，父母之爱不仅是一种本能，也是一种需要不断学习（包括在阅读中学习）的能力。为人父母者，仅仅凭着爱的本能，而不与时俱进、不断学习，就难以成为一个合格的父母。作为家长，我们应该感谢孩子，感谢孩子让我们重温童年、少年，感谢孩子让我们再一次成长。孩子的成长离不开阅读，家长的再一次成长也离不开阅读。和孩子一起阅读，和孩子一起在阅读中成长，所成就的不仅有孩子，也有家长自己。

从亲子阅读到自主阅读

　　家长的阅读固然有助于提升自己，但最直接的目的是更好地开展亲子阅读。亲子阅读，也称"亲子共读"，就是家长以书为媒，以阅读为纽带，与孩子一起阅读，一起交流阅读心得，这不仅分享了阅读的乐趣，也增强了亲子关系。吉姆·崔利斯在《朗读手册》一书的绪论中说："你或许拥有无限的财富，一箱箱的珠宝与一柜柜的黄金。但你永远不会比我富有——我有一位读书给我听的妈妈。"说的就是亲子阅读。

　　亲子阅读从什么时候开始呢？有的人以为亲子阅读是孩子到了小学以后的事情，幼儿哪懂什么阅读呢？这种看法未必正确。实际上，"儿童到了能够说话的时候，就应当开始学习阅读"（约翰·洛克《教育漫话》）。梁启超4岁背诗歌，开始读四书、《诗经》，6岁五经卒业，赵元任也说自己是4岁开蒙的，这说明儿童的阅读可以在很早的阶段开启。当然，像梁启超这样的例子比较特殊，但一般而言，孩子到了4岁以后就开始进入阅读的敏感期（基础好、天赋高的孩子可能还要早一点）。这离他们上小学还有2年，这2年的时间很宝贵，很重要。在孩子进入阅读的敏感期之前，他们对阅读就已经有了兴趣（2—3岁），比如一页一页地翻书，或是指着书上面的事物问"这是什么"，这些都属于幼儿的阅读行为。如果把这种阅读也算进去，那么幼儿的阅读期就有将近4年的时间了。如果把4年的时间浪费了，就很可惜。

　　需要提醒的是，我们提倡早阅读，并不是提倡孩子早识字，因为低幼儿童的阅读或者以读图为主，或者以听读为主，这个阶段的亲子阅读不是为了让孩子认字，而是让孩子享受阅读的乐趣，让父母体验亲子之情。关于亲子阅读还存在一个误解，就是有些家长认为亲子共读只适用于幼儿，孩子上小学以后，自己会认字了，孩子可以独立阅读，不必再搞亲子阅读，否则会让孩子养成依赖家长的习惯。实则不然。孩子虽然会认字了，但读什么书、如何读，仍然需要家长的指导。我曾经看到有五年级的学生看

《狼魂：向狼学生存》《宫苑深深锁红妆》，这些书即使值得读，也读得太早了点。显然，这是缺乏引导的表现。另外，孩子读完之后需要有人交流，家长是天然的交流对象。比如《爱的教育》这样的好书，家长如果只是推荐孩子去读，孩子未必能读得下去，因为该书文字朴素，故事性不是很强，如果不在亲子阅读中读，可能没有什么阅读效果；很多优美的诗文（如《泰戈尔诗选》、金子美铃《向着明亮那方》），孩子一个人阅读（默读），效果可能不大好，但如果是家人带着孩子一起诵读，阅读的效果会更好。这些都说明，即使到了小学，亲子阅读照样可以进行下去。要知道，亲子阅读并不等于读书给孩子听，更不是把一本书递给孩子那么简单，它包括和孩子一起阅读、交流，以及教会孩子爱惜书籍、学会整理自己的图书，指导孩子做读书笔记、写读书心得等，这都是亲子阅读的重要内容。这样的阅读可以一直延续到孩子读中学甚至读大学。可见，亲子阅读既不始于小学，也不终于小学。

亲子阅读的前提当然是父母自己要有阅读的兴趣和习惯，但要想把亲子阅读坚持下去，并取得好的效果，还得注意以下几个方面的因素。

一是阅读的环境、氛围很重要，因为环境能培养和影响孩子的阅读兴趣。要让孩子养成阅读的习惯，就必须从小的时候开始培养，就必须在小的时候给他创造一个读书的环境。这种环境既有硬件的要求，也有软件的要求。硬件的要求就是家里要有适合孩子看的书，最好有个书房，没有书房也没有关系，那就搞个书架，哪怕是简易的书架也行，书架上有各种各样的书，让孩子随时、随手就能拿到书看；如果连这个条件都达不到，那也要在孩子的生活空间（如摇篮、婴儿车、卧室、床头、茶几、电视柜、书桌）摆一些书——著名儿童文学作家梅子涵说："一个小孩，除了有玩具，有巧克力和饼干，还应该有书和书橱。书橱放在房里，房里每一天都有阳光，都有知识，都有诗意，都有热情。一个小孩的身后，有一个放满了好书的书橱立在那里，小孩会成长得很好。"（《买个书橱放文学》）真心希望有很多的家长能听到这样的话，能明白其中的道理。软件的要求就是家长带头看书，不能让家里充斥着电视、电脑、手机或者打麻将、扑克的声音。只要家庭有一种书香的气息，有一种阅读的氛围，孩子怎么会厌恶读书呢？一个孩子成功的因素固然很多，喜欢阅读是一个重要因素；要孩子养成读书的习惯，家庭肯定是其中重要的因素。就低幼儿童的亲子阅读而言，我们要重视有声阅读，尤其是父母有表情地朗读，这对激发孩子的阅读兴趣很有帮助，比如母亲给孩子阅读绘本《逃家小兔》《猜猜我有多爱你》，一定要用温柔舒缓的语调来读，让孩子不仅从故事，也能从母亲的语调和表情中感受到爱的美好。与中小学阶段的阅读相比，低幼儿童的阅读有一个重要的特点，就是必须有父母陪着读，甚至读给他听。这一方面是因为幼儿认字不多，另一方面是因为幼儿的专注力不够持久，需要家长引导，才能慢慢形成阅读的习惯。孩子们都喜欢父母把故事读给他们听，特别是晚上睡觉前，很多孩子就是在父母的朗读声中慢慢入睡的。也许有些家长会说，给孩子读书会浪费自己很多时间，还不如让孩子听磁带或光盘，因为现在书店里有很多有声书籍，比如儿歌、童谣、童诗、古典诗词等，这些对培养孩子的阅读兴趣当然有帮助，但我觉得这些有声书籍不如父母的声音效果好；再说，父母给孩子读书或陪孩子读书，作为一种亲子活动，既让孩子感受到故事的动听以及父母的爱，也给大人带来乐趣，有利于增强亲情，为什么要以太累、太忙为理由加以拒绝呢？需要提醒各位家长的是，给孩子读书的时候，最好是有表情地读，也就是说，父母要投入感情。家长温柔的声音、生动的表情和丰富的身体动作，对孩子有一种天然的亲切感，是其他人和物不可替代的；它不仅能帮助孩子理解书中内容，有时比书中的内容更吸引孩子。有声阅读虽然没有默读速度快，但对于低幼儿童来说，阅读首先是作为一种习惯来培养的，而不是作为接受知识的主要手段来训练，所以亲子阅读不追求速度，只要求有兴趣即可。

二是阅读的时间要有保障。没有一定的时间作为保障，阅读就难以持久下去，阅读的效果不大，阅读的兴趣和习惯也就难以培养出来。从现实情况来看，幼儿园阶段和小学低年级的亲子阅读基本上有时间保障，但小学高年级和中学阶段很难保障，这是因为越到高年级，孩子的学习任务越重，学习压力越大，很多孩子的时间被作业、补习班和兴趣班占去了，留给阅读的时间很少，很多家庭只好放弃坚持多年的亲子阅读。这里面固然有家长和孩子的苦衷，我们很难彻底改变，但我们也要提醒家长，阅读关乎孩子的全面发展和长远发展，要尽可能帮助孩子从繁重的学习负担中解放出来，留一点时间给阅读，督促孩子坚持阅读。同时，我们也要让孩子学会利用零散时间来读书，积少成多，也能读不少的书。达尔文从不认为半小时是微不足道的时间，俄国军事家苏沃洛夫认为一分钟决定战局，童第周也说，一分时间一分成果。苏联历史学家雷巴柯夫说，用"分"计算时间的人比用"时"计算的人，时间多59倍。如果没有大块的阅读时间，读书就应该善于利用各种零散的时间，哪怕是片刻的时间，比如吃饭的时候看看杂志，嘈杂的环境可以看看小说，晚上独自一人的时候可以看看散文或者诗词。家长再忙，也要下定决心抽时间和孩子一起阅读，尽量避免兴致高的时候陪孩子阅读、兴致不高的时候就不读。时间总是能挤出来的，就看你愿不愿意挤。家长不仅要挤时间，而且要持之以恒地做，才能确保亲子阅读的时间是足够的。虽然孩子越到后来，越没有固定时间来阅读，但家长要尽量挤出时间陪孩子读，哪怕每天和孩子一起读十分钟的书也是好的，坚持下来，也能获得很好的效果。顺便提一下，亲子阅读除了纸质阅读之外，也包括与孩子一起看动画片、电影、电视，以及带着孩子出去旅游，看各地的名胜古迹、名山大川，欣赏大自然这部天书。这类阅读既符合孩子好奇、好动的天性，又可以丰富孩子的阅读内容和阅读方式。如果把这些阅读也算进去，孩子们的阅读时间自然会增加不少。

三是读什么的问题，即选择什么读物来开展亲子阅读。什么样的作品最适宜亲子阅读呢？优秀的儿童文学作品符合孩子的阅读心理和阅读水平，是亲子阅读的首选（包括绘本、儿歌、童谣、童诗、童话、儿童小说、动物故事，乃至神话故事和民间传说）。什么样的儿童文学作品才是优秀的呢？法国著名文学史家保罗·亚哲尔提出适合儿童阅读的好书的标准，其中提到了好书是可以启发儿童知识的书，是可以帮助孩子认识人性和人类心情的书，是可以把人类高贵的感情、高尚的道德吹进儿童心灵的书。我们可以参照这个标准来选择亲子阅读的内容，而不要纯粹凭自己的主观判断来选择，也不能一味纯粹迁就孩子的喜好。当然，不同阶段的亲子阅读，选择的图书不一样，我们应该按照循序渐进的原则来选择。幼儿阶段的亲子阅读，可以读图文结合的绘本，也可以听有声书（如儿歌、童谣）；到了小学，除了继续看绘本，还可以看童话和浅显的小说；到了高年级，当然可以看内容深一些的文学作品或者有一定文学性的科普作品。我想强调的是，亲子阅读的书籍应以文学阅读为主，尤其是儿童文学的阅读，这不是为了把孩子培养为作家或文学研究的专家，而是因为文学作品能培养孩子的语感、情感、美感，教会孩子懂得爱、善、美，这是一个人必须具备的基本素养，比孩子需要学习的知识更为重要，它跟孩子未来的专业和职业可能关系不大，却会影响孩子一生的生活和工作，这就是所谓"无用之用，乃大用也"。我们可以陪着孩子一起读绘本中的小故事以及童话和神话中的神奇故事，感受魔幻和科幻作品的非现实世界，领略动物故事的温馨和冒险故事的刺激，品味寓言文学的丰富内涵，让孩子在领略文学魅力的同时养成一颗善良的心、练就一双审美的眼睛，那该是多大的收获呀！在文学阅读中，我们要随着孩子年龄的增长，加大诗词方面的阅读，因为诗词是文学中的文学，如果一个人能欣赏诗词，那他也能欣赏小说、戏剧、散文等文学作品。只是，没有人带着孩子一起读，估计没有几个孩子愿意去读这些诗词的，所以做家长的要有意识地带着孩子多读一些诗词，即使孩子暂时未必能懂其中的内容。当然，随着孩子阅读能力的提高和兴趣的拓展，家长也可以引导孩子读一些非儿童文学的文学作品，或者读一些文学作品之外的书籍。

亲子阅读的最终目的是培养孩子的阅读兴趣和习惯，直到孩子能够自主阅读。所谓"自主阅读"，就是孩子能安排自己的阅读时间和阅读计划，能运用恰当的阅读方法，能根据自己的兴趣和能力找到自己要看的书，并能做出自己的评价。孩子小的时候，识字量不大，家长读书给孩子听，这是可以的。但是到了孩子自主阅读的阶段，孩子阅读能力逐渐提高了，家长不必读书给孩子听，但可以听孩子读，可以和孩子一起读，甚至读同一本书，读完之后提出一些问题来加以讨论，这个问题可以由父母提出，也可以由孩子提出。也就是说，自主阅读阶段，家长仍然可以陪孩子读书，但不是导读，不能再以指导者的身份出现，强行要求孩子读某本书，更不能把自己对作品的理解强加给孩子，而应该放手让孩子读出自己的心得，让孩子有自己的判断。

那么，孩子何时能达到自主阅读的阶段呢？当然是孩子已经将阅读的兴趣培养成阅读的习惯之后。国外有调查显示，一个人的阅读习惯必须在12岁之前养成，否则阅读的大门就对他永久关闭了。对于这个调查结果，我们不能理解得太死，因为每个孩子的差异很大；再说，即使过了12岁孩子还没养成阅读习惯，我们也不能放弃，否则一辈子都可能放弃阅读。只是，这个调查结果足以让我们家长有一种紧迫感，亲子阅读要尽可能早地开始，并要持之以恒，才能使孩子自主阅读。

到了自主阅读阶段，家长的职责逐渐转变为与孩子交流读书心得，向孩子推荐优秀书籍（或者和孩子一起挑选好的图书），指导孩子做读书笔记或写读书心得，阅读的过程则由孩子自己独立完成。当然，这不是一蹴而就的事情，需要时间，家长不能心急。我们相信，只要父母养成了阅读的习惯，并带动孩子一起阅读，让孩子在家庭的书声中感受到书的美好和读书的乐趣，使孩子从小养成爱读书的好习惯，这种习惯一旦养成，终身受用，这比为孩子留下大笔金钱更有价值。俗话说："家财万贯，不如满室书香。""遗子黄金满籝，不如教子一经。"因为文化资产的影响力更胜于物质财富。中国人一向羡慕书香门第，说明中国人也是很重视读书的，只是现在很多家长不大重视，现在到了重拾传统的时候，年轻的家长们应该身体力行地带动孩子阅读，使孩子养成阅读的习惯。有人说："评价一座城市，要看它拥有多少书店。"同样，评价一个家庭，就看它有多少图书；评价一个孩子，就看他读了多少书。

文学之美

绘本的阅读

　　绘本这个概念是从日本传过来的。实际上，绘本就是图画书，它是一种综合艺术，综合运用文字和图画来讲述故事或传达知识，近乎我们小的时候看的连环画、小人书，但绘本与它们还是有一定的区别的。绘本可以是无字书（如莫妮克·弗利克斯的《没有字的故事》、嘉贝丽·文生的《流浪狗之歌》、雷蒙·布力格的《雪人》、梅瑟·迈尔的《青蛙与男孩》、大卫·威斯纳的《疯狂星期二》），不像连环画、小人书更重视文字；绘本更有思想的深度，对成人也有启发意义，而连环画、小人书更重视故事性；再加上绘本图文并茂，印刷精美，质量远远超过以前的连环画、小人书，即使不看内容，也容易被它吸引。绘本与漫画也有一定的区别：绘本不一定都是故事，即使是故事，情节一般不太复杂，但漫画常常是围绕着一个故事展开，情节比较复杂；绘本的画面给人多是温馨柔和的感觉，漫画的画面喜欢夸张变形，常常被用来讽刺，而讽刺性的绘本是比较少的。

　　绘本起源于西方，出现了不少经典的绘本作家和作品。后来传到日本，出现了松居直、宫西达也、安野光雅等著名的绘本作家。中国台湾地区也有不少作家从事绘本的创作，著名的如几米、方素珍等。2004 年开始，国外经典绘本被大陆大量引进。除了大量的欧美、日本绘本被引进，大陆也有不少作家在尝试绘本的创作。总体来说，大陆的绘本在内容的亲和力和想象力方面与欧美、日本的绘本存在明显的距离，但也不乏好的作品，如《安的种子》《荷花镇的早市》《蜗牛快递》《漏》《雪人的故事》等。

　　绘本可以是故事性读物，如中外神话、童话、动物植物故事，或者成语故事、历史人物故事——同样属于故事书，绘本更注重用简单的文字讲述一个有趣或者温情的故事（亲情、友情），让孩子更容易获得快乐或者感动，这有助于培养孩子积极乐观的心态和健康的心理情绪。当然，也有绘本关注现实生活，特别是生活中的不幸，但总能在观照不幸中透露出生活的温馨，给孩子的心灵带来安慰、带来希望，或者引发孩子对现实的思考，如谢尔·希尔弗斯坦的《爱心树》讲述了一棵有求必应的苹果树和一个近乎贪婪的孩子之间的故事：一棵大树爱上了一个男孩，为了让孩子能够快乐地成长、生活，大树一次次地答应孩子的要求，让他拿走自己的苹果，砍下自己的树枝，砍断剩下的树干，直到孩子变成了老人，还让他坐在自己仅存的老树墩上，却无怨无悔，始终感到快乐。故事简单，但温馨而略带感伤，甚至令人动容，引发人们关于施与受关系的思考。

绘本也可以是知识性读物（科普绘本），比如教育孩子认识自己的身体、交通工具、建筑、各种地貌（如海洋、河流、高山）、各种天文现象（如月球、地球、太阳）、各种生物（包括大自然中的动物、植物，也包括远古生物如恐龙）——同样属于科普作品，科普绘本文字简单亲切，再配上清新简洁的画面，让孩子更容易理解深奥神秘的科学知识，从而激发孩子的好奇心和探索欲，如安妮·默勒的《一粒种子的旅行》介绍一些植物的种子是怎样旅行生长的，有趣的旅行悄然变成了一趟知识的旅程。作者的《世界上最最温馨的家》则介绍了小昆虫们是如何给自己营造温馨小窝，让孩子们发现那是一个个令人惊奇的世界。

绘本还可以成为孩子的哲学启蒙书，让孩子思考一些深刻的哲学问题——当然，哲学启蒙绘本不同于哲学著作，它要尽可能用孩子能懂的文字，讲述孩子经历过的事情，让孩子从故事中获得一种恍然大悟，比如伯纳德·韦伯的《勇气》告诉我们勇气有很多种，出现在各种生活场景中，如第一次骑车不用安全轮、有两块糖却能留下一块到第二天、和别人吵架谁先去讲和、知道了一个大秘密却答应对谁也不说、知道还有高山就一定要去征服……。我相信，这样来讲述勇气的道理，任何孩子都不会觉得枯燥乏味的，甚至觉得哲学原来也是有很有趣的。王早早的《安的种子》则是一本带有禅宗意味、颇具中国文化色彩的哲学绘本，讲述了一个有关大自然规律的寓言故事：师傅分给本、静、安三个小和尚每人一颗古老的莲花种子，让他们把它种出来。本、静都急于种出来，都没有成功，只有安不急不忙地把种子装进小布袋里，挂在胸前，继续和平常一样生活着。直到春天的时候，安在池塘的一角种下了种子；到了盛夏，古老的千年莲花静静地盛开了。故事中出现了三个不同性格的人物：急躁的本、刻意经营的静、泰然的安，体现了不同的人生态度，启示我们在急功近利的社会中尽可能保持一份平和的心境，需要在心里保留一颗千年莲花的种子，等待它自然地盛开。当然，也有绘本将知识、温情甚至哲理融合在一起，让孩子在获得温情抚慰的同时获得知识，明白道理，比如利奥·巴斯卡利亚的《一片叶子落下来》讲述一片叶子经历四季的故事，展现了一段生命的历程。这是一段关于植物生长的温情介绍，也是一则关于生命的童话，孩子们可以从一片树叶联想到一棵树甚至一个人乃至所有的生命，都有从生到死的过程，生死是自然规律。生固然美丽，死虽然不可避免，但也不乏美丽，可见死亡并不可怕，人需要做的是更好地珍惜生命、好好享受生命的美丽——每个人都是生命之树上那片珍贵的叶子。

有人说：绘本适合0-99岁的人阅读。意思是，绘本适合所有人阅读，包括大人和小孩。当然，相对而言，绘本更适合儿童阅读。这不完全是因为绘本内容简单，对识字量要求不高（即使有少量文字，也可以在亲子阅读中由家长读给孩子听），更主要的是因为绘本文字有趣，兼之图文结合，可以激发孩子的好奇心和想象力，培养孩子的审美意识（包括颜色、线条、留白等），还可以培养孩子的阅读兴趣，进而将孩子从图画书的阅读引导到故事书的阅读。一旦孩子实际感受到了读书的乐趣以后，将来就会喜欢读书，这是培养孩子阅读习惯的重要一步。所以著名作家曹文轩说："绘本是打精神底子的书。没有绘本的童年是人生的一大遗憾。"更何况儿童特别是低幼儿童不能识字，或者识字很少，读那些字多图少的书几乎是不大可能的事情，而且小孩子天生对图画感兴趣，读图的能力早于文字的阅读能力，读图的能力也强于文字的阅读能力，所以我们让孩子先读绘本。对于两三岁的孩子来说，基本上是根据图片来认识具体的事物，同时也可以认字。到了五六岁的时候，乃至小学一二年级，有的孩子已经有了一定的认字量，能独立阅读简单的图画书，这就由认字转为正式的阅读了。但即使是到了这个阶段，我觉得也可以以绘本阅读为主，当然可以选择那些文字稍多、内容较为丰富深刻的绘本。

绘本的阅读方式多种多样。首先是亲子阅读。绘本是父母和孩子的一种交流方式，父母在给孩子读书或者和孩子一起阅读的时候，享受阅读的乐趣，也享受亲情之乐。到了一定的程度，父母和孩子也可以针对绘本的内容进行探讨或者再创作，比如《逃家小兔》，读到快结束时，妈妈可以顺着思路编下去，孩子也会自然而然地和妈妈一起进入创编的情境。其次，绘本也可以成为课堂教学的重要资源。小学一、二年级的老师可以把绘本作为师生共读的书籍，也可以把绘本作为写作的范本，引导学生观察生活、积累素材。比如《怕浪费的奶奶》真实地再现了节俭的奶奶形象，老师可以引导孩子进而观察生活中节俭的外婆、节俭的邻居奶奶、节俭的妈妈，并把她描写下来，这样绘本就成为孩子写作的范本了。绘本还可以用来表演，让孩子在表演中感受情节的发展、人物内心的变化。

阅读绘本，需要注意哪些问题呢？

首先，绘本阅读要更多地关注图，这是因为绘本更注重图而不是文字。日本绘本之父松居直认为："读绘本的关键在于读懂了多少图。"（《打开绘本之眼》）但很多读者以为读绘本主要是读文字，这个看法不适合绘本阅读。对于绘本而言，图画比文字更为重要。无字绘本的出现，充分说明了绘本对图画的重视。绘本可以没有文字，但不能没有图画。不少出版社以绘本的方式出版民间传说和著名童话（如绘本《不来梅的音乐家》），有些作家则把自己出版过的童话、小说以绘本的方式重新出版，这些绘本不仅对原来的著作内容做了改写，也为改写后的文字配上了很好的图画。之所以要出版这样的绘本，说明图画有相对于文字的独立性，也说明图画在儿童阅读中有着重要的地位。绘本可以用图（色彩、线条、意境、氛围）解释、补充文字，读者可以将图画与文字结合起来读，从而获得丰富的阅读感受。比如《亲爱的小鱼》用美丽的画面配上安静、柔软的文字，让人感受到小猫和小鱼之间深厚的友谊，让人忘记了小猫和小鱼之间原本存在着的天敌关系。我很喜欢这个绘本描述小猫思念小鱼的画面：画面没有出现小鱼，只有小猫坐在水边，凝望着前方，一直望到太阳西沉。画面的文字很少很简单（但很抒情），画面也不复杂，除了小猫的身影占的空间稍大，更多的是用各种颜色涂染而成的辽阔天地，你可以把它想象成小猫的视线，也可以想象成小猫的思念，也可以想象成小鱼游动的空间，这些画面不仅能解释文字的内容，还能补充文字所不能传达的内容——毕竟，用文字也不能完全把思念之情写出来，但图画与文字结合起来，所蕴含的内容就超过了单纯的文字或图画所能传达的东西。有些绘本故意将图画与文字对立起来或者脱离开来，提供文字所没有的内容，从而丰富绘本的内涵。《母鸡萝丝去散步》就用画面叙述了一个文字里没有提到的故事，让文字与图画形成一种对照和互补。文字只是描述萝丝散步的过程：穿过院子、绕过池塘、翻过干草垛、经过磨面房、钻过栅栏、从蜂箱下面走过去、回到鸡舍。至于跟在萝丝身后想吃掉萝丝的狐狸只字未提，我们只能在图画中看到狐狸的上蹿下跳和狼狈不堪。结合图画和文字，我们看到了母鸡的安然无恙，更看到了狐狸的事与愿违，其间的种种巧合及其造成的幽默有趣，一点不亚于动画片《猫和老鼠》。安·乔纳斯的绘本《逛了一圈》并没有描绘奇特的景象，它的奇特在于：你一页一页地翻完了全书，发现书并没翻完，因为你还可以把书倒过来读，从刚才结尾的那一页开始读，一直读到你开始阅读的那一页，发现自己真的是逛了一圈，又回到了原来的地方，当然不是简单的重复，因为你在逛的过程中看到了很多不同的场景。你一定会惊讶于这本书每一页都可以倒过来读和正着读，读到的内容完全不同，而且倒过来读一遍，读出的内容也是连贯的，这些内容跟正着读的内容连接起来，让你觉得真的是从起点回到起点，只不过是逛了一圈——其实那是一个错觉。单纯看文字，你可能觉得这个绘本没多大意思，因为它写的是一个简单得不能再简单的故事，但如果你专注图画，再结合文字，你一定会惊叹作者的构思真是太巧妙了。如果不看图，你就读不出那种错觉，也读不出作者的巧妙构思。

其次，阅读绘本要不避重复。为了贴近儿童的阅读实际，绘本的故事尽可能简单，但故事不能因为简单而缺乏趣味或者感染力。为了增强故事的趣味性和感染力，不少绘本喜欢用重复的方式来讲述一个故事，但这不是简单的重复，而是在重复中蕴含着有节奏的变化，在不断的重复和变化中突出故事的趣味性和感染力，因而在阅读的时候要注意重复与变化的统一，不要因为故事中有重复或者类似的内容就觉得没意思。绘本的文字虽然不像童诗那样讲究押韵，体现出鲜明的节奏感，但优美的文字和简单的故事自然蕴含着舒缓的节奏，重复的作用体现的就是一种节奏感——每一次重复都不是简单的重复，而是在重复中递进，在重复中强化，在重复中加深。菲比·吉尔曼的《爷爷一定有办法》写的是一个充满智慧和爱心的老爷爷用巧思把孙子心爱的破毯子变成各种有用的东西：外套、背心、领带、手帕、纽扣。这原本是一个流传已久的民间故事，作者用重复而有节奏的文字叙述了一个很简单的故事，既温馨又朗朗上口，既普通又神奇。玛格丽特·怀兹·布朗的《逃家小兔》也是用重复而有节奏的文字，记述了小兔子和妈妈之间一段富于韵味的奇妙对话，构成一个诗意盎然的小故事，既充满温情，又不乏游戏感，让爱的诉说变得轻松而有情趣，避免了沉重的说教：一只想要离家出走的小兔，和妈妈玩起了语言捉迷藏，于是它和妈妈在对话中展开了一场幻想中的追逐游戏：小兔子上天入地，一会儿要变成河里的鱼，一会儿要变成空中的飞鸟，一会儿要变成远行的帆船，一会儿要变成马戏团里的空中飞人……不管他变成什么，身后那个紧追不舍的妈妈总能抓住他：或者变成捕鱼的人，或者变成树好让小鸟飞回家，或者变成风把帆船吹到它要去的地方，或者变成走钢索的人走到半空正好遇到变成空中飞人的小兔……当小兔子说他要变成小男孩跑回家，妈妈说："我正好就是你妈妈，我会张开手臂好好地抱住你。"最后，小兔子依偎在妈妈的身边不再逃了，妈妈便喂了他一根象征母爱的胡萝卜。故事经历了一段游戏的旅程，最终回到原点，但这不是重复，而是在回归原点的同时深切地感到母爱的无处不在。优妲·朗柔亭的《我只爱你》讲述了一只名叫尤西的小兔真实"出逃"的故事，演绎了一段叛逆与温情之间的故事，最终温情化解了叛逆，叛逆回归温情（庆子·凯萨兹的绘本《像狼一样嚎叫》主题亦与此类似）。

再次，阅读绘本要学会关注细节，包括故事中的细节和图画中的细节。这些细节充满温情或者趣味，表现了作家奇特而丰富的想象力，值得我们停下来细细欣赏，或者合起书来慢慢回味。比如荒井良二的《太阳风琴》、安东尼·布朗的《公园的声音》《穿越魔镜》以及安野光雅的无字绘本，都有着相当丰富的细节。《逃家小兔》中写到小兔变成小鸟飞在空中，母亲变成一棵树在迎接它，画家配合这个内容，将母亲变成的树化成一个做拥抱姿势的兔子形状，这个细节不仅使文字的内容形象生动起来，也升华了母爱。《我只爱你》开头的妈妈叉腰俯视与尤西的抬头仰视的画面，结尾的妈妈弯腰拥抱与尤西投入妈妈怀抱的画面，也都是很有意味的细节，让人读出母子之间的磕磕绊绊与不离不弃。艾伯特的《沙漠的礼物》讲述了一个老人阿里与一群沙漠居民之间的温情故事：在荒无人烟的沙漠中，一只松鼠为了找水喝，闯进了阿里的菜园。在它到来之前，阿里每天都面对浩瀚的荒漠，忍受无边无际的孤独。松鼠的意外出现，让阿里的心走出孤独。他开始关注沙漠中的动物，冒着烈日在住处附近为它们挖了一个水池，但动物们不敢来饮水。他又在离家较远的地方建造第二个水池，沙漠的动物们都来了。阿里倾听那些沙漠居民发出的声音，知道自己不仅送了一个礼物，也收到了沙漠居民们的回礼。这个故事能让孩子了解沙漠，欣赏沙漠之美，它的每一个细节都充满了暖意，不仅诠释了付出给人带来的喜悦，也呈现了人对生命的敬意。有人评价这个绘本"刻画细致入微、色彩鲜明的图画打破了沙漠给人贫瘠荒芜的印象"，实际上，发生在阿里与沙漠居民之间的温情故事，也同样"打破了沙漠给人贫瘠荒芜的印象"，而这需要我们仔细地欣赏绘本中的文字和图画，特别是其中那些充满暖意的细节。周翔的《荷花镇的早市》是一本具有中国风格的绘本，无论是文字还是图画，都充满了诗意的细节，让人感受到水乡早市的热闹气氛，同时感受到荷花镇宁静的生活节奏，让我们在忙碌的生活中学会停留片刻，也给质朴的童心留下一个诗意的角落，细细咀嚼生活的温馨。

值得注意的是，虽然说绘本是适合儿童阅读的图画书，但也需要分级，因为不同年龄段的儿童，阅读兴趣和阅读能力不同，适合阅读的绘本自然也不同，比如几米的绘本更适合成人或者高年级的学生阅读，多数不适合低幼儿童阅读。至于那些内容较深或者比较专业的科普、哲学启蒙绘本（如《我与世界面对面》），更要等到一定的年龄才能阅读，读得过早反而不好。

童诗的阅读

　　童诗（包括儿歌和童谣）属于儿童文学，是儿童喜闻乐见的文学形式。一提到儿童文学，很多人会想到童话或者儿童小说，未必能想到童诗，一部分原因在于很多人轻视诗歌的阅读，更大的原因在于很多人轻视童诗，觉得儿童诗（特别是儿歌、童谣）的水平很低，没有多大的阅读价值——即使要阅读诗歌，也应该是读古典诗词等更有价值的诗歌。这种看法在近些年的儿童读经热中尤其流行，但这种看法是偏颇的。包括古典诗词在内的传统文化经典固然有阅读的价值，但对于儿童来说，包括儿歌、童谣在内的童诗也是有阅读价值的。

　　首先，童诗特别是其中的儿歌、童谣能培养孩子的语感。儿歌与童谣多是集体创作、集体流传的，这种流传主要采用口耳相传的方式，这种方式决定了它要尽可能地口语化、生活化，如童谣《小老鼠上灯台》："小老鼠，上灯台，偷油吃，下不来。吱吱吱，叫奶奶，抱下来。奶奶不肯来，叽里咕噜滚下来。"用口语写小老鼠偷油吃的情景，很滑稽，富有情趣。儿歌《小燕子》："小燕子，穿花衣，年年春天来这里。我问燕子你为啥来？燕子说：这里的春天最美丽。"写燕子与春天的美丽，用的也是儿童入口即化的生活语言。即使是作家写的儿歌、童谣，也保留了这一传统：语言贴近口语，内容贴近儿童的生活和思想感情，如陈伯吹创作的儿歌《小宝宝要睡觉》："风不吹，浪不高，小小船儿轻轻摇，小宝宝啊要睡觉。风不吹，树不摇，小鸟不飞也不叫，小宝宝啊快睡觉。风不吹，云不飘，蓝蓝的天空静悄悄，小宝宝啊好好睡一觉。"这是一首近乎摇篮曲的儿歌，音调柔和动听，抒情性强。每小节都有一种静谧的氛围，洋溢着温馨的母爱，但全篇在总体宁静的氛围中又有变化、有递进：风越来越小，环境越来越安静，让我们联想到摇篮中的孩子逐渐地安然入睡。儿歌与童谣主要是为1—6岁的幼儿创作的，而幼儿阶段是孩子学习语言和练习动作的重要时期。为了适应儿童的特点，儿歌、童谣讲究押韵，形式上注意句式的整齐稳定和稳定中有规律的变化，节奏感强，读起来朗朗上口，便于诵读，也便于记忆，能有效地激发孩子的阅读兴趣，有助于培养孩子的语言感受力，再加上儿歌、童谣大多与音乐配合，与游戏结合，这更有利于培养孩子的节奏感和动作协调能力（语言和动作的协调）。还有些儿歌、童谣采用绕口令的方式，更有助于培养孩子口齿清晰的语言表达能力，如《高高山上一条藤》："高高山上一条藤，藤条头上挂铜铃。风吹藤动铜铃动，风定藤停铜铃停。"

其次，阅读儿歌、童谣等童诗能培养孩子的观察力和想象力。儿童有好奇心，这决定了他们对生活中的很多事物都充满探索的欲望；儿童喜欢幻想，他们不仅被事物的表象所吸引，还能从生活中的事物联想开去，发现更多美好的事物。好的儿歌、童谣既能满足儿童的好奇心，培养儿童观察现实生活的能力，又能超越现实，对各种事物和情景展开奇特的想象，从而激发儿童的想象力。前文所举儿歌从燕子身上看到春天的美丽，这需要借助想象力，另如叶圣陶的《小小的船》："弯弯的月儿小小的船，小小的船儿两头尖，我在小小的船里坐，只看见闪闪的星星蓝蓝的天。"将弯弯的月儿想象成小小的船，由此看到闪闪的星星和蓝蓝的天，也是靠优美奇特的想象来实现的。董恒波的《蚂蚁搬家》则是观察力和想象力兼备："瞧，蚂蚁的队伍，拥拥挤挤，是不是要在大雨前，把家搬到新的高地？一趟一趟又一趟，看着真着急。真想把我的玩具汽车，借给蚂蚁用用，可惜它们没有会开车的司机。"大雨之前蚂蚁搬家，这是需要观察才能注意到的生活现象；但蚂蚁搬家太慢，想把玩具汽车借给蚂蚁去搬家，又惋惜蚂蚁没有会开车的司机，这纯粹是儿童式的想象，不失童心，富有童趣。

值得注意的是，儿童天性喜欢幽默，因此儿歌、童谣中大胆新奇的想象，往往有不少的夸张手法和怪诞情节，让孩子从中获得乐趣，也能培养孩子的幽默感和乐观心态。如儿歌《蜗牛与黄鹂鸟》："阿门阿前一棵葡萄树，阿嫩阿嫩绿地刚发芽。蜗牛背着那重重的壳呀，一步一步地往上爬。阿树阿上两只黄鹂鸟，阿嘻阿嘻哈哈在笑它。葡萄成熟还早得很哪，现在上来干什么？阿黄阿黄鹂儿不要笑，等我爬上它就成熟了。"这首儿歌有一定的情节，情节中有幽默的对话：黄鹂鸟笑话蜗牛，看似比蜗牛聪明，却缺少蜗牛的韧性；蜗牛虽然爬得慢，但目标坚定，充满韧性。两相对照，黄鹂鸟似乎更为可笑。笑人者反被人笑，这种错位是这首儿歌的深刻之处，也是它的幽默之处。儿童即使读不出深刻，也会读出幽默。另如罗青写的《汽水》："跟你握握手，你就冒气；请你脱脱帽，你就生气；干干脆脆，一口把你喝下去，看你还神不神气？"在变化的韵脚中不断加深对汽水的认识，同样写得富有情趣。

再次，包括儿歌、童谣在内的很多童诗蕴含着一定的生活知识和道理，这有助于开启孩子的心智（特别是其中的谜语歌、问答歌）、培养孩子的道德观念。如"门前大桥下，游过一群鸭。快来快来数一数，二四六七八"、"一二三四五，上山打老虎，老虎没打到，打到小松鼠。松鼠有几只？一二三四五"，这两首童谣在轻快的节奏中让孩子初步具有数的概念和数数的能力。《二十四节气歌》（春雨惊春清谷天，夏满芒夏暑相连，秋处露秋寒霜降，冬雪雪冬小大寒）、《九九歌》（一九二九不出手，三九四九冰上走；五九六九，沿河看柳；七九河开，八九雁来；九九加一九，耕牛遍地走），以及像《一年里的蔬菜》这样的时序歌，是古人用歌谣的方式传授给后代的生活经验，孩子们可以从中初步了解季节、节气以及时序变化等方面的生活知识。《找朋友》："找啊找啊找朋友，找到一个小朋友，敬个礼，握个手，大家都是好朋友。"这首儿歌教会孩子与人友好相处的道理。《世上只有妈妈好》："世上只有妈妈好，有妈的孩子像块宝，投进妈妈的怀抱，幸福享不了。没有妈妈最苦恼，没妈的孩子像根草，离开妈妈的怀抱，幸福哪里找？"《摇啊摇》："摇啊摇，摇啊摇，摇到外婆桥，外婆叫我好宝宝。糖一包，果一包，还有饼儿还有糕，宝宝吃了哈哈笑。"这两首童谣有助于培养孩子的亲情。《小二郎上学》："小呀么小二郎，背着那书包上学堂，不怕太阳晒，也不怕那风雨狂，只怕先生骂我懒，没有学问无颜见爹娘。"这首儿歌既能培养孩子上学求知的愿望，也能培养孩子对父母的感情。

实际上，西方国家也很重视儿歌、童谣等作品，并且有不少经典的作品传诸后世，著名的如英国儿歌《一闪一闪亮晶晶》："一闪一闪亮晶晶，满天都是小星星。挂在天上放光明，好像许多小眼睛。"法国童谣《两只老虎》："两只老虎，两只老虎，跑得快，跑得快，一只没有眼睛，一只没有尾巴，真奇怪，真奇怪。"波兰儿歌《我是一个粉刷匠》："我是一个粉刷匠，粉刷本领强。我要把那新房子，刷得更漂亮。刷了房顶又刷墙，刷子像飞一样。哎呀我的小鼻子，变呀变了样。"这些都是中国人耳熟能详的作品。这说明，即使是儿歌、童谣这类浅显的作品，只要是好的作品，我们也应该重视，不能因为它浅显就轻视它的价值。

尽管在某些人的眼里，童诗，特别是其中的儿歌、童谣，只能算小儿科，没多大价值，至少比不上古典诗词等经典更有价值。但我始终认为好的儿歌、童谣与童诗价值未必在古典诗词之下。特别是童诗的语言既口语化、生活化，又充满诗性，富有童趣，非常符合儿童的接受心理、贴近儿童的接受能力，因而更能吸引孩子，值得儿童阅读。至于儿歌、童谣等童诗的天真与稚拙、单纯和透明，更是其他文学作品难以模仿的艺术之美，具有传统文化经典无法代替的价值。何况《二十四节气歌》《九九歌》这类歌谣在一定程度上属于传统文化，说明儿歌、童谣与传统文化之间有着密切的联系，因而值得我们珍视。退一步说，即使儿歌、童谣等童诗的价值比不上古典诗词，也无损于它的价值。我只遗憾好的儿歌、童谣与童诗太少了，从来不觉得儿童不该读好的儿歌、童谣与童诗，只该读古典诗词或者国学经典之类的东西。我只希望作家们创作出更多的好儿歌、好童谣、好童诗，也希望更多的老师和家长能充分认识到这类作品的价值，带着孩子一起读这类作品，而不是一味地强调古典诗词等传统文化经典在儿童阅读中的重要性。从语言和内容的趣味性来看，古典诗词等传统文化经典是无法取代儿歌和童谣的——毕竟，传统文化经典从语言到内容都是属于古代的，很难直接作为儿童的阅读对象，如果要读，也要等到儿童的接受能力达到一定的水平以后，并且要有选择，甚至有所改造。

　　当然，儿歌、童谣毕竟属于童诗中层次较低的作品，在这里面产生经典之作的可能性较低（这类作品大多属于集体创作、集体传播的民间作品，很少有作家专门创作这类作品，这在很大程度上制约了它的发展，使其艺术水平难以上升到更高层次）。再说，一旦孩子过了幼儿阶段，他再也不会满足于读这类作品。好在童诗中有更高层次的作品，并且不乏专业的作家从事这方面的创作，如任溶溶、金波、张秋生、林焕彰、谢武彰、杨唤等就创作了不少好的童诗。

　　好的童诗保存着儿歌、童谣的优点：富有童趣，富于想象力。如圣野《捉迷藏》：

　　　　小妹妹跟风
　　　　捉迷藏

　　　　小妹妹问风：
　　　　藏好了没有
　　　　呆了好一会

没有听风说话儿
小妹妹就从墙角后
跳出来找风
找来找去找不到

忽然"嘻"的一声
风在一棵树上笑起来了
有一张树叶子没站稳
给风一笑
掉下来了
小妹妹连忙跳过去
把叶子捉住，问它：
风呢？

叶子红起脸孔说：
我也不知道！

　　这首童诗用拟人化的手法，把叶子、风与小孩写得很有情趣。另如雪野《爱读书的树叶》：

爱读书的树叶
捧着阳光读
一天一遍
读得兴奋满脸

爱读书的树叶
捧着月光读
一夜一遍
读得平平安安

一听说风老师来检查
每片树叶 便

摇头晃脑

齐声朗读

　　这首童诗也是用拟人化的手法，把树叶想象成读书学生，把风想象成老师，风来的时候，摇晃的树叶宛如淘气的学生，充满童趣。谢武彰《停电了》写的虽然是生活中的一件小事，甚至是扫兴的事情，但诗人以一种趣味的眼光来审视，竟然发现了其中的温馨：

停电了，好暗呀！

妈妈伸出手

摸到了我的脸

摸到了我的胳膊

终于，拉着我的手，说：

"别怕，妈妈在这里！"

爸爸从客厅走来

碰翻了椅子

碰翻了花瓶

找到我跟妈妈以后，说：

"别怕，爸爸在这里！"

黑暗里

我们手拉着手

温暖地，在一起

　　好的童诗超越儿歌、童谣的地方在于：更注重语言的修辞和意境的塑造，想象更奇特。童诗以儿童的眼光观察世界、以儿童的口吻吟咏万物，它那天真烂漫的想象、无拘无束的柔情，不仅表现了儿童美好的心理世界，也体现了人类在童年时期物我不分、浑然一体的思维特征。从艺术价值的角度来看，这些作品并不亚于古典诗词；从可接受性的角度来看，这些作品甚至超过了古典诗词，更适合儿童的阅读。如冰心的《纸船——寄母亲》、叶圣陶的《瀑布》、郭沫若的《天上的街市》，运用比喻、拟人等修辞手法，创造出童话般的美丽境界。艾青《太阳的话》也是这样的作品：

打开你的窗子吧
打开你们的板门吧
让我进去，让我进去
进到你们的小屋里

我带着金黄的花束
我带着林间的香气
我带着亮光和温暖
我带着满身的露水

快起来，快起来
快从枕头里抬起头来
睁开你的被睫毛盖着的眼
让你的眼看到我的到来

让你们的心像小小的木板房
打开它们的关闭了很久的窗子
让我把花束，把香气，把亮光
温暖和露水撒满你们心的空间

　　诗人把太阳拟人化，让他与人对话，把他的美好心愿告诉给人。整首诗既想象奇特，又意境优美。顾城有不少诗歌充满着童话般的构思，完全可以当做童诗来读，如《安慰》：

青青的野葡萄
淡黄的小月亮
妈妈发愁了
怎么做果酱

我说：
别加糖
在早晨的篱笆上

有一枚甜甜的
红太阳

还有《沙滩》：

我在沙滩上玩
用沙子修城
用石子铺院
让那些乱飞的小树叶
通通住在这里边

我去吃饭了
海风把它吹坏了

我在沙滩上玩
用螺丝当宝塔
用贝壳作瓦片
让那些害羞的小花瓣
全都藏在屋里边

我去睡觉了
海潮把它偷走了

像这样天才的作品，放在童诗中固然是上乘之作，就是放在所有的诗词中，凭借它那奇特而优美的想象，也会让人印象深刻的。童诗中有了这样的作品，谁还会轻视它的价值呢？

实际上，在其他国家也有很多杰出诗人在为儿童写诗，创作了很多优秀的童诗，如智利女作家米斯特拉尔的《心事》：

我不愿自己的女儿
变得像燕子一样，
钻进云空中飞翔，

不再落到我的席子上；
她不在屋檐下筑巢，
我不能为她梳妆。
我不愿自己的女儿
变得像燕子一样。

我不愿自己的女儿
变得像公主一样，
穿着黄金的小鞋，
怎能在草原上玩得欢畅
而且到了夜晚，
不睡在我的身旁……
我不愿自己的女儿
变得像公主一样。

更不愿我的女儿
有一天成了女王。
我到了金銮宝殿，
她坐在王位上。
到了夜幕降临，
我不能将她摇晃……
我不愿自己的女儿
变得像女王一样。

这是在赞美母爱，也是在呵护童心。印度著名诗人泰戈尔的《我是云彩，妈妈是月亮》也是这样的作品：

他们住在高高的云层上，
对我呼唤，一声声呼唤。
他们说："我们做游戏，
心情愉快，从早到晚。
早晨与金色的太阳戏耍，

晚上与银色的月亮游玩。"
我仰着问:"我怎样上天?"
他们回答说:"走到大地的边缘,
站在那儿举起双手,
我们拽你上云端。"
我犹犹豫豫,说:
"妈妈在家等我多么焦急,
我怎忍心同她离别。"
他们笑笑飘然而去。
妈妈,我要是一片云彩
你就是一轮明月,
露台就是辽阔的夜空,
我轻柔的双手遮盖你的面额。

他们住在汹涌的浪涛里,
对我呼唤,一声声呼唤。
他们说:"我们唱歌,
心情愉快,从早到晚。
弯弯曲曲,潺潺流淌,
流向不知名的国度。"
我低头问:"我能跟你们漂游?"
他们吩咐说:"合上双目,
在水边的台阶上伫立,
我们把你卷入浪里。"
我迟迟疑疑,说:"暮色降落,
妈妈翘首喊我多么焦急,
我怎忍心同她离别。"
他们笑着滚滚而去。
妈妈,我要是一簇浪花,
你就是远方的国度,
我扑入你的怀里
谁也不知你我在何处。

如果说泰戈尔的诗歌是用优美的语言赞美母爱，那么日本女诗人金子美铃的诗歌则处处流露着对人类及自然的感恩之心，如《向着明亮那方》：

向着明亮那方
向着明亮那方
哪怕一片叶子
也要朝着光照那方。
草丛里的小草啊。

向着明亮那方，
向着明亮那方。
哪怕烧焦了翅膀
也要扑向灯火那方。
暗夜里的飞虫啊。

向着明亮那方，
向着明亮那方。
一分一寸的宽敞
也要向着阳光那方。
乡村的孩子们啊
都会里的孩子啊
地球上每一个角落的孩子们啊。

金子美铃以一颗清丽的心，俯仰天地，品察世间万物，所以她能写出这样清新明澈的诗篇。西班牙作家希梅内斯的《歌》表达了万物和谐的思想，认为人的心灵能与万物相通，与东方文化暗暗相通，也与童心不谋而合：

上面是鸟的歌声，
下面是水的歌声。
从上到下
打开了我的心灵。

水摇曳着花朵，

鸟摇曳着星星。

从上到下

拨动着我的心灵。

上举童诗多出自名家（有的是诺贝尔奖文学奖获得者），他们的作品足以证明童诗的艺术水平不亚于其他诗歌、其他文学作品。中外优秀童诗用优美的语言赞美自然也赞美人性，赞美母爱也赞美童心，给予孩子一颗爱美与善良的心，这还不够吗？我们还有理由轻视吗？

童诗既然这么美好，那我们又该怎么带孩子阅读童诗呢？我认为可以从语感、想象和创造三个方面入手。

诗歌在各种文体中对语言最为讲究，诗歌的阅读也最能培养人的语感。童诗属于诗歌的一种，因而童诗对语言也很讲究，同样能培养孩子的语感。这种语感包括语言的节奏感，也包括语言的画面感。谢武彰的《春天》赞美春天，构思独特，既有趣味，又有画面感：

风跑得直喘气

向大家报告好消息

春天来了，春天来了

花朵站在枝头

看不见春天

就踮起脚尖，急着找

春天，在哪里

春天在哪里

花，不知道自己就是

春天

这首诗虽然句式不整齐，但它有一种内在的节奏感。前面两段都是在写春天来了，但又不告诉春天在哪里（连花也不知道），这就给人一种小小的紧张感，直到结尾我们才明白：原来花儿本身就是春天，紧张感一下子得到释放。从紧张到释放，体现了诗歌的一种内在节奏。诗人在结尾的地方点出花与春天的联系，让人由花联想到春天的景象，不仅让人有一种画面感，也让人感受到一番春意。像这样的诗歌，如果不好好地品味其语言，可能就收获不多。

想象不是文学的专利，但文学离不开想象，童诗的创作自然也离不开想象。童诗的阅读有助于培养孩子的想象力，让他们长大以后始终有一双想象的翅膀。儿童本来就富有想象力，但很多孩子越到后来越缺乏想象力，这跟缺少诗歌的阅读不无关系，也可能是因为读诗的时候不大关注诗中的想象。不少童诗充满神奇的想象，我们正可以从想象入手，引导孩子感受诗中的境界与情感，感受文字之美与文学之妙，如爱尔兰作家斯蒂芬斯写的《夜》：

> 夜在地上爬着行进！
> 偷偷地爬着，没有声音。
>
> 她爬近了树木，就停留，
> 隐藏了树木，然后又
>
> 沿着草地，傍着墙偷偷前进！
> ——我听到她头巾摩擦的声音，
> 这时候她正在向各处抛撒黑暗，
> 向天边，地上，向空间，
>
> 还抛进隐藏着我的房间内！
> 但是，不管她对
>
> 屋外的一切怎样，
> 她不能熄灭我的烛光！
> 于是我向夜凝望！同时，
> 她也庄严地回头朝我凝视！

这是一首带有魔幻色彩的童诗。作者用拟人化的方法写夜，夜好像与我在做捉迷藏式的游戏，它偷偷地把黑暗抛撒出来，甚至想抛撒到我房里，但我用烛光破除了黑暗，并且发现了夜，发现夜也在看我，这就把夜写得很可爱，从而淡化了黑暗给人的恐惧感，使夜在寂静中增添了一种淘气感，从而丰富了夜的感觉。芬兰作家伊迪丝·索德格朗的《星星》也是写夜，想象也很奇特：

> 当夜色降临
> 我站在台阶上倾听；
> 星星蜂拥在花园里
> 而我站在黑暗中。
> 听，一颗星星落地作响！
> 你别赤脚在这草地上散步，
> 我的花园到处是星星的碎片。

智利作家巴勃罗·聂鲁达的《如果白昼落进……》写的是白昼，想象力也非同寻常：

> 每个白昼
> 都要落进黑沉沉的夜
> 像有那么一口井
> 锁住了光明
>
> 必须坐在
> 黑洞洞的井口边沿
> 要很有耐心
> 打捞掉落下去的光明

如果不借助神奇的想象，这类作品能写成什么模样呢？带孩子阅读这样的作品，要尽量引导孩子关注其中的神奇想象以及想象的差异，这不仅能让孩子感受到想象的奇特，也能感受到文学的美好。

童诗是用儿童的语言来写儿童的生活与情感，儿童读起来感觉亲切自然，也容易激发创作的欲望。我们可以在带孩子阅读童诗的时候让他们仿作童诗，体验创作的乐趣，从而进一步巩固儿童阅读童诗的兴趣。不要以为创作诗歌是很难的事情，要知道儿童天生就是诗人，他们的想象力和创造力有时连成人都自叹弗如。比如刘饶民的《春雨》：

滴答，滴答
下小雨啦

种子说：
"下吧，下吧，
我要发芽。"

梨树说：
"下吧，下吧，
我要开花。"

麦苗说：
"下吧，下吧，
我要长大。"

小朋友说：
"下吧，下吧，我要种瓜。"

滴答，滴答
下小雨啦……

　　这首诗既像是种子、梨树、麦苗各自的独白，又像是他们与小雨之间的对话，但不管是什么，种子、梨树、麦苗都被人格化了，可以和小朋友一样倾诉对雨的感受，对成长的感受，对生命的感受。这种感受每个孩子都有，他们也愿意表达这种自己的感受。从形式上来看，这首诗开头和结尾是重复的，中间四段选择的是四个不同的对象来诉说对春雨的渴求，孩子完全可以仿作，仿作可以不限于四个对象，因为孩子的思路一旦被打开，他会发现还有很多事物也需要生长，还有很多东西需要春雨的滋润。

神话与童话

　　神话是人类童年的产物。正如每个民族都有自己的童年，每个民族也都有属于自己的神话。中国、埃及、印度、希腊、罗马等古老民族创造了很多的神话，成为各个民族乃至整个人类的共同财富。在这些神话中，内容最丰富、表现手法最具有艺术性、流传最广、影响最大的，应该是古希腊神话。

　　古希腊神话比较发达，且起源很早。它是古希腊民族关于神和英雄的故事的汇总，主要保存在《荷马史诗》《农作与日子》《神谱》等著作中。此外《圣经》中也保留着不少神话内容。这些神话直接影响了西方后来的文学、艺术、宗教、哲学甚至科学的发展，成为西方文明的重要组成部分，古希腊神话和《圣经》也因此成为西方文化的两大支柱。古希腊神话不仅形象优美，而且充满浓郁诗意，更能体现人类在童年时代的精神风貌与思维特征。特别是它神人同形的描写，赋予人以某种神性，直接启迪文艺复兴时期的艺术家和科学家们高举人性的旗帜，有利于人性从神权的统治下挣脱出来。有人说，没有古希腊神话，就没有文艺复兴可言。自然，没有文艺复兴，也就没有西方后来的科学进步与艺术发达，整个人类的历史也许就会以另一种面貌出现。如今，古希腊神话中的很多内容已经成为西方各国日常生活的口头语或者文学艺术中的常用典故，如金羊毛、金苹果、潘多拉魔盒、斯芬克斯之谜、木马计等。西方天文学家还喜欢用古希腊神话中的名称来为一些星宿命名。这些充分说明，要了解西方文化，不熟悉古希腊神话是不行的。

　　中国的神话起源并不算晚，但保留下来的不多，内容相对比较简单，且不成体系，但它影响也很大。如盘古开天辟地、女娲补天、夸父逐日、神农尝百草、精卫填海、刑天舞干戚、黄帝战蚩尤、共工怒触不周山、后羿射日、嫦娥奔月、大禹治水、仓颉造字等神话故事，直接影响着中国历代的文学创作。《庄子·逍遥游》《洛神赋》等古文，屈原、李白、李贺、李商隐的诗歌，《西游记》《封神演义》等神魔小说，与神话关系都很密切，就是像陶渊明的诗歌、曹雪芹的长篇小说《红楼梦》这样以写实著称的作品，以及像《镜花缘》这样写海外奇遇的小说，也利用了神话的材料。与西方的神话相比，中国的神话创作不算发达，这可能与中国文化比较早熟有关。《论语·述而篇》记载："子不语怪力乱神。"深受儒家思想影响的中国文化较早地走出懵懂混沌的童年时代，并进入理性阶段，对那些想象奇特怪诞的东西兴趣不大，因而早期先民创作的很多神话要么遗失，要么只能以梗概的方式保存下来，由此造成中国神话的残缺不全（当然，这主要是针对汉族而言的，中国有些少数民族还保留着像《荷马史诗》那样的长篇神话，如藏族的《格萨尔》、蒙古族的《江格尔》、柯尔克孜族的《玛纳斯》）。

每个民族的神话都记录着本民族的早期历史。也就是说，神话在一定程度上属于历史。王国维在《古史新证》一文中说："上古之事，传说与史实混而不分，史实之中固不免有所缘饰，与传说无异，而传说之中往往有事实之素地。"神话虽然以想象奇特著称，但它仍然保留着先民的很多历史记忆。在文字没有出现之前，在科学技术很不发达的上古社会，人类的很多历史记忆就保存在这些历代口耳相传的神话中。比如很多民族都有关于洪水的神话，《圣经》中有诺亚方舟的故事，中国古代有大禹治水的传说，这些神话传说在很大程度上记载了上古有关洪水的历史，说明早期先民对洪水带来的灾难有着深刻的历史记忆。《荷马史诗》描写的特洛伊战争虽然不能说是真正的历史，但也并非完全虚构。中国的神话虽然简短，但将各个神话联系起来，从盘古开天辟地、女娲补天到神农尝百草、黄帝战蚩尤、共工怒触不周山、后羿射日、大禹治水，几乎就是一部简明的中国上古史。

不同民族的神话体现了人类对各种自然现象和人类文明的解释，包括万物的诞生、人类的出现、生命的起源、文明的创造。比如古希腊神话有海神、火神，还有谷物和农业女神，中国古代有神农尝百草的传说，古希腊神话有掌管艺术的缪斯女神，中国古代有仓颉造字的传说；古希腊神话有太阳神，中国古代有夸父逐日、后羿射日的传说；古希腊神话有普罗米修斯从上帝那里为人类盗取火种的故事，中国古代有鲧偷取息壤以治洪水的传说。这些想象实际上是人类对各种自然力和文明创造（如火的使用、文字的发明）的初步解释，虽然不合理，但它表现了人类在自然伟力面前的抗争精神，蕴藏着各个民族的文化基因，从而影响着各个民族的文化性格。

可以说，神话对了解各个民族的文化基因、认识人类早期的历史，都很有作用，它是人类的共同财富，值得我们珍惜。正如朱永新先生所说："为了寻找我们的历史，寻找我们的自身，我们需要共读我们的神话和历史，通过共读盘古开天地、女娲补天、后羿射日、嫦娥奔月、精卫填海、夸父追日、炎帝和黄帝的战争与结盟，我们将真正成为中华民族祖先的文化后裔。然后我们再通过阅读希腊神话，希伯来神话，通过阅读美洲发现的历史，通过阅读美国南北战争解放黑人的历史，我们了解了其他民族的历史和传说，整个人类的文明才能在更大的生活圈里融为一体。"（《书香也醉人》）我希望所有的孩子都在童年的时代阅读本国的神话，进而阅读别国的神话，对各个民族的历史和文化性格都有一定的了解。

童话与神话是两种不同的文学体裁，二者的差别很明显。性质上——童话属于儿童文学，当然成人也喜欢阅读；神话不属于儿童文学，虽然儿童很喜欢阅读。因为童话属于儿童文学，所以它更多地以美、爱、善为主题，以呵护童心，帮助儿童更好地成长；神话的创作则不限于此。创作方式上——童话可以是集体创作的作品，如《格林童话》，也可以是个人创作的作品，如《安徒生童话》，尤以后者为多；而神话则是集体创作的作品，虽然我们现在看到的某些神话经历了个人的加工、润色，但总体上仍属于集体创作，如《荷马史诗》中的神话。产生的时间——神话产生于人类的早期，是先民对人类和民族起源的一种想象性解释和原始记忆，保持着先民的天真与无羁的想象力，过了这个阶段就不再产生神话，因为神话不可复制，不可再造；童话的出现比神话晚得多，现代意义上的童话以丹麦作家安徒生创作的童话为标志，但童话出现以后可以不断进行新的创造，《安徒生童话》之后不断有新的童话出现，所以我们有很多的童话可供阅读。如果你问我世界上有多少神话，我觉得是可以数得清的，因为流传下来的神话并不多，我们能够读到的神话其实有限；如果你问我世界上有多少童话，我认为是数不清的——即使你数清楚了，可我告诉你：当你数完的时候，这个世界上又有很多新童话诞生了，正等着你去看呢！

尽管神话与童话之间存在着明显的不同，但这并不意味着这两种文体就没有相似之处和相互联系的地方。首先，二者都以想象奇特著称，这些想象时时给我们带来创造的喜悦，这也是它们特别吸引孩子的重要原因。神话是民族的远古史，记载的是一个民族对于童年时代的集体记忆，具有明显的民族特征；童话是每个人对自己的童年的美好记忆，带有强烈的个性化色彩。但无论是集体记忆还是个体记忆，都伴随着很多的想象成分，因为人类在童年时代耽于也善于想象，就思维特征而言，神话与童话是相通的——林庚说："动物世界、儿童的游戏性、天真的童心与非逻辑的想象，这一切形成了弥散在《西游记》中的童话的气氛。"（《西游记漫话》）正是看到了神话与童话的相通之处。再说，人类的记忆需要真实，也需要想象。我们需要看到自己是如何从一个丑小鸭变成小天鹅的，也需要知道初民、祖先们保存着怎样的历史记忆、历史想象，就像我们需要现实牵着我们的手去行走，行走在生活的弯弯曲曲中，也需要梦幻、想象带我们的心飞翔，飞翔在天空的明明暗暗里。其次，神话孕育着童话的某些因素，在题材内容和艺术经验方面为后代童话提供诸多借鉴。比如西方很多带有魔幻色彩的童话受到了古希腊神话的影响，中国不少现代童话则直接受古代神话和神魔小说的影响。包蕾的童话《猪八戒新传》、郭治的科学童话《科学封神榜》，则明显受到了中国古代神魔小说《西游记》《封神演义》的影响。洪汛涛的童话《神笔马良》则根据有关民间传说加工而成。这些作品充分说明童话与神话之间存在着深厚的渊源。

西方的童话比中国发达，起源更早。在《安徒生童话》出现之前，西方就有了《列那狐的故事》《贝洛童话》《吹牛大王历险记》《格林童话》《豪夫童话》等根据民间传说加工、改编而成的童话故事集。《安徒生童话》更是开启作家独立创作童话的风气，《小锡兵》《海的女儿》《拇指姑娘》《卖火柴的小女孩》《丑小鸭》《皇帝的新装》等童话故事，感动了很多读者，也影响了很多作家，安徒生因此被誉为"丹麦童话之父"、"世界童话之王"。此后，出现了以唯美著称的王尔德童话、刘易斯·卡罗尔的梦幻童话《爱丽丝漫游仙境》、卡尔洛·科洛迪的寓言童话《木偶奇遇记》、查尔斯·金斯利的哲理童话《水孩子》。进入二十世纪之后，西方各国出现了很多著名的童话作家和作品，如英国作家波特的《彼得兔的故事》、詹姆斯·巴里的《小飞侠彼得·潘》、罗尔德·达尔的《了不起的狐狸爸爸》、艾伦·亚历山大·米尔恩的《小熊温尼·菩》、肯尼思·格雷厄姆的《柳林风声》，法国作家圣埃克絮佩里的《小王子》，意大利作家贾尼·罗大里的《洋葱头历险记》《假话国历险记》，德国作家亚奇·聂比奇的《小野人和长毛象》、米切尔·恩德的《永远讲不完的童话》，瑞典作家塞尔玛·拉格洛芙的《尼尔斯骑鹅历险记》、林格伦的《淘气包埃米尔》、《长袜子皮皮》，挪威作家托比扬·埃格纳的《豆蔻镇的居民和强盗》，芬兰作家托芙·扬松的《魔法师的帽子》，奥地利作家费利克斯·萨尔腾的《小鹿斑比》，保加利亚作家埃林·比林的《比比扬奇遇记》，捷克作家卡雷尔·恰佩克的《狗和精灵的童话》，美国作家莱曼·弗兰克·鲍姆的《绿野仙踪》、罗伯特·罗素的《兔子坡》、怀特的童话三部曲（《夏洛的网》《吹小号的天鹅》《精灵鼠小弟》）、洛夫廷的系列童话《杜立德医生》、乔治·塞尔登的《时代广场的蟋蟀》、凯特·迪卡米洛的《浪漫鼠德佩罗》，以及苏联作家比安基的科学童话、比利时作家莫里斯·梅特林克的童话剧《青鸟》、德国作家博多·舍费尔的理财童话《小狗钱钱》。日本作家小川未明、新美南吉、宫泽贤治、柏叶幸子也有不少优秀的童话。

中国古代没有独立的童话，这除了跟中国文化"不语怪力乱神"的传统有关，也跟中国传统文化对儿童的天性、童心重视不够有关，因而有很多适合成人阅读的文学，但儿童文学不发达——少数的儿童文学作品以说教为主，实际上是用成人文学来改造儿童文学，最终取消了儿童文学的独立性。在这种情况下，童话的发展就显得很难了，只是在某些作品中出现了带童话色彩的情节，如《西游记》中的大闹天宫、《封神演义》中的哪吒闹海。现代意义上的中国童话是在西方童话被引进中国以后才出现的，一般是从叶圣陶的《稻草人》《古代英雄的石像》等童话作品算起。在那之后，不少作家重视童话的创作，不少优秀的童话作品开始出现，如张天翼的《秃秃大王》《大林和小林》《宝葫芦的秘密》、严文井的《"下次开船"港》、陈伯吹的《一只想飞的猫》、贺宜的《小公鸡历险记》、金近的《狐狸打猎人的故事》、包蕾的《猪八戒新传》、洪汛涛的《神笔马良》。这些童话有一定的故事情节，注重童话的教育意义，儿童主要是作为一个受教育者出现在作者的创作中。20世纪80年代以来，中国出现了很多好的童话，既有适合低幼儿童阅读的作品，如任溶溶的《没头脑和不高兴》、孙幼军的《小布头奇遇记》《小猪唏哩呼噜》、张秋生的《小巴掌童话》、诸志祥的《黑猫警长》、周锐的《大个子老鼠小个子猫》、汤素兰的《笨狼的故事》、葛冰的《大脸猫·小糊涂神》、郑春华的《大头儿子和小头爸爸》，也有适合中高年级阅读的作品，如郑渊洁的皮皮鲁、鲁西西、舒克贝塔、大灰狼罗克系列。这些童话在可读性和思想性方面都有明显的进步：在加强故事性的同时淡化说教味，表现出对童心的尊重、对童趣的欣赏；儿童不仅是一个受教育者，也是值得关注、值得欣赏的对象。还有一些作家增强了童话的知识性，创作了科学童话，早期如高士其的《细菌世界历险记》、李毓佩的《奇妙的数王国》，后来的如杨红樱的科学童话系列（《森林谜案》《寻找美人鱼》《猫头鹰开宴会》）。

童话对于儿童的情感教育和道德教育都很有作用。相对而言，中国更重视童话的道德教育作用，忽视了童话的情感教育价值，这直接导致有些童话的说教味较浓，故事性不强（这可能跟中国文化过分重视载道的传统有关）。但这样的童话难以吸引孩子，它的道德教育价值就难以实现。好的童话应该有一个好的故事，在故事中自然渗透情感教育和道德教育，而不能充满说教。需要指出的是，童话虽然主要是写给儿童看的，但好的童话一定适合成人阅读。特别是那些为人父母和为人师长的成人，应该和孩子一起阅读童话，领略童话之美。在童话的美丽世界里，成人可以和孩子一起在神奇花园里倾听花开的声音，在动物王国里看动物们温柔的眼睛，也可以和孩子一样感受到爱与被爱的幸福，看到太阳和月亮像童心一样闪耀着光辉。

魔幻文学与科幻文学

  魔幻文学是一种想象力极其丰富的文学样式，包括魔幻童话、魔幻小说，其中魔幻童话起源较早。魔幻小说起步较晚，但后来居上，影响很大。

  一提到魔幻小说，很多人就想到风靡全球的《哈利·波特》。其实，欧美的魔幻小说很多，如英国作家托尔金的《霍比特人》（相当于《魔戒》的前传）和《魔戒》三部曲、刘易斯的《纳尼亚传奇》、罗尔德·达尔的《好心眼儿巨人》《女巫》《魔法手指》《小乔治的神奇魔药》、乔治·麦唐纳《公主与妖魔》《公主与柯迪》、多迪·史密斯的《我的秘密城堡》，美国作家雷克·莱尔顿的《波西·杰克逊系列》、斯蒂芬妮·梅尔的《暮光之城》、乔治·马丁的《冰与火之歌》、厄休拉·勒古恩的《地海传奇》，德国作家保罗·马尔的《小怪物六六》、奥得弗雷德·普鲁士勒的《鬼磨坊》和《小幽灵》《小水精》《小女巫》、米切尔·恩德的《永远讲不完的故事》《毛毛：时间窃贼和一个小女孩的不可思议的故事》《愿望潘趣酒》，奥地利作家克里斯蒂娜·涅斯特林格的《脑袋里的小矮人》《新木偶奇遇记》《冻僵的王子》《幽灵大姊罗莎·里德尔》《巴特先生的返老还童药》《可爱的魔鬼先生》。最近十多年，动物魔幻小说异军突起，著名的如艾琳·亨特的《猫武士》、拉丝基的《猫头鹰王国》、凯西·阿贝特《木屋下的守护者》。

  欧美的魔幻文学之所以发达，与西方的文化传统有关。西方的神话比较发达，童话起源也较早，其中不少作品带有魔幻色彩，如《格林童话》中的白雪公主和七个小矮人的故事、小牧羊人和夜莺的故事。至于亚瑟王和圆桌武士、贝奥武甫等民间故事，以及普希金的诗体童话《死公主和七勇士的故事》和《鲁斯兰和柳德米拉》中的故事、美国童话《绿野仙踪》中的故事，也都蕴含着某些魔幻因素。这些故事不仅启发了后来的魔幻文学创作，更在想象力方面给予魔幻文学创作以极大的促进。《纳尼亚传奇》中的羊人形象、《永远讲不完的故事》中的狼人形象，都是来自古代神话；《公主与柯迪》提到故事中那个亦真亦幻的老公主，"个子高大，身强力壮，就像是希腊神话中的泰坦女神"——这些充分说明神话与魔幻之间有着密切的联系。《魔法师的帽子》是一部带有魔幻色彩的童话，也可以说是一部带有童话色彩的魔幻小说，故事中的主人公姆咪特罗尔是作者根据北欧民间童话传说中一种林中精怪、小矮人创造出来的——这是童话影响魔幻文学的例证。

正如中国古代神话、童话不够发达，中国的魔幻小说也不是很发达，不仅起步迟，成就也不高。其实，中国文学中并非没有出现魔幻文学的可能性。《搜神记》《聊斋志异》等志怪小说、《古镜记》等唐代传奇、《西游记》《封神演义》等神魔小说，说明中国文学中的魔幻因素一直不绝如缕。此外，《红楼梦》和不少武侠小说也有某些魔幻情节，或带有一定的魔幻色彩。但魔幻文学始终没有发展成为中国文学的重要类型，现当代文学中尚未产生经典的魔幻小说，这跟中国文化过于重视现实、不大愿意耽于幻想的传统有关——要知道，不喜欢幻想、不善于想象，是魔幻小说创作最致命的缺陷。好在是中西文化不断交流，中国文化不断突破传统的局限，并借鉴西方文化创造新的文化，80年代以来不少作家尝试魔幻文学的创作就体现了这一点。中国当代的魔幻文学创作虽然跟中国文学中不绝如缕的魔幻因素不无关联，但更大的推动力来自西方魔幻文学的引进和借鉴。郑渊洁的童话固然借鉴了魔幻小说的某些因素，像《盗墓笔记》这样的盗墓文学作品更是直接借鉴了包括魔幻文学在内的各种文学作品的艺术营养。虽然有些魔幻作品存在着明显的借鉴痕迹，但仍然有不少作品努力写出民族的特色，比较有成就和影响的有两种。一是将魔幻小说与儿童文学结合起来创作少儿魔幻小说，以更好地适应儿童阅读的需要，如陈丹燕的《我的妈妈是精灵》、葛竞的《魔法学校》、曹文轩的《大王书》，这些作品虽然有魔幻色彩，但描写的内容很多属于儿童的日常生活，介乎写实和魔幻之间。二是结合中国文化特色，将西方的魔幻小说发展为具有东方色彩的玄幻小说，如《龙族》《花千骨》——就这一点而言，倒是跟日本作家安房直子等人的幻想小说类似，毕竟，中国文化与日本之间存在着渊源，二者之间存在相似和相通自在情理之中。还有一些作品借鉴武侠小说，再糅合一些魔幻因素，创作出《仙剑奇侠》《古剑奇谭》这样的仙侠小说，但这类作品更多地出现在网络中，真正产生巨大影响的并不多见，不仅无法与西方的魔幻文学相比，就其自身而言，大多情节雷同，艺术上还需要很大的提高。

魔幻小说创造出各种各样的魔幻世界、魔幻人物，故事性强，吸引了包括广大少年儿童在内的众多读者，再加上很多魔幻小说被改编成电影和动画片，更加造成它在全球的风行。具体说来，它的魅力首先在于它借助魔法的力量创造出一个神奇的魔幻世界，让人感受到神奇的想象力带来的阅读快感。其次，魔幻故事多是冒险故事，故事情节曲折离奇，人物性格鲜明，很能吸引人。再次，魔幻小说有一定的励志作用和教育意义，这是因为很多魔幻小说充满善与恶的斗争，让人在善恶的斗争中汲取向善的力量，这有助于培养孩子正确的人生观、价值观。

当然，并不是所有的魔幻小说都充满善与恶的斗争，但即使是这类魔幻小说也同样能感化孩子的心灵，如《魔法师的帽子》主要写善良与美好，我们只要读读故事的开场白，就能感受到它的美："一个天色蒙蒙的早晨，姆咪谷下起了第一场雪。雪轻飘飘、静悄悄地飘落下来，几个钟头后，所有的东西都变成了白茫茫的一片。""外面在下雪，雪又密又轻。它已经盖住了台阶，厚厚地盖在所有的屋顶和屋檐上。姆咪家的房子很快就会变成一个大雪球。钟一个接一个地停止滴答作响。冬天已经到了。"整个小说都笼罩着这样静谧的氛围，整个小说都是用这样柔美的笔调来写的，所以你能想象到它所创作的魔幻世界该有多美！值得指出的是，魔幻小说即使不渲染魔法的力量，而是让人在人性与魔性的斗争中看到人性之美，也能吸引人。《公主与妖魔》《公主与柯迪》以童话的方式写魔幻故事，淡化魔法的力量，强化或者突出人性的力量及其与妖魔之间的斗争，尤其是人的机智、勇气、信心等优良品质在与妖魔斗争中的作用，正如《公主与柯迪》所说："能掌握自己命运的人才是最好的士兵。"这也告诉我们，好的魔幻小说不能一味渲染魔法的力量，不能一味借助神奇的魔法来制造情节的紧张刺激，也要善于在故事情节的描写中刻画人物性格。

实际上，《西游记》里面最吸引人的并不是孙悟空的金箍棒、火眼金睛、筋斗云和七十二变化，而是他的机智、勇敢、信念。《封神演义》之所以不如《西游记》，一个很重要的原因就是只注重描写各路神仙魔怪之间的斗法，不大关注人物性格的刻画，让人感觉整个故事就是各种魔法的斗争，而不是人物与人物之间的斗争。可见，不是所有的魔幻小说都能在曲折离奇的故事中刻画出鲜明的人物形象，有些魔幻文学作品粗制滥造，只是一味在制造离奇的情节。我们不能因为这些作品就禁止孩子阅读魔幻作品，因为孩子的天性就是爱幻想，幻想有助于培养人的创造力，而魔幻文学在满足孩子的幻想欲望、激发孩子的想象力方面价值很大。但如何看待魔幻文学，如何鉴别魔幻作品，的确需要我们关注和思考。

正如著名科幻作家阿瑟·克拉克所言："任何非常先进的技术，初看都与魔法无异。"科幻文学与魔幻文学都属于幻想文学，都以神奇的想象和超现实的描写著称。不同的是，魔幻文学与科学技术关系不大，而科幻文学是建立在科学基础上的想象，它讲述的是人类与科技的故事，包括科学童话和科幻小说，尤以后者为主。

科幻小说起源于西方。1818年，英国诗人雪莱的妻子玛丽·雪莱创作了《科学怪人：弗兰肯斯坦》，这是西方第一部真正意义上的科幻小说，也被公认为世界上第一部科幻小说，玛丽·雪莱也因此被誉为"科幻小说之母"。但直接开启现代科幻小说，并对现代科幻小说产生巨大影响的是被誉为"现代科学幻想小说之父"的法国作家儒勒·凡尔纳（1828—1905）。他一生创作了大大小小的科幻小说60多部，著名的如海洋三部曲《格兰特船长的儿女》《海底两万里》《神秘岛》以及《八十天环游地球》《气球上的五星期》《地心游记》《太阳系历险记》等作品，至今仍是经典的科幻之作。赫伯特·乔治·威尔斯（1866—1946）是20世纪初英国著名的科幻作家，被誉为"科幻小说界的莎士比亚""英国的儒勒·凡尔纳"，他的《时间机器》《隐身人》《大战火星人》《莫罗博士的岛》《最先登月的人》《神食》等作品都是科幻小说中的经典之作。这些小说善于将社会现实和科学幻想巧妙结合起来，有的还具有警示灾难的意义，引发人们对与科技有关的社会问题的思考，作者所创造的隐形人、外星人、时空机器成为后世不断沿用和发挥的题材和概念。20世纪40年代，美国科幻小说开始勃兴，并逐渐进入黄金时代，出现了艾萨克·阿西莫夫这样的大师级科幻作家。他有"机器人"系列、"银河帝国"系列、"基地"系列这三个重要的科幻小说系列，规模宏大，思想深邃，进一步扩大了科幻小说的影响。此外，苏联作家亚历山大·别利亚耶夫的《水陆两栖人》《平格尔的奇遇》《最后一个大西洲人》，英国作家阿瑟·克拉克的《"太空漫游"四部曲》以及道格拉斯·亚当斯的《银河系漫游五部曲》，美国作家丹·西蒙斯的《海伯利安》以及奥森·斯科特·卡德的《安德的游戏》《安德的代言》《安德的影子》，德国作家约翰·克里斯托弗的《威尔历险记》，都是当代著名的科幻作品。美国作家爱伦·坡是世界侦探小说之父，但他的许多作品也具有科幻特色；丹·布朗的通俗小说如《达·芬奇密码》等也有一定的科幻元素，这说明科幻小说已经与其他题材的文学作品联姻。如果我们再结合科幻与电影、动漫、游戏、广告的结合，更能感受到科幻作品在现实生活中的巨大影响力。

中国的科幻小说是在西方的影响下产生的，因而起源比西方晚得多，也没有西方科幻小说成就那么大。但经过几代作家的努力，中国的科幻小说从无到有，取得了很大的进步。郑文光是中国科幻小说的奠基人，被誉为"中国科幻小说之父"，他的《飞向人马座》《大洋深处》《神翼》是中国科幻小说的奠基之作，为中国科幻小说立于世界科幻之林做出了积极的贡献。此外，萧建亨、童恩正、叶永烈、潘家铮、刘兴诗、张之路、金涛、王晋康等作家也有不少有影响的科幻作品。除了这些老辈作家之外，现在又有一些新生代的作家从事科幻小说的创作，成就突出的有何夕、韩松、星河、吴岩、杨鹏、钱莉芳、郝景芳、刘慈欣等，特别是刘慈欣的科幻小说如"三体"三部曲（又名"地球往事三部曲"）、《超新星纪元》、《球状闪电》，规模宏大，思想深邃，在传播科学精神和科学知识的同时，给人带来强烈的心灵震撼和深深的思考。其中"三体"三部曲被普遍认为是中国科幻小说的里程碑之作，将中国科幻推上了世界的高度。2015年8月23日，刘慈欣凭借科幻小说《三体》获得第73届雨果奖最佳长篇故事奖，这是亚洲人首次获得雨果奖。2016年8月20日，郝景芳凭借科幻小说《北京折叠》获雨果奖最佳中短篇小说奖。2023年10月21日，海崖凭借小说《时空画师》获雨果奖最佳短中篇小说奖，中国科幻作家多次获得有"科幻界诺奖"之称的雨果奖，标志着中国的科幻小说创作正在逐渐接近国际最高水准。

对于中小学生而言，科幻小说的价值主要不在于传播科学知识，而在于其中的故事能激发科学兴趣（尤其是对科学的想象力和探索欲）。著名科幻作家杨鹏说："好的科幻小说，它首先必须是一个好故事，让读者感觉到科学的美妙和神奇魅力，让读者从故事中培养对科学的兴趣，塑造正确对待科学研究的态度。这是科幻作品的最重要责任。"与西方科幻小说相比，中国科幻小说最大的不足在于故事性不强。特别是中国早期的科幻小说，在情节安排上更偏重科学知识的介绍，不大重视故事的叙述（很多是短篇小说）；在人物塑造和主题设置方面，偏重塑造人物的政治品格，对人物性格的丰富性和复杂性重视不够，即使像《珊瑚岛上的死光》《科学封神榜》《月光岛》这样比较优秀的科幻作品，也难免存在这样的不足。这些都导致中国早期的科幻小说可读性不强。但随着中国科幻小说的不断进步，这方面的不足正在逐渐改正。与西方科幻小说关注人类、关注未来相比，中国科幻更多地关注国家民族、关注现实，努力拉近现实生活与幻想世界之间的距离，以至于有些科幻作品读起来更像是科学故事，而不像幻想小说，这说明中国科幻小说在想象力方面还存在明显的不足。西方科幻小说题材广泛，既关注太空、宇宙、海洋等传统题材，也关心电脑与机器人等新兴题材，体现出强烈的好奇心和冒险精神。中国的科幻小说题材不如西方广泛，虽然不乏以宇宙、海洋、机器人为题材的科幻小说，但与西方同类型的科幻小说相比仍有一定的差距。西方的科幻小说并不专属于儿童文学，而中国不少科幻作家喜欢将科幻小说与儿童文学结合起来，创作了很多儿童科幻小说，如叶永烈的《小灵通漫游未来》、张之路的《非法智慧》《霹雳贝贝》、星河的《月海基地》、杨鹏的《电脑少女》《超人的磨难》，这就使得科幻小说更容易成为儿童文学的重要品种而受到青少年读者的喜爱。但中国未来的科幻小说不能停留在儿童读物和科普读物的层次，而应该拥有更广阔的发展空间。

列宁说："幻想是极其可贵的品质。"著名科幻作家吴岩说："喜好科幻和童话，喜好想象和未来，是一个少年必然经过的童年时刻。"从满足孩子的幻想欲望、激发和培养孩子的想象力来看，魔幻文学与科幻文学都值得推荐给孩子阅读。只不过，魔幻文学的想象受限于魔法。魔法是魔幻文学的一大要素，魔法往往具有不可置疑的特点（一如《西游记》《封神演义》中的各种法宝），因而情节安排、主题设置、人物塑造难免受其限制；科幻文学的想象虽受到科学的限制，不能脱离科学而随意想象，但读者也正是从这种限制中看到了科学的力量，在享受超现实幻想带来的阅读快乐的同时接受很多的科学知识。相对而言，科幻小说既能满足孩子的想象力、好奇心和探索欲，又能学到科学知识、培养科学精神，比魔幻小说更有阅读的价值。

跟魔幻小说相比，中小学生读科幻小说可能要迟一些，这是因为科幻小说涉及科学知识，需要有一定的专业知识，不像魔幻小说主要诉诸想象，只要有一定的识字量，再加上孩子天生的好奇心，就可以阅读了。我建议孩子们可以读读魔幻文学，但应该更多地阅读科幻文学。对于那些喜欢魔幻文学的孩子，我们不妨引导他们也来读一读科幻文学，特别是随着孩子年龄的增大，知识储备的增多，应该加大科幻文学阅读的比重。魔幻小说很多属于畅销作品、流行读物，经典之作并不多，但科幻小说中有不少经典作家作品。尽管从科学的角度来看，有些科幻小说随着时代的变化可能会过时，因为作者的科学幻想已经成为现实，幻想不再具有吸引力，但从文学的角度来看，这些作品并未过时，这不仅是因为它的故事性很强，对现在的读者仍然有吸引力；更在于其对人性的揭示和对未来的思考，能给现代读者以深刻的启发（如威尔斯的《隐身人》第一次提出了科学发明可能产生负面影响，警示人们应慎用科学；张之路《非法智慧》提出了科学人性化、科学与人文的问题，反对科学掌握在阴谋家和极端的个人主义者手中，这些思想都值得重视）。而魔幻小说看多了，容易导致一部分人逃避现实，科幻小说则让人在感受科技神奇的同时，更多地关注现实，而不会让人产生逃避现实的思想。这也是我更喜欢推荐科幻小说的一个重要原因。

成长文学与青春文学

  成长文学主要描写儿童或者青少年的现实生活，尤其是他们的成长历程，包括成长诗文和成长小说，尤以后者为主。

  成长诗文，即以诗歌、散文的方式描写儿童或者青少年的生活、情感，文笔细腻，给读者以感情上的慰藉、精神上的鼓励、思想上的启发。20世纪80、90年代比较流行的席慕容、汪国真的诗歌，正是这类作品。最近一二十年，孙云晓、毕淑敏、刘墉等，以作家兼父母的身份写过不少关于青少年成长的文章，影响比较大，孙云晓的《16岁的思索》、毕淑敏的《男生，我大声对你说》《女生，我悄悄对你说》《预约幸福》《提醒幸福》、刘墉的《萤窗小语》《靠自己去成功》，就是这方面的代表作。此外，《傅雷家书》也可视为这类作品。这些著作中的文章，或以过来人的身份讲述人生的滋味，或以父母的身份指点处世的智慧，里面的谆谆告诫和温情诉说，既充满感情，又不乏哲理。比如毕淑敏的《孩子，我为什么打你》，以对孩子谈话的口吻，剖析自己打孩子时的痛苦心理，叙说自己对孩子深深的母爱，让孩子感受到母亲内心的痛苦，并在内心感受到母爱的震颤，这比单纯的诉说母爱，或者说教式的"打是亲，骂是爱，不打不骂是祸害"更打动人心。西方很多人物自传和家书也可以当做成长散文来读，如《富兰克林自传》《居里夫人自传》《海伦·凯勒自传》、安妮·弗兰克的《安妮日记》、查斯泰菲尔德的《外交家爸爸给儿子的四十七封信》、金克雷·伍德的《企业家爸爸给女儿的二十五封信》，特别是海伦·凯勒的散文《假如给我三天光明》以一个身残志坚者的视角，告诫身体健全的人们应珍惜时间、珍惜生命，既感人肺腑，又撼人心魄，堪称成长散文中的名篇。

  成长小说则是以小说的方式讲述儿童或者青少年的成长故事。一般认为，成长小说起始于18世纪末期的德国，歌德的《威廉·迈斯特的漫游时代》《少年维特之烦恼》是这类小说的开山之作。其后，成长小说成为西方文学（尤其是儿童文学）中的一个重要类型，不少经典作品诞生于世，在世界上广为流传，如意大利作家亚米契斯的《爱的教育》、加拿大作家蒙哥马利的《绿山墙的安妮》、瑞士作家戈特弗里德·凯勒的《绿衣亨利》和约翰娜·斯比丽的《海蒂》，英国作家伊迪丝·内斯比特的《铁路边的孩子们》、德国作家埃里希·凯斯特纳的《会飞的教室》、美国作家劳拉·英格尔斯·怀德的《草原上的小木屋》、韦伯斯特的《长腿叔叔》、伯内特的《秘密花园》、弗兰克·麦考特的《安琪拉的灰烬》、贝蒂·史密斯的《布鲁克林有棵树》。此外，日本作家黑柳彻子的《窗边的小豆豆》、巴西作家若泽·毛罗·德瓦斯康塞洛斯的《我亲爱的甜橙树》等作品也属于成长小说，高尔基的自传体长篇小说三部曲《童年·在人间·我的大学》亦可归入这类作品。中国的成长小说起步比西方晚，但发展迅速。新中国成立前就有林海音的《城南旧事》、萧红的《呼兰河传》等经典之作。80年代以来，一大批作家投身儿童文学，更多的成长小说涌现出来，比较著名的有梅子涵的《女儿的故事》、张之路的《第三军团》、程玮的《少女的红发卡》、曹文轩的《草房子》、黄蓓佳的《我要做好孩子》、秦文君的《男生贾里》《女生贾梅》、陈丹燕的《广场空荡荡》、张洁的《敲门的女孩子》、赵丽宏的《童年河》、张炜的《寻找鱼王》等。

从人物形象来说，成长小说是以儿童或者青少年为主人公的儿童小说、少年小说。它既可以以低幼儿童为阅读对象，如小企鹅心灵成长故事、小海豚心灵成长故事、波拉蔻心灵成长系列，也可以以中小学生为阅读对象，如刘健屏的《今年你七岁》、董宏猷的《十四岁的森林》。有些革命题材的小说也属于成长小说，如《钢铁是怎样炼成的》《卓娅和舒拉的故事》《小兵张嘎》《小英雄雨来》《小游击队员》《赤色小子》《鸡毛信》等红色经典，以及最近几年涌现出来的抗战题材儿童文学作品如李东华的《少年的荣耀》、史雷的《将军胡同》、汪玥含的《大地歌声》等，里面的主人公是革命战争中的孩子，虽然故事发生在特定历史时期，但人物身上体现的精神至今仍起着激励人心的作用。

从题材内容来说，成长小说包括校园故事、家庭故事、冒险故事、流浪故事等诸多类型。80年代以来的中国作家创作的成长小说大多属于校园小说和家庭小说，这是因为家庭和校园是当代青少年最主要的生活空间，他们的故事自然主要发生在这两个空间里。但不是所有的成长小说都写校园故事，特别是早期的成长小说，还不乏冒险故事和流浪故事，如法国作家马洛的《孤女寻亲记》《苦儿流浪记》，美国作家马克·吐温的《王子与贫儿》、意大利作家罗大里的《三个流浪儿》，就是描写流浪儿童经历的作品，至于吉卜林的《勇敢的船长》、马克·吐温的《哈克贝恩历险记》和《汤姆索亚历险记》更是有名的冒险故事，几乎与《鲁滨逊漂流记》《金银岛》《蓝色的海豚岛》等冒险文学经典齐名，堪称少儿版的《鲁滨逊漂流记》。这些小说都不是以校园生活为主要内容，但都写出了人物在冒险和流浪的生活中经历的各种磨难、考验，以及他们在心理和性格上的发展变化。还有一些成长小说描写人和动物的故事，如美国作家玛·金·罗琳斯的《鹿苑长春》、芬兰作家约尔马·库尔维年的《狼犬罗依》：前者通过小主人公乔迪和他的小鹿的故事，生动地描写了美国南北战争以后南方垦荒地区普通人的悲欢离合；后者讲述了小男孩汤米和勇敢的狼犬罗依的故事，也讲述了几个男孩之间温馨的友谊，既是一本描写人与动物互爱的温暖读本，也是一本讲述男孩寻找自我和发现勇气的成长小说。

从主题和效果来说，成长小说多半属于励志作品，对孩子的情感教育、心灵成长、性格培养，都有帮助。有些成长小说在描写人物成长经历的同时对教育进行了一定程度的反思，对我们思考青少年的教育很有参考和启发，在一定程度上可以当做教育小说来读，比如《女儿的故事》《我要做好孩子》等。意大利作家万巴《淘气包日记》写一个淘气包的故事，揭示了家庭与学校教育存在的问题，完全可以当一部教育小说来读。作品写道："虽然孩子有毛病要改正，但棍棒解决不了问题；棍棒只能损伤我们的皮肉，却无法动摇我们的信念。"很能启发我们对教育的思考，尤其是如何教育淘气的孩子。

跟童话、魔幻、科幻等幻想类文学不同，成长小说以写实为主，生活气息浓厚。它虽然不能凭借神奇的想象和离奇的故事来吸引读者，但因为故事生动有趣，笔触亲切细腻，所以可读性很强，再加上不少作家在故事中渗透了自己对人生、对教育的诸多思考，因而思想性也比较强，这类作品值得推荐给中小学生阅读。

青春文学又称青春美文，以小说为主要载体，描写大中学生这一特殊群体的生活和情感。广义上说，它属于成长文学，不同之处在于它的创作主体和描写对象：它描写的是成长过程中的一个特殊阶段（青春），作者多是80后、90后的年轻人，如韩寒、郭敬明、张悦然、辛夷坞、饶雪漫等。他们创作的小说，如《幻城》《三重门》《那些回不去的年少时光》《致我们终将逝去的青春》《那些生命中温暖而美好的事情》《陪你到世界终结》《琥珀森林》《小时代》《千山暮雪》，已经占据青少年阅读市场的大半江山，读者群甚至超过了名著。毫无疑问，青春文学的畅销有商业炒作的因素，但也是因为它本身有受大众欢迎之处。首先，它文字轻松浅显，读起来不大费力，有些作品还幽默风趣，更增加了读者的阅读乐趣。其次，它的内容比较叛逆，张扬个性，符合青春期孩子的心理特征，使他们在阅读中获得一种认同感和宣泄的快感。但青春文学的不足也是非常明显的。从主题的角度看，青春文学耽于幻想和迷茫，缺少对现实的关注，有些作品则单纯强调叛逆，缺乏对现实的深刻反思，人物形象的示范意义和激励作用不如成长小说。从文字来看，青春文学偏爱文字的华美，有唯美的倾向，对朴实厚重深沉的文字缺乏应有的追求，有的一味追求轻扬的文字，以为文学作品就应该这样，再加上内容不够深刻，更让人觉得青春文学有一种轻浮之感。

实际上，青春文学可以写得很叛逆，但叛逆中仍然需要有思考和反省，仍然要坚守一些有价值的东西。美国作家塞林格的《麦田里的守望者》也写到了青春期的叛逆，但叛逆中有反思，有坚守："不管怎样，我总忍不住在想，有那么一群小孩子在一大块麦田里做游戏。几千个几万个小孩子，周围没有一个大人——没有一个大人，我是说——除了我。我呢，就站在那混账的悬崖边。我的职务是在那儿守望，要是有哪个孩子往悬崖边奔来，我就把他抓住——我是说孩子们都在狂奔乱跑，也不知道自己是在往哪儿跑，我得从什么地方出来，把他们抓住。我整天就干这样的事。我只想当个麦田里的守望者。我知道这有点异想天开，可我真正喜欢干的就是这个。"中国的青春文学似乎不知道去做个"麦田里的守望者"，守望在悬崖边，"要是有哪个孩子往悬崖边奔来，就把他抓住"。

青春文学也可以写得很唯美，但唯美不是肤浅、轻浮，唯美不能脱离对现实生活的深度体验（实际上，生活并不像青春那样美丽，青春期的生活也是如此）。美国女作家桑德拉·希斯内罗丝的《芒果街上的小屋》是一部充满唯美情调的小说。作者说："当你忧伤的时候，你可以仰望天空。可是，忧伤太多，天空不够……"中国的青春文学似乎没体验到这样的忧伤，但没有忧伤的唯美总让人轻飘飘的。书中还有这样一段唯美的描述："在一所房子前，一所美丽的房子，有鲜花和大窗，还有你可以两级并一级跳上去的台阶。台阶上面有一个等你到来的房间。如果你拔掉小窗的插销，轻轻一推，窗就打开了，所有的天空都会涌进来。那里不会有爱管闲事的邻居在张望，不会有摩托和汽车，不会有床单、毛巾和洗衣店。只有树，更多的树，还有足够的蓝天。你会笑出来，萨莉。你睡去醒来时不用去想谁喜欢你谁不喜欢你。你合上眼睛不用担心别人说了些什么，因为你毕竟从来不属于这里。没有人会使你伤心，没有人会认为你怪，只因你喜欢做梦；没有人会冲你叫喊，只因他们看到你在黑暗里倚靠着一辆小汽车；依靠着某个人而没有人觉得你坏，没有人说这是错的，没有一整个世界都在等你犯错，而你想要的，你想要的，萨莉，只是爱，没有人会把这说成是疯狂。"像这样平凡而充满诗意的生活，似乎很难进入到中国作家的青春文学中。

青春文学也可以写得很迷茫，但迷茫不是无病呻吟，迷茫中仍然需要有追求和向往，特别是在涉及青春期的男女情感问题的时候，不能写成一成不变的初吻、出轨、堕胎、三角恋之类的套路。日本作家村上春树的经典著作《挪威的森林》虽然故事平淡，但字里行间蕴含着真挚的感情。小说向我们诉说了青春的孤独与迷惘、年轻的焦灼与叛逆。生与死，性与爱，自我迷失与自我救赎，都在作品中表现得淋漓尽致。中国的青春文学作品写到爱情和性的不少，但把性和爱情写得这么感人的并不多见，关键还是因为作家只感到了这方面的迷茫，却又不愿意走出迷茫（也可能是无力走出迷茫），当然也就谈不上追求真挚的爱情。

总之，跟传统的成长文学相比，青春文学的题材内容狭窄，主题不够深刻。虽然很多青春文学作品在商业的操作下成为畅销读物，但大多属于快餐读物，而成长文学经历了时间的考验，涌现了很多的经典作品。从阅读价值的角度看，成长文学更有厚度，更值得阅读，青春文学作为消遣作品读读是可以的，但不宜将主要精力放在这个方面。

动物文学的阅读

动物文学包括动物童话、动物寓言、非虚构的动物故事，以及虚构性的动物小说。

动物童话、动物寓言——动物童话、动物寓言和动物小说都有虚构的特点，但动物童话、动物寓言主要采用拟人的手法，写动物的目的是写人；而动物小说重点在描写动物，反映动物的生活和心理，及其与人类的关系。动物寓言、动物童话一类的作品，西方有《列那狐的故事》《了不起的狐狸爸爸》《彼得兔的故事》《小鹿斑比》《柳林风声》《小熊温尼》（伊索和拉·封丹有不少动物寓言故事），中国有贺宜的《小公鸡历险记》、孙幼军的《小猪唏哩呼噜》、汤素兰的《笨狼的故事》。这类作品或者描写动物的温柔与善良，激发孩子的爱心和同情；或者描写动物的机智与冒险，激发孩子的勇敢精神。但它们本质上属于童话、寓言，与真正的动物文学有一定的距离。

非虚构的动物故事：从文体来看，这类作品大多是短篇，近乎散文，称之为动物散文也未尝不可。从内容来看，它重写实，不重虚构，跟科普文学有点接近。动物小说与动物散文的区别就在于小说可以虚构，而动物散文不大虚构。因为不虚构，所以动物散文的故事性比不上动物小说，但知识性比动物小说强，法布尔的《昆虫记》、比安基的《森林报》等名著属于这类作品。虽然这些作品故事性不强，但由于作者善于在情节发展过程中自然而然地带出有关动物的科学知识，因而不让人觉得枯燥乏味，尤其是用文学的笔法来写动物的生活，增强了这类作品的可读性。比如《森林报·夏》有一段文字就很有文学趣味："哪儿的江河、池塘和湖泊没有遮阴，需要保护它们不受到烈日的烘烤，我们就派森林到那儿去。雄伟的森林像大汉似的挺起魁梧的身躯，用头发蓬松的大脑袋，遮住江河、池塘和湖泊，不叫太阳晒到它们。狠毒的旱风，总是从遥远的沙漠里携来热沙，把耕地埋起来。哪儿需要保护我们广大的农田，不叫它受到旱风的侵害，人们就在那儿造林。森林大汉挺起胸脯，挡住狠毒的旱风，像一道铜墙铁壁似的保护农田，不叫农田受到旱风的侵害。哪儿耕松的土地往下坍塌，峡谷迅速地扩大、狼吞虎咽地啃食着我们的农田的边缘，我们就在那儿造林。我们的绿色朋友——森林，在那里用它强有力的根紧紧抓住土地，把土地稳固住，拦住到处乱爬的峡谷，不许它啃食我们的农田。"法国女作家黎达创作了不少短篇的动物故事，《野鸭一家》《一对相依为命的翡翠鸟》都写得富有诗意，亲切感人。读者不妨读一读浙江文艺出版社出的《春天的报信者》，这是黎达的动物故事集，有点像散文的笔法，近似法布尔和比安基的作品，虽然情节不怎么突出，但平淡的笔墨掩饰不了内容的感人肺腑。

动物小说是动物文学中数量最多的一类，也是最能体现动物文学特征的一类。它注重虚构，不像动物故事偏于写实；但它的虚构又不像动物童话、动物寓言的拟人化描写，它在突出动物个性的同时更注重动物属性的描写而非动物的人格化描写。它关注的是动物自身的生存，思考的是动物与人类的关系，而不是把动物当做人来写，只关心人自身的命运。在动物童话里，动物角色大多被拟人化甚至模式化，成为人的道德观念或者人类性格的代名词，很难看到真实的动物生活、动物性格，包括血腥、暴力这类在童话中很少出现的内容。而在动物小说中，有关动物的描写尽可能地避免被人格化，动物主要以自然之子的面貌出现。当孩子读了很多的动物童话之后，再来阅读动物小说，能更多地了解包括动物在内的大自然的各种生命奇迹，也能更好地了解人类自身。

动物小说起源于西方。1898年，加拿大作家西顿发表了动物小说集《我所知道的野生动物》，标志着动物小说这一体裁的正式出现，西顿也因此被誉为"动物小说之父"。他的《狼王传奇》《小战马》《红脖子》至今仍是动物小说中的名作，并影响着后来的动物小说的创作。其实，在这之前，英国女作家安娜·休厄尔的《黑美人》、加拿大女作家玛格丽特·桑德斯的《美丽的乔》等经典动物小说已经出版，说明动物小说出现在当时并不是偶然的。而在这之后，美国作家杰克·伦敦又创作了《野性的呼唤》《白牙》等名作，进一步扩大了动物小说的影响。近些年来，西方有些作家将西方的魔幻文学与动物小说结合起来，创作出动物奇幻小说，丰富了动物小说的样式，如《猫武士》《绝境狼王》，深受读者的喜欢。现在，动物小说已经成为西方文学中的一个重要门类，出现了一大批好的作品，如《丛林故事》《野生的爱尔莎》《时代广场的蟋蟀》《狗来了》《白比姆黑耳朵》《灵犬莱西》《义犬博比》等。影响所及，日本也有不少作家专门创作动物故事，著名的如椋鸠十就有《金色的脚印》《大造爷爷和雁》《孤岛野犬》《赤鸟》等作品。中国的动物小说起源比西方和日本都晚，但最近几十年发展迅速，涌现出了一大批优秀的动物小说作家和作品，著名的如沈石溪、黑鹤、金曾豪、方敏、杨志军、姜戎、郭雪波、常新港、牧铃、邓一光、朱新望、袁博，尤以沈石溪的成就最高、影响最大，被誉为"中国动物小说之父"。下面就着重介绍一下动物小说，领略一下动物小说表现出的野性之美、人性之美甚至灵性之美。

有的动物小说从动物的特性入手，注重发掘动物身上某些给人以震撼或启示的精神、品格，如西顿的《狼王传奇》、沈石溪的《狼王梦》。《狼王传奇》写狼王洛波的传奇故事：它领着狼群危害四方。人们为了捕捉洛波，费尽心机，却劳而无功。只因为洛波的妻子被人类捕获，它也自投罗网，成为人类的猎物。这个故事让我们看到，残忍的狼性中有着机智、勇敢与温情的品格，否则的话，狼无法适应大自然的生存，尤其是与人类的较量。沈石溪的《狼王梦》讲述了一个母狼和她的几个孩子的故事：母狼紫岚一直有一个梦想，希望把自己的后代培养成狼王，这个愿望也是她的丈夫黑桑的遗愿。但在残酷的现实面前，紫岚一次次失败，她的三只小狼崽相继死去，自己也已步入老年。最后，它只能把希望寄托在女儿所产的狼孙身上。为了狼孙的安全，它与那只想吃掉自己狼孙的金雕同归于尽。为了实现狼王的梦想，紫岚和她的狼崽都付出了生命的代价。在这个惊心动魄的故事中，我们看到了狼的凶残与暴烈，但也看到了狼身上不怕牺牲、坚忍不拔的野性精神。这些动物小说在写动物悲剧性的命运时也写出了动物与命运抗争的精神，在为我们提供惊险刺激的故事的同时，也让我们看到动物像人类一样有亲情、友情和爱情，像人类一样聪明、机智和勇敢，它们身上表现出来的生命尊严和英雄气概令人肃然起敬。

有的动物小说描写动物的不幸遭遇，尤其是人对动物的虐待，主张人对动物应该加以关爱，如《黑美人》《美丽的乔》。"黑美人"是一匹黑骏马的外号：它从小生活在一个贵族人家，受过良好的训练，性格温顺，又聪明机智，主人很喜欢他。可惜，主人家里后来出了变故，不得不卖掉黑骏马。黑骏马被卖过多次，遇到过不同的主人，虽然也遇到过把动物当做朋友的人，但更多的是虐待它的主人：有喝多了酒就拿马出气的醉汉，有动辄抽鞭子打马的车夫，有不把动物当回事的野蛮人。在黑骏马身上，我们可以看到很多好的品质：诚实可靠、坚定勇敢、温顺友善……就像英国诗人拜伦的诗所说："你拥有人类全部美德，却毫无人类的缺陷。"但黑骏马尝尽人间的各种甜酸苦辣。这不禁引发人们的思索：人类应该这样残忍地虐待动物吗？"美丽的乔"是一只小狗的名字，它并不美丽，而是外貌丑陋。它遭受第一个主人詹金斯的虐待，被割去双耳和尾巴。这只小狗从残忍的詹金斯家逃脱，来到新主人莫里斯家，遇到美丽善良的劳拉小姐，从此过上幸福生活。它与其他动物和睦相处，发生了很多有趣的故事，也经历了不少冒险的经历。这些故事都在启示人们：要善待动物，保护动物，尤其是那些弱小的动物。在这方面，杰克·伦敦的《野性的呼唤》和《白牙》也很能给我们启示。《野性的呼唤》是关于一条名叫布克的狗的故事：它被人从家乡拐卖到天寒地冻的北极地区，成了一条雪橇狗。置身于恶劣的自然环境之中，尤其是在遭受非人的待遇之后，它失去了对人类的信任，逐渐从文明世界回到野蛮世界。《白牙》是作为《野性的呼唤》的姊妹篇和对立面来写的，它写的是一条狼狗怎么从阿拉斯加的荒野回到加利福尼亚的文明世界的过程。尽管狼狗白牙也遭受过人类的虐待，但人类也一次次地拯救了它，唤醒了它内心深处的仁慈与友爱，使它懂得了人类文明世界的规律。这两部作品不仅让我们感受到了动物身上的野性之美，唤醒了我们对动物的关爱之心，也引发我们对文明与野性关系的思考。

有的动物小说写动物与人的关系，突出动物对人类的忠诚，让人看到动物身上具有人性甚至灵性，比如阿特金森的《义犬博比》、奈特的《灵犬莱西》。《义犬博比》根据一个真实的故事写成，感动过很多人：小狗博比与主人老约翰在爱丁堡相依为命。老约翰病死后，葬于教堂墓地，博比一直坚守在墓旁。即使有人赶它走，即使有人引诱它离开，它都不为所动。十四年间，无论寒暑阴晴，它都没有离开主人的墓地，直到老死。《灵犬莱西》以一只牧羊犬的真实故事为蓝本写成：在英国北部约克郡的一个村庄里，有一个小男孩乔养大了一只小狗莱西，与它建立了深厚的感情。因为家庭生活所迫，莱西被卖给附近的一个公爵，被迫和乔分开。但莱西几次从公爵家中跑回来，为的是履行它的义务——去学校门口等待小主人乔。为了阻止莱西的逃跑，公爵将其带至600公里之外的苏格兰老家。莱西为了再一次回到小主人的身边，凭着它对主人的爱，凭着牧羊犬特有的直觉，开始了历尽艰险的回家之旅。这些温暖的故事让人看到动物身上高贵的品质，其意义不仅在于唤醒人们对动物的关爱之心，也在于唤醒人自身对这些高贵品质的记忆：动物都能做到忠诚，人难道就做不到吗？

有的动物小说写人与动物的关系，突出人与动物友好相处的温馨，如亚当森的《野生的爱尔莎》。这是一个人与野生狮子之间的真实故事：一个偶然的机会，失去父母的小母狮爱尔莎被作者和她的丈夫收养。在作者和丈夫的精心照料下，爱尔莎长成威猛的大狮子。为了让爱尔莎更好地生活，并收获它的爱情，作者决定让爱尔莎重返大自然。为此，作者付出极大的精力，对它进行科学驯化，为的是让它在回归之后能适应大自然的生存法则。最终，爱尔莎成功返回大自然，并与另一只野狮结为伴侣，还带着它们的孩子——三只小野狮回来看望作者。在这个故事里，人与动物友好共处，几乎没有人兽之分。这不禁让我们深思：凶猛如狮，尚且能与人类建立如此亲密的关系，那么人类与其他动物、人类与整个大自然为什么就不能友好相处呢？吉卜林的《丛林故事》讲述了以少年莫格里为中心人物的系列动物故事：当莫格里还是个婴儿时，误入狼穴，被母狼收养，成为狼群中的一员。后来，他长成了一个勇武而又聪慧的少年，并与很多动物和睦相处。这些动物在莫格里周围形成了一个温暖的集体，教给他生活的智慧和谋生的本领，教给他丛林动物必须遵守的"丛林法律"。在莫格里各种冒险经历中，我们不仅看到了莫格里身上具有人类的智慧，也具有动物所特有的智慧。这说明动物和人类一样，都是大自然的杰作，都值得尊敬，彼此应该互相尊重、和平相处。随着生态环境的恶化，动物的生存越来越面临危机，人与动物的关系更是引人关注。有的作家开始将动物小说发展为动物生态小说，如方敏的《大迁徙》《大演化》《大绝唱》，既描写了很多动物顽强不屈的生存精神，也写到了动物在物种演化过程中面临的生命悲歌，以及人类造成的生态危机给动物带来的生命困境，这些都足以引发我们对包括动物和人类在内的所有生命的思考。

还有不少动物小说，特别是动物励志小说，具有励志的作用，如威尔逊·罗尔斯的《红色羊齿草的故乡》。男孩比利最大的心愿就是拥有一对心爱的猎犬。他凭着艰苦的劳动和顽强的毅力，如愿以偿地得到了两只优良的猎犬：老丹和小安，并与他们结下了生死与共的友谊。老丹和小安获得了捕猎比赛的金奖杯，追到了狡猾的浣熊鬼，为比利赢得了荣誉和尊严，也帮助比利一家解决了很多的生活困难。然而在一次狩猎中，比利遭遇山狮，危在旦夕，老丹用生命保护了小主人，与山狮同归于尽。老丹死了，小安也不愿独活于世，最终绝食死在老丹的墓边。留在比利心中的，不仅有老丹和小安，还有它们坟头的红色羊齿草，以及红叶下掩埋的童年记忆……这部小说有人与动物之间的温馨故事，更有少年成长的心路历程和成长的轨迹：因为家境贫寒，比利只能通过自己年幼的双手去挣钱购买猎犬；为了捕捉浣熊，他和猎犬一起历尽艰辛，甚至出生入死。比利身上的爱心、信念、责任，勇气，值得每一个少年学习。风靡欧美的《猫武士》是一部震撼心灵的奇幻小说，也可以说是一个动物励志传奇故事，小读者在阅读其中的惊险故事的同时，也能感受到勇敢、忠诚、自由等良好的品质。著名儿童文学作家常新港说："《猫武士》是一部充满童趣、充满教益的作品，是一个人类世界的小小缩影。"

寓言文学的阅读

寓言文学不仅包括寓言，也包括各种带有寓言色彩、象征意味的文学作品。

寓言是世界上最古老的文学体裁之一，世界上很多国家、民族都有自己的寓言创作，并且在寓言中总结本民族的生活经验和生存智慧，中国也不例外。中国的寓言起源很早，早在先秦时代的子书中就出现了寓言故事，如《孟子》《庄子》《韩非子》，特别是《韩非子》中的《说林》采集了很多寓言故事，如果将其独立出来，可以视为中国最早的寓言集。此后，《吕氏春秋》《淮南子》《说苑》《列子》等著作也有一些寓言故事。不过，寓言在这些诸子散文中只是作为一种辩论说理的手段附丽在文中。魏晋时期，出现了像阮籍《大人先生传》、陶渊明《五柳先生传》那样带有强烈寓言色彩的散文，但跟真正的寓言仍然距离。到了柳宗元手中，寓言注重形象的刻画和故事的完整，而不是单纯追求寓意，至此，寓言真正成为一种独立的文体，著名的如《三戒》（包括《临江之麋》《黔之驴》《永某氏之鼠》）、《蝜蝂传》《罴说》。当时的古文和传奇中也出现了不少寓言体作品，著名的如沈既济的《枕中记》、李公佐的《南柯太守传》、韩愈的《圬者王承福传》《毛颖传》、柳宗元的《宋清传》《种树郭橐驼传》。与此同时，柳宗元、刘禹锡、白居易写了不少寓言体的诗歌，如《跂乌词》《笼鹰词》《有獭吟》《飞鸢操》，显示出寓言在中唐的繁荣。其后，寓言得到了进一步的发展，苏轼和刘基都有优秀的寓言作品传世（如苏轼的《艾子杂说》、刘基的《郁离子》中就有大量的寓言作品）。明人马中锡的传奇小说《中山狼传》也可以视为一部很好的寓言作品。中国古代优秀的寓言作品，最终凝结成启人心智的成语，至今还存活在我们的生活中，成为民族语言和民族智慧的重要组成部分，如守株待兔、买椟还珠、刻舟求剑、画蛇添足、南辕北辙、自相矛盾、东施效颦、惊弓之鸟、邯郸学步、滥竽充数、朝三暮四、狐假虎威、鹬蚌相争渔翁得利、塞翁失马焉知非福、愚公移山、黔驴技穷、金玉其外败絮其中等。即使是到了现当代，也有不少作家在创作寓言，产生了一批新的现代寓言，著名的如彭文席的《小马过河》、柯玉生的《寒号鸟的故事》等。

西方最早的寓言是《伊索寓言》。伊索是公元前6世纪古希腊著名的寓言家，与法国的拉·封丹（1621—1695）、德国的莱辛（1729—1781）、俄国的克雷洛夫（1769—1844）并称世界四大寓言家，因其年代最早，并对后来的欧洲寓言作家产生了重要影响，因而被誉为"欧洲寓言之父"。《伊索寓言》并非伊索独立完成，而是古代希腊寓言的汇编，它善于通过简短的小故事，深刻地总结诸多生活经验和道德教训，其中不少故事家喻户晓，著名的如龟兔赛跑、狮子和蚊子、农夫和蛇、狼和小羊、狼来了、狐狸吃不着葡萄说葡萄酸等。这些故事语言生动，情节性强，寓意深刻，成为西方寓言文学的范本，后来的《拉封丹寓言》《莱辛寓言》《克雷洛夫寓言》，都受到了它的影响，甚至直接取材于它，即使是现在，西方很多文学作品甚至理论著作中，还在引用《伊索寓言》中的故事作为典故。

当然，世界著名的寓言并不限于以上这些。比如西方还有《达·芬奇寓言》，古代波斯诗人萨迪也有不少寓言作品，著名的如《山猫和狮子》：

> 有人问一只山猫："为什么你要服侍狮子？"山猫回答说："我可以吃他剩下的食物，又可以借着他的威风躲过我的敌人。"那人又问："你既然受到他的保护，得到他的恩惠，为什么不更加接近他，使他对你更加器重，把你看作一个心腹呢？"山猫回答说："我害怕他那喜怒无常的性情。"

这个寓言故事不难让我们想起中国古人的感慨："伴君如伴虎。"此外，古印度的《五卷书》和《百喻经》也有不少寓言故事，比如《五卷书》中的《公羊和狮子》：

> 在某一个树林子里，有一只从羊群里跑出来的公羊。它就带着它那一脖子长长的鬃毛、它的角和它那结实的身子，在树林子里东游西逛。有一次，在这个树林子里，它给一只狮子看见了，狮子前后左右都是野兽。狮子以前从来没有看到过这样的动物：它身上的长毛向四下里竖着，身子究竟是什么样子，都看不清楚；狮子看了以后，心里直哆嗦，

它害怕起来，心想："这家伙一定比我的劲头还大！因此，它才敢大模大样地在这里逛来逛去。"它这样想过以后，就慢慢地离开这里了。过了一天，狮子看见公羊在林子里的空地上吃草，它想道："怎么，这家伙吃草呀！那么，它的力气也应该是同草相当的。"这样想过以后，狮子立刻扑上去，把公羊杀死。

这个故事不难让我们想起柳宗元笔下的黔之驴。《五卷书》后被译成阿拉伯文，取名为《卡里莱和迪木乃》，成为一部著名的寓言童话集。

总的来说，寓言是比喻的高级形式，它有故事，有明确的寓意。莱辛在《论寓言的本质》中说："寓言的最终目的，也就是创作寓言的目的，就是一句道德教训。"但也要看到，道德教训并非寓言的全部：一是寓言的寓意并非都是道德教训，二是很多寓言在重视寓意的同时也非常重视故事本身的趣味性。相对而言，传统的寓言大多篇幅短小，故事比较简单，作品更注重故事中的寓意，或者直接点明寓意，或者隐含寓意。但这样的寓言作品在文学史中数量并不多，更多的作品不以寓言为名，而是汲取寓言善于比喻、追求寓意的特点。这类作品不仅故事性强（篇幅宏大、人物众多、情节曲折），同时将比喻发展为象征，追求更为广泛的意蕴，让人引发多方面的联想，我们可以称之为寓言文学。从体裁的角度来看，它包括寓言体童话、寓言体小说等；从主题的角度来看，它包括政治寓言、宗教寓言、人性寓言等。

早期的童话主要靠神奇的想象和有趣的故事吸引小读者，并不刻意追求寓意，但也有不少作品带有一定的寓意，从而为童话带来深邃的思想，如意大利著名儿童文学作家卡尔洛·科洛迪的《木偶奇遇记》（又名《匹诺曹》）就是一部带寓言色彩的童话：一个孤苦伶仃的老木匠渴望有一个儿子陪伴在自己身边，就用一段胡桃木刻成了一个栩栩如生的木偶，既会跳舞又会翻跟头。老木匠给他取名匹诺曹，甚至变卖唯一的御寒上衣给他买了识字课本，让他去上学。然而，淘气的匹诺曹为了看木偶戏，竟然逃学。在离家出走的日子里，匹诺曹经历了许多稀奇古怪的事情，也经历了各种危险。在经历各种危险和挫折后，他渐渐懂得了父爱，在成功救出早在出海寻找自己时就掉入鲨鱼腹中的父亲之后，成为一个活生生的人，并与父亲幸福地生活在一起。这部童话在教育孩子们如何为人的同时，也强调了教育的重要性。意大利哲学家贝内戴托说："用来雕刻皮诺曹的那块木头，实际上就是人类本身。"不仅如此，连匹诺曹那个一说谎话就长出一大截的鼻子，也蕴含着一个道理：做一个诚实的人，否则的话一定露出马脚。《安徒生童话》《豪夫童话》等童话集也有不少寓言体童话，比如《皇帝的新装》虽然故事浅显，但不乏寓言的意味：我们每个人在小的时候都可能童言无忌，都可能说真话，但长大以后，由于各种原因，我们很可能变成那些大臣或者围观的人，跟随别人说假话，至少是不敢说真话，也可能变成那个穿新装的皇帝，光着屁股在台上表演，不管自己是不是知道真相，即使知道真相，也不得不把戏演下去。因为有寓意，所以《皇帝的新装》不仅是真实的，也是深刻的。

现代童话汲取寓言的因素，更是蕴含多种寓意。德国著名作家米切尔·恩德不少短篇童话就属于寓言体童话，如《犟龟》《光屁股大犀牛》《出走的绒布熊》《苍蝇和大象的足球赛》《奥菲利亚的影子剧院》等。他的魔幻作品《毛毛：时间窃贼和一个小女孩的不可思议的故事》是一部现代艺术童话，也是一部关于时间的寓言体小说。这部带有魔幻色彩的童话讲述了一个名叫毛毛的女孩从时间窃贼灰先生手里夺回时间的故事，它启发我们对时间进行思索，进而反思我们的生活方式；它也可以说是一部描写丧失人性的人们追回人性的故事，表现出对现代文明甚嚣尘上的物质主义及其价值观的深刻反思。现代人喜欢说："时间就是金钱。"但这部童话告诉我们："时间是生命，生命就在我们的心中。"时间的不同寓意，体现出不同的文明模式和不同的生活态度。在现代生活的重压下，很多人考虑的只是金钱，但这种物欲横流的生活状态值得所有人的警惕，我们需要将时间绽放成昂扬着活力的生命之花。德国著名作家詹姆斯·克吕斯的童话体小说《出卖笑的孩子》继承了前辈作家寓言体童话的创作传统（还可能受到《豪夫童话》中《冷酷的心》的启发），因而具有寓言的味道。一个生活不幸的男孩蒂姆与格子先生菲勒特做了一笔交易，把自己的笑出卖给这个神秘莫测的人，得到的回报是自己每次打赌都能赢，从而拥有巨大的财富。蒂姆一开始很高兴，但后来他听说"把人和动物区分开来的是笑"，对这个交易有所醒悟，特别是他在发现自己失去了笑，生活变得枯燥乏味之后，决心从阴险狡诈的格子先生手中要回自己的笑。经过和格子先生的斗智斗勇，蒂姆最终夺回出卖已久的笑，过上了自己所想要的微笑生活。不难看出，蒂姆的笑被作者赋予了一定的寓意。它是人和动物之间的区别，也是善良的人性和恶劣的人性之间的区别。笑虽然不能给人带来财富，但一定能让人感到幸福；人生不能因为一些不必要的东西而丧失更为重要的东西，一旦失去很难找回；拥有财富并不意味着拥有一切，拥有笑比拥有财富更为重要，一如《冷酷的心》所说："宁愿贫穷而知足，也不愿财宝成堆而怀着一颗冷酷的心。"

早期的寓言喜欢讽刺生活中的不合理现象或者人性的弱点，有些讽刺小说继承这一传统，并将其发展为寓言体小说。乔纳森·斯威夫特的《格列佛游记》是一部游记体讽刺小说，也是一部寓言体小说：英国外科医生格列佛在一次海难中，沦为小人国的俘虏，目睹小人国内部政党倾轧、教派纷争的混乱局面。他好不容易从小人国逃出，却又在一次新的航海意外中误入大人国，被当地巨大居民视为掌上玩物。该书以寓言的方式，对当时英国的政治、世道及人性进行了无情的讽刺。乔治·奥威尔《动物庄园》是一部讽刺性的小说，被公认为二十世纪最杰出的政治寓言。作品描述了一场"动物主义"革命从酝酿、兴起到最终蜕变的全过程：一个农庄的动物不堪人类的压迫，在猪的带领下起来反抗，赶走了农场主。动物们实现了"当家作主"的愿望，奉行"所有动物一律平等"。之后，两只处于领导地位的猪为了权力互相争斗，胜利者一方（拿破仑）宣布另一方（雪球）是叛徒。此后，获得领导权的一方权力越来越大，最终蜕变成为和人类完全一样的剥削者。动物们稍有不满，即招致血腥的清洗。农庄的理想被修正为"所有动物一律平等，但有的动物较其他动物更为平等"，动物们又恢复到从前的悲惨状况。这部政治寓言体小说给人多方面的启示：一切平等、自由都是有限的、相对的，世上没有乌托邦式的理想主义时代；人性中的贪婪、自私、懦弱和愚昧等黑暗面，在很大程度上阻碍了人类对自由、平等的追求；一个革命的政权，如果没有民主监督，没有法治，必定异化成反革命的政权。张天翼《金鸭帝国》是作者在新中国成立前创作的长篇讽刺童话，堪称中国版的《动物庄园》。作者用辛辣的嘲讽之笔，让资本家、贵族、教授、各色帮闲的丑恶嘴脸一一暴露出来，让人们看清这是一个禽兽世界。作者写的是动物，处处折射的是人，是当时中国的写照。作者描写的这个禽兽世界究竟代表着什么，我们不必确指，但它充满寓意，则是不言而喻的。它既让我们想到当时中国上层统治者对下层百姓等弱势群体的压榨，也让我们想到帝国主义对弱小中国的欺凌。

但不是所有的寓言都要讽刺，寓言体小说也是如此。它可以是一种深刻的哲思，是一种宗教的言说，甚至是某种抽象的精神象征或者人性的象征。英国作家约翰·班扬的《天路历程》是一部宗教题材的小说，也可以说是一部宗教寓言。作者采取梦境和寓言的方式，写一个基督徒走向天国的旅程，其间充满危险、诱惑，但他凭借意志和力量，最终到达天国；在他的感召下，他的妻子也带着孩子历经艰辛来到天国。这是写基督徒的朝圣之旅，也可以说是写人类为寻求永生而踏上荆棘之旅的心路历程，天国和上帝颇具象征意味，具有启示人类进行自我救赎、自我拯救的力量。巴西作家保罗·柯艾略写的《牧羊少年奇幻之旅》是一本寓言式的小说，富有象征意味。小说运用富含哲理和诗意的语言讲述了牧羊少年圣地亚哥追寻宝藏的奇幻冒险故事，极具启发性和励志意义。西班牙少年圣地亚哥两次梦见金字塔附近有宝藏，决意去追寻他梦见到的宝藏。他从西班牙最南端渡海去了非洲，途中被小偷掠走钱财，但是信念支持他继续前行，加入了横越撒哈拉的商队。途中，他被军队所掳，最终脱身，并到达吉萨，见识了金字塔的壮美。他从一个难民的嘴中了解到宝藏就在自己曾经做梦的那座废弃教堂里，于是昼夜前往，终于在信念的带领下找到了宝藏。这是一部带有宗教神秘主义色彩的寓言故事，激励人们追求梦想、完善人生，启示人们实现梦想要经历一个艰难的过程，需要勇气、智慧、执着和经受考验。曹文轩的《根鸟》写一个14岁的少年找人、救人的故事，也是一本寓言式的长篇小说，可以称得上是中国版的"少年奇幻之旅"。一个名叫紫烟的少女到悬崖上采花，掉进了长满百合花的大峡谷，她通过一只白鹰向外界发出求救的信息。这只白鹰被一个叫根鸟的少年发现。从此，这个少女不断出现在根鸟的梦里。根鸟为了救这个少女，踏上了艰险的旅程：荒漠、草原、大山、村落、峡谷、小镇……一个个场景奇异而玄妙，一次次经历惊险而又刺激。根鸟游走在现实与梦幻之间，经历了恍惚、摇摆、清醒、执着，他在救人的同时也完成了一次自我救赎。这是一个少年的成长史，也是每个少年的心灵史。它淡化了宗教色彩，但保留着神秘主义，从而增强了情节的吸引力和作品的象征意义。那只罕见的白色老鹰，那个众人都不知道的、不知在何处的大峡谷，那个跌进大峡谷的女孩，甚至根鸟穿行过的沙漠与荒原，以及他在途中遇到的板金先生，亦真亦幻，像谜一样地吸引着读者，启发读者的思考：似乎象征着人生中某个寻觅的目标，追求这个目标需要人的勇气与毅力，人的成长免不了有坑坑洼洼，一如人生少不了弯弯曲曲；似乎在暗示人生需要一个梦想，因为梦是有灵性的，有梦的人生不空洞不寂寞，没有梦想的人生是平淡甚至堕落的人生；又似乎在暗示人生要走出梦的荒诞与虚无，冲破梦幻的罗网，只能靠自己的努力，尤其是凭借心灵的力量，获得一种实在，但在这个过程中所经历的一切荒诞与虚无是不可避免的，也是有必要的。

早期的寓言主角多是动物、植物，作者将动物、植物人格化，写动物、植物的目的还是为了写人，兼之篇幅短小，难以对动物、植物进行细致的刻画，大多是概念化的描写。但不是所有的寓言体小说都以动植物为主角，人照样可以是寓言的主角，人与动物、植物也可以一起成为故事中的主人公。即使描写动物、植物，也未必要对其人格化。有些动物小说就对动物的生活和心理进行细致的刻画，但如实的描写照样渗透着深刻的寓意。杰克·伦敦《野性的呼唤》（又名《布克狗》）是经典的动物小说，也可以说是一部人性的寓言：在冰天雪地的阿拉斯加，一只在文明社会养尊处优的狗被迫适应野蛮生活，最终回归狼群。作者运用拟人手法，把人类社会和人性的本质刻画得淋漓尽致。这是一个伟大的寓言故事，它在赞美狼性的同时也揭示了人类社会"优胜劣汰，适者生存"的残酷现实，主张人性当中应该具有原始的野性，而不能被文明同化。该书一直是西方"强者哲学"的典范读本，长期影响欧美民族的价值观和生存哲学。姜戎的动物小说《狼图腾》讲述了20世纪六七十年代一位知青在内蒙古草原插队时，与草原狼和牧民之间发生的故事。作者将历史与现实、动物与人对照写来，写历史的同时也是在写现实，写动物（草原狼）的同时也是在写人。全书由几十个有机连贯的狼故事一气呵成，情节紧张激烈而又新奇神秘。那些精灵一般的蒙古草原狼每一次侦察、布阵、袭击的高超战术以及对气象、地形的巧妙利用，他们的视死如归和不屈不挠，倔强可爱的小狼在失去自由后艰难的成长过程，无不使我们联想到中华民族，甚至联想到人类，进而思考人类的历史和人类的命运。因此，这是一部民族寓言，让我们思考中华民族是否需要狼图腾作为自己的精神象征；也是一部人类文明的寓言、人性的寓言：人类要想生存下去，必须敬畏天地，尊重生命，还必须具备顽强的生存意志和能力，不能过分依赖成熟的文明，过分成熟的文明会使人类与生俱来的那些野性的力量丧失殆尽。

其实，一切伟大的文学作品都有一定的寓言性质，除了童话和小说外，还包括戏剧和诗歌，如《桃花源记》《西游记》《红楼梦》《围城》《边城》《一只特立独行的猪》《命若琴弦》《神曲》《失乐园》《堂·吉诃德》《哈姆雷特》《一个人需要多少土地》《老人与海》《白鲸》《蝇王》《城堡》《分成两半的子爵》《等待戈多》等经典名著，都蕴含着丰富的寓意，我们不妨将其视为寓言式的文本。朱光潜就说："《神曲》在表面上只是一部游记，但丁叙述自己游历地狱、净界与天堂的所见所闻，但是骨子里它是一部寓言。"（《看戏与演戏》）即使像绘本《活了100万次的猫》这样浅显的儿童读物也不无寓意，因而被人誉为"一部有关生命意义的伟大寓言"。甚至连古希腊神话和《圣经》都不乏寓言的意味，如纳西瑟斯的自恋、耶稣在沙漠中苦修四十个昼夜不断受恶魔的引诱。有的寓言文学作品寓意明确，常常在故事当中或者结尾点明寓意，有时不免沦为说教，但有的作家故意不把寓意透露出来，寓意反而更丰富；有的寓言文学作品寓意深刻，但有时难免晦涩难测，有的作品不刻意求深，反而具有明确而又丰富的寓意——当然，寓意到底深刻、明确与否，需要读者借助自己的人生经历和文学素养才能加以判断。未必所有的寓言都是儿童文学，比如那些寓意深刻而隐晦的寓言可能只适合成人阅读，甚至只有部分成人才会阅读；但那些故事生动、寓意明确的寓言一定受到儿童的喜爱。

文学的阅读：语感·情感·美感

与专业性的阅读相比，文学的阅读几乎没有什么门槛，可以说是最广泛、最普遍的阅读。文学阅读的普遍性大概是毋庸置疑的，但文学阅读的重要性何在，未必人人都认真思考过。在笔者看来，对于中小学生而言，文学阅读至少有三个方面的重要作用，这就是语感、情感、美感的培养。

语感

语感就是直接、迅速地感悟语言文字的能力。语感涉及词语的感情色彩（褒义词、贬义词、中性词）、语用色彩（文言与白话、书面语与口语）、语气、修辞、语法甚至语音等诸多因素，作家善于运用这些语言因素来达到特定的艺术效果，读者在这些方面也要尽可能地有会心的理解，否则很难领会作者的艺术匠心，也就谈不上培养自己的语感。南唐中主李璟有首词《山花子》："菡萏香销翠叶残，西风愁起绿波间。"菡萏即荷花的文言说法，之所以不用荷花这类通俗的说法，是为了造成一种庄严感，与词所抒发的深沉的人生迟暮之感相互配合。

语感有时体现为是用这个字（词）好还是用那个字（词）好，有时体现为一个字（词）安排在句子的哪个位置比较好，有时则体现为句子或者段落的节奏感。在各种文体中，诗词对语言的节奏最为讲究，也最能培养人的语感。李煜《虞美人》中有一名句："问君能有几多愁？恰似一江春水向东流。"这句之所以有名，除了它的比喻用得好，也与它的句式及其造成的节奏感有关："恰似——一江春水——向东流"的九字长句，一句三顿，造成一种长江大河、一泻千里的气势，表达出无穷的人生悲慨，再加上"问君""恰似"的设问句，语气跌宕，进一步突出了这种感情的波澜起伏、不可平息的特点。类似的句子，诗词中有很多，如"今宵酒醒何处？杨柳岸晓风残月""试问闲愁都几许？一川烟草，满城风絮，梅子黄时雨""何处唤春愁？绿杨影里，海棠亭畔，红杏梢头"。当然，节奏感不仅仅属于诗词等韵文，也属于非韵文的文学作品，如散文、小说、戏剧等，也很重视语言的节奏感。

感受一个字、一个词的艺术效果，常常不是就字词本身的字面意思来分析，而要结合上下文的语境甚至全文来分析。比如曹禺在《雷雨》第二幕中为鲁侍萍精心设计的一段话向来为人称道：

> 鲁侍萍　（大哭起来）哦，这真是一群强盗！（走至周萍面前，抽咽）你是萍，——凭，——凭什么打我的儿子？
> 周萍　你是谁？
> 鲁侍萍　我是你的——你打的这个人的妈。

这段对话先是巧妙地运用同音字来表现特定情境下人物的思想感情：鲁侍萍已经叫出了儿子周萍的名字，但很快改口，用同音的"凭"字来替换"萍"字，进而又顺势用"凭什么"三个字来掩饰自己，表现了鲁侍萍在情绪激动的情况下几乎要揭开母子兄弟关系，却马上意识到不能这样做的复杂心理和痛苦心情。而当周萍接着问她"你是谁"的时候，鲁侍萍又差点说出自己的身份，让周萍知道自己是他的妈妈，所以她说："我是你的——"，也许从情感上来她非常渴望说出下一个字"妈"，但理智又一次提醒她，不能这样说，所以她再次改口，顺着刚才的话"你的（妈）"，改口称"你打的这个人的妈"。两次改口，表现了人物在特定情境下的复杂情绪，虽然用的都是很平常的字，但表达的内涵却不是字面意思所能包含得了的；而这种特定情境是由上下文来确定的，不结合上下文是很难体会到这些平常字词蕴含的丰富内涵。

语感涉及的可以是具体的一个字、一个词，也可以是句子、段落甚至全文。《水浒传》中写林冲风雪山神庙的经历，多次写到雪景："那雪下得正紧""看那雪，到晚越下得紧了"。这些句子，特别是"紧"字的使用，不仅写出了雪势之大、之猛，也表达了环境的紧张感和人物（林冲）心里的压抑感，让读者有一种身临其境的感觉，也更能体会人物的处境和心境。但我们不要以为，语感都是通过优美的写景句子来体现的。其实，朴实的描写或平淡的议论，也能锻炼我们的语感。比如《三国演义》写关羽温酒斩华雄，在关羽正式出马之前，作者先是极力渲染华雄之强，但关羽出马之后华雄很快被斩落马下，可见关羽在华雄等人之上的非凡才能。而在这些描写之后，作者还来了一句神来之笔："其酒尚温。"如果说前面的描写尚属场面热闹，那么"其酒尚温"四个字真是境界全出：那么多人都奈何不了华雄，而一杯酒尚未冷却，关羽即将华雄斩下，真神勇也！"其酒尚温"这四字本身并不神奇，但放在这段情节的结尾，将前文所有的渲染升华到了一个更高的境界，效果是神奇的，值得读者好好咀嚼。

语感看上去是读者自身的感受，但它的产生绝对不是读者自己说了算。语感的产生有时是语言在历史语境中逐渐形成的，有时是在特定语境下酝酿出来的。夏丏尊先生曾在一篇文章中这样分析语感：

> 在语感锐敏的人的心里，"赤"不但解作红色，"夜"不但解作昼的反对吧。"田园"不但解作种菜的地方，"春雨"不但解作春天的雨吧。见了"新绿"二字，就会感到希望、自然的化工、少年的气概等等说不尽的旨趣，见了"落叶"二字，就会感到无常、寂寥等等说不尽的意味吧。真的生活在此，真的文学也在此（《我在国文科教授上最近的一信念——传染语感于学生》）。

这些词语之所以能带给我诸多感受，是因为我们很多文学作品常常是这样来使用的，给我们留下了丰富的印象，所以一见到这些词，我们就很容易唤起这些词语给我们留下的印象。还有些词句看上去很普通，但在特定的上下文会给人特殊的感受，如岑参的《逢入京使》中"平安"一词，让我们感受到作者的体贴、掩饰和振作，这些内含都不是字典能解释出来的，只是这首诗中才有，必须结合上下文才能体会到。孟浩然《宿建德江》"野旷天低树，江清月近人"，上一句让人感伤，下一句给人慰藉，感情得以平和（跟孟浩然诗冲淡的风格一致）。杜甫《江南逢李龟年》"正是江南好风景，落花时节又逢君"，江南好风景让人喜悦，似乎下文要写这种喜悦之情，但紧接着的"落花时节"让人喜悦落空当读者读到"落花时节"，以为作者接下来要伤春，可作者接下去写的是"逢君"，并不是伤春，似乎是在快要伤春的时候给自己某种安慰，但这样的相逢到底是喜是悲，作者并未明说，留给读者的则是忽喜忽悲、曲折变化的复杂情感（这种感情和表达方式正体现了杜诗一贯的沉郁顿挫的风格）。鲁迅的散文《秋夜》开头是这样写的："在我的后园，可以看见墙外有两株树，一株是枣树，还有一株也是枣树。"如果不联系上下文，我们一定觉得这话啰嗦累赘，一定想把它改得简洁一些："我的后园有两棵枣树。"这样说，不是更好吗？但简洁是简洁了，原文中那种孤寂无聊的感觉就没有了。不放在上下文的语境中，"一株是枣树"是体现不出孤寂无聊之感的。无论是平和还是无聊的感情，都是通过句子的组织和内部的节奏体现出来的，只有结合上下文才能体会得比较真切。单独地看，这些词句都没有什么特别之处，但经过作者的组合，普通的词语就具有了神奇的艺术效果。

文学作品所依赖的媒介就是语言，因而文学作品比非文学作品对语言的要求更高，但这也要求读者对语言的敏感度比较高，否则的话，会将作品中的丰富意蕴浪费掉，只得到语言的外壳。在生活中，我们会发现有的人对语言有着强烈而丰富的感受，有的人则反应平平。这种差别并非都是先天形成的，因为语感可以通过后天培养。与一般人相比，作家对语言更为敏感，但这不代表作家之外的人就缺乏这种敏感，只要我们长期阅读，反复训练，也会培养出很好的语感。在郭沫若的剧本《屈原》里，婵娟骂宋玉说："你是没有骨气的文人！"一位演员提醒他把"是"改为"这"，郭沫若觉得"这"字改得很恰当。他研究这两种表达的不同，认为"你是什么"只是单纯的叙述语，没有太多的情感色彩；"你这什么"便是坚决的判断，语气出来了，句子就显得有味道了（参朱光潜《谈文学·咬文嚼字》）。可见，一个演员凭借长期的舞台实践，也能培养出良好的语感（有时不亚于一个作家）。这也启示广大的中小学生，通过大量的阅读和长期的训练，是能培养出良好的语感的。

情感

文学作品大多数写得很感人，主要的原因是它抒发的情感能打动人。这种情感可以是一种激情，如李白、艾青的诗，苏轼、辛弃疾的词，或者窦娥临死之前的誓言，或者李尔王的风雨独白；可以是一种柔情，如李商隐的诗，秦观、李清照的词，或者沈从文的小说；可以是在温柔缠绵中回旋着沉郁之情，如屈原、杜甫的诗，或者巴金后期的小说；还可以是一种情调，如王维、孟浩然的山水田园诗，或者汪曾祺的散文；也可以是一种情趣，如骆宾王的《鹅》、贺知章的《咏柳》，或者《吹牛大王历险记》《好兵帅克历险记》中的故事。

文学作品大多数写得很感人，也跟作者善于运用一定的艺术手段来表达情感密不可分。中国古典诗词基本上属于抒情文学，在抒情方面积累了丰富的艺术经验。梁启超在长篇论文《中国韵文里头所表现的情感》中总结了古典诗词很多的抒情方法，分析了很多诗词的抒情效果：

前一首是项羽在垓下临死时对着他爱妾虞姬唱的，把英雄末路的无限情感都涌现了；后一首是汉高祖做了皇帝之后，回到故乡，对那些父老唱的，一种得意气概尽情流露（评项羽《虞兮歌》、刘邦《大风歌》）；

兰芝的眼泪，不向丈夫落，却向小姑落。和小姑说话，不说现时的凄惨，只叙过去的情爱；没有怨恨话，只有宽慰和劝勉的话。只这一段，便能把兰芝极高尚的人格、极浓厚的爱情，全盘涌现出来（评古乐府《孔雀东南飞》）；

固然回肠荡气，但那音节，既不是哀丝豪竹一路，也不是急管促板一路；专用和平中声，出以摇曳（评张若虚《春江花月夜》）；

这全是表现情感一种亢进的状态，忽然得着一个"超现世的"新生命，令我们读起来，不知不觉也跟着到他那新生命的领域去了。这种情感的这种表现法，西洋文学里头恐怕很多，我们中国却太少了（评苏轼《水调歌头》）；

那种茕独恓惶的景况，非本人不能领略；所以一字一泪，都是咬着牙根咽下（评李清照《声声慢》）。

我们不仅要能感受到文学作品表达的情感内容，也要学会分析作品的表达技巧，这能帮助我们更深地理解作品。古人云："言之无文，行而不远。"作家固然要讲究"文"，读者也要努力领会"文"，如此方能与作家会心而笑，甚至成为作家的异代知音、异国知音。

梁启超的长女梁令娴编过一本《艺蘅馆词选》，编者在"自序"中交代此书的由来：原来梁令娴喜欢吟诗咏词，"家大人（梁启超）"以为是"性情所寄"；后来，令娴师从麦孟华学词。原本梁令娴抄词2000首，后经麦丈甄别审定而留600余首，便成了《艺蘅馆词选》。这部词选所选都是词史上的名篇佳作，书中不乏梁启超对这些作品的精彩评论，因为是"性情所寄"，所以梁启超更多地从性情的角度加以评析，如评论辛弃疾词《摸鱼儿》"更能消几番风雨"："回肠荡气，至于此极，前无古人，后无来者"、评辛词《青玉案·元夕》："自怜幽独，伤心人别有怀抱"，都很注重诗词的抒情方式和抒情效果，这说明梁启超被这些诗词所表达的情感深深地打动过。

　　但文学作品的抒情性并非诗词等抒情文学所特有，小说、戏剧、神话等叙事文学作品同样能打动人的心灵——要么用一种抒情的笔调来叙述故事，要么故事本身就具有感人肺腑的力量。《红楼梦》中的宝、黛爱情让人如痴如醉，《三国演义》里刘备、关羽、张飞君臣之间的情深义重让人感动，《水浒传》里众好汉魂聚蓼儿洼的结局让人感慨唏嘘，就是《西游记》里的唐僧虽然肉眼凡胎让人不悦，但他坚韧不拔的取经精神也足以令人动容。欧洲文学中的叙事文学比中国更为发达，起源也早，比如以古希腊神话为题材的荷马史诗和三大悲剧家埃斯库罗斯、索福克勒斯和欧里庇得斯的悲剧，至今仍然打动人心。特洛伊战争展现的人与人之间、人与神之间、神与神之间的复杂关系，都让我们看到人性的复杂，在一定程度上也揭示出人的复杂性：既有神性的一面，也不乏人性的弱点；既有理智的一面，又难免任性而为、意气用事。莎士比亚的戏剧淡化了人的神性，但同样关注人性的复杂，并努力通过戏剧冲突来凸显人性的光辉，鞭挞人性的恶劣与卑下，充分体现了文艺复兴时期对人性的发现。像《哈姆雷特》这样的经典，不仅以其强烈的故事情节吸引我们，也以其深刻细致的心理描写打动我们，那句经典的台词："To be or not to be: that is the question。"永远触动我们的情感，并引发我们的深思。欧美后来的小说逐渐加强了现实主义色彩，即使写的是一些普通人物的故事，也照样能感动我们，如《汤姆叔叔的小屋》中的黑奴汤姆叔叔、《巴黎圣母院》中的敲钟人卡西莫多，《茶花女》中的交际花玛格丽特，这些小人物的高贵品格与他们的不幸命运之间形成强烈的对比，给我们带来巨大的情感冲击力，让我们深受感动。还有契诃夫笔下的凡卡、安徒生笔下的卖火柴的小女孩，他们悲惨的人生经历让我们忍不住落泪。

　　即使是一些以议论说理为主的文章，也是笔端含情，充满情韵。诸葛亮的《出师表》、欧阳修的《与高司谏书》、王安石《答司马谏议书》，本意都不在抒情，却都是至情至性的好文章。纪伯伦不少散文诗既充满哲理，又不乏情韵，称得上绝妙的抒情文字，如："夜晚来临，花朵将瓣儿拢起，拥抱着她的渴慕睡去；清晨醒来，她张开芳唇，接受太阳的亲吻。花的一生就是渴慕与结交，就是泪与笑"（《泪与笑》）、"我永远在沙岸上行走，在沙土和泡沫的中间。高潮会抹去我的脚印，风也会把泡沫吹走。但是海洋和沙岸却将永远存在"（《沙与沫》）。冰心也有不少充满抒情意味的哲理小诗，如"墙角的花，你孤芳自赏时，天地便小了。""成功的花，人们只惊羡她现时的明艳，然而当初她的芽儿，浸透了奋斗的泪泉，洒遍了牺牲的血雨。"至于培根随笔、蒙田随笔、爱默生随笔、帕斯卡尔的《思想录》等著作，更是在深邃的思想中渗透着深厚的情感，读来格外感人。

美感

文学作品都具有一定的美感。所谓美感，是指读者在阅读文学作品时获得的审美感受。美感有两大类型，一是壮美（或曰阳刚），一是优美（或曰阴柔），前者如李白、杜甫的诗歌，后者如宋词特别是婉约词。有的读者可能更喜欢优美，有的可能更喜欢壮美，这种偏好自是无可厚非，但理想的情形是对优美和壮美都能欣赏。

美感是主观（审美主体）和客观（审美对象）的统一。说美感是客观的，是因为很多文学作品的美感就来自它的语言及其表达的情感、境界。《红楼梦》第二十三回："《西厢记》妙词通戏语，《牡丹亭》艳曲警芳心。"描写了林黛玉聆听戏剧《牡丹亭》《西厢记》的心理变化全过程。首先是"原来姹紫嫣红开遍，似这般都付与断井颓垣"两句曲文传入黛玉耳朵，她感到"感慨缠绵"；待听到"良辰美景奈何天，赏心乐事谁家院"，她由不得"点头自叹"；又听到"则为你如花美眷，似水流年"两句，黛玉"不觉心动神摇"；再听到"你在幽闺自怜"等句，她已经"如醉如痴，站立不住"，一蹲身坐在一块山子石上，反复细嚼"如花美眷，似水流年"八个字的滋味，这时黛玉又联想起唐人诗句："水流花谢两无情。"以及刚刚读到的《西厢记》里的"花落水流红，闲愁万种"；最后，她"不觉心痛神驰，眼中落泪"。这段细致的描写不仅体现了《牡丹亭》《西厢记》曲文的感人效果，也写出了林黛玉敏感的心理和敏锐的语言感受能力。林黛玉之所以与《牡丹亭》《西厢记》有着如此强烈的共鸣，固然与《牡丹亭》《西厢记》触动了她内心萌动的少女之情有关，但也与《西厢记》的妙词及这些妙词表达的爱情体验密切相关。

说美感是主观的，是因为美感既来自审美对象，也来自审美主体。正如法国著名雕塑家罗丹所言："美是到处都有的。对于我们的眼睛，不是缺少美，而是缺少发现。"没有审美的眼睛，就没有美的发现；有审美的眼睛，就能发现别人发现不了的美。有些文学作品表达的内容很朦胧甚至晦涩，读者很难明白其中内涵，但这并不妨碍某些读者感受到它的美。梁启超在《中国韵文里头所表现的情感》一文中就讲过这样的文学阅读体验：

> （义山的《锦瑟》、《碧城》、《圣女祠》等诗）讲的什么事，我理会不着。拆开一句一句叫我解释，我连文义也解不出来。但我觉得他美，读起来令我精神上得到一种新鲜的愉快。须知美是多方面的，美是含有神秘性的。我们若还承认美的价值，对于此种文字，是不容轻轻抹煞。

这段话是说他早年读李商隐的《锦瑟》等诗，根本就不知它写的是什么意思，但他感到李商隐的诗写得很美。李商隐的《锦瑟》向称难解，但越是难解，越是吸引更多的解家，原因在于它有一种神秘的美在吸引着众多的读者，而那些有着审美眼睛的读者，也总能在其中发现一些美的东西。当然，梁启超的这番体验也说明，文学作品的美感并非都诉诸作品的内容，有的文学作品的美感与表达的情感内容没有直接关系，单纯从形式等方面我们也能感受到它的美。

当然，古今文学、中外文学的美感不同，不同文化背景和文学素养的读者，对作品的审美感受肯定不一样，这需要我们不断丰富自己的文化知识，提高自己的文学素养。同样的一首作品，在有些读者看来是美的，在别的读者看来未必是美的；在这个时代的读者眼中可能是美的，在别的时代读者看来则未必美。张若虚的《春江花月夜》是唐诗中的名篇，闻一多在《宫体诗的自赎》这篇论文中对它有很高的评价："向前替宫体诗赎清了百年的罪，因此，向后也就和另一个顶峰陈子昂分工合作，清除了盛唐的路"。李泽厚在《美的历程》中则把它视为"盛唐之音"，说它代表着"诗歌随时代的变迁，由宫廷走向生活，六朝宫女的靡靡之音变而为青春少年的清新歌唱"。毫无疑问，这些评价都是很高的，但《春江花月夜》在很长一段时间内不被人看好，至少在明代之前，很少有人关注它。也就是说，这样一首经典作品在文学史上被埋没了几百年。可见，对于同一首作品，不同时代有着不同的解读，甚至有着截然相反的评价。读者只有具备丰富的阅读经验，才有可能作出比较客观的审美评价，才可能不埋没好的文学作品，才可能不误读、误解经典作品。

需要指出的是：（1）文学阅读中获得的情感与美感体验包括了道德的因素，但这种道德的因素并不体现为直接的说教。实际上，直接的说教很难取得好的效果，倒是在情感与美感中有意无意地渗透着道德的内容，让人更觉自然，也更愿意接受。（2）文学阅读中获得的情感与美感体验，需要借助想象力，并且能激发人的想象力。神话、童话、魔幻、科幻等幻想类文学固然以想象奇特吸引人，写实类的文学作品又何尝不需要想象呢？没有哪个作家在写实的时候排斥虚构。人的心里永远有想象的渴望，文学属于人学，不能没有虚构与想象。当然，想象并不是文学的专利，但文学培养出的想象力，对我们从事文学创作之外的事业，也是非常有价值的。（3）文学的阅读不仅仅是文学爱好者的事情，更不是文学研究者和文学创作者的专利，而是所有人都应该重视的事情，因为文学阅读是一个人阅读的起点和基础。不要说一个人在小学阶段的阅读是以儿童文学阅读为主，中学阶段也是以文学阅读为主，就是到了大学阶段，虽然以专业学习和专业阅读为主，但也不会把文学阅读全部抛弃（当然，对于从事文学研究和文学创作的人来说，文学阅读是终身的事情）。文学阅读涉及的语感、情感和美感，是每一个人都应该具备的，它首先解决的是人的问题，其次才涉及专业的需要。（4）文学的阅读不仅仅属于文学作品，也属于其他作品。许多优秀的科学著作、哲学著作也富有文学意味，里面不少句子、段落既晓之以理，又动之以情，在充满哲思的同时富有诗意和美感，我们完全可以从文学的角度来欣赏，如《论语》"吾与点也"的感叹（"暮春者，春服既成，冠者五六人，童子六七人，浴乎沂，风乎舞雩，咏而归"）、《孟子》对"浩然之气"的描述（"其为气也，至大至刚，以直养而无害，则塞于天地之间"）、《庄子·逍遥游》对姑射神人的向往（"藐姑射之山，有神人居焉，肌肤若冰雪，绰约若处子"）。法布尔的《昆虫记》、布封的《自然史》既是博物学经典，也是文学名著，甚至像康德的《实践理性批判》这样深奥的哲学著作，也有令人感动和引人深思的句子："有两样东西，人们越是经常持久地对之凝神思索，它就越使内心充满常新而日增的惊奇和敬畏：我头上的星空和心中的道德律。"我相信，一个被文学熏陶过的人，一定拥有良好的语感、丰富的情感、高尚的美感，他的阅读肯定比一般的读者更有心得，更有收获。

关于"文本细读"

20世纪20年代，英美的文学批评界诞生了一个新的流派——新批评派。这个流派提倡"文本细读"，在文学批评界产生了很大的影响，以至于传到中国以后，受到不少人的好评，虽然也有一些人对其有所批评。应当承认，新批评派提倡"文本细读"是有道理的，这一点只要将它与"知人论世"这样的理解方式加以比较就可以看出来。

普通读者在阅读文学作品的时候，喜欢将作品与作者、时代联系起来，这也是多数读者觉得很有效的一种理解方式，中国古人提出的"知人论世"就属于这种方式。但"知人论世"的理解方式是有欠缺的：一是有些作品具有远超作者本意的丰富内涵，局限于作者的创作意图和时代背景来理解作品，很可能认识不到作品超越时代的价值。二是它依赖读者对作者和时代的了解，一旦读者不了解或了解不多，一旦作品的作者或者时代无法确定，几乎对作品束手无策。但即使是知道了作者和时代，我们也未必能真正理解作品，这是因为关于作者和时代的背景知识是无限的，到底哪些对我们理解作品有帮助，常常是众说纷纭，众说之中常常出现误解、曲解。比如有人说朱自清《荷塘月色》反映了大革命时期知识分子的苦闷心情，这就是把作品与时代联系起来的理解方式。但这种理解存在不少问题：首先，当时的时代背景是否仅仅是大革命，还有无其他时代背景；其次，作者跟时代背景是什么关系，他是否关注大革命，大革命对他是否有影响；再次，作品本身是否能证明其与大革命之间的关系。对这些问题加以仔细思考，我们就不难发现，将《荷塘月色》与大革命（尤其是1927年的反革命政变）生硬联系，是不利于正确解读作品的，要正确理解作品还是要回到作品本身。这个例子说明用"知人论世"的方法解读作品有一定的局限性，这种局限性不仅体现在有时我们无法知道作者和时代，也体现在即使知道作者和时代，我们也可能不知道作品跟哪个（些）时代背景之间存在直接的、必然的联系。这个时候，提倡"文本细读"就显得很有必要了。

新批评派提倡的"文本细读"，拒绝研究作品之外的作家、时代、社会、历史等外部要素，认为这些东西对文本研究造成干扰。它唯一关注的就是作品本身，包括作品的语言、修辞等属于作品自身的要素。它认为细读能帮助读者更好地理解作品，哪怕是那些晦涩难懂的作品，也能够在对作者和时代背景所知甚少的情况下，通过文本的细读加以深刻地解读。这种自信不完全是夸张，而是有其理论依据的。虽然作品总是作者在一定的时代条件下创造出来的，但作品一旦完成，就获得了相对独立性——可以独立于作者和时代，供读者阅读和欣赏，读者完全可以不关注作者和时代地进行阅读。我们不妨以李商隐的《无题》为例来加以说明。

李商隐的《无题》向称难解，清代著名诗人王士禛在《论诗绝句》中就感慨地说："一篇《锦瑟》解人难。"梁启超在《中国韵文里头所表现的情感》一文中也说李商隐的《锦瑟》等诗，"讲的什么事，我理会不着。拆开一句一句叫我解释，我连文义也解不出来"。难解的原因固然跟本诗无法确切地编年有关，但这不是最主要的原因。因为这首诗的作者和他所处的时代背景基本是清晰的，按照"知人论世"的原则似乎是能加以解读的，但对这首诗的理解至今仍然是众说纷纭，人们仍然觉得它有点晦涩难懂。个中原因，还是要从作品本身来找。著名作家王蒙曾把这首诗的语言全部打乱，重新加以组合，不增一字地将其变成了另一首诗和另一首词。诗曰："锦瑟蝴蝶已惘然，无端珠玉成华弦。庄生追忆春心泪，望帝迷托晓梦烟。日有一弦生一柱，当时沧海五十年。月明可待蓝田暖，只是此情思杜鹃。"词曰："杜鹃、明月、蝴蝶，成无端惘然追忆。日暖蓝田晓梦，春心迷。沧海生烟玉。 托此情，思锦瑟，可待庄生望帝。当时一弦一柱，五十弦，只是有珠泪，华年已。"重新组合后的诗词，虽然比不上原诗那么有味道，但情调未变，仍具有可读性。我们可以从王蒙的重组见出本诗的语言不注重逻辑性和连贯性，而这正是本诗让人费解的重要原因。相对于李白、杜甫、白居易等人注重逻辑联系的诗歌语言而言，李商隐的诗更注重探索语言的潜能，即不依靠逻辑也能表达出丰富的情思（不仅上下文之间的逻辑不清晰，就是句子内部的逻辑关系也不够明确）。不从这个角度来理解，我们可能很难解释本诗让人费解的原因，也很难揭示出李商隐诗歌在艺术上的特色所在（追求纯诗性）。虽然王蒙的解读并未冠以"文本细读"的名号，但我们可以将其视为"文本细读"的示范，并从中看出"文本细读"的确有"知人论世"等传统理解方式所没有的优势（也就是说，本诗难解的原因不能归于作者和时代不明）。

　　"文本细读"的特色和优势在于解读作品的时候能摆脱对作者和时代的依赖，但其缺陷也在于此。要切实理解作品，我们固然要重视作品本身，但也不能切断作品与外部世界的联系，这是因为作品自身就存在着与外部世界密切相关的要素，如语言和意象。如果因为要切断作品与外部世界的联系，就把作品的语言、意象与传统之间的联系也加以切断，对作品的误解可能难以避免，有些作品甚至让我们觉得难解，至少是理解得不够透彻。比如张若虚的《春江花月夜》中的两句诗："鸿雁长飞光不度，鱼龙潜跃水成文。"表面上看，这两句诗写月光普照，大雁再怎么善飞也飞不出月光的世界，连水底的鱼龙也被月光吸引而跃出水面。但仅仅这样来理解还不够，因为这两句诗的上下文是抒写游子思妇的离别相思，此处如果只是单纯写景，未免使前后文的文意中断。但我们读的时候并没有文意中断之感，这就说明这两句诗在写景的同时也在抒情，而且抒的就是游子思妇的相思之情。这从哪里看得出来呢？原来，这两句诗上句写雁，下句写鱼（鱼龙偏指鱼），用的是"鱼雁传书"的典故，而"鱼雁传书"的典故就跟离别相思有关，所以这两句诗在写月色的同时也在抒相思之情，既是写景也是抒情，情景交融，浑然一体。但若不明白其中的典故，我们未必能理解到这么丰富的意思，理解上下文的联系可能会觉得困难。另如王安石的《泊船瓜洲》："春风又绿江南岸，明月何时照我还。"有些读者可能会问：为什么作者一看到"春风又绿江南岸"，就产生了"明月何时照我还"的感情呢？这实际上也是用典。古典诗歌常常借芳草来表达思归的情绪，这个传统早在《楚辞·招隐士》中就出现了："王孙游兮不归，春草生兮萋萋。"受《楚辞》影响，后世文人屡加化用，如王维《山中送别》"春草年年绿，王孙归不归"、崔颢《黄鹤楼》"晴川历历汉阳树，芳草萋萋鹦鹉洲。日暮乡关何处是，烟波江上使人愁"、白居易《赋得古原草送别》"远芳侵古道，晴翠接荒城。又送王孙去，萋萋满别情"，都借芳草来写离别之意或者思归之情。明白了这个传统，我们就很容易理解"春风又绿江南岸，明月何时照我还"两句："春风"句暗写了芳草，"还"正见思归之意，睹芳草而思归，对熟悉诗歌传统的王安石而言不是很自然吗？这两个例子都牵涉到典故，没有与作者和时代直接产生联系，但要知道，典故既是作品的组成部分（因为它涉及作品的语言和意象），也是一种文化传统（在历史中逐渐形成的），它自然而然地将作品与历史结合起来。如果强行把作品与历史、传统等外部世界的联系切割开来，我们阅读作品的时候，不是会产生很多困惑吗？至于解释作品风格的成因或者比较不同时代作品的特色，更是不能离开作者和时代背景。比较一下杜甫的《春望》与孟浩然的《春晓》：二诗都属于盛唐诗歌，都写春天，但差别很大，这个差别不仅要联系到作者，还要联系到作者所处的时代背景才能解释清楚。《春晓》写于盛世，作者隐居田园自得其乐，所以写得轻松愉悦；《春望》写在安史之乱当中，杜甫在乱中备尝艰辛，所以写得沉郁悲痛。从时代和作者的角度来解释二者的差异，是很有说服力的。不管是具体的时代背景，还是一定的文化传统，都是作品生成的背景，也是我们理解作品时无可回避的因素。背景当然不是作品本身，但缺少了背景，作品的生成与理解都是不可思议的。

可见，提倡"文本细读"，不必完全抛开作者、时代等外部因素，完全可以将其结合起来，以帮助读者更好地理解作品——毕竟，相对于作者和时代而言，作品只具有相对的独立性，不具有绝对的独立性。作品天然地与作者和时代具有密切的关系。退一步说，即使我们在读作品的时候，暂时切断其与作者或时代的联系，但作品与文化传统的密切关系仍然无法切断，而这些传统是在历史中逐渐形成的，也同时存在于作者所处的那个时代，因而它既属于历史，也属于时代。要完全切断作品与时代之间的联系，何其难哉！

文学的灯光

一

很久以前，一个漆黑的秋夜，我乘坐一叶扁舟，航行在西伯利亚一条阴沉沉的小河上。突然，前面，小河的拐弯处，黑压压的峰峦下，闪出一点火光。

灿烂，耀眼，就在很近的地方一闪……

"啊，谢天谢地！"我高兴地说，"快要到宿地了。"

船夫掉过头来看了一眼，又无动于衷地俯身划桨。

"还远哩！"

我不相信：那灯光划破茫茫的夜色，就出现在眼前。然而船夫说对了，它的确还离我们很远。

在如磐的黑夜里，火光的特点就是不断战胜黑暗，时隐时现，给人以希望，促你前进，而渐渐临近，似乎只要再挥两三桨，行程就结束了。……而其实呢，还远着哩！

我们又在黑如墨染的河面上划了很久。两岸的峡谷和峭壁相继出现，慢慢临近，又依次离去，落在后面，像是消失在无边无际的远方。而那火光却仍然在前面闪耀着，若明若暗，似近又远，召你前行。……

直到现在，我还常常回想起那条黑沉沉的河流，那壁立两岸的层峦叠嶂和那点点生气勃勃的火光。在这以前和以后，都有许多闪耀的火光，就像近在眼前似的召唤着夜行者奋勇前进。

但是生活却仍然在阴霾的两岸之间奔流，奔流，光明依旧那么遥远。所以只好又俯身继续挥桨。

但是，毕竟……毕竟前方——光明在召唤！

——（俄罗斯）柯罗连科《灯光》

这篇文章我是在以前的中学语文课本上读到的（现在的中学语文课本好像没有）。那时候，基本上没有课外书看，所以主要的时间是用来看课本。虽然这篇文章在课本上并不是必读文章，甚至也不是选读文章（我的印象是它出现在教材的资料中），但它给我带来了很大的震动，在贫乏的中学阅读岁月中留下了深刻的印象，一直到现在都是这样。你看，这么短的一篇文章，就多次出现这样的词语："漆黑的秋夜""茫茫的夜色""如磐的黑夜""黑压压的峰峦""阴沉沉的小河""黑沉沉的河流""阴霾的两岸"。环境不是太黑暗了吗？是的。但是，毕竟有灯光。尽管灯光"还远着哩"，但"灯光划破茫茫的夜色"。人生不怕黑暗，就怕没有灯光，因为"火光的特点就是不断战胜黑暗，时隐时现，给人以希望，促你前进"。中学时候，未必觉得人生黑暗，但乡村的夜色确实浓黑如墨，真的需要一线光明来照亮，所以当我读到"毕竟前方——光明在召唤"这样的句子，心里还是一震：既然前方有光明，那应该比眼前更好一些，既然如此，生活就应该往前走。应该说，我的生活一直是这样走过来的，不管当下的生活是不是黑暗，也不管前方的生活到底怎么样，我只要看到前方有光明，我就忍不住前行。

这样的灯光在高尔基的《丹柯》也出现了。但黑暗中的灯光并不只是属于俄罗斯的土地，因为我在海明威的《老人与海》中也看到了这样的灯光。老人圣地亚哥心里知道："我总能靠着哈瓦那的灯火回港的。"所以他能根据自己看不见哈瓦那辉煌的灯火，判断出海流把他带向东方甚至更东的地方。但哈瓦那的灯火一直是他航行的方向标，也是他航行之后必然要回到的地方。当他和鲨鱼经历了一番艰苦的搏斗以后，他在心里就是盼望着"能看到灯火的反光"。

大约夜里十点的时候，他看见了城市的灯火映在天际的反光。起初只能依稀看出，就像月亮升起前天上的微光。然后一步步地清楚了，就在此刻正被越来越大的风刮得波涛汹涌的海洋的另一边。他驶进了这反光的圈子，他想，要不了多久就能驶到湾流的边缘了。

他感觉到已经在湾流中行驶，看得见沿岸那些海滨住宅区的灯光了。他知道此刻到了什么地方，回家是不在话下了

等他驶进小港，露台饭店的灯光全熄灭了。

他停了一会儿，回头一望，在街灯的反光中，看见那鱼的大尾巴直

竖在小船船梢后边。他看清它赤露的脊骨像一条白线，看清那带着突出的长嘴的黑糊糊的脑袋，而在这头尾之间却一无所有。

《老人与海》并不长，但小说从头到尾多次出现哈瓦那的灯光，虽然只是寥寥数笔，却让读者和老人在茫茫的大海中看到了方向，在无边的黑暗中看到了航行的路标。

这样的灯光也属于中国。冰心的著名散文《小桔灯》曾被选入语文教材，感动了一代又一代的小读者。那个小姑娘送给作者的朦胧的橘红的光，虽然照不了多远的路，但小姑娘镇定、勇敢、乐观的精神，却像这灯光一样温暖着作者的心，也温暖着读者的心，这股温暖的力量帮助我们挺过艰难的岁月，向往着无限的光明，它使我们相信大家都会"好"起来。

因为，灯光给人方向，给人力量。

二

古代希腊传说中有这样一个凄美的故事：美丽的女教士希洛与对岸阿拜多斯城的一位少年利安得尔相爱了。为了相见，希洛每晚挂一盏明灯，为利安得尔引路。不幸的是，在一个暴风雨之夜，希洛的明灯被风吹熄了，利安得尔被海浪吞没，永沉海底（参人教版高中语文教材第三册）。

这个故事深深地感动了巴金，并多次出现在巴金的作品中。巴金的散文《爱尔克的灯光》是这样引述这个故事的："在这条被夜幕覆盖着的近代城市的静寂的街中，我仿佛看见了哈立希岛上的灯光。那应该是姐姐爱尔克点的灯吧！她用这灯光来给她的航海的兄弟照路。每夜每夜灯光亮在她的窗前，她一直到死都在等待那个出远门的兄弟回来。最后，她带着失望进入坟墓。"在另一篇散文《灯》中，巴金再一次提及这个故事："哈里希岛上的姐姐为着弟弟点在窗前的长夜孤灯，虽然不曾唤回那个航海远去的弟弟，可是不少捕鱼归来的邻人都得到了它的帮助。"一个外国神话故事，几次出现在中国同一个作家的笔下，可见这个故事给这个作家带来的感动有多大！

长年生活在海上的谢葆璋，常常带冰心到旗台上去看星星，并对女儿说："你看星星不是很小，而且离我们很远么？但是我们海上的人一刻都离不了它。在海上迷路的时候，看见星星就如同看见家人一样。"父亲的话给冰心留下了深刻的印象，她后来回忆："我最喜欢在风雨之夜，倚栏凝望那灯塔上的一停一射的强光，它永远给我以无限的温暖快慰的感觉。"这种感觉跟希洛的明灯给利安得尔带来的感觉应该是一样的，这种感觉可能也是冰心创作《小橘灯》这类作品的重要推动力。也正是因为有灯光的存在，冰心的作品总是能温暖着一代一代儿童的心灵，甚至成人的心灵。

跟这个希腊神话故事有点类似，《庄子·盗跖篇》中也有一个哀怨凄婉的爱情故事："尾生与女子期于梁下，女子不来，水至不去，抱梁柱而死。"故事说的是一个叫尾生的男子和心爱的姑娘约好在桥下见面，但姑娘还没到，大水却涨上来了，这个男子为了信守诺言，坚持不肯离去，最后抱桥柱溺亡。可能有人觉得故事中的尾生有点迂，不知道变通逃命，但我看到的是他宁愿牺牲生命，也要坚持对爱情的承诺。这种诚信的精神，何尝不是人生的一盏明灯呢？人生中那么多美好的事物，难道不值得我们死生以之地坚守吗？虽然这个故事中并没有灯光，但那种诚信的精神让我们看到人性的光辉，因而故事仍然能给我们灯光的温暖。这个故事和那个希腊神话故事虽然让我们看到了死亡的残酷，但也让我们看到死亡仍然灭绝不了人生的向往与追求。

因为，灯光给人信心，给人希望。

三

上大学乃至读研究生的时候，我学的是中文专业，研究的是古典文学，读到关于灯光的诗词文章就更多了。

杜牧《赠别》："蜡烛有心还惜别，替人垂泪到天明。"很多人读这首诗只看到杜牧的风流多情，却看不到其风流背后的忧伤。那燃烧的蜡烛，垂下的岂止是泪？我们从中就不能看到作者的一颗心在燃烧吗？那是彻夜的燃烧，并且一直燃烧到天明啊！这样的多情真是让人落泪，岂是"风流"一词所能表现得了的？有情的蜡烛目睹这样多情的离别，真的要为之泪尽了。如果没有这多情的蜡烛，我们又如何看到人世间这样多情的离别，又如何看到这人世的忧伤？杜甫《赠卫八处士》"人生不相见，动如参与商。今夕复何夕，共此灯烛光"、司空曙《喜外弟卢纶见宿》"静夜四无邻，荒居旧业贫。雨中黄叶树，灯下白头人"、黄庭坚《寄黄几复》："桃李春风一杯酒，江湖夜雨十年灯"，也都是这样，让我们看到人生的各种忧伤：流离漂泊、衰老贫病，等等。

当然，灯光并非仅仅照亮人生的黑暗，它也能让我们看到生活的明亮。比如郭沫若写的《天上的街市》：

> 远远的街灯明了，
> 好像闪着无数的明星。
> 天上的明星现了，
> 好像点着无数的街灯。

这首诗让我们看到即使光明如天上，也需要"灯光"。但仔细一想，那天上的街市何尝不是人间的街市？至少说明作者渴望人间出现像天上一样的街市——这个街市也点着灯，明亮得如"无数的明星"。

文学作品中的灯光并不单纯写明亮或忧伤，而是交织在一起，让我们看到人生的诸多品相。比如李商隐《夜雨寄北》："君问归期未有期，巴山夜雨涨秋池。何当共剪西窗烛，却话巴山夜雨时。"在巴山夜雨的时刻，也是有灯光的（要不然怎么看那封问归期的家书），但灯光一定和诗人的心一样冷淡；而一旦诗人回家，与亲人"共剪西窗烛"的时候，那烛光一定能温暖着诗人的心。这是温暖与寂寞并存的灯光。欧阳修的《生查子》："去年元夜时，花市灯如昼。月上柳梢头，人约黄昏后。今年元夜时，月与灯依旧。不见去年人，泪湿春衫袖。"约会的时候，灯光看到的是爱情的美丽；但分手之后，灯光也与人一样忧伤。这是美丽与忧伤并存的灯光。南宋赵师秀的《约客》："黄梅时节家家雨，青草池塘处处蛙。有约不来过夜半，闲敲棋子落灯花。"灯花让我们看到人生的寂寞，但寂寞中也不乏悠闲，这是寂寞而又悠闲的灯光。辛弃疾《青玉案》："东风夜放花千树，更吹落、星如雨。宝马雕车香满路。风箫声动，玉壶光转，一夜鱼龙舞。蛾儿雪柳黄金缕，笑语盈盈暗香去。众里寻他千百度。蓦然回首，那人却在，灯火阑珊处。"阑珊的灯火让我们看到人生的孤独，但孤独有时也是人生的一种美丽，因此这是孤独而又美丽的灯光。

四

最近几年，因为关注上小学的儿子读书，特别是他的课外阅读，我又读了一些儿童文学作品，这一方面是为了能跟孩子交流，一方面也是弥补自己小时候儿童文学作品读得太少的遗憾。因为一直被文学的灯光温暖着、感动着，所以对儿童文学作品中的灯光也就多了一份留意。

印象最深的是《天方夜谭》中关于阿拉丁的神灯故事。一个心怀诡计的魔法师来到中国，准备利用懒惰无知的阿拉丁去寻找那盏能给自己带来财富的神灯，没想到神灯最后落在阿拉丁的手中。在神灯的帮助下，阿拉丁不仅和母亲过上了富裕的生活，而且排除了宰相的种种阻挠，最终娶了公主为妻；后又凭借自己的智慧和勇气，粉碎了魔法师兄弟俩的罪恶阴谋，从此和公主一起过上了幸福的生活。故事中的神灯既照亮了人性恶的一面，让我们看到魔法师兄弟的罪恶；也指引人向美好的方向转变——有了神灯，出身贫寒的阿拉丁得到了巨大的财富，甚至帝王的宝座；有了神灯，生性贪玩、懒惰放荡的阿拉丁变成了勇敢善良的青年，并收获了自己的人生幸福。可见，人生只要有了那盏不灭的神灯，就能获得财富和幸福——当然，人生的财富不限于金钱，人生的幸福也不限于爱情。

有人认为儿童文学作品最好不要写人性的罪恶和人生的不幸，担心这些负面的东西使儿童怀疑人性、怀疑人生。我觉得这是担心过度，因此我们没有必要在儿童面前掩盖人生的真相。但我们也应该知道，人生的真相并不全部是罪恶和不幸，也有温暖和善良。因此，儿童文学作品可以让儿童看到人生的不幸和人性的恶劣，但一定要高高举起一盏神灯，让儿童看到人性也有善良的光辉、人生也有美好的希望。儿童文学作品可以更注重正面的描写，但即使写到人生的不幸、人性的罪恶，也一定要让读者看到生活的美好和人性的美丽。要知道，在儿童的天性里，本来就潜藏着人性中美好的质素，甚至比成人的世界里还要多。美国女作家魏琴的《日光溪畔的雷碧嘉》写了一个阳光女孩的生活故事。雷碧嘉家境贫寒，再加上父亲的去世，只好寄养在姨妈米兰娣家。但姨妈脾气古怪，常常与莽撞淘气的雷碧嘉产生矛盾，好在是与姨妈住在一起的阿姨贞妮同情她，欣赏她，因为她看到了雷碧嘉身上的另一面：热情善良、富于冒险精神，尤其是她有一颗体谅别人的心："全世界对你来说，就像一盏在你内心燃烧的灯，你企图照亮每一个人。"雷碧嘉自己也说："我总觉得好像有一盏灯，在我内心点亮、燃烧着，我好希望它能照亮每一个人，每个地方。"雷碧嘉正是凭着心中的那盏燃烧不止的灯，温暖着姨妈那颗死寂的心，也温暖着周围的其他人。当她遇到人生的"阿拉丁先生"时，当她拿着"阿拉丁先生"送给她的新版《天方夜谭》，翻到那篇《阿拉丁与神灯》时，她明白自己永远不会再彷徨迷失了。也就是说，她心中的灯也照亮了她的人生，帮她度过人生的诸多苦难。

法国作家马洛的《苦儿流浪记》有这样一段情节：主人公与几名矿工在煤矿工作时，河水泛滥，倒灌入煤矿，大家被困在一个狭小的地方，脚下是无尽的水流，他们拥有的不过是几盏灯而已。接下来，他们要么被淹死，要么被窒息而死，要么被饿死，似乎是必死无疑了。有人提议熄了灯，为的是能把灯留在关键的时刻用。到后来，矿灯相继油干灯灭，只剩下最后两盏矿灯，他们决定只有在非要有光线的情况下才点上，于是他们就在黑暗中苦度时光，等待救援。虽然最终救出他们的是外面的救援人员，但在救援人员到达之前，这几盏矿灯让他们看到水在退，看到自己还有生还的希望；即使熄了矿灯，他们心中也充满着等待救援的渴望。正是矿灯点燃了他们求生的渴望，支撑着他们一直到被成功救援的时刻。

因为，灯光就是生存的希望，就是成功的希望。

五

其实，不仅文学作品需要灯光，其他作品也少不了灯光，包括宗教作品。文学是人类的作品，当然少不了灯光。

就文学作品而言，包括诗歌、散文、小说，即使不描写灯光，也像灯光一样给人类带来光明、温暖和希望——温暖着我们的心灵，明亮着我们的眼睛。

艾青 1937 年 12 月写下的名诗《雪落在中国的土地上》，有这样的句子：

> 雪落在中国的土地上
> 寒冷在封锁着中国呀……
>
> 中国
> 我的在没有灯光的晚上
> 所写的无力的诗句
> 能给你些许的温暖么？

　　这首诗明确地说了，这是一个没有灯光的夜晚，但诗人相信自己的诗句，可以让封锁在寒冷中的中国感受到"些许的温暖"。是啊，文学作品即使不描写灯光，它也能创造出温暖与明亮。像希腊神话中的盗火者，不就是把天上的火种带到人间，让人间也像灯光一样的温暖和光亮吗？（尽管灯与火不一样）文学作品即使本身不写灯光，但藏在作品背后一定有一双渴望灯光的眼睛。像《假如给我三天光明》不就是在告诉我们，即使眼睛失去了光明，文学也能像灯光一样明亮着我们的眼睛吗？像《卖火柴的小女孩》，仅仅是点燃了小小的火柴棒，似乎比不上明亮的灯光，但它借助文学的力量，让我们看到了人世间的苦难与悲凉，激起我们潜藏的善良之心。正如鲁迅所说："文艺是国民精神所发的火光，同时也是引导国民精神的前途的灯火。"（《论睁了眼看》）我们甚至可以说："文艺是人类精神所发的火光，同时也是引导人类精神前途的灯火。"你看，中外古今的文学，无论它是否直接写到灯光，不都在引导着我们的精神吗？热情、温暖，所以文学一直像灯光一样照耀我们。

　　感谢文学，感谢古今中外的文学，感谢文学的灯光，感谢文学像灯光一样温暖着我们、照耀着我们。

《人间词话》的两种读法

在一切文学作品中，我以为诗歌最有资格称得上纯文学，甚至可以说是文学中的文学，它让我们感受到文学之美，感受到人生之美。这一点，中国古代的诗词都做到了，它成为中国文学展示自己的文化特色、呈现文学之美和人生之美的范本，王国维的《人间词话》对此有很好的揭示。如果我们从文学和人生的角度来读《人间词话》，一定会有很多的收获。《人间词话》的读法很多，绝对不止这两种，但我强调这两种读法，是因为这两种读法更能见出文学（尤其是中国古代文学）的独特价值：一是从文学的角度来读，让我们感受到文学之美和强大的感发力量；二是从人学的角度来读，让我们感受到好的文学作品蕴藏着丰富的人生意蕴，给我们很多人生的启迪。

《人间词话》并不是一部系统的文学理论著作，但它还是在有限的篇幅内让我们感受到文学的独特价值。在王国维看来，文学之所以感人，是因为作品凝聚着作者的血泪：

> 尼采谓："一切文学，余爱以血书者。"后主之词，真所谓以血书者也。宋道君皇帝《燕山亭》词亦略似之。然道君不过自道身世之戚，后主则俨有释迦、基督担荷人类罪恶之意，其大小固不同矣。

正如托尔斯泰论艺术时所说："任何伟大的作品都是蘸着血泪写成的。"一切伟大的文学作品都是作者用血泪写出来的。正因为如此，所以它内涵丰富，感慨深沉，具有强大的感发力量。屈原和杜甫的诗歌是这样，李后主和纳兰性德的词是这样，《红楼梦》和《战争与和平》等经典小说也是这样。

在王国维看来，文学作品之所以感人，还跟它既能描写现实又能表现理想有关：

自然中之物，互相关系，互相限制。然其写之于文学及美术中也，必遗其关系、限制之处，故虽写实家，亦理想家也。又虽如何虚构之境，其材料必求之于自然，而其构造，亦必从自然之法则。故虽理想家，亦写实家也。

有造境，有写境，此理想与写实二派之所由分。然二者颇难分别。因大诗人所造之境必合乎自然，所写之境亦必邻于理想故也。

岂止是大诗人这样？一切大文学家都是这样：所造之境必合乎自然，所写之境亦必邻于理想。文学作品固然要描写现实，帮助我们认识现实、了解人生，但不能停留于这一层次，它还得超越现实，表现生活的理想和人性的光辉，毕竟现实有许多不够完美的地方，人生还需要文学提供理想和光辉以安顿人生、安慰人心。

作为一部词话，《人间词话》对诗词的文学价值更为重视。好的诗词除了文学作品常常具有的感人力量以及理想光辉外，还有它特有的美感。在王国维看来，诗词之美在于它有气象，更在于它有境界。《人间词话》几次提到词的气象：

太白纯以气象胜。"西风残照，汉家陵阙"，寥寥八字，遂关千古登临之口。

"风雨如晦，鸡鸣不已"，"山峻高以蔽日兮，下幽晦以多雨。霰雪纷其无垠兮，云霏霏而承宇"，"树树皆秋色，山山唯落晖"，"可堪孤馆闭春寒，杜鹃声里斜阳暮"，气象皆相似。

昭明太子称陶渊明诗"跌宕昭彰，独超众类。抑扬爽朗，莫之与京"。王无功称薛收赋"韵趣高奇，词义晦远。嵯峨萧瑟，真不可言"。词中惜少此二种气象，前者唯东坡，后者唯白石略得一二耳。

词至李后主而眼界始大，感慨遂深，遂变伶工之词而为士大夫之词。周介存置诸温、韦之下，可为颠倒黑白矣。"自是人生长恨水长东"、"流水落花春去也，天上人间"，《金荃》、《浣花》能有此气象耶？

幼安之佳处，在有性情，有境界。即以气象论，亦有"横素波、干青云"之概，宁后世龌龊小生所可拟耶？

不难看出，气象似乎更多地带有宏大壮观的味道，用来论诗更为合适，境界则不论大小，用来论词更合适，所以《人间词话》更多的是以境界来论词，并且提出："词以境界为最上。有境界则自成高格，自有名句。"又指出："境非独谓景物也。喜怒哀乐，亦人心中之一境界。故能写真景物、真感情者，谓之有境界。否则谓之无境界。"在王国维看来，境界之美更能体现词体特有的美感。这种境界可以体现在景物的描写上，也可以体现在感情的抒写上，有时甚至体现在一个字词的使用上：

> "红杏枝头春意闹"，着一"闹"字，而境界全出。"云破月来花弄影"，著一"弄"字，而境界全出矣。

在王国维看来，有境界的作品都具有强大的感人力量，这是因为它写景抒情都很真切自然：

> 大家之作，其言情也必沁人心脾，其写景也必豁人耳目。其辞脱口而出，无矫揉妆束之态。以其所见者真，所知者深也。诗词皆然。持此以衡古今之作者，可无大误也。

其实，好的文学作品大多"言情沁人心脾""写景豁人耳目"，这一方面是因为作者"所见者真，所知者深"，另一方面是因为文学靠它的真切自然打动读者的心灵：只有这样的文学作品，才具有强大的感染力，才能真正感动读者。中国古典诗词属于抒情文学，大多离不开抒情和写景，所以在这方面体现得尤其明显，集中地体现了文学境界之美。

在探讨具体作家作品的时候，王国维喜欢将各自的风格、境界与作家的性情、胸襟、人格、高情雅致联系起来，这不仅能深刻地揭示风格、境界形成的原因，也使得这种文学理论的探讨富有人生哲学的意味，从而使得这部文学理论著作充满人学的思考。比如《人间词话》对苏轼、辛弃疾、姜夔词的比较一直为词学界所称道：

> 东坡之词旷，稼轩之词豪。无二人之胸襟而学其词，犹东施之效捧心也。
>
> 南宋词人，白石有格而无情……幼安之佳处，在有性情，有境界。

> 东坡之旷在神，白石之旷在貌。
>
> 读东坡、稼轩词，须观其雅量高致，有伯夷、柳下惠之风。白石虽似蝉蜕尘埃，然终不免局促辕下。
>
> 苏、辛，词中之狂。白石犹不失为狷。若梦窗、梅溪、玉田、草窗、西麓辈，面目不同，同归于乡愿而已。

这种比较不仅揭示了各个词人的独特风格，还将这种风格与词人的性格、人格联系起来，阐释不同风格形成的原因，从而将有关的词风比较引向深入。更为重要的是，这些比较不仅有很高的文学理论价值，也有丰富的人生启迪。比如"读东坡、稼轩词，须观其雅量高致，有伯夷、柳下惠之风。白石虽似蝉蜕尘埃，然终不免局促辕下"：从文学创作的角度来看，它告诉我们要学苏、辛词，首先要具备苏、辛那样的"雅量高致"；从人生修养的角度来看，它启示我们要尽可能地具备"雅量高致"，否则的话，不仅写不出苏、辛那样的词，连欣赏那样的作品都会觉得有距离，最终落得个"局促辕下"的人生结局。

文学本质上是人学，富有人生意味；以文学为研究对象的文学理论著作，也应该在揭示文学之美的同时给人以人生启迪。但不是所有的文学理论著作能做到这一点，好在是《人间词话》做到了（在我的印象中，宗白华的《美学散步》、闻一多的《唐诗杂论》、林庚的《唐诗综论》也是这样的学术著作），很多人从中获得不少的人生启示，这可能是很多读者（哪怕他不是从事文学研究）喜欢读这本书的原因。王国维是在特定的心境下写《人间词话》的（不是单纯的研究文学，在一定程度上是在解决自己的人生苦闷），再加上作者长期浸淫传统文化，深受儒家、道家、佛教思想的影响，甚至也接收了西方的某些宗教、哲学思想，这些思想都有很强的人生哲学意味，这就使得《人间词话》在探讨艺术哲学的同时，有意无意地触及人生哲学，因而书中不少观点给我们带来诸多的人生启示，有些地方作者明确地借文学来谈自己的人生感悟，最有名的是他提出的人生三境界说：

> 古今之成大事业、大学问者，必经过三种之境界："昨夜西风凋碧树。独上高楼，望尽天涯路"，此第一境也。"衣带渐宽终不悔，为伊消得人憔悴"，此第二境也。"众里寻他千百度，蓦然回首，那人却在，灯火阑珊处"，此第三境也。此等语皆非大词人不能道。然遽以此意解释

诸词，恐为晏、欧诸公所不许也。

从"以此意解释诸词，恐为晏、欧诸公所不许也"的表白来看，作者这里使用"境界"一词，并不是在进行纯粹的文学研究，也是在讲述他的人生感受。他实际上是在告诉我们：不仅文学中存在境界，人生也同样存在境界，而且人生的境界是有层次、阶段之分的：第一层境界是登高望远，寻找人生的目标；第二境界是在目标确定之后，艰辛探索，以至于憔悴不堪；第三境界是经过艰苦的努力，终获成功。这种"境界"说与其说是文学的分析，不如说是借助文学作品来谈作者的人生感悟。

既然人生存在不同境界，那么怎样才能让人生达到更高的境界呢？《人间词话》在一定程度上回答了这个问题，或者对我们思考这个问题颇有启发："诗人对宇宙人生，须入乎其内，又须出乎其外。入乎其内，故能写之。出乎其外，故能观之。入乎其内，故有生气。出乎其外，故有高致。"这段话不是直接回答"境界"，但可以用来帮助我们理解人生境界。对于外在于我们的宇宙人生，我们应该"入乎其内，又须出乎其外"：既要投入全部感情，又要超越现实，摆脱具体物我关系的束缚，只有这样才能进入物我两忘的审美境界。这样做，倒不完全是为了"能写之"（因为大部分人的人生理想并不是成为作家），而是让我们的生活既有生气，又有"高致"。从小的方面来看，人与外物的关系，体现为心与身边的一草一木的关系："词人之忠实，不独对人事宜然。即对一草一木，亦须有忠实之意，否则所谓游词也"，"诗人视一切外物，皆游戏之材料也。然其游戏，则以热心为之，故诙谐与严重二性质，亦不可缺一也。"一方面是游戏的态度，一方面又要有"忠实之意"，正与作者"须入乎其内，又须出乎其外"的辩证态度相一致。类似的话还有："诗人必有轻视外物之意，故能以奴仆命风月。又必有重视外物之意，故能与花鸟共忧乐。"一方面是轻视外物，以游戏的态度对待它；一方面是重视外物，以真情待它，与之"共忧乐"。这种辩证的审美态度，在指导我们如何诗意地欣赏生活、如何诗意地栖居于人世，具有很强的现实指导意义。

提升人生境界，除了要突破自身的局限，也要能摆脱具体人事的限制。《人间词话》为此区分了两种人生态度，对我们理解人生境界很有启发：

"君王枉把平陈业，换得雷塘数亩田"，政治家之言也。"长陵亦是闲丘陇，异日谁知与仲多"，诗人之言也。政治家之眼，域于一人一事。诗人之眼，则通古今而观之。词人观物，须用诗人之眼，不可用政治家之眼。故感事、怀古等作，当与寿词同为词家所禁也。

词人者，不失其赤子之心者也。故生于深宫之中，长于妇人之手，是后主为人君所短处，亦即为词人所长处。

在王国维看来，人生存在两种态度：政治家的、诗人的，或曰人君的、词人的——实际上是政治的（功利的）态度与文学的（艺术的）态度。就这两种人生态度而言，王国维似乎更欣赏文学的态度。说"政治家之眼，域于一人一事"，未必准确，但相对于诗人之眼（实际上是文学家之眼、艺术家之眼），政治家之眼更多地关注具体的人事，离不开对利害关系的考量，而艺术家"不失其赤子之心"，能超越具体的人事，能"通古今而观之"，更多地体现出一种非功利的角度，这种角度用王国维的话来说，就是能"出乎其外"。这就启示我们：人只有保持一颗赤子之心（而非功利之心），才可能"出乎其外"，才能对人生有一种审美的态度，才能提升人生的境界。应该说，功利与审美两种人生态度都有合理性，我们不必像王国维那样在这两种人生态度之间故加轩轾，但我们应该看到二者的差别确实存在，且各有优劣，只有将二者结合起来，我们才能对人生有更全面的认识，并体验到更丰富的人生。

《人间词话》通过对经典作家作品的分析，让我们看到经典的文学作品不仅有强大的美感力量，也具有丰富而深刻的人生内涵。这在很大程度上揭示了文学的本质。人类之所以需要文学，我们之所以需要阅读文学作品，正是因为我们的内心需要被美的东西感动，我们的人生需要更多的哲学观照。经典的文学作品，尤其是中国古典诗词，在这方面更能满足我们的需要。所以，我们不仅要大量地阅读文学作品，更要多阅读经典的文学作品，尤其是中国古代经典的诗词。

诗歌之美

唐诗之美

如果有人问我愿意生活在中国历史上的哪一个朝代，我会不假思索地回答：唐朝。如果再问为什么，我会毫不犹豫地说：因为唐诗。

我相信这个回答不是所有人的回答，但肯定有很多人会这么回答。也许你会问：仅仅因为唐诗，你就选择了唐朝？理由就这么简单而唯一？我会反驳说：这一个理由还不够吗？试想一下，中国历史上的朝代多得是，有哪一个朝代一提起来就让人有一种诗意的感觉？只要提起唐朝，我们就有一种诗意的感觉，这是其他的朝代提供不了的感觉。唐朝带给人们的这种诗意，当然要归功于唐诗。当我们举起酒杯的时候，我们会马上想到"举杯邀明月，对影成三人"，"劝君更尽一杯酒，西出阳关无故人"；当我们离别的时候，我们会马上想到"唯有相思似春色，江南江北送君归"，"数声风笛离亭晚，君向潇湘我向秦"；当我们提起边塞，我们会记起"大漠孤烟直，长河落日圆"，"大漠沙如雪，燕山月似钩"；当我们提起田园，我们会记起"绿树村边合，青山郭外斜"，"竹喧归浣女，莲动下渔舟"；当我们思及报国的时候，我们不禁想起"但使龙城飞将在，不教胡马度阴山"，"愿得此身长报国，何须生入玉门关"；当我们想念爱情的时候，很容易想到"去年今日此门中，人面桃花相映红。人面不知何处去，桃花依旧笑春风"，"曾经沧海难为水，除却巫山不是云"；当我们念及游子的情怀时，我们很容易想到"近乡情更怯，不敢问来人"，"少小离家老大回；乡音无改鬓毛衰"。无论是豪情万丈，还是柔情似水，都让我们觉得生活是那样的富有诗意。酒还是那个酒，月亮还是那个月亮，田园还是那个田园，边塞还是那个边塞，爱情与离别也没有太大的古今差别，但有了诗意的渗透，普通的生活景物一下子变得美好起来。我们会因为诗而重新审视生活，而更喜欢生活。

当然，我喜欢唐朝还有一个重要的原因就是唐朝是一个宽容自由的时代，是一个更有激情和活力的时代，是人对外部世界更有好奇心和探索欲的时代。唐人兼有平民性格与英雄气质，他们讲事功，也讲享受。说他们世俗，他们当然世俗；说他们高尚，他们绝对高尚。他们在诗歌中展现的是正常而健康甚至有点超凡脱俗的人性，一如古希腊神话展现的诸多神话英雄兼有人性与神性。人性展现得这么真实自然，得益于唐代社会的宽容自由。可以说，唐朝是中国封建社会时期最自由、最有创造力的朝代，而这也是唐诗能取得巨大成就的重要原因。没有自由，就不会有李白，就没有王维，甚至也可能没有白居易和李商隐；没有自由，唐代就不可能出现那么多个性鲜明的作家和风格各异的作品。自由让人表现个性，创造天才。因为有了自由，唐代就成为一个最有个性、不可复制的时代，在这样的时代创造出来的唐诗自然也是不可复制的艺术品。最能体现这一点的是包括李白诗歌在内的盛唐诗歌。李白和盛唐都是不可复制的，盛唐需要李白这样天才的诗人作为他的形象代言人；李白只能出现在唐朝，尤其是盛唐这样的时代。一个天才的诗人，一个伟大的时代，就这样幸运地走到一起。当李白和盛唐奇妙地组合起来以后，我们立即感受到一种炫目的美，美得让人陶醉、敬佩。当然，盛唐诗坛并不只属于李白一个人。那是一个全民都是诗人的时代，那是一个不断涌现巨人的时代。除了李白，还有杜甫、王维、孟浩然、王之涣、王昌龄、高适、岑参等一大批杰出的作家。盛唐诗坛就像是巨星闪烁的天空，不仅有太阳，月亮，也有闪亮的星星。那个天空是那样的光辉，整个天地都变得明亮了，连宇宙的黑暗都暂时地收敛起来。只要提起那些光辉的名字，只要提起他们所处的时代，我们就有一种向往之心、敬佩之情。如果真的能回到那个时代，哪怕只是做一个普通的听众，我也感觉很幸福——说不定在那样一个时代，我也会沸腾起来，一展歌喉就是一首盛唐之音。那是一个真正属于人的时代，代表着整个人类在那个时代对人类自身认识的最高水平——人看到了自己的伟大，发现了自身蕴藏着巨大的可能性。他们被这种发现沸腾了。生命哪怕短暂一点，他们也愿意燃烧，烧出夺目的光辉。他们发现了自己的潜能，当然变得自信起来。但何止是自信？简直是自负。自负中不失率真、浪漫，所以显得美。李白的自负与浪漫固然为人所知，忠厚如杜甫，不也口气很大地说出了"致君尧舜上，再使风俗淳"这样的人生理想吗？他们每个人都有理想追求，他们知道怎样成就自己，知道怎样拥抱这个时代。在这样一个时代，有谁甘于平庸？有谁自甘堕落？每个人都充满激情和活力。读盛唐诗歌，我们常有一种"神来，气来，情来"的感觉，这种感觉来源于诗人的自信、自负，也来自那个时代能激发人的自信心。这种感觉能让一切被压抑的心灵感到释放的快乐，让一切猥琐的灵魂得以舒展开来，让人知道自己是一个真正活着的人，是天地之间一个大写的人。

但唐诗的光辉都是属于盛唐诗坛吗？当然不是。要知道，虽然到了中晚唐，唐诗逐渐变得颓唐、衰飒，但还是有一种摄人心魄的美，让人忍不住爱它。有谁会想到"请君暂上凌烟阁，若个书生万户侯"这样和盛唐边塞诗一样豪迈的诗句，会出自李贺这样一位疾病缠身的短命诗人？有谁会想到"永忆江湖归白发，欲回天地入扁舟"这样和李白一样高远的理想，会出自李商隐这样一位缠绵悱恻、以无题诗（爱情诗）著名的诗人？这说明唐诗酝酿的巨大热情在盛唐阶段还没有释放完，到了中晚唐，还有一股余热时时温暖着诗人的心。即使是"沧海月明珠有泪，蓝田日暖玉生烟""何当共剪西窗烛，却话巴山夜雨时"，还是在冰冷的泪和凄寒的雨中含着余温，至少还有蓝田暖日、西窗之烛在安慰着诗人失意的心。"春蚕到死丝方尽，蜡炬成灰泪始干""蜡烛有心还惜别，替人垂泪到天明"，不都是这样温暖人心的诗句吗？这样的诗歌不再像盛唐诗歌那样让我们热血沸腾，但绝对没有猥琐的成分，仍然是温暖的，具有诱人的美感。

唐诗真的很美。有意思的是，这么好的唐诗有时就那么几个简单的字，诗人怎么写得这样美？美得让人敬佩，也让人嫉妒！读诗的时候，很多人觉得这是自己经历过的事情，这是自己心里想说的话，觉得这样的诗歌我也能写得出来啊，像李白的"小时不识月，呼作白玉盘""举头望明月，低头思故乡"，还有《赠汪伦》《敬亭山》等，放到今天来看，也是浅显得近乎大白话的句子，写出来似乎不难。但未必，至少没抢在唐代诗人之前把它写出来，我们就不能说自己拥有和他们一样的写作水平。这是因为诗人对文字敏感，对生活也敏感，并且能把生活和文字联系起来。这是诗人的价值所在，也是他超越一般人的地方。我们虽然认得那些字，甚至也有那样的生活，但就是不能把二者很好地联系在一起，就是写不出那样美的诗。实际上，我们觉得自己能写得出的时候，离那些诗人还有很大的距离——毕竟，艺术创作上哪怕是一点点的距离，用一辈子的时间都未必能跨越过去。所以我们对那些成功的作品还是多一点敬佩，少一点嫉妒。实际上，我们也没必要嫉妒，而应该感到幸福。有那么多的好诗可读，我们多么幸运！我们是中国人，是唐诗的后代，不用读翻译过来的唐诗，可以直接读原文。要知道，翻译过的唐诗简直不像诗——再好的翻译，也不是真正的李白诗歌和真正的唐诗。所以我们应该以生为中国人为幸福。只要我们认得汉字，就能读李白，就能读唐诗。但西方读者读唐诗，不能不依靠翻译。但依靠翻译，很可能离真正的唐诗距离甚远。据说，很多西方读者更喜欢寒山、拾得的诗，而不是李白、杜甫的诗，这可能跟翻译有关——寒山、拾得的诗容易翻译成英语，翻译之后没有丢掉多少原意。但寒山、拾得的诗本身没有多少诗味。我想，李白、杜甫的诗歌翻译成英语之后，大概也和寒山、拾得的诗差不多吧。这说明好诗被翻译之后，和普通诗歌之间的差别就消失了。读诗，就应该读原文，而不是读译文——中国人读唐诗，更应该是这样。

盛唐边塞诗与"盛唐气象"

　　一提到盛唐边塞诗与"盛唐气象"之间的关系，我们很容易举出像"功名只向马上取，真是英雄一丈夫"（岑参《送李副使赴碛西官军》）、"黄沙百战穿金甲，不斩楼兰终不还"（王昌龄《从军行》）那样豪壮有力的诗句，或像"大漠孤烟直，长河落日圆"（王维《使至塞上》）、"忽如一夜春风来，千树万树梨花开"（岑参《白雪歌送武判官归京》）那样描写边塞雄浑壮阔风光的诗句，以为这就是"盛唐气象"的表现。这种感觉并没有错，但不全面。因为，边塞诗中也不乏流泪的英雄人物或思乡的战士形象，也不乏荒寒苍凉的景物描写。这类作品算不算"盛唐气象"的体现呢？当然算！

　　实际上，"盛唐气象"有其主旋律，但主旋律是有着多种多样的表现方式的。它既可表现为像王孟山水田园诗中那种和平宁静的境界，也可表现为像高岑边塞诗中这种雄浑悲壮的境界；既可表现为像"欲穷千里目，更上一层楼"（王之涣《登鹳雀楼》）、"会当凌绝顶，一览众山小"（杜甫《望岳》）那样远大的理想抱负，也可表现为"抽刀断水水更流，举杯消愁愁复愁"（李白《宣州谢朓楼饯别校书叔云》）、"无边落木萧萧下，不尽长江滚滚来"（杜甫《登高》）这样深广的忧愤。

　　就盛唐边塞诗来说，它在情调上既可表现为积极追求功名的英雄气概（如岑参《武威送刘单判官赴安西行营便呈高开府》："功业须及时，立身有行藏"；王昌龄《变行路难》："封侯取一战，岂复念闺阁"），但也不排斥儿女情长的描写，不过这种儿女情长的描写无损于英雄形象的塑造，相反能使其形象更丰满更真实。岑参《逢入京使》写到自己在出塞的途中，"双袖龙钟泪不干"，看似儿女情长，毫无英雄的气概，可他最终克服了这种情感，轻轻道一声"平安"，显示出他作为一个热血男儿的英雄本色。王昌龄在《闺怨》诗中写到后方的女子"悔教夫婿觅封侯"，但那只是她"忽见杨柳"时的心情波动，并不代表她平常时候的情感；当她情绪逐渐平静下来后，相信她仍然会坚持自己当初的选择，还是盼望丈夫能博取功名封侯而归的。我们从她"不知愁"倒是能想象出，她也和盛唐的人们一样充满了对功名的渴望，可见边塞诗即使以闺怨的形式出现，也不减其英气。

盛唐边塞诗写景抒情的风格，无论是平中见奇，还是悲中见壮，始终洋溢着积极进取的精神，体现出"盛唐气象"。盛唐边塞诗既可表现为尽情地歌颂雄奇的边塞风光或欢呼战斗的胜利，也可表现为直面严峻现实的勇气与真诚。边塞风光有它奇异的一面，诗人们尽可像岑参那样以新奇浪漫的眼光为之高歌，面对风雪交加的情景，却能生出"忽如一夜春风来，千树万树梨花开"（《白雪歌送武判官归京》）的美丽想象，让人们在严寒的环境中唤起对春天温暖的回忆；但边塞的环境更有其恶劣荒凉的一面，诗人们也可像王之涣那样面对"春风不度玉门关"（《凉州词》）的荒寒时，既不怨杨柳，也无须责备春风，而以平常的心态来审视，不做悲欢之态。在战斗中，将士们感受到了祖国的强大，充满了战斗的激情。诗人目睹威武的军容和旺盛的士气（岑参《轮台歌奉送封大夫出师西征》："四边伐鼓雪海涌，三军大呼阴山动"），充满了必胜的信念（岑参《走马川行奉送出师西征》："虏骑闻之应胆慑，料知短兵不敢接"；崔颢《送单于裴都护赴西河》："单于莫近塞，都护欲临边"）。

当然，战争免不了有流血牺牲，战斗也难免有失败的时候，而将士们能以豪迈洒脱的心态来面对，盛唐诗人甚至能满怀豪情地面对死亡。王维《少年行》说"孰知不向边庭苦，纵死犹闻侠骨香"，李白《侠客行》也说"纵死侠骨香，不惭世上英"，王翰《凉州词》甚至说"醉卧沙场君莫笑，古来征战几人回"，这些都写得风骨凛然。清人沈德潜认为王翰《凉州词》是"故作豪饮之词，然悲感已极"（《唐诗别裁》卷十九），这正如明人杨慎评王之涣《凉州词》"言恩泽不及于边塞，所谓君门远于万里也"（《升庵诗话》卷二）一样，都没有真正领会盛唐边塞诗的风骨。实际上，这两首诗所表现的是唐人审美观的一种突破和盛唐人特有的精神风貌。盛唐边塞诗中的豪情并非故作旷达，更不是空洞的豪言壮语，而是在面对艰险甚至死亡的情况下，仍然能一笑置之而无所畏惧，这种真正的洒脱与旷达只有盛唐边塞诗中才有。同样，西北高原雄阔之中带有荒寒的美，也只有在盛唐才被人领略、被大量表现在诗中。这种笑对死亡的洒脱态度，这种对壮阔和荒寒的美的欣赏，归根结底是那个时代国力强盛、民族自信心增强而产生的。只有理解盛唐的人，才能理解盛唐的诗（这不禁让我联想起王维的名作《送元二使安西》。这是一首有名的送别诗，但诗中的送别与边塞关系密切，因为朋友与作者分别之后，要走的是渭城—阳关—安西这条道路。这条道路自然环境恶劣，很多人视之为畏途，但这首诗根本没给人带来这种感受。在作者看来，朋友西出阳关，远赴安西，也无非是一次分别，触动的只是那份依依惜别之情，而不必为朋友安西之旅担心害怕，因为在盛唐人的心中，安西之旅并非畏途，甚至可以说是踏上了一片神奇的土地。这种感受也只有在盛唐时期才可能产生——只有在盛唐，安西等边塞地区才成为人们建功立业的热土）。可贵的是，有些诗人还能把对功名的渴望升华为一种报效国家、不计回报的崇高精神。如王昌龄《少年行》："气高轻赴难，谁顾燕山铭"，王维《送赵都督赴代州》："忘身辞凤阙，报国取龙庭"，岑参《送人赴安西》："小来思报国，不是爱封侯"、《初过陇山途中呈宇文判官》："万里奉王事，一身无所求，也知塞垣苦，岂为妻子谋。"

边塞诗虽不等于战争诗，但必然要涉及战争与和平这一既具有时代性又具有永恒性的主题。盛唐有不少边塞诗是写征夫思妇之间的相思离别之情（如王昌龄《从军行》："更吹羌笛关山月，无那金闺万里愁"；高适《燕歌行》中也有这样的句子："铁衣远戍辛勤久，玉箸应啼别离后。少妇城南欲断肠，征人蓟北空回首"），好像没有战斗的情怀，似乎离"盛唐气象"距离很远。但诗人们对由于征夫长期戍守边疆而造成的夫妇分离、对由于征战频繁而造成的家庭破裂等不幸与痛苦，表现出巨大的关注与深切的同情，充满了深厚的人道主义精神，这本身就很了不起。正是在这种认识下，边塞诗中出现了反对穷兵黩武的呼声。"万里长征人未还"是历代以来边疆战争的悲剧，唐代也不例外。这种惨状的出现，有的完全是因为君主好大喜功和边帅邀功固宠所致，所以有的诗人直把矛头指向这些君臣："死是征人死，功是将军功"（刘湾《出塞曲》）、"武皇开边意未已，边庭流血成海水"（杜甫《兵车行》）。这种批判的勇气和思考的深刻，以及其中蕴涵的对征人的无限同情，只有在盛唐诗中才表现得这么充分，这同样是"盛唐气象"的体现。有的诗人还能超越狭隘的民族眼光，对战争给其他少数民族人民带来的苦难也深表同情，寄托了各民族和平共处的美好希望。李白《战城南》说："乃知兵者是凶器，圣人不得已而用之。"杜甫《前出塞》（九首其六）亦曰："杀人亦有限，列国自有疆。苟能制侵凌，岂在多杀伤"，难道不是对各民族遭受战争之苦的深刻反思吗？常建《塞下曲》："玉帛朝回望帝乡，乌孙归去不称王。天涯静处无征战，兵气销为日月光"，又何尝不是对和平的真诚渴望呢?"闻道辽西无斗战,时时醉向酒家眠"(崔颢《雁门胡人歌》)、"将军纵博场场胜,赌得单于貂鼠袍"(岑参《赵将军歌》)对胡汉民族在和平时代和谐相处的描写,本身不就昭示着和平给人们带来何等快意的生活了吗?另如高适《营州歌》、岑参《轮台即事》等诗对少数民族风情的描写颇具异域情调,又无民族歧视,体现出宽容大度的民族观念与宽广健康的审美眼光,这又何尝不是"盛唐气象"的体现呢?这些充满深厚情感的描写和广泛深刻的思考,又始终是建立在"胡骑虽凭陵,汉兵不顾身"(高适《蓟门五首》其五)这样强烈的民族自信心和民族自豪感的基础上的。王昌龄《出塞》(秦时明月汉时关)和高适《燕歌行》均写到战士们除了要面对流血牺牲,还要遭受边塞上的不平,即使是这样,他们并没有丧失民族自信心和民族自豪感,仍渴望有良将带领他们,仍主张为国尽节,表现出崇高的爱国主义精神;而王维笔下遭弃置的老将,也仍然充满着战斗的激情,写的是老将不幸的遭遇,但人物始终没有丧失自己的民族责任感,读来仍觉有盛唐气骨(《老将行》)。

"盛唐气象"是由宋人严羽首先提出来的(《沧浪诗话·考证》:"'迎旦东风骑蹇驴'绝句,决非盛唐人气象")。关于它的内涵,严羽在《答吴景仙书》中说:"盛唐诸公之诗,如颜鲁公书,既笔力雄壮,又气象浑厚"。他还在同书中认为以"雄浑悲壮"四字评盛唐诗,最为贴切。这种"雄壮浑厚""雄浑悲壮"的"盛唐气象",与盛唐的边塞诗关系如何?严羽并未明确说明,但他在《沧浪诗话·诗评》中说:"唐人好诗,多是征戍、迁谪、行旅、离别之作,往往能感动激发人意。"这四种诗歌题材,除"迁谪"与边塞诗无甚关联外,其他三种大多与边塞诗有关。林庚也在《略谈唐诗高潮中的一些标志》(《社会科学战线》1982年第4期)中指出,边塞诗的具体内容"往往是传统的游子主题的扩展,政治视野的扩展,山水风光的扩展"。可见,边塞生活渗透在盛唐多种题材、多种主题的作品中,因而更能体现出盛唐诗歌普遍具有的"盛唐气象"。盛唐诗人即使写诗送人远赴边疆,也很少强调边疆的艰苦,更多的是深深的惜别或是深情的壮别。王维在送朋友出使安西时,"劝君更尽一杯酒,西出阳关无故人",竟然以如此平淡的语言来诉说彼此深厚的离别之情,丝毫没有因为路途的遥远或前途的艰辛而流露出急切与忧虑之情。

当然,边塞诗作为一种诗歌题材,它本身与"盛唐气象"没有必然的联系(如"盛唐气象"也同样体现在山水诗等其他题材的作品中),但因为盛唐边塞诗表现出"辽阔的视野，奔放的豪情，反映着整个时代高潮高视阔步的足音"（同上举林庚文），具有悲壮有力的感人力量，因而成为"雄浑悲壮"的"盛唐气象"的典型体现。而这又离不开盛唐这一特定的时代土壤以及在这种土壤上所产生的时代精神。一旦时代土壤变了，时代精神变了，边塞诗的情调与精神也会发生改变。中晚唐的边塞诗尽管在艺术技巧上不一定比盛唐逊色，但在总体风貌上与盛唐诗是迥异其趣的，这又进一步说明了盛唐边塞诗与"盛唐气象"之间的深刻联系。晚唐诗人陈陶的《陇西行》有这样两句诗："可怜无定河边骨，犹是春闺梦里人"，我们可以把它与上举王昌龄的《闺怨》比较一下。二诗都是写后方女子对前线丈夫的思念，但给人的艺术感受截然不同。如果陈陶诗中的女主人公就是王昌龄诗中的那位女子，那么我想她要是知道丈夫的死讯，恐怕就不仅仅是后悔，而是痛不欲生。虽然作者陈陶并未在诗中将那位犹在梦中的女子唤醒，可是无定河边她的丈夫早已化成白骨，说明她的不幸已是注定了，这就让醒着的人都不忍心看着她就这样把梦继续做下去；可是谁又愿意唤醒她告诉事情的真相呢？当她真的醒来，发现连梦也没有了，还有什么生活的希望呢？这不仅是一个家庭的不幸，也是一个时代的不幸，而这种不幸的感受显然不是盛唐边塞诗中的"盛唐气象"，虽然盛唐边塞诗也不乏牺牲场面的描写。而盛唐边塞诗即使写到战士们的死亡，也会让活着的人能够直面现实，而不会让人们沉睡在梦中——梦毕竟不是生活的真实，更不能掩盖时代的真相。这就是这两首诗给我们带来的不同时代感受。

这种梦幻般的感受其实是一种不幸的感受，是一种彻骨的悲哀，毫无浪漫可言。而盛唐诗人甚至能满怀豪情地面对死亡，王维《少年行》说"孰知不向边庭苦，纵死犹闻侠骨香"，李白《侠客行》说"纵死侠骨香，不惭世上英"，王翰《凉州词》说"醉卧沙场君莫笑，古来征战几人回"，这些都写得风骨凛然，并充满了浪漫豪情。

盛唐山水诗与"盛唐气象"

从表现"盛唐气象"的角度来看，山水诗几乎是和边塞诗同等重要的题材。可是，一提及盛唐的山水诗，很多人只想到王维、孟浩然等人的作品，觉得他们的诗作颇有"盛唐气象"。其实，盛唐诗坛有两种类型的山水诗，一种是王、孟等人的山水诗，强调客观刻画，风格偏重幽美，另一种是李白、杜甫等人主观化色彩鲜明的山水诗，偏重写雄奇的山水。这两类作品成就都很高，都能体现"盛唐气象"。

王、孟的山水诗一向被视为正宗的山水诗，这是因为他们的作品对山水注重客观描写，不做主观化的改造。如孟浩然的"野旷天低树，江清月近人"（《宿建德江》）、"天边树若荠，江畔舟如月"（《秋登兰山寄张五》）、"荷风送香气，竹露滴清响"（《夏日南亭怀辛大》）。特别是王维的山水诗，融画法入诗，注重景物描写的构图、光与色的处理和景物之间的辩证关系，更是增强了诗歌的写实性，如《终南山》《山居秋暝》等。但王、孟的山水诗并非只是客观写实，而是在写实中透露出鲜明的时代气息和作家风神，也体现了"盛唐气象"。如孟浩然的《夜归鹿门歌》："山寺钟鸣昼已昏，渔梁渡头争渡喧。人随沙路向江村，余亦乘舟归鹿门。鹿门月照开烟树，忽到庞公栖隐处。岩扉松径长寂寥，惟有幽人夜来去。"虽然结尾写得有点寂寞，但一点不影响全诗对环境氛围的描写："渔梁渡头争渡喧，人随沙路向江村。"这种热闹的景象，不正是时代和平生活的写照吗？"余亦乘舟归鹿门"，说明作者在和平时代过着一种宁静洒脱的生活：虽处在红尘，但一点不世俗；虽然是隐逸，但隐逸得一点不凄苦。这种个人的生活状态不也是"盛唐气象"的体现吗？王维的《鸟鸣涧》同样富有"盛唐气象"："人闲桂花落,夜静春山空。月出惊山鸟，时鸣春涧中。"从现实的角度来看，鸟鸣涧是一个很小的角落，但诗人给我们创造的是一个阔大的境界。月亮出来了，它的光辉洒满整个山涧，但我们感觉月光照耀的不仅是这个安静的山涧——似乎整个天地都在安静地享受这月光的照耀。在某种程度上，鸟鸣涧是光辉灿烂而又和平宁静的盛唐时代的一个缩影。作者在夜深人静的时候欣赏这么美的春山，聆听着宇宙中美妙的声响，既说明他有淡泊宁静的心境，也说明他对眼前的一切景物是陶然的。这样光辉宁静的天地，这种自在自足的心境，可以视为"盛唐气象"的极好写照。

与王、孟山水诗不同，李、杜的很多山水诗更重视抒情，不大重视对景物的客观描写，而是常常借山水以咏怀，本质上属于抒情诗。当然，王、孟的山水诗也表现主体精神，但其重点在对景物加以客观描写，而李、杜的山水诗不仅不重视写实，有时甚至对景物加以主观化改造，因而带有很强的主观化色彩。这种注重主体感情的抒发而不注重山水景物的客观描写，和正宗的山水诗有着明显的区别，因而在论及盛唐山水诗时，人们常常忘记了这类作品的山水诗属性，而把它们视为纯粹的抒情诗（至少是不视为正宗的山水诗）。但正如词以婉约为正宗，却不废豪放一宗，盛唐山水诗固然以王、孟的山水诗为正宗，但也存在李、杜等人写的另一种类型的山水诗。我们不能因为李、杜的山水诗不正宗，而忽视它们作为山水诗的巨大价值。

相对于王、孟的山水诗多写优美宁静的自然风光，李、杜的山水诗多为壮美之作，喜欢写大自然中奇伟壮观的景象，更能体现"盛唐气象"。这在李白的山水诗中体现得至为明显，如《蜀道难》《梦游天姥吟留别》等长篇歌行，甚至连七绝《望庐山瀑布》这样的短篇作品均是如此。李白笔下的天姥山何等高大："天台四万八千丈，对此欲倒东南倾。"但据前人记载，天姥山不过一土丘而已，可见作者笔下的天姥山并非实写。《蜀道难》的描写虽然有些现实的影子，但结合作者的生平来看，他未曾涉足过艰难的蜀道，相关的描写主要来自文献记载，以及作者天才的想象，绝非真正的实写。《望庐山瀑布》的描写虽然是基于作者的亲身经历，但作者并没有满足于对景物做客观描写，特别是诗中最精彩的句子"疑是银河落九天"，带有李白这位"谪仙人"特有的气质——神奇的想象力和冲决一切束缚的力量。这些作品虽然不重视对山水的客观描写，但因其主观色彩鲜明，兼之李白这位谪仙人的精神性格与盛唐时代高度契合（在某种程度上，李白是最能体现"盛唐气象"的诗人），这就使得他那些主观色彩鲜明的山水诗常常被用来作为"盛唐气象"的绝佳注释。《将进酒》虽然不是山水诗，但开头两句"君不见黄河之水天上来，奔流到海不复回"让我们感受到作者内心的汹涌澎湃。显然，诗中的黄河不是自然意义上的黄河，而是有作者的影子，甚至可以说是诗人豪迈不羁精神的象征，带有他这位谪仙人特有的气势和力量。李白笔下的很多山水都可以作如是观。比如《蜀道难》写蜀道的艰难险阻，人在这种景物面前难免产生畏惧甚至惊恐之感，但整首诗给人的感觉是一种惊心动魄的美。王安石在《游褒禅山记》中说："世之奇伟、瑰怪、非常之观，常在于险远。"可见险和美往往连在一起，在特定情境中，崇高美是一种艰难的美，崇高感则是一种艰难的美感。李白能欣赏这种美，并且能表现这种美，在精神和艺术上无疑是有魄力的，这正是盛唐气象的根本所在。李白类似的诗还有不少，如《横江词》写长江的风浪："人道横江好，侬道横江恶。一风三日吹倒山，白浪高于瓦官阁。"写的是风浪的险恶，却写出了如此壮观的局面，这与《蜀道难》的惊心动魄同为时代雄伟的歌声。《西岳云台歌送丹丘子》："西岳峥嵘何壮哉，黄河如丝天际来。黄河万里触山动，盘涡毂转秦地雷"，"巨灵咆哮擘两山，洪波喷箭射东海。三峰却立如欲摧，翠崖丹谷高掌开"，把华山、黄河描绘得气象万千，雄伟无比，同样创造了奇险与壮美交融的境界。杜甫也不乏这样的作品，如《望岳》："西岳崚嶒竦处尊，诸峰罗立如儿孙。安得仙人九节杖，拄到玉女洗头盆。车箱入谷无归路，箭栝通天有一门。稍待西风凉冷后，高寻白帝问真源。"《白帝城最高楼》："峡坼云霾龙虎卧，江清日抱鼋鼍游。扶桑西枝对断石，弱水东影随长流。"对西岳（华山）、三峡等地景物的描写，同样的惊心动魄，也同样的壮美。至于杜甫笔下的洞庭湖："吴楚东南坼，乾坤日夜浮"（《登岳阳楼》），和孟浩然笔下的洞庭湖一样浩瀚，让读者感受到"盛唐气象"的存在："气蒸云梦泽，波撼岳阳城。"（《望洞庭湖赠张丞相》）总的来说，李、杜这类山水诗笔力雄壮，风格豪迈，有的在壮观的景象描写中体现了诗人对不平凡事物的欣赏与赞叹，有的则在人与自然的矛盾中凸显诗人的主体精神，体现了诗人对自然的抗拒与征服力量，但无论是就景物描写本身来看（神奇壮观），还是就描写所体现的诗人的精神力量而言，这些作品都是"盛唐气象"最好的诠释。

当然，盛唐山水诗中有些作品介乎以上两类作品之间：从气象和气势来看，近乎李、杜的作风；但对景物注重客观描写，接近王、孟的做法。这类作品不少是描写边塞风光的，常常被归到边塞诗中，因而和盛唐边塞诗一样具有"盛唐气象"。如岑参的《白雪歌送武判官归京》对风雪世界的描写，带有很强的地域特征（西北地区），无疑具有写实性，但整首诗仍给人以壮美之感，特别是其中的名句"忽如一夜春风来，千树万树梨花开"，在风雪严寒中写出了一种盎然的春意，只有盛唐的诗人才能在这类景物中领略到它的美，也只有盛唐诗人才有这样的心胸、气魄克服大自然的艰险，并从中感受到一种壮美，这跟李白、杜甫描写蜀道、长江、黄河的艰险壮美近似，说明"盛唐气象"广泛存在于不同作家、不同类型的作品之中。

需要指出的是，盛唐诗坛存在这两种类型的山水诗，但不存在这两种山水诗人，因为同一个作家完全可以写两种类型的山水诗，虽然他们可能更偏向于其中某一种类型的作品，如王、孟更多地写清幽的山水，但也不乏"气蒸云梦泽，波撼岳阳城"（孟浩然《望洞庭湖赠张丞相》）、"江流天地外，山色有无中"（王维《汉江临眺》）、"大漠孤烟直，长河落日圆"（王维《使至塞上》）这样气象宏大的山水；李、杜虽然更喜欢写壮美山川，但不妨碍他们写出"人行明镜中，鸟度屏风里"（李白《清溪行》）、"随风潜入夜，润物细无声。野径云俱黑，江船火独明"（杜甫《春夜喜雨》）这样的清秀之作。这些作品也程度不同地体现了"盛唐气象"，如"大漠孤烟直，长河落日圆"，"江流天地外，山色有无中"，"随风潜入夜，润物细无声"，既能对景物加以客观描写，又能写得气象混沌，与盛唐其他山水诗共同植根于时代土壤，带有那个时代特有的精神。

盛唐送别诗与"盛唐气象"

"盛唐气象"体现的是整个盛唐诗歌的美学追求，跟具体的题材没有必然联系，尽管"盛唐气象"在某些题材中体现得更为突出（如边塞诗），但这一点不影响它在其他题材中也有着鲜明的表现，比如送别诗。

因为盛唐是一个统一、和平的时代，经济繁荣、交通发达，人们对离别较少痛苦的感受，所以盛唐送别诗较少悲哀之态，而是着力于依依不舍的离别之情，显得深情动人。李白的《赠汪伦》："李白乘舟将欲行，忽闻岸上踏歌声。桃花潭水深千尺，不及汪伦送我情。"《金陵酒肆留别》："风吹柳花满店香，吴姬压酒唤客尝。金陵子弟来相送，欲行不行各尽觞。请君试问东流水，别意与之谁短长。"写深厚的别情，略无愁苦，甚至把离别的氛围写得让人陶醉，说明送别的心情是开朗的。王维《送沈子福归江东》："惟有相思似春色，江南江北送君归。"《山中送别》："山中相送罢，日暮掩柴扉。春草年年绿，王孙归不归？"相思就像弥漫在江南江北的春色，就像年年绿的春草，把友谊、别情写得如此温暖动人，这如果不是时代温暖着诗人的心灵，也应该是人与人之间纯洁深厚的感情深深地打动了诗人的内心。王维的另一送别名作《送元二使安西》所写也是这种离别深情，没有伤感，诗人也没有渲染安西的艰苦，态度难得的平和，这背后一定有诗人对时代的信心、对国家的信任，在一定程度上折射出那个时代的温暖动人，让读者在诗中感觉到盛唐是一个芬芳陶然的时代。在这样的时代，无论是少年刚肠式的离别，还是深情体贴式的送别，都很少泣涕沾襟之态。

很多盛唐送别诗喜欢将送别与人生追求结合起来，在抒写离情别绪的同时表现出强烈的人生自信和积极的人生追求，显得乐观豪迈，这就更能避免之前的送别诗中常常出现的哀婉格调。这种情况在初唐四杰、陈子昂等人的诗中已经初现端倪（如王勃的《送杜少府之任蜀州》、杨炯《夜送赵纵》、骆宾王《于易水送别》、陈子昂《送魏大从军》），到了盛唐送别诗中更是得到了集中的表现。如高适《别董大》："千里黄云白日曛，北风吹雁雪纷纷。莫愁前路无知己，天下谁人不识君。"后面两句从前面两句低沉的格调中翻转出一种昂扬的情调，充分体现了盛唐诗人的人生自信和积极的人生追求。孟浩然《送朱大入秦》："游人五陵去，宝剑值千金。分手脱相赠，平生一片心。"好一句"宝剑值千金"！这样欣赏宝剑，这样脱手相赠，可见作者的那片心是何等的慷慨激昂。连孟浩然这么性格平和的诗人，也能写出这样壮怀激烈的诗，真的让人感慨于盛唐那个伟大的时代何等激动人心！杜甫写于安史之乱中的很多送别诗，虽然免不了带有时代的沧桑烙印，不再具有乐观豪迈的调子，但由于诗人将离别之情与其升平之愿、中兴之志结合起来，读来仍觉深沉有力，如"万里伤心严谴日，百年垂死中兴时"（《送郑十八虔贬台州司户》），显然是为老友在"垂死中兴"之际遭受"严谴"而鸣不平，这里面有对国家中兴的渴望，也有对老友才能的肯定和期待，这样的送别可谓感慨颇大，别有深意，岂止是"伤其临老陷贼之故阙为面别情见于诗"？

盛唐的送别诗既写奋斗与追求，也写随之而来的失落与不平，但即使是失落与不平，因其是由远大的奋斗理想与追求目标带来的，也就不失信心，充满热情与力量。李颀《送魏万之京》："朝闻游子唱离歌，昨夜微霜初渡河。鸿雁不堪愁里听，云山况是客中过。关城树色催寒近，御苑砧声向晚多。莫见长安行乐处，空令岁月易蹉跎。""鸿雁"二句似乎免不了离别的伤悲，但一句"空令岁月易蹉跎"该有多少按捺不住的情，有不少不甘蹉跎的心，仅此一句就将全诗的精神振起。李白《金乡送韦八之西京》："客自长安来，还归长安去。狂风吹我心，西挂咸阳树。"仅仅是朋友"自长安来"，又"还归长安去"，诗人就希望有一阵狂风将他的心吹送到咸阳树上，可见这是一颗不甘寂寞的心。这些诗虽然没有直接在诗中表现人生追求，但其背后往往有强烈的人生自信和积极的人生追求作为精神支撑，因而感情是强有力的。有些送别诗则用时代的圣明来化解人生的失意，虽然不像悲歌慷慨之作那样激动人心，但时代的自信也给诗作带来雍容平和的盛世气象，如常建《落第长安》："家园好在尚留秦，耻作明时失路人。恐逢故里莺花笑，且向长安度一春。"结尾两句写落第，似乎难免人生落寞之态；但"耻作明时失路人"一句显然是不甘于这种人生落寞：既曰"耻"，那肯定是要东山再起的；又曰"明时"，那显然是不会跟时代对着干的，而是不想在时代中落伍——正如王维《送从弟蕃游淮南》所说的那样：

"高义难自隐,明时宁陆沉!"如果在盛唐时代自甘落寞,那就不仅对不起自己的"高义",也对不起盛唐这个"明时"。高适《送李少府贬峡中王少府贬长沙》:"嗟君此别意何如,驻马衔杯问谪居。巫峡啼猿数行泪,衡阳归雁几封书。青枫江上秋帆远,白帝城边古木疏。圣代即今多雨露,暂时分手莫踌躇。""暂时分手"句与其说是安慰,还不如说是鼓励,因为"圣代即今多雨露",怎么可能轮不到自己呢?

有些盛唐诗人则在失败之际走向隐逸,但因为对自我充满自信,兼之时代的宽容,他们依然可以坚守独立的人格,所以即使是隐逸,也隐得平和洒脱,丝毫不见凄清愁苦之态。王维《送綦毋潜落第还乡》:"圣代无隐者,英灵尽来归。遂令东山客,不得顾采薇。既至君门远,孰云吾道非。江淮度寒食,京洛缝春衣。置酒临长道,同心与我违。行当浮桂棹,未几拂荆扉。远树带行客,孤村当落晖。吾谋适不用,勿谓知音稀。"既曰"圣代",又曰"英灵",一如高适诗曰"圣代即今多雨露,暂时分手莫踌躇",还是对前途充满信心的,所以这个隐逸只是待机而出罢了,而不会满足于赋《采薇》,真的放弃人生追求、丧失人生热情。但就算是真的要隐逸了,也要让人生过得自然洒脱,不能因为隐逸就丢掉了人生该有的姿态:"下马饮君酒,问君何所之。君言不得意,归卧南山陲。但去莫复闻,白云无尽时。"(王维《送别》)那南山的白云不仅无尽时,而且飘荡自由,何等飘逸!盛唐这些送别诗就是这样和隐逸结合在一起,虽然缺少慷慨激昂的力量,但也显示出盛世特有的从容自信

盛唐送别诗喜欢在广阔的时空背景下展开对离别的描写和抒情,境界显得格外壮阔。如上举诸诗"江南江北送君归""天下谁人不识君"中的"江南江北""天下"等词语,还有《送元二使安西》从渭城写到阳关、安西,《芙蓉楼送辛渐》从吴地写到洛阳,以及李白的《灞陵行送别》从灞陵亭写到"王粲南登之古道"写到西京"古道连绵",都直接体现了一种广阔的地理背景。有些诗句虽然没有提及具体地域,也能让读者感受到环境的阔大,在这种背景的映衬下,送别之情更显豪迈动人。如李白《渡荆门送别》:"山随平野尽,江入大荒流。"像是在跟江山告别,又像是在接受江山的迎接,作者的心胸吐纳山川,诗歌境界在获得江山之助后被提升到一种宇宙境界。李白《黄鹤楼送孟浩然之广陵》:"孤帆远影碧空尽,唯见长江天际流。"将离别置于碧空和江水之间,并延伸到天际,这就把离别的深情写得和天地一样浩瀚不已,可谓境界高远。李白还有一首送别诗也有类似

的境界："云帆望远不相见，日暮长江空自流。"（《送别》）这说明李白对此境界感受颇深。而岑参的《白雪歌送武判官归京》的结尾："轮台东门送君去，去时雪满天山路。山回路转不见君，雪上空留马行处。"几乎和李白的"孤帆远影碧空尽，唯见长江天际流"一样的浪漫，二者的异曲同工说明送别诗中这种宇宙般的深情不仅属于李白一个人，也属于整个盛唐诗坛——那是时代的深情。

为了塑造壮阔的境界，盛唐不少送别诗干脆将送别与山水结合起来，在写送别的同时突出山川景物的描写，读者即使单纯看其中的山水描写也能感受到境界的雄奇壮观，而送别之情被置于这种背景之中，感情境界也得以升华。李白的《梦游天姥吟留别》《蜀道难》都是这样的作品。岑参的《白雪歌送武判官归京》《轮台歌奉送封大夫出师西征》也受这种风气的影响，在离别的描写之中展开山水风光的描写："忽如一夜春风来，千树万树梨花开"，"四边伐鼓雪海涌，三军大呼阴山动"，这些诗即使不被视为送别诗，只作为山水诗来看，也是大幅泼墨的山水诗，笔力雄浑，气象万千，几乎和盛唐山水诗一样为"盛唐气象"演奏出了雄浑的时代主旋律。

盛唐爱情诗与"盛唐气象"

从题材的角度而言，爱情诗可能跟"盛唐气象"距离最远。一提到盛唐诗歌，我们就想到盛唐的边塞诗、山水田园诗，以及李白、杜甫的诗歌，似乎只有这些诗歌才具有"盛唐气象"。其实不然，盛唐爱情诗也体现了盛唐诗歌对前代诗歌的革新，具有"盛唐气象"。

首先，盛唐爱情诗不再像六朝宫体诗那样淫亵和轻佻，而是淡化情欲色彩，突出爱情成分，对女性的描写则淡化对女性外貌的刻画，突出女性的青春美、自然美，并因此创造了很多美丽、深情的抒情形象。如王昌龄《采莲曲》："荷叶罗裙一色裁，芙蓉向脸两边开。乱入池中看不见，闻歌始觉有人来"，"越女作桂舟，还将桂为楫。湖上水渺漫，清江初可涉。摘取芙蓉花，莫摘芙蓉叶。将归问夫婿，颜色何如妾"。前一首诗写的爱情尚处于萌芽阶段，态度羞涩，后一首诗写的爱情则处在收获季节，感情热烈。羞涩也罢，热烈也罢，作者都很注意突出采莲女形象之美，而这种形象的描写不是通过外在的体貌来着笔，而是结合景物描写、结合采莲女的生活来写，没有一点色相的描写，不仅颇见人物之美，而且让我们感受到青春与大自然的完美结合。张九龄的《望月怀远》："海上生明月，天涯共此时。情人怨遥夜，竟夕起相思。灭烛怜光满，披衣觉露滋。不堪盈手赠，还寝梦佳期。"这首诗中的主角到底是男性还是女性，我们不好确定，但它没有描写怀人者的外貌，重点是抒发思念之情，那是竟夕都不能停止的思念，是和烛光一样弥漫的相思、和露珠一样滋长的相思、和月光一样盈手的相思。作者结合月下景色来写这番深情，丝毫不作色相的描写，也不让人产生任何情欲的联想，只有至深至纯的情感，开头两句"海上生明月，天涯共此时"把这种情感提纯了，甚至把这种情感升华到一种宇宙的境界。

如果说王昌龄的《采莲曲》、张九龄的《望月怀远》中的抒情形象还比较偏于传统，李白的《长干行》则更有创新的色彩："妾发初覆额，折花门前剧。郎骑竹马来，绕床弄青梅。同居长干里，两小无嫌猜。十四为君妇，羞颜尚不开。低头向暗壁，千唤不一回。十五始展眉，愿同尘与灰。常存抱柱信，岂上望夫台。十六君远行，瞿塘滟滪堆。五月不可触，猿鸣天上哀。门前迟行迹，一一生绿苔。苔深不能扫，落叶秋风早。八月蝴蝶来，双飞西园草。感此伤妾心，坐愁红颜老。早晚下三巴，预将书报家。相迎不道远，直至长风沙。”李白之前的古典诗歌很少写商妇，本诗是较早以商妇为主角的诗篇。作者借助民歌中的某些手法，描写了商妇的生活片段和爱情心理，突出了她对爱情的渴望和坚守。但本诗的价值不仅在于创造了商妇这一新的艺术形象，更在于作者在描写商妇的爱情、婚姻生活中所体现出的新的时代气息和民主精神。这一点，我们只要将中国古典诗歌中描写商人（含商人的妻子）的作品加以比较，就能看出来。受古代重农轻商思想的影响，大多数诗人对商人持批判和讽刺的态度，很少对商人、商妇寄予同情和赞美之笔。李白《长干行》对商妇的描写则出以同情甚至赞美之笔，“愿同尘与灰”“常存抱柱信”，抒写的是一种热烈而又解放的情思。商妇与丈夫从“两小无嫌猜”的友谊发展为“相迎不道远，直至长风沙”的爱情，表现的是在长期交往基础上建立起来的真诚、平等爱情。这种爱情带有一定的民主性和解放色彩。这既跟李白出生商人家庭、具有一定的平民性有关，也跟盛唐追求个性自由的时代精神不无关系——盛唐的时代精神不仅培养了李白这样豪迈不羁的天才诗人，也滋养了长干的这些小儿女们，让他们能够发展出这种平等而又真诚、热烈而又缠绵的爱情。类似的爱情也见于李白的《杨叛儿》：“君歌《杨叛儿》，妾劝新丰酒。何许最关人，乌啼白门柳。乌啼隐杨花，君醉留妾家。博山炉中沉香火，双烟一气凌紫霞。”这首诗是改造古乐府《杨叛儿》而成的，但比古乐府写得更热烈浪漫，尤其是结尾两句用双烟升腾作比喻，把男欢女爱写得非常炽热，但丝毫没有淫邪之感。

其次，盛唐爱情诗的描写范围并不局限于狭窄的闺阁环境，而是在表现爱情的同时也通向社会生活的各个方面，折射甚至反映广阔的时代生活，因而体现出浓郁的生活气息和鲜明的时代特征。比如《燕歌行》在曹丕那里仅仅是一首单纯的爱情诗，到了高适的笔下，不仅有征夫思妇的两地相思，也有“战士军前半死生，美人帐下犹歌舞”的揭露，还有“相看白刃血纷纷，死节从来岂顾勋”的呐喊，无论从反映的生活画面还是从作品的批判性和战斗性来看，其所表现的内容比曹丕之作丰富得多。王昌龄的《闺怨》：“闺中少妇不知愁，春日凝妆上翠楼。忽见陌头杨柳色，悔教夫婿觅封侯。"这首诗在表现闺中少妇的爱情的同时，也写出了盛唐时代的尚武精神，这是因为闺中少妇思念的对象是觅封侯的夫君。表面上她现在是"悔教夫婿觅封侯"，但在丈夫出征之初，她一定是支持甚至是鼓励的，春天来临之际她难免有思春之情，但这毕竟是情感的波澜，一旦情绪稳定下来，想必她仍然坚持当初的决定，继续支持丈夫留在军中建功立业。可见，盛唐积极进取的时代精神也渗透到了闺中，盛唐边塞诗中的尚武精神也通向盛唐的爱情诗，这在以往的爱情诗中很少见。王维有一首爱情诗《息夫人》："莫以今时宠，难忘旧日恩。看花满眼泪，不共楚王言。"息夫人是春秋时息国君主的妻子。公元前680年，楚王灭了息国，将她据为己有。息夫人在楚宫生了两个孩子，但她始终不肯和楚王说话。不过，王维写这首诗的目的并非咏史，而是针对具体事件有感而发。据唐人孟棨的《本事诗》记载："宁王宪贵盛，宠妓数十人，皆绝艺上色。宅左有卖饼者妻，纤白明媚，王一见注目，厚遗其夫取之，宠惜逾等。环岁，因问之：'汝复忆饼师否？'默然不对。王召饼师使见之。其妻注视，双泪垂颊，若不胜情。时王座客十余人，皆当时文士，无不凄异。王命赋诗，王右丞维诗先成……坐客无敢继者。王乃归饼师，以终其志。"可见，王维把卖饼者妻比作息夫人，对她被权贵强占的命运和无言反抗的行为深表同情。这首诗很容易想到当时社会的诸多不合理现象，因此它具有一定的揭露和批判色彩（尽管它和李白、杜甫很多批判作品相比显得力度不够大、范围不够广）。更为重要的是，它在揭露和批判社会不合理现象的同时，体现出一种不畏强权的反抗性，这正是盛唐很多政治抒情诗的基调。可见，这首短诗虽然只是写一个普通的爱情悲剧，但它既歌颂了坚贞不屈的爱情，也对干涉爱情自由的社会不合理现象进行了有力的批判，艺术触角广泛，精神品格与盛唐诗歌暗通消息。至于杜甫的《月夜》更是在爱情的描写中折射出时代风云："今夜鄜州月，闺中只独看。遥怜小儿女，未解忆长安。香雾云鬟湿，清辉玉臂寒。何时倚虚幌，双照泪痕干。"这首诗不仅让我们感受到了杜甫与妻子之间的深情，也让我们感受到一种乱离气息。可见，盛唐爱情诗并没有一味沉浸在风花雪月中，而是与时俱进，和时代同悲苦，共命运。如果将杜甫的《月夜》与《石壕吏》结合起来，我们不难看出，时代的动乱不仅造成了杜甫夫妇的别离，也造成了石壕村那一对老夫妻之间的生离死别，动乱摧毁了一个又一个家庭的正常生活，制造了一个又一个爱情悲剧。杜诗将爱情与时代风云结合起来，不仅扩大了爱情诗的社会内涵，而且通过乱离环境的衬托突出了爱情的深厚感人。

再次，盛唐爱情诗有不少比兴之作，表面上写的是爱情，实际上借助了中国古典诗歌中的香草美人的比兴传统，寄托了诗人的身世之感，这不仅超越了六朝爱情诗单纯写爱情甚至艳情的做法，显得内涵丰富、层次更高，而且因其通向政治，与盛唐那些表现政治方面情感的作品暗通消息，共同体现了"盛唐气象"。杜甫的《佳人》就是这样一首诗："绝代有佳人，幽居在空谷。自云良家女，零落依草木。关中昔丧乱，兄弟遭杀戮。官高何足论，不得收骨肉。世情恶衰歇，万事随转烛。夫婿轻薄儿，新人美如玉。合昏尚知时，鸳鸯不独宿。但见新人笑，那闻旧人哭。在山泉水清，出山泉水浊。侍婢卖珠回，牵萝补茅屋。摘花不插发，采柏动盈掬。天寒翠袖薄，日暮倚修竹。"诗人描写了一个在战乱中被遗弃的女子，流落无依，但她宁愿幽居空谷茅屋，宁愿"天寒翠袖薄，日暮倚修竹"，也不向命运屈服。人物悲惨的命运和她高尚的品格形成了鲜明的对比，使得她的品格更让人感佩，山中清泉、柏树、修竹等景物进一步衬托了人物形象的高洁自守。不过，从实写的角度来看，我们不免怀疑这样的人物是否存在（试想一下，在一个丧乱的时代，一个绝代的佳人幽居空谷，连生存都很艰难，更别说坚守气节），但从比兴的角度来看，这首诗可以视为作者的自我写照：他在丧乱之中何尝没有类似的乱离之痛呢？但他始终坚守气节，绝不为了苟全性命于乱世而放弃自己的高洁人格。这种高尚的人格普遍见于杜甫的诗歌，也广泛见于盛唐其他诗人的作品，这是盛唐诗歌之具有风骨的重要原因，也是"盛唐气象"的重要体现。

在很多人的印象中，最能体现"盛唐气象"的诗歌主要是盛唐的边塞诗、山水田园诗，以及李白、杜甫那些幽愤深广的政治抒情诗，这些诗歌也最能体现出盛唐诗歌对前代（尤其是六朝）诗歌的革新。爱情诗的创作和成就因为在盛唐诗坛显得不那么突出（至少不及边塞诗等受人关注），再加上这一题材与六朝诗歌中的宫体诗比较接近，更容易被人从盛唐诗坛剔除出去，似乎这类诗歌与"盛唐气象"无关，也体现不了盛唐诗歌对前代诗歌的革新。但从上文的分析来看，盛唐爱情诗也具有"盛唐气象"，照样能体现盛唐诗歌的革新。如果说，盛唐的边塞诗、山水田园诗，以及李白、杜甫那些幽愤深广的政治抒情诗是从外部入手、从六朝诗歌较少涉笔的地方入手，清除长期笼罩初唐诗歌的六朝诗风，那么盛唐爱情诗则是从内部入手，直接改造被宫体诗污染过的爱情题材，并使这一题材以崭新的面目呈现在诗坛上面，从而丰富了盛唐诗歌的面貌和成就。由此可见，"盛唐气象"体现在盛唐各种题材的作品中，盛唐革新对前代诗歌的革新是全面的——不仅包括我们熟悉的边塞诗等，也包括了离时代精神距离稍远因而为人们相对忽视的爱情诗。

盛唐诗歌的庄严气象

一提到盛唐气象，我们很容易想到热烈、飞动、雄壮、豪迈，未必联想到庄严。其实，庄严也是盛唐气象的重要组成部分。

对于盛唐诗人来说，时代的美好、国力的强盛、山川的壮美，都在唤起他们内心深处的庄严感，让他们情不自禁地为之歌咏。李白《古风》有句诗写的就是这种感受："一百四十年，国容何赫然。"开国以来不断走向繁荣昌盛的国家，展现出一种赫然的大国气象，李白为之礼赞。即使在安史之乱的时候，这种大国气象仍然留存于诗人的心中，王维的诗就充分说明了这一点："九天阊阖开宫殿，万国衣冠拜冕旒。"（《和贾至舍人早朝大明宫》）这种早朝的气象俨然开元盛世的再现，但这不是粉饰太平，而是诗人虽然身处动乱之中，仍对盛世局面有太多的记忆，以至于只要国家稍微安定，就能立即在脑子里唤起以往的美好印象，似乎国家中兴正在到来。

因为时代激发了诗人们种种美好的感觉，所以他们喜欢以一种美好的感觉去审视名山大川，感受山川的庄严。且不说李白笔下的长江、黄河（"登高壮观天地间，大江茫茫去不还"，"黄河之水天上来，奔流到海不复回"，"黄河落天走东海，万里写入胸怀间"），只要看看"长风几万里，吹度玉门关"的天山、"太乙近天都，连山到海隅"的终南山、"会当凌绝顶，一览众山小"的泰山、"蜀道之难，难于上青天"的蜀道、"大漠孤烟直，长河落日圆"的塞外，那种高大、绵延的气势，怎能不让我们产生庄严的感觉呢？即使写一个瀑布，诗人也会产生"飞流直下三千尺，疑是银河落九天"的想象，让我们感受到造化的神奇力量。甚至连小小的鹳雀楼，都让人有一种"欲穷千里目，更上一层楼"的冲动，那是引导我们走向辉煌与阔大的冲动，是让我们发现与感受山川庄严的冲动。时代是那样的美好，让诗人对诸多山水都能产生美好甚至庄严的感觉。这种感觉到了安史之乱以后也未曾消减，我们看杜甫的《登岳阳楼》："昔闻洞庭水，今上岳阳楼。"一开始就以近乎朝圣的心情、庄严的笔调写出了诗人对洞庭湖的向往；"吴楚东南坼，乾坤日夜浮"，几乎和孟浩然在安史之乱前写洞庭湖的名句"气蒸云梦泽，波撼岳阳城"一样的气象万千。可以想象，当杜甫带着久已向往的心情来到这里，亲身感受到洞庭湖浩瀚的气势，一定会被深深地震撼，震撼于大唐有着如此庄严壮伟的山水。

但庄严绝对不是歌颂和赞美，也不仅仅出现在歌颂、赞美的声音里，沉痛、愤怒的声音亦有其庄严的气象，灾难与牺牲也能见出伟大与庄严。杜甫的《悲陈陶》是一首沉痛之作："孟冬十郡良家子，血作陈陶泽中水。野旷天清无战声，四万义军同日死。"陈陶之战是唐王朝在安史之乱中打的一次大败战。但杜甫没有聚焦于惨重的损失，而是瞩目于将士的牺牲精神。诗人用一种近乎史家的笔墨郑重地记下这一战役的时间、地点，突出牺牲者的身份（良家子、义军），渲染战场的悲惨气氛，让读者从战士的壮烈牺牲中，从天地肃穆的气氛中，感受到一种悲壮而庄严的美（好像整个天地都在为牺牲的将士默哀）。尽管这首诗写的是一个悲剧性事件，但悲剧使庄严显得更庄严。李白的《行路难》《将进酒》都写于人生困顿之际，激荡着坎壈不平之音，但像"长风破浪会有时，直挂云帆济沧海""天生我材必有用，千金散尽还复来"这样的句子，均在悲愤中贯注着一股强大的精神力量，充满强烈的自信，让我们看到一个人即使困顿也可以不失人生的庄严，这真是大写的"人"啊。

有了庄严感，就有了事业心，人也就有了理想和热情——岑参《送李副使赴碛西官军》："功名只向马上取，真是英雄一丈夫。"高适《塞下曲》："万里不惜死，一朝得成功。画图麒麟阁，入朝明光宫。"充满着对功名事业的渴望。王维《少年行》："孰知不向边庭苦，纵死犹闻侠骨香"，王翰《凉州词》："醉卧沙场君莫笑，古来征战几人回"，不是视生命为儿戏，而是写一种视死如归的态度，是要以一种献身的精神来回报盛唐这个美好的时代，让生命变得更加有价值、更有尊严。安史之乱的爆发，不是使诗人丧失理想和热情，而是让热情在苦难的现实面前变得更加深沉有力，这尤其体现在杜甫的诗中："安得壮士挽天河，净洗甲兵长不用"（《洗兵马》）、"安得广厦千万间，大庇天下寒士俱欢颜"（《茅屋为秋风所破歌》）、"出师未捷身先死，长使英雄泪满襟"（《蜀相》）。这些诗把作者早年的热情转化为一腔热泪，其热情与力度每每让读者动容，并从中感受到一种庄严的气象。

有了庄严感，也就有了责任感，有了向心力——杜甫《诸将》："独使至尊忧社稷，诸君何以答升平。"诗人鼓励大臣为天子分忧，自身忧念社稷之心自是不必说了，因为这一直是他的责任所在。杜甫《登楼》："北极朝廷终不改，西山寇盗莫相侵。"这是在义正辞严地警告侵略者，也是在维护朝廷，对朝廷充满信心；《秋兴》："夔府孤城落日斜，每依南斗望京华。"这是对朝廷的思念，南斗、京华合用，顿显思念中的庄严气象。可见，在"漂泊西南天地间"的杜甫心中，朝廷始终是庄严的，是有向心力的。即使是李白这位生性自由的诗人，也在动乱之中写下这样令人动容的诗句："中夜四五叹，常为大国忧。"（《经乱离后天恩流夜郎忆旧游书怀赠江夏韦太守良宰》）这和他之前礼赞"国容何赫然"是一脉相承的，在本质上与杜甫"望京华"的情感是相通的，体现了诗人对时代、对国家（朝廷）始终如一的眷恋。毕竟，在那个时代要实现人生的理想，离不开对朝廷的支持和对国家的维护，朝廷（国家）在每一个诗人心中都是一种庄严的存在。

需要指出的是，庄严不仅仅属于时代、国家、天地山川等宏大的叙述，也属于个体的生命；不仅仅属于那些伟大的诗人，也属于那个时代的普通人。杜甫的《自京赴奉先县咏怀五百字》："朱门酒肉臭，路有冻死骨。"这种悲痛的陈诉背后一定是对生命充满着庄严感，包括那些卑微者的生命。正是因为作者对每个生命都有一种庄严感，生命的毁灭才让他产生这样的沉痛之情。伟大的时代能培养出人们对生命的敬畏。从诗人对生命的珍惜与生命毁灭的痛惜之情中，我们不仅感受到了生命的庄严，也能感受到时代的庄严。高适的《燕歌行》："战士军前半死生，美人帐下犹歌舞。"这种愤怒的揭露一定是诗人对战士的生命充满着尊重。人的生命本来就是一种庄严的存在，更何况战士们为国牺牲，他们的牺牲更应该唤起我们内心的庄严感。一旦他们的生命被无谓地牺牲，诗人理应表现出愤怒。愤怒固然能表现诗人强烈的同情心，当愤怒转化为平静呢？"玉帛朝回望帝乡，乌孙归去不称王。天涯静处无征战，兵气销为日月光。"（常建《塞下曲四首》其一）这首诗表达了作者对民族和睦的渴望，对和平的渴望。当所有民族都铸剑为犁不再彼此征伐，所有生命都将沐浴着日月的光辉，这是和平的气象，也是生命的尊严。平等对待各个民族的生命，说明作者对其他民族也有一颗同情心。伟大的同情心本身就是一种庄严的存在，伟大的时代总是能培养出伟大的同情心。

让一切庄严的东西变得庄严起来，这是盛唐气象给我们的庄严启示——伟大的时代，伟大的国家，使命感与责任感，理想和热情，伟大的同情心和对生命的尊重，这一切都是庄严的，值得诗歌为之歌颂、为之礼赞。这些是不能随便调侃、嘲笑的。太平盛世的时代，我们不能因为空虚和无聊，而对一切庄严的东西产生怀疑甚至加以亵渎；个人即使有失落、有牢骚、有愤激，也不能为了泄个人之愤而丢掉人生的庄严；而在国家遇到困难、时代出现危机时，我们同样不能失去内心的庄严。

平易近人：盛唐诗歌的另一面

　　盛唐诗歌具有一种其他朝代诗歌所没有的气象，用唐人自己的话来讲，就是一种"气来、情来、神来"（殷璠《河岳英灵集》）的气象。这种诗歌气象很容易让人觉得它超凡脱俗，非常人所感。实则不然。这种气象在不同题材、不同作家身上有着不同体现，但无论在何种题材、哪个作家身上，也都有着常人的感受，即其平易近人的一面。有了这一面，我们不仅向往这种气象，而且觉得这种气象很亲切，很感人，它就是在常人的感情中升华出的一种让人向往的精神境界。

　　盛唐边塞诗塑造了豪迈的英雄形象，体现出强烈的功名意识和献身精神，因而属于最能体现"盛唐气象"的题材，但这种英雄形象也不失常人的一面。如岑参在《逢入京使》中写到自己怀抱建功立业的理想而踏上西去的征程，不料在路上因为想到故园就"双袖龙钟泪不干"了，这其实和平常人没有什么不同，但这首诗毕竟和一般人的思乡之情不同，就是因为作者在这种强烈思乡的时候，遇到回京的使者，有机会传话回家时，只是托人带一句"平安"，这看似平常的一句话，其实正体现了他对先前出现的儿女情长在加以克制，由此显示出英雄的本色。联系前后的描写，可以看出这种英雄本色也有着儿女情长的一面，因而他的英雄形象显得丰满而真切。再如王翰《凉州词》将战死沙场视为"醉卧沙场"，何等豪迈，但紧接着一句"古来征战几人回"，又显示出对现实有着极为清醒的认识，这也说明其豪迈并非把战争当儿戏、视生命无所谓的天真幼稚，相反，是建立在对生命强烈的流连的基础上，以至于把战死沙场也当成"醉卧沙场"，这种"醉卧"不仅透露了强烈的生命感，而且把这种感受带到"死后"的描写，这和普通人强烈的求生欲望相差何几？不过，战士认识到战争的残酷，并未退却，这就显示出一种义无反顾的献身精神，这就体现了"盛唐气象"，但无论如何这里面包含了常人对生死的感受。而王昌龄《出塞》中"但使龙城飞将在，不教胡马度阴山"的抒写，固然表达了战士们渴望战斗、为国牺牲的精神，但又何尝没有流露出在困境中一种不服气的心理呢？这种心理，不也是普通人的感情吗？但它丝毫没有损害诗中对战士们报国情感的抒发。

盛唐山水田园诗主要通过和平宁静的诗歌境界，折射出和平安宁的时代气息，因而也具有"盛唐气象"。这种气象虽然有着超凡脱俗的一面，但也有其平常的一面，因为诗中写到的景物大多是平常景物，诗中的人物固然多是隐士的化身，但也不乏普通人物，如孟浩然《过故人庄》写到那种富足自在的生活、安宁的生活环境，颇能见出盛唐时期那种生活的自足自在，而诗中那位与作者一起"把酒话桑麻"的故人，虽然也会陪伴着孟浩然一起在重阳日"就菊花"，有着高雅的生活情趣，但他平时恐怕还是面场圃的时候多吧，因此诗里写的还是平常人的生活。至于诗中写到的那一份鸡黍饭和酒，不也是农家很常见的招待吗？那些绿树青山、那些桑麻场圃，不也是农村常见的景色吗？王维的《鸟鸣涧》以"月出惊山鸟，时鸣春涧中"的画面，创造了一种无边宁静、宁静中又不无生机的境界，这种境界只要和曹操《短歌行》"月明星稀，乌鹊南飞"的描写比较即可看出，两者都是写明月之下鸟惊的情景，但是透露了不同的时代气氛。曹操诗中的鸟是一种惊弓之鸟，透露出一种乱世气息，而王维诗则让人感受到盛唐时代和平安定的社会气氛，这是"盛唐气象"的一种体现。不过，诗中鸟、月、涧这些景象也是再平常不过了，因此由这些景物创作出来的境界固然非凡，但又不让人觉得它杳不可及，而就在人世，它就是人间乐土。《山居秋暝》中"明月松间照，清泉石上流"的境界也很动人，境界的创造固然与作者讲究语序和景物组合等很有关系，但就景物本身来说（月、松、泉、石），又都是十分平常的。

盛唐送别诗与此前的送别诗有一个很大的不同，就是它很少流露出凄苦悲凉之音，而多为豪迈乐观之调，因而也能见出"盛唐气象"。不过，盛唐诗人大多官位不显，所交往和所送别的友人彼此地位、命运也多相当，因而这种送别之情也还是一种常人之情；即使送别双方有着特殊的背景，也不妨碍这种送别之情的抒发，如王维《送元二使安西》中的元二固然有特定的身份，且其要去的地方是安西，也与一般的离别不同，不过，作者在抒发离别之情的时候，并没有去强调这些因素，而是着重抒发彼此之间依依惜别的深情，这种深情在"更尽一杯酒"的细节描写中得到了淋漓尽致的渲染，这种渲染其实是建立在常人的感受基础上的，因为人们在举酒话别之际（不管离别的那一方所去之地是否遥远），都会感觉到那临别前最后一杯酒是最富有情意的、那临别前的最后一饮也是最感人的。高适《别董大》中的董大是个知名人物，所以作者对他说一句"天下谁人不识君"尚不为过，而我们读者大部分是"天下无人能识君"的，这是否减少了这首诗给我们带来的感动呢？没有。要知道，"天下谁人不识君"这句诗，对于并非像董大那么出名的普通读者来说，作为一种深情鼓励，何尝不会带来感动呢？这是因为它是面对未来说的，就全当那是一种希望、一种期待吧，那种希望和期待也是美的，感人的。王昌龄《芙蓉楼送辛渐》中"一片冰心在玉壶"的自许或许太高了，但"寒雨连江夜入吴"的描写，将雨拟人化，似乎这寒雨知道诗人一大早要送客人，所以连夜赶来，何其温馨；同时"寒雨"也与后文"冰心"在字面上相一致，但无论是"寒"还是"冰"，给人的感觉并不寒冷而是温暖，这种效果，正是建立在人们对友谊普遍具有的温暖感受的基础上的。这不就是人之常情吗？当我们被这些人之常情感动时，谁还会关心那位"洛阳亲友""董大""元二"是谁吗？谁还会关心真正的"芙蓉楼"在哪里？甚至连安西究竟远在何方也可不去细究了。

李白的诗歌颇多对权贵的蔑视、对个性自由的张扬，是最能体现出"盛唐气象"的诗人，以至于有人说李白"绣口一吐就是半个盛唐"（余光中《寻李白》）。不过李白也有其平易近人的一面，这主要体现在他的近体诗中。如《赠汪伦》中写到他与汪伦这一普通百姓之间的深厚感情，人们很容易注意到诗中的夸张艺术，因为它很能显示出李白的创作个性。不过这种夸张也能见出李白作为常人的一面，也就是说其夸张是建立在常人感情的基础上的。从诗的开头两句特别是两个虚词"将"与"忽"的回旋与呼应来看，李白当时是在心情失落之际突然得到了汪伦的送行，因此这是一个令人激动的时刻；也正因为这是一个特别渴望温暖、特别渴望问候的时刻，所以汪伦适时的出现，自然让李白格外感动，而人在感动的时候，说几句夸张的话、说几句过分的话，自然不会让人觉得肉麻。可见，李白虽为诗仙，也和常人一样渴望友情、渴望温暖，而在得到这种渴望已久的友谊时也和常人一样很容易被感动。另如《宿五松山下荀媪家》："我宿五松下，寂寥无所欢。田家秋作苦，邻女夜春寒。跪进雕胡饭，月光明素盘。令人惭漂母，三谢不能餐。"李白之所以被荀媪一家感动，主要是因为在"邻女夜春寒"的情况下，她能用明素盘跪进雕胡饭，颇能见出荀媪的为人，同时说明李白是一个很容易被生活打动、被人间真情感动的诗人。荀媪奉献的一盘雕胡饭，和孟浩然笔下的鸡黍饭一样简朴，但又多了一份艰辛，可见李白也是懂得百姓生活的不易，并能为百姓在艰辛生活中的善举所感动，这是一个多么有人情味的诗仙啊！李白的乐府歌行最能见出他飞扬跋扈的一面，不过这些诗也能表现其平常人的一面，即如其名篇《将进酒》中借酒使性的作风（"但愿长醉不愿醒""人生得意须尽欢"），以及反客为主式的天真（"五花马，千金裘，呼儿将出换美酒，与尔同销万古愁"），都有着一种平常人的性情。李白诗中的酒在宋人那里被视为"识见污下"的表现，而在我们看来，这倒是体现了他作为谪仙人也有其世俗的一面、平常的一面。只有把这两个方面结合起来看，才是一个真实的李白。可见，我们把李白作为盛唐的形象代言人时，不能忽略他的平易近人的一面，因为盛唐诗歌本来就有这一面。

杜甫的诗主要创作于安史之乱前后，从时代来说，实非盛世，但"盛唐气象"作为一种诗歌的美学特征仍有其自身的惯性力量，因而杜诗同样能体现出这种"盛唐气象"，这主要是体现在战乱中人物思想感情中升华出的崇高感、悲壮感。这种崇高感有时表现为杜甫自身对民生疾苦的强烈关注和极度忧虑，杜甫之所以被称为"诗圣"主要是由于此。不过这种"诗圣"的形象同样有其平易的一面，如一代史诗《自京赴奉先县咏怀五百字》写到"朱门酒肉臭，路有冻死骨"时，很容易让读者为他的尖锐而深刻的批判所感动，不过杜甫在关心民生疾苦的同时，自己也面临着人生的不幸，诗中写到自家"幼子饿已卒"的惨剧，这位"诗圣"又当如何处理这种感情呢？其实他也和常人一样有着悲痛的感受，这一点从"所愧为人父，无食致夭折"的深深自责中不难体会到。我们通常会注意到这段描写在结构上呼应了前文"朱门酒肉臭，路有冻死骨"，又照应了后文"失业徒"和"远戍卒"，从而使得作者忧虑民生疾苦的感情更加深沉动人。但这段描写对塑造作者自我形象也有着十分重要的作用。它使我们认识到这位"诗圣"生前过的其实和普通民众是差不多的生活，也可看出他在面临和普通民众差不多的人生惨剧时，也和普通人一样悲痛，并不因为他一生关心民生疾苦就唱起高调来；然而他毕竟不是一般的民众，他没有深陷其中，而是能从自己巨大的人生不幸中挣脱出来，他还有更宽广的心胸，但这种心胸也包含着常人的感受。他是一个诗圣，但他也是一个有着常人感情的诗圣。他晚年作的《茅屋为秋风所破歌》，结尾推己及人，并把自己的苦难推开，设想出大厦千万间以庇天下寒士的场景，这种博大胸怀使全诗升华出崇高感。不过全诗更多的篇幅，还是结合茅屋来写自己的困苦生活的，其中还有一段对南村群童抱茅入竹的斥责，这曾经被人视为杜甫对劳动人民不敬的体现（有人据此指责杜甫竟然骂劳动人民的儿女为"盗贼"），但设身处地地想一想，杜甫生活如此艰难，当然会在乎屋上三重茅，对南村群童的行为也就不免生气，这个描写倒是体现了他常人的一面，虽然他也是"诗圣"，但作者生前并未有意识地做"诗圣"，因而处处流露出真实的自我，这种平凡真实的"诗圣"因而显得更为动人——而我们从他对南村群童的指责中可以体会到屋上那"三重茅"对杜甫意味着什么，可以想象到他的生活多么艰辛，因而对他在如此艰辛的生活中能推己及人的思想格外感动。"三吏""三别"中塑造了一批平凡而伟大的下层民众的形象，但这些形象不是无限拔高的，还是基于各自的身份而加以升华的，显得真切而伟大。如《石壕吏》中那位"挺身而出"的老妇，虽然是为了挽救老翁、媳妇和乳下孙而被迫采取的行动，但从"三男附书至……"对牺牲的哭诉来看，已隐含着她们一家对平定叛乱的支持，所以"急应河阳役，犹得备晨炊"的出现，固然是绝境中的一种被迫选择，但又未尝不是民众在绝境中的牺牲精神的升华呢？这种支持虽然有被迫的成分，但其中仍然充满了奉献与牺牲的精神，而这种被迫的成分，进一步反衬出这一家人的奉献是何等的了不起，因而具有一种崇高感，并且是一种平凡人所具有的崇高。

杜诗的对仗艺术

杜甫向以律诗的创作而闻名。律诗要讲对仗,杜甫既以律诗而闻名,自然在对仗方面很讲究,他在这个方面取得的艺术成就博得了后人不少的好评。

杜诗的对仗艺术首先表现在工整上面。律诗的对仗首先要重视的是句法结构一致、上下句相应位置的词语词性一致,尤其是实词要相对,杜诗亦不例外,如《春望》:"感时花溅泪,恨别鸟惊心。烽火连三月,家书抵万金。""感"与"恨"、"溅"与"惊"、"连"对"抵",是动词相对;"时"与"别"、"花"与"鸟"、"泪"与"心"、"烽火"与"家书"、"月"与"金",是名词相对;"三"对"万"是数词相对,对得都很工整,很好地表现了烽火之中作者的忧国思家之情。另如"功盖三分国,名成八阵图"(《八阵图》),也是很工整的实词对仗,充分地表现了诸葛亮的才能与功劳(这种工整的对仗艺术,杜甫还把它运用到绝句的创作中,从而为盛唐的绝句别开生面,如《绝句》"两个黄鹂鸣翠柳,一行白鹭上青天。窗含西岭千秋雪,门泊东吴万里船")。但杜诗也擅长在对仗中使用虚词,让虚词也构成对仗,从而更好地抒情,如《蜀相》:"映阶碧草自春色,隔叶黄鹂空好音。""映阶碧草"与"隔叶黄鹂"、"春色"与"好音"固然是工整的实词对仗,但这两句诗更受后人称道的是其中的两个虚词:"自"与"空"两两相对,突出地表现了诗人面对好景却抑制不住地对诸葛亮产生痛悼之情,正所谓:"出师未捷身先死,长使英雄泪满襟。"另如《江汉》:"落日心犹壮,秋风病欲苏。""犹"与"欲"两个虚词的对仗,准确地写出了作者当时的实际处境和心情:一方面是病欲苏但实际上未苏,另一方面忍不住有一种老当益壮之情,病体与壮心的对比就是通过这两个虚词恰切地表现出来的,显得朴实而又有力。类似的诗句还有:"江山故宅空文藻,云雨荒台岂梦思。"(《咏怀古迹五首》其二)其中的"空""岂"都是虚词相对。

　　杜诗还喜欢在对仗中运用叠词和使用双声叠韵词来对仗，这类词在词汇中不多，对仗起来自然有难度，但杜甫对得很工整，丝毫不影响写景状物的效果。如《曲江》："穿花蛱蝶深深见，点水蜻蜓款款飞。""深深"与"款款"是叠词对叠词，可谓体物精细。这种融工整的对仗与精细的体物之功为一炉的艺术，甚至影响了杜甫的绝句，使他的绝句能在盛唐绝句之外别开新境，如《江畔独步寻花七绝句》："留连戏蝶时时舞，自在娇莺恰恰啼"，"繁枝容易纷纷落，嫩叶商量细细开"。至于在对仗中运用双声叠韵词，对杜甫来说也不算难事，如《咏怀古迹五首》其二："怅望千秋一洒泪，萧条异代不同时。""怅望""萧条"就是叠韵词相对。《宿府》："风尘荏苒音书绝，关塞萧条行路难。""荏苒"与"萧条"分别是双声词和叠韵词，互相构成对仗的关系。这些诗句都很好地表达了作者的慨叹之情，并没有因为讲究对仗工整而影响感情的抒发。

　　除了这些工整的上下句对仗外，杜甫还擅长句中对、扇面对。前者如《登高》："风急天高猿啸哀，渚清沙白鸟飞回"、《涪城县香积寺官阁》："小院回廊春寂寂，浴凫飞鹭晚悠悠。"不仅上下句对仗（其中，"寂寂"与"悠悠"是叠词对叠词），而且句中自对：上句的"风急"与"天高"、"小院"与"回廊"、下句的"渚清"与"沙白"、"浴凫"与"飞鹭"各自相对，可谓工整。另如《曲江对酒》："桃花细逐杨花落，黄鸟时兼白鸟飞。"上句的"桃花"与"杨花"、下句的"黄鸟"与"白鸟"各自相对，且字面上不避重复，更让人觉得工整之极。李商隐的"池光不定花光乱，日气初涵露气干"（《当句有对》）也有句中对，且不避重复（"花光"对"池光"、"露气"对"日气"），不排除受杜诗的启发。而白居易的"一山门作两山门，两寺原从一寺分。东涧水流西涧水，南山云起北山云。前台花发后台见，上界钟声下界闻"（《寄韬光禅师》），更是对这种对仗的发扬光大。扇面对也叫隔句对，杜甫既运用到律诗中，如《大历三年春白帝城放船出瞿塘峡久居夔府将适…凡四十韵》："喜近天皇寺，先披古画图；应经帝子渚，同泣舜苍梧。"也运用到古体诗中，如《自京赴奉先县咏怀五百字》："暖客貂鼠裘，悲管逐清瑟；劝客驼蹄羹，霜橙压香橘。"这些对仗手法并非都是杜甫首创，但杜甫运用起来得心应手，显示出工整的对仗艺术在杜诗中已经非常成熟了。

　　杜诗的对仗艺术还表现在流利自然上面。对仗固然要讲究工整，但工整讲究得太过分了，容易出现板滞、沉闷的弊端。杜甫对此深有体会，所以他在对仗的时候善于使用虚词或者流水对，来增强律诗的流动性。比如《闻官军收河南河北》的结尾："即从巴峡穿巫峡，便下襄阳向洛阳。"律诗的首尾两联本来不用对仗，但此诗尾联还是用了对仗。在尾联的对仗中，作者运用了句中对（"巴峡"对"巫峡"，"襄阳"对"洛阳"），句中对的四个词语都是地名，字面上不避重复，这些都增强了对仗的难度，但作者对得很工整，但即使是这么工整的对仗，我们读起来也不觉得呆板，而是觉得流畅自然，这跟"即、便"两个虚词的运用不无关系。有了这两个虚词，尾联一气贯注，给人以急流直下、一泻千里之感，充分地表现出一日千里的快感和诗人归心似箭的兴奋之情，其快意一点都不亚于李白的"千里江陵一日还"。晚清诗人许印芳称赞"少陵妙手，惯用'流水对'法，侧卸而下，更不板滞。"（《诗法萃编》）"请看石上藤萝月，已映洲前芦荻花"（《秋兴八首》其二）、"谁怜一片影，相失万里云"（《孤雁》），都是杜诗中的名句，运用的都是流水对，既工整，又流走自如。

但杜诗的对仗最让人称绝的是在对举之中具有超越字面意思的丰富内涵，使对仗不仅具有形式之美，而且能丰富作品的内涵。也就是说，对仗不仅没有成为艺术创作的束缚，反而成为艺术效果的增强剂，这应该说是对仗艺术的最高境界，也是杜甫对对仗艺术的重要贡献。如《登高》："无边落木萧萧下，不尽长江滚滚来。"这两句诗，"萧萧"与"滚滚"是叠词相对，对得很工整；上下两句读起来很有动感，丝毫没有板滞的毛病。但这两句诗之所以让人感动，绝对不是它的工整与自然，而是它强烈的艺术感染力：上句写空中，下句写水面；上句是纵写，下句是横写，纵横对举，给人的感觉是从空中到水面，从上到下，似乎整个天地（不仅仅是江水和落叶）都在浑灏流转，与作者内心的激荡之情应和共鸣。这两句诗可能化用了屈原《九歌》中的句子："袅袅兮秋风，洞庭波兮木叶下。"但杜诗借助对仗的手法，写得比《九歌》更带动感，更有悲感。再比如《水槛遣心》："细雨鱼儿出，微风燕子斜。"也是一写水面，一写空中，一横一纵，对举写来，让人觉得天地间万物都是那样的惬意、享受，这就超越了单纯写鱼儿、燕子的意义了。类似的诗句还有很多，如"江间波浪兼天涌，塞上风云接地阴"（《秋兴八首》其一）、"锦江春色来天地，玉垒浮云变古今"（《登楼》）、"五更鼓角声悲壮，三峡星河影动摇"（《阁夜》）、"三峡楼台淹日月，五溪衣服共云山"（《咏怀古迹五首》其一）、"返照入江翻石壁，归云拥树失山村"（《返照》）等，都有一种"笼天地于形内，挫万物于笔端"（陆机《文赋》）的艺术效果。《登岳阳楼》："亲朋无一字，老病有孤舟。"所谓"有"，其实是"无"，有孤舟是在强化上句"亲朋无一字"的孤独之感，但又不止于此，而是让我们感受到此时的杜甫已经沦落到被世人忘尽的地步，可谓写尽沦落之苦，这就超越了"无一字""有孤舟"的字面意思；写足了沦落之苦，再与下文"戎马关山北，凭轩涕泗流"形成强烈的感情反差，感情的冲击力才能得到强化：一个如此沦落的人竟然如此热切地关注着时代的伤痛，情感不可谓不高尚。《客至》"盘飧市远无兼味，樽酒家贫只旧醅"中的"无""只（有）"也将对仗和对比结合起来，使对仗获得了超越字面的内涵。后人学杜诗，只顾字面上对得工整巧妙，却忘记了诗歌的本质不是用来炫耀技巧的，而是用来抒情言志的（技巧永远是手段，要用来增强抒情言志的效果）。一个诗人如果只想让读者关注到其诗中的技巧，而注意不到诗中的思想感情，他的诗歌很可能是低劣的作品。宋人葛立方说："偶对不切则失之粗，太切则失之俗。"（《韵语阳秋》卷一）说得很有道理，但我觉得，对仗真正面对的问题不在于粗俗，而在于过于追求形式从而导致境界不高、内容不丰富。清人沈德潜在《说诗晬语》中列举了一些宋诗，如"卷帘通燕子，织竹护鸡孙"，"为护猫头笋，因编鹿眼篱"，"风来嫩柳摇官绿，云起奇峰涌帝青"，"远近笋争滕薛长，东西鸥背晋秦盟"，从对仗的角度来说，这些诗句皆可谓工整，但都没有超越字面意义的丰富内涵，因而给人的感觉很平庸，很卑弱。对比之下，杜诗无论是雄浑之作，还是幽微之作，都能在工整的对仗中给人丰富的感受，这不能不让人佩服杜诗的对仗艺术。

《春江花月夜》：美的继承与创新

　　春江潮水连海平，海上明月共潮生。滟滟随波千万里，何处春江无月明！

　　江流宛转绕芳甸，月照花林皆似霰；空里流霜不觉飞，汀上白沙看不见。

　　江天一色无纤尘，皎皎空中孤月轮。江畔何人初见月？江月何年初照人？

　　人生代代无穷已，江月年年望相似。不知江月待何人，但见长江送流水。

　　白云一片去悠悠，青枫浦上不胜愁。谁家今夜扁舟子？何处相思明月楼？

　　可怜楼上月徘徊，应照离人妆镜台。玉户帘中卷不去，捣衣砧上拂还来。

　　此时相望不相闻，愿逐月华流照君。鸿雁长飞光不度，鱼龙潜跃水成文。

　　昨夜闲潭梦落花，可怜春半不还家。江水流春去欲尽，江潭落月复西斜。

　　斜月沉沉藏海雾，碣石潇湘无限路。不知乘月几人归，落月摇情满江树。

　　张若虚《春江花月夜》是唐诗中的经典，作者本人甚至因此享有"以孤篇压倒全唐"之誉。毫无疑问，这首诗是作者天才的创作；但我们也要看到，它同样是前代文学经验数百年积累的结果，是作家借鉴前代文学遗产并加以创新的产物。

　　诗中有些句子从字面、典故等方面对前代文学进行了化用，有的在化用的同时借鉴了前代诗歌的比兴艺术，从而形成了本诗浪漫蕴藉的抒情作风。如"白云一片去悠悠，青枫浦上不胜愁"，上句表面上是写景，实际上也是在抒情，是借鉴古典诗歌中常常用白云来比兴游子的做法（这一做法至少在《古诗十九首》中就已经出现："浮云蔽白日，游子不顾返。"），由此引出下文游子思妇的情感。下句化用了《楚辞》中的句子："湛湛江水兮上有枫，目极千里兮伤春心"（《招魂》）、"送美人兮南浦"（《九歌·河伯》），这就使得"青枫浦"这样的词语，即使单纯从字面上来看，也有一种离别的氛围，由此加强了本诗的抒情气氛。"鸿雁长飞光不度，鱼龙潜跃水成文"二句，从上下文来看似乎是在单纯写景，但实际上也是在抒情，因为它运用了汉乐府《饮马长城窟行》"客从远方来，遗我双鲤鱼。呼儿烹鲤鱼，中有尺素书"以及《汉书》中雁足传书的典故，抒发思妇渴望传递音书但音书难递的情感。没有这些典故，很难让人感受到这两句诗所抒发的情感。有了这些典故，这两句诗就在写景的同时增添了一种浓郁的抒情气氛。兼之后代诗人不断化用这些典故（如王僧孺诗："尺素在鱼肠，寸心凭雁足"），使得张若虚运用这些典故更显纯熟，读者也很容易读出典故背后的情感内涵。

当然，单纯的化用字面和典故，还不足以使得本诗跟它所化用的对象之间产生直接的联系——毕竟，《春江花月夜》跟《楚辞》、汉乐府之间还是有明显的距离。跟《春江花月夜》关系更为直接也更为密切的，是汉魏以来特别是南朝的诗歌。张若虚对这些诗歌的借鉴，不是单纯地化用字面或运用典故，而是从题材、主题、语言、意象、修辞、章法等方面多加汲取，由此形成了本诗的华美风格。曹植的诗在六朝诗歌中较早地注重华采，《七哀诗》就是这样一首作品："明月照高楼，流光正徘徊。上有愁思妇，悲叹有余哀"，"愿为西南风，长逝入君怀"。本诗中"何处相思明月楼""可怜楼上月徘徊""愿逐月华流照君"等抒写思妇相思之情的句子，很可能化自曹诗，至少是借鉴了曹植诗歌境界优美和语言华美的作风。再如萧绎的《春别应令》："昆明夜月光如练，上林朝花色如霰。花朝月夜动春心，谁忍相思不相见。"张若虚的"月照花林皆似霰""此时相望不相闻，愿逐月华流照君"等句子，与之非常类似。虽然齐梁诗歌格调不高，但它的语言和意象都很精美，值得学习。像张若虚把"捣衣砧"这个意象写入诗中，用它来写思妇的相思之情，在一定程度上也是借鉴南朝诗歌的结果，因为南朝诗歌多次写到"捣衣砧"这个意象，并且已经与思妇的相思之情建立起了联系，如谢惠连就有《捣衣》诗："櫩高砧响发，楹长杵声哀。微芳起两袖，轻汗染双题。纨素既已成，君子行未归。裁用笥中刀，缝为万里衣。”也就是说，“捣衣砧”这个意象已经被六朝诗人诗化了。诸多被诗化的意象，对后代诗人来说当然是一种有益的文学遗产。借鉴这些意象，比纯粹由作家本人去进行艰辛的艺术探索要容易得多。就拿《春江花月夜》的同题之作来看，前人已经对其语言和意象等进行了一定的探索，张若虚在创作《春江花月夜》时即使不考虑其他的文学遗产，至少也能在前人写过的《春江花月夜》中寻找到一些借鉴，比如本诗中反复出现的意象（春、江、花、月、夜），前代诗人就曾用过，这为张若虚的创作提供了一定的凭借。

《春江花月夜》不仅吸收了六朝文人诗华美的语言风格，也吸收了南朝民歌的某些艺术经验，带有明显的民歌色彩，如“此时相望不相闻，愿逐月华流照君”，设想之奇，感情之痴，让我们很容易想起六朝民歌《子夜歌》：“仰头看明月，寄情千里光。”张若虚在诗中运用了民歌常用的顶针格、双声迭韵、问答、反复等修辞手法，这些修辞手法增强了回环往复之感和一唱三叹的韵味，这很容易让我们联想到南朝民歌中的精品——《西洲曲》。它们都是情意缠绵而又清新明朗，也都是四句一组，环环相生，摇曳无穷。我们甚至不能排除作者直接受到了这首六朝民歌的启发，比如张若虚的“可怜楼上月徘徊”“愿逐月华流照君”等诗句，与《西洲曲》“鸿飞满西洲，望郎上青楼。楼高望不见，尽日阑干头。海水绿悠悠，君愁我亦愁。南风知我意，吹梦到西洲”很接近，语言清新，情感真挚动人，进一步突出了本诗优美、浪漫的抒情风格。

当然，张若虚的《春江花月夜》之所以成为经典，不仅仅是因为它对前代文学的继承，更是因为它的创新。《春江花月夜》相传为南朝陈后主所作，隋炀帝也曾以此为题进行过创作。这样的题目很容易被南朝的绮靡诗风所俘虏（初唐诗歌中这样的作品很多）。但张若虚对这个传统的乐府旧题进行了多方面的改造：一是将南朝诗歌习惯写的男女艳情改造为游子思妇的离别相思，淡化了男女之情的艳情气息。当我们读到“玉户帘中卷不去，捣衣砧上拂还来”这样的句子，只觉得那是卷之不去、拂之又来的深情，不会产生任何色欲的联想。当我们读到“此时相望不相闻，愿逐月华流照君”这样的句子，一定会被思妇的痴情打动，而读不出其中有任何色情的暗示。二是在传统的男女之情之外，加上了对大自然美景的欣赏之情，这就在保留浓郁抒情气氛的同时加大了写景的成分，淡化了男女之情在全诗中的比重，也使得情感的表达更显唯美：男女之间的纯洁感情就像江水一样流淌，像月光一样荡漾，无声无息而又无穷无尽。三是在写景的时候，抓住了"春江花月夜"的中心景物，也是全诗最核心的意象——月亮，将其作为全篇写景和抒情的线索，跟各种景物、情感结合——跟江水结合，跟春天结合，跟花结合，跟游子思妇结合，让明月和各种成分结合，互相生发，构成一幅色调柔美、富有诗意的春江花月夜的完整图画，使得这首诗不仅是一首动人的抒情诗，也是一首优美的写景诗。四是语言和修辞方面，作者以民歌的清新融合文人诗的华美，从而避免了南朝文人诗过于华美甚至绮靡的作风。六朝文人诗的华美与民歌的清新融合在一起，不露任何痕迹，因而显得境界优美，更好地配合了本诗的抒情、写景。四是在写景抒情的同时，还带有对人生的某些思考，并因此使全诗有一种宇宙意识，更是洗净六朝脂粉，奏出了盛唐之音的序曲。"江畔何人初见月，江月何年初照人"似乎涉及了探索人生的起始、追溯到宇宙的开端，这是月下的遐想，是少年式的沉思。"人生代代无穷已，江月年年望相似"似乎感慨人生短暂、宇宙无穷，实际上是说宇宙、人生都是无穷，这仿佛是沉思后的答案，又好像是在进一步的遐想。如果说陈子昂的《登幽州台歌》是壮士之歌，有一种宇宙意识；张若虚的《春江花月夜》写的是寻常景物和平常人的情感，也有一种宇宙意识。闻一多在《宫体诗的自赎》这篇论文中对后者有很高的评价："那是更复绝的宇宙意识！一个更深沉，更寥廓，更宁静的境界！在神奇的永恒前面，作者只有错愕；没有憧憬，没有悲伤。……这里一番神秘而又亲切的，如梦境的晤谈，有的是强烈的宇宙意识，被宇宙意识升华过的纯洁的爱情，又由爱情辐射出来的同情心，这是诗中的诗，顶峰上的顶峰"。有了宇宙意识，唐诗的情感不仅得到净化，也得以升华。再往下走，自然就是"明月出天山，苍茫云海间。长风几万里，吹度玉门关"（李白《关山月》）这样更为复绝的宇宙境界了。

通过这些改造，这首诗的境界变得纯净甚至壮阔了，主题得到了丰富和提升，因而完全摆脱了南朝诗歌的局限。全篇诗情、画意、哲理完美结合在一起，不仅有浓烈的情思氛围，也有空明纯美的意境，这为兴象玲珑、不可凑泊的盛唐之音的到来，作了充分的准备。它不仅启发了同时代的诗人，也影响到后来的诗人。当我们读到与张若虚同时代的诗人写下这样的诗句："海上生明月，天涯共此时"（张九龄《望月怀远》）、"海日生残夜，江春入旧年"（王湾《次北固山下》），我们不是感觉到了"春江潮水连海平，海上明月共潮生。滟滟随波千万里，何处春江无月明"的时代共鸣吗？当我们读到"今人不见古时月，今月曾经照古人。古人今人若流水，共看明月皆如此"（李白《把酒问月》），不是感到与"江畔何人初见月，江月何年初照人……不知江月待何人，但见长江送流水"同样的天真和浪漫吗？当我们读到"我寄愁心与明月，随风直到夜郎西"（李白《闻王昌龄左迁龙标遥有此寄》）、"雁尽书难寄，愁多梦不成。愿随孤月影，流照伏波营"（沈如筠《闺怨》），不是感觉到与"此时相望不相闻，愿逐月华流照君"一样的深情吗？当我们读到"燕草如碧丝，秦桑低绿枝。当君怀归日，是妾断肠时。春风不相识，何事入罗帏"（李白《春思》），不是荡漾着和"可怜楼上月徘徊，应照离人妆镜台。玉户帘中卷不去，捣衣砧上拂还来"类似的缠绵吗？当我们读到《红楼梦》中林黛玉写的《葬花吟》《桃花行》，尤其是其所作《代别离》特地标明是"拟《春江花月夜》之格，乃名其词曰《秋窗风雨夕》"，不是感觉到它历经千年而未曾衰减的抒情魅力吗？

总的来说，张若虚面对的前代文学遗产非常丰厚，这给张若虚的构思带来了极大的启发和便利。他的《春江花月夜》吸收了《楚辞》以来的历代文学在题材、主题、语言、意象、章法句法、情景关系、比兴艺术等方面积累的艺术经验（包括文人诗与民歌），把古典文学中那种优美、浪漫的抒情作风加以创造性的发展，集中体现了古典文学的优美、浪漫，因而成为展现中国传统文化魅力的经典之作。

中国文学有像陶诗、杜诗那样朴素深沉的厚重之作，而且这类作品在文学史上早已被视为经典之作为历代所认可。相对而言，像张若虚《春江花月夜》这样的优美作品，可能会因为思想性不如前类作品高，容易遭受忽视（张若虚的《春江花月夜》就曾经在文学史上被埋没了几百年）。但是，忽视这类作品，不仅让我们少了很多美的欣赏，也使我们对中国文学的整体认知存在很大的缺失。要知道，像张若虚的《春江花月夜》的美，不仅在前代文学中不绝如缕，到了唐宋婉约词又得到了进一步的发展，在《西厢记》《牡丹亭》《红楼梦》等戏剧和小说中也有所继承。这说明，中国文学有厚重深沉的一面，也有优美、浪漫的一面。只有把这两方面的美结合起来看，中国文学的美才是真实的、全面的。

贺知章《回乡偶书》: 永恒的乡愁

少小离乡老大回, 乡音不改鬓毛衰。儿童相见不相识, 笑问客从何处来。

因为偶然的关系, 我在一所小学听了二年级的一堂语文课, 老师上的是贺知章的名作《回乡偶书》。我原以为这首诗孩子们接受起来应该很容易, 而且很喜欢这首诗。但一堂课听下来, 不仅我失望了, 连授课老师也觉得有点失望。首先是孩子们连这首诗的字面意思都难以理解。比如很多孩子对"乡音"一词就很陌生, 老师怎么引导, 学生都觉得理解起来有困难。这也难怪, 乡音是相对于外地口音而言的, 而小学生基本上是在本地长大, 很少听到外地口音。而读不懂"乡音"一词, 直接影响到对本诗的理解。当我问及学生们是否能读出作者的感慨时, 老师做了否定的回答, 并解释说: "我们知道学生读懂是不大可能的, 我们也不要求学生能懂, 只要他能诵读就可以。我们一直都是这样处理的。"这种处理方式当然可以, 但从学生的接受情况以及老师的反馈情况来看, 二年级的小学生读《回乡偶书》的确存在很大的困难, 虽然这首诗在我们很多人眼里看来是比较浅显易懂的。其实不然。大多数人能理解这首诗的字面意思, 但能读出作者内心强烈而深沉的感触的, 可能不是大多数了。

《回乡偶书》是作者晚年告老还乡时写的。贺知章30多岁离开家乡, 37岁中进士; 天宝三载 (744年), 作者回归故里, 时年86岁, 离乡已有50多年了。就是平常人, 离乡这么久, 回到故土, 肯定也会感慨很多的, 更何况是一个诗人呢? 为了突出自己回乡的感慨, 贺知章在诗中多次运用了对比的手法。

开头两句, 每句内部就有对比。"少小"与"老大"是第一层对比, 突出离乡之久和归乡之晚, 这是下文"儿童相见不相识, 笑问客从何处来"的原因所在, 也是作者感慨颇深的源头。这个对比实际上也是在告诉我们:

尽管离家很久，尽管人已经老大，诗人还是要叶落归根、回到故土的，可见故乡在诗人的心里是一个念兹在兹的地方，由此突出故乡对诗人的重要性，并自然地引出了下文"乡音未改"。有人说："我们能左右自己的步伐，却左右不了时间。"的确如此，我们用脚步告别了故乡，但我们的脚步何时回到故乡，却是"君问归期未有期"，时间并不掌握在我们的手中。即使故乡常常出现在梦中，但醒来依然置身在异地他乡，剩下的只有回忆和期待。但长久的回忆和期待，形成感情的潮水，时时冲击我们的心灵。"乡音不改"与"鬓毛衰"是第二层对比：虽然自己是乡音不改，但仍然抵挡不了岁月的侵蚀，鬓毛斑白，人已衰老。对作者而言，在异地他乡纵使有再多的风光与荣华，也挡不住这种人生的失落。"少小"与"老大"的对比，"不改"与"衰"的对比，两次对比形成感情的落差，也为后两句写儿童不相识引发的感慨作了铺垫。"鬓毛衰"呼应上文"老大"，同时暗启下文。正是因为作者离开家乡太久了，即使他的乡音不改，家乡的儿童也认不出他了。

结尾两句也是对比。从开头两句来看，作者是把此处当做家乡来看的，也是把自己当做本地人来看的。但没想到的是，本地的儿童却不认识他，不把他当做本地人来看，甚至笑着称他为"客"。儿童的笑问应该是无心的，但敏感的诗人听到孩子们称他为"客"，感情上肯定会受到刺激，因为他没有被视为外地人的心理准备啊！作者内心的自我定位（"主"），与这种尴尬的现实（"客"）之间形成强烈的对比，造成作者感情的巨大落差。这种感情落差，比开头两句的自我感慨更加出人意料，作者的感慨也因此变得更加深沉和强烈。前面二句是通过句子内部的对比，一步一步加深作者回乡的感慨，但无论如何感慨，作者还是认为此地是"家"，自己是回到了故乡，是本地人。但现在却被家乡的儿童视为外地人，笑称为"客"，作者无论如何是笑不起来的。作者不会哭，但心里肯定感到失落甚至悲哀。儿童脸上的笑容与作者内心的失落与悲哀，也形成一种对比。以笑写哀，其哀更甚。也许，作者也在困惑：这里到底是我的故乡还是异地他乡？我是这里的主人还是客人？故乡与异乡、主人与客人，不同的认知、不同的身份，让作者的内心纠结不已。但纠结之余，作者也未必能得出明确的答案，他的感慨只能是无限继续下去，直至他走完他的人生。这样的人生感慨该有多深！但作者高明的地方在于：他尽管感慨这么深，却不用重笔来写，而是出之以儿童的笑问，无奈中有诙谐，表现出人生的睿智，特别是末句的设问，只问不答，颇有情趣，让人回味，把作者的感慨推向高潮。孩子们的天真烂漫，老诗人的深沉感慨，都凝聚在这戏剧性的一"笑"一"问"之中。

既然作者乡音未改，村里的儿童为什么还把作者当外乡人看呢？显然那是因为作者离开家乡太久。人事代谢，很多熟悉作者的人多已去世，而孩子们出生的时候，作者远在外地，当然彼此就不认识了。这本是情理之中的事情，但作者为什么还要那么感慨呢？我们回到开头看看。作者强调自己"乡音未改"，似乎是在与"鬓毛衰"对比，感慨自己老大，但也是在强调自己是本地人。他以为凭着自己的口音，就能让儿童们把自己视为本地人。可是由于时间和空间的阻隔，孩子们之前并不认识他，因而将其视为外乡人，这跟作者的心理期待直接构成冲突——孩子们不是从乡音来看他，而是从不认识的角度来看他，说明作者离开家乡太久了，以至于后出生的孩子都不认识他，这就进一步强化了"少小离家老大回"的感慨。同时也说明，乡音未必就是故乡的证明，即使有乡音，但离开家乡太久也可能被视为异乡人。试想一下，如果孩子们进一步追问作者：既然你是本地人，为什么要离开家乡那么久呢？为什么要这么老的时候才回到家乡呢？既然这是自己的家乡，为什么不能经常回来看看呢？如果经常回来，不就不会造成误会吗？这些问题，作者能回答得了吗？越是不能回答，越是让作者感慨不已。儿童的"笑问"绝对不是取笑，而是一种无心的发现，发现了成人世界的一大尴尬。在某种程度上，作者（也包括我们这些读者）要感谢儿童，是他们帮助作者发现了自己尴尬的身份，不得不感慨人生竟然有这样的误会与错位。

贺知章的人生经历在古代并不普遍，但他的感慨具有一定的普遍性，很容易引起不同时代的人的共鸣。抗战胜利后，丰子恺回到了故乡。经历了十年的流亡生活，丰子恺重新踏上故乡的土地，不禁有恍若隔世之感。他在散文《胜利还乡记》中这样写道：

> 但我走到了寺弄口，竟无一个认识的人。因为这些人在十年前大都是孩子，或少年，现在都已变成成人，代替了他们的父亲。我若要认识他们，只有问他的父亲叫什么了。"儿童相见不相识，笑问客从何处来"，这两句诗从前是读读而已，想不到自己会做诗中的主角！

　　是啊。很多人读贺知章的这首诗，只是"读读而已，想不到自己会做诗中的主角"。但一旦成为"诗中的主角"后，一定会视贺知章为异代知音了，这跟我们是不是高龄回乡无关，也跟我们是不是处于战争年代无关。用周啸天先生的话来说就是："此诗的妙处就在于抓住生活中的偶发事件，借用无忌的童言，有力地表达出一种相当普遍性的生活经验，可谓说透人情。"

　　不过，这首诗让我们感慨的地方不仅在于它"说透人情"，还在于写出了一种尴尬的人生状态，道出了人类一种难以回避的命运，能引发人们关于"故乡"的哲学思考。相对于古人而言，现代人的流动性更强，离开故乡的可能性更大。我们离乡很久以后回到家乡，也会遇到这种被视为外地人的尴尬。除了感慨之外，我们还会思考这样的问题：我们的故乡究竟在哪里？回到"故乡"，我们的身份到底是什么？甚至我们还要追问一下自己：我们有故乡吗？如果有，为什么故乡的人不把我们当家乡人看呢？仅仅是他们的原因吗？我们对故乡的依恋是否很深？如果很深，我们为什么长久地生活在外地？为什么不能回家看看？我们愿意回到故乡吗？我们能回到故乡吗？现在我们也许是《回乡偶书》中的儿童，但我们将来完全可能成为《回乡偶书》作者那样的人——甚至所有的儿童将来都可能有同样的经历和命运，这可能也是人类的一种宿命。我们都可能在回到故乡时被看做是异乡人。虽然这不是正常的人生状态，但它越来越可能成为我们的人生常态。

　　很多人大概都有这样的经历：在自己的履历上填写籍贯时，却发现籍贯并不是自己的出生地，也不是自己从小长大的地方，所以那个籍贯在情感上谈不上是故乡。可是自己的出生地就一定是故乡吗？有些人出生后不久就离开了出生地，对出生地没有什么印象；有些人虽然在出生地长大，但出生地能认识他的人也不多，他认识的人也很有限，连个认识的人都没有，这样的出生地能算得上故乡吗？难道将来上大学、工作的地方，才是自己的故乡？可是上大学和工作的地方可能很多，难道那都是自己的故乡吗？一个人可以有很多故乡吗？似乎不大可能。但我们至少要有一个故乡啊！可是那个故乡在哪里？在爷爷老去的地方？在父亲出生的地方？在自己长大的地方？似乎都不是。这不禁让我们有些迷茫：我们找不到故乡了。可是，人类似乎在内心里永远渴望有一个故乡，渴望自己叶落归根的时候回到那里，希望自己老的时候能惦念着那里。但人类也意识到，在远离故乡的同时，也逐渐地失去了故乡，故乡变得杳远难寻了。贺知章似乎已经初步感受到了这一点，现代人想必对此感受更深。幸运的是，贺知章内心里还有个故乡，即使老了，他还能回去；让人难受的是，对于故乡而言，我们这些现代人可能永远都是过客，有的人可能永远回不了故乡，有的是"却认他乡做故乡"。更让人难过的是，现代人常常不知故乡在哪里，回故乡成为一种奢谈。人类在不断进步，但这种进步为什么要以丧失故乡作为代价呢？德国浪漫派诗人诺瓦利斯给哲学下过一个定义："哲学原就是怀着一种乡愁的冲动到处寻找家园。"这个哲学的定义也可以是文学的定义，因为文学与哲学原本是相通的。人类对哲学的探索，一如对家园的寻找，一如乡愁的冲动，都是永恒的。从这个角度来看，《回乡偶书》既是抒情的，也是哲理的；既是文学的，也是哲学的；它是人类永恒的感慨，也涉及人类永恒的思考。

如果这样来理解《回乡偶书》，我想无论从理解能力和生活经历来看，小学生都是难以接受的，但不这样来理解，我们又能把《回乡偶书》当做什么来读呢？它并没有因为写到儿童，就变成儿童诗；也没有因为写到笑，就变得充满童趣。相反，它写的是成人才有的感受，在一定程度上也写出了人类一种永恒的感慨和困惑，这样的内容安排在小学语文二年级的课本，显然是不大合适的。对于小学生而言，理解这首诗的难度不仅在于有些词语难以理解，更在于它需要一定的人生阅历作为基础。没有一定的人生阅历，读不出其中的人生感慨，最多读出一点点儿童的玩笑，但这种玩笑绝对不是作者所要表现的，也不是本诗真正感人的地方。更何况，二年级学生有的连诗的字面意思都搞不懂，也就谈不上理解诗中的感慨了。编者要么是高估了孩子们的理解能力，要么是低估了《回乡偶书》，以为它浅显易懂，浅显到小学生都能理解的地步。这显然是脱离教学实际的判断。小学语文老师处在教学一线，他们发现了问题，但他们的声音有时不能传达出来，所以问题一直存在着，而得不到解决。

那么，《回乡偶书》就不能推荐给学生读吗？如果能，又应该放在什么阶段读呢？我觉得，可以放进中学语文，即使放在高中读也不算迟，因为这首诗看上去语言浅显，其实感慨颇深。只要老师能发掘出其中的感慨，高中生读起来应该有共鸣。再说，高中生即将面临升学和工作的任务，大多数要离开家乡，让他们带着一点乡愁上路，这对他们的成长是有好处的，甚至是必要的。一个人只有离开故乡，才能知道什么叫故乡，才能真正被

《回乡偶书》所感动；一个人也只有懂得故乡，才可能产生乡愁，才可能在乡愁的基础上进一步体会和思考家国之情乃至人类的命运。也只有到了这个层次，我们才可以说他成长为一个真正的人了。

孟郊《游子吟》：母爱的绝唱

　　慈母手中线，游子身上衣。临行密密缝，意恐迟迟归。谁言寸草心，报得三春晖。

　　韩愈说孟郊的诗"刿目怵心，刃迎缕解，钩章棘句，掐擢胃肾。神施鬼设，间见层出"（《贞曜先生墓志铭》），给人的感觉是孟郊在挖空心思写诗，这跟前人喜欢说孟郊是"苦吟诗人"符合，但孟郊这首诗写得朴实无华、明白如话，丝毫不见用力的痕迹。为什么这首诗写得如此朴素呢？一是因为母爱本来就纯朴，本来就是体现在日常生活的点点滴滴上面，而不是靠新奇的场面来感动人心，不是靠夸张的动作来吸引目光。二是因为这是一首五言古诗，五古大多写得古朴，如《古诗十九首》、陶渊明的《归园田居》、孟浩然的《夏日南亭怀辛大》、杜甫的《赠卫八处士》，即使豪放如李白，他的五古如《月下独酌》也比他的七言歌行写得收敛了许多。孟郊长于五古，他的不少五古"语句寒涩"，颇见峻激之气，但这首《游子吟》是一首带有乐府风味的五古，受文体和题材的影响，作者把它写得平易近人，丝毫不见苦吟之态：前四句把笔墨集中在母亲身上，通过母亲为儿子缝衣服的细节，写出了母亲对游子远行的担忧，和希望儿子早些平安归来的心情；后二句的重点落在游子身上，写出了游子对母爱的感受，和游子的报答之心。无论是题材内容，还是语言表达，都很平常、很朴素。当然，它仍然保留着孟郊"诗从肺腑出，出辄愁肺腑"（苏轼《读孟郊诗》）的特点。也很可能是"诗从肺腑出"，所以这首诗反而不需要作者用力去写，任凭感情自然流露就可以感人至深。

　　这首诗写得如此的平易，但又特别的感人，首要的原因是作者自身的情感深厚真切，同时跟这首诗的抒情角度有关。作者从游子的角度来写母爱，而不是从在家的角度来写母爱。不从游子的角度，当然能写出母爱，母爱也可能写得很感人。但我们也得承认，母亲对游子的关爱和担心肯定超过对在家的孩子的关心。这正印证了一句俗语："儿行千里母担忧。"正如儿子远行之际母亲最为挂念，做儿子的也是在离家远行的时候，最容易体会到母爱。母亲与儿子在这个时刻最能体会到彼此之心紧紧地贴在一起，母子之间的感情在临行之际达到了高潮。作者选择这个角度来写，等于是选择母子感情的最高潮来写。抓住感情的最高潮来写，自然使得这首诗抒发的感情特别深厚感人。古诗中写母爱的作品，大多数选择从游子的角度来写，大概也因为这个原因吧。如：

（明）史可法《忆母》："母在江之南，儿在淮之北。相逢叙梦中，牵衣喜且泣。"

（清）沈受宏《忆母》："贫是儒家事，难安为老亲。遥怜负米客，长作倚闾人。夜绩孤灯暗，朝梳白发新。生男亦何益，只是累艰辛。"

（清）倪瑞璿《忆母》："河广难航莫我过，未知安否近如何。暗中时滴思亲泪，只恐思儿泪更多。"

（清）黄景仁《别老母》："搴帏拜母河梁去，白发愁看泪眼枯。惨惨柴门风雪夜，此时有子不如无。"

孟郊本人另有一首《游子》，也是从这个角度来写的："萱草生堂阶，游子行天涯。慈亲倚堂门，不见萱草花。"

但仅仅注意到这首诗从游子的角度来写，还不能完全解释它特别感人的原因。为了增强这首诗的艺术感染力，作者采用了两种艺术手法：一是比兴，一是对照。

先看比兴。一般的读者最喜欢这首诗的结尾两句，这是全诗的警句。从修辞的角度来看，这两句是比兴——通过比兴，母爱从日常生活层面升华到更高、更伟大的精神层面，避免了因为单纯描写日常生活而可能导致的琐碎。有了比兴，母爱不仅具体可感，而且得到了升华：母爱像阳光一样光辉温暖，无处不在、无时不在（朱自清《背影》等作品主要靠细节描写取胜，缺少这种升华，缺乏这样的警句）。应该承认，结尾两句比前面四句更精彩，但我们不能只看到后两句的精彩而忽视前面四句的作用，甚至觉得前面四句不怎么样。要知道，前面四句和结尾两句是一体的，没有前面四句的铺垫，结尾两句的精彩就无从体现；结尾两句的比兴，正是建立在前面四句真切的描写基础之上的，母爱因此显得可敬、可感。我们还要看到，慈母一针一线地缝制出来的衣服，游子穿在身上倍感温暖，这种温暖的感觉，可能直接启发了结尾那两句温暖的比兴。甚至前面四句写慈母的动作与心理，也隐隐约约地有些比兴的意味。开头两句用"线"与"衣"将慈母与游子联系在一起，写出母子骨肉感情。三、四两句通过慈母用线为游子细细缝衣的动作和心理刻画，深化这种骨肉之情。这些都属于日常生活细节的描写，但伟大的母爱正是通过日常生活中的细节体现出来的。这是小中见大的写法。但仔细观察一下，我们不难发现，这四句的细节描写始终没有离开线与衣，这是在启示我们：母亲手中的线正是母亲心中的思念，游子身上的衣正是紧紧地包裹游子的母爱。不需要任何的嘘寒问暖，也不需要任何的叮咛与唠叨，母亲只要握紧手中的针线，缝紧游子身上的衣服，就足以让游子感受到慈母的爱心：那一针一线，都是母亲在用心地编织着她的关爱，寄托着她的牵挂；那绵密的针线，正是慈母之心最好的写照！慈母在为游子缝补衣服，也是在为自己缝制思念与牵挂。这个生活细节是琐碎的，也是伟大的；是平常的，也是宝贵的。它不仅仅是小中见大，甚至也带点比兴的意味：线与衣的关系，不正是母亲与游子的关系吗？没有线就没有衣，就像没有母亲就没有游子一样；线与衣紧紧地结合在一起，也正如母亲与游子的心紧紧地贴在一起，象征着母亲与游子相依为命、骨肉相连的深厚情感。

再看对照：这首诗的前面四句是具体的描写，通过生活细节（游子出行，母亲给儿子缝衣）的描写，使母爱变得具体可感。作者主要采用白描手法，不作任何修饰，有的读者可能会觉得它平淡无奇。但是作者在白描中有对照，平易中见动人，慈母的形象显得真切感人。首先是线与衣的对照。一根线当然缝不了一件衣服，需要很多线才能缝好一件衣服，也正是这一针一线体现了慈母对游子的关心。其次是"临行密密缝，意恐迟迟归"的对照："临行密密缝"是希望多给儿子一份关爱，但"意恐迟迟归"又平添了一种担忧，甚至越是"密密缝"，越是担心游子"迟迟归"，这是一种矛盾的心理，但也正是这种矛盾心理，说明了慈母对游子远行的担忧。同时，通过慈母为游子缝衣的动作和心理描写，我们不难感受到他们生活的艰辛，生活的艰辛与母爱、孝心两相对照，进一步衬托了母爱的伟大与孝心的不易。古训曰："父母在，不远游。"但这首诗中的游子不得不出行，虽然家有母亲，想必是为生活所迫；游子出行的衣服，要靠母亲来缝制，可见游子生活条件一般，不能带很多的钱在外面添置新衣；而母亲缝衣服的时候是"密密缝",因为她担心游子"迟迟归",怕游子在外久了,衣服破损了,没人给他缝补,说不定就受到风寒的侵袭,这就更增加了母亲的担心,这种担心进一步说明家境之艰难、生活之不易,这一切都告诉我们这对母子生活的艰辛——这里面很可能渗透着孟郊自身的感受(如他有诗:"长为路傍食,著尽家中衣","远客夜衣薄,厌眠待鸡鸣",正可以与本诗"临行密密缝,意恐迟迟归"相印证):孟郊一生贫困潦倒,早年更是屡试不第,漂泊无依,直到五十岁才得到一个溧阳县尉的卑微之职。也正因为诗人饱尝世态炎凉,愈觉亲情之可贵。而对于这首诗而言,有了艰辛的生活做对照,母亲的密密缝与迟归之恐显得更加感人。在艰难的生活条件下,游子对慈母的报答也显得颇为不易;但即使生活困难,游子还是想报答母爱。越是没条件报答,越要报答,这种孝心就更为感人。也就是说,因为有了生活艰辛的报答,慈母之爱与游子的孝心都得到了突出的表达,增强了本诗感人的效果。明代谭元春《唐诗选评》评此诗曰:"写母子之情,极真、极隐、极痛、极尽,一字一呜咽。""极隐、极痛""一字一呜咽",已经读出了这首诗的隐痛,这种隐痛来自诗歌对艰辛生活的描写。

即使是结尾两句,也在比兴中有对照——寸草心与三春晖的对照,亦即母爱与孝心的对照:母爱像阳光一样无穷无尽,难以报答;游子的报答像寸草一样,力量有限,虽然想报答,但总觉难以报答,好像更多的还是在接受阳光的温暖照耀。寸草与三春晖在形象上有着明显的差距,这种差距突出了母爱的伟大,让人感觉到子女再怎么努力也不能报答母爱的万分之一,真是"欲报之德,昊天罔极"(《诗经·小雅·蓼莪》)。但也正是这个悬殊的对比、形象的比喻,寄托着游子对慈母发自肺腑的爱。作者以寸草心难以报答三春晖,来写游子难以报答慈母之恩,一方面写出了母爱的伟大,同时也写出了游子的报答之心,可谓母子同心。母爱加上孝心,才是完整的母爱,才是完整的孝,才是真正意义上的母慈子孝,也只有这样的爱与孝才让我们为之动容。母爱不求回报,但一定渴望回应。只有付出没有回应的母爱,是残缺的,也是不幸的,除了让人觉得悲哀,不会给人们带来温暖和感动。

不写游子艰辛,母爱与孝心就难以凸显;但一味写游子的艰辛,又让生活缺乏亮色。这首诗通过白描、比兴与对照的结合,很好地避免了这些不足。有了艰辛生活的对照,母爱、孝心显得更为温暖动人(孟郊《游子》:"萱草生堂阶,游子行天涯。慈亲倚堂门,不见萱草花。"只注重写慈母思念游子，缺乏生活的艰辛这一对照，感人的力量似乎稍逊这首诗）。有了春草与春晖的比兴，使得这首诗不是单纯地写母子生活的辛酸，而是在辛酸的同时给人以温暖。不管生活怎么辛酸，母爱永远是游子心中的甜蜜；有了母爱，游子再怎么远行，也能感受到人世的温暖和生活的希望。而前文所举沈受宏、倪瑞璿等人的忆母之作，虽然也很感人，但过多地强调了思念之苦与生活的艰辛，缺少生活的亮色和温暖感情的回旋，感情不及这首《游子吟》丰富，终不免逊色于孟郊这首《游子吟》，《游子吟》也因此成为歌颂母爱的绝唱。

这首诗题下有作者自注："迎母溧上作。"孟郊46岁才进士及第，四年后即50岁时才被选为江苏溧阳尉这一小官，随即迎母侍奉。很多人据此断定这首诗就作于这个时候。即使这个推断不错，我们也不必认定这首诗就是单纯为这次"迎母溧上"而作。因为这首诗看上去更像是游子即将远行告别慈母的作品，与孟郊回家迎接母亲的情形不合。当然，我们也可以理解为作者这次"迎母溧上"，回想起当年辞母远行的情景，融合了当年远行和这次"迎母溧上"的经历、感受而写出这样一首感人肺腑的诗作。但即使这种理解能够成立，我们还是要指出：这首诗超越了作者"迎母溧上"的具体事件，也超越了作者个人的经历与感受，诗中描写的母亲为远行的游子缝衣的情景，是日常生活中再普通不过的情景；诗中的母亲与游子也不仅仅是孟郊的母亲与孟郊本人，而是具有普遍性的意义；作为孝心与母爱的象征景物——春草与春晖，也都是永恒的，这首诗因此具有永恒的价值，成为歌颂母爱的千古绝唱。明人评价这首诗"仁孝蔼蔼，万古如新"（邢昉《唐风定》），可谓知言，道出了这首诗永恒的艺术魅力。清代康熙年间，溧阳有两位诗人又吟出这样的诗句："父书空满筐，母线萦我襦"（史骐生《写怀》）、"向来多少泪，都染手缝衣"（彭桂《建初弟来都省亲喜极有感》）现代诗人潘漠华《离家》一诗化用《游子吟》意境，可谓现代版的《游子吟》："我底衫袖破了，我母亲坐着替我补缀，伊针针引着纱线，却将伊底悲苦也缝了进去。"甚至殷秀梅演唱的《小草》、韩磊演唱的歌曲《游子吟》，也有些孟郊这首诗的影子。这些作品充分证明了这首诗"万古如新"的感人力量和永恒的艺术魅力。虽然现在的母亲不必再为游子缝衣了，但太阳般的母爱依旧存在，依旧温暖着我们每一个人——我们都是游子啊！只要想起这首《游子吟》，我们就忍不住在心里轻轻地吟诵起："慈母手中线，游子身上衣……"

杜甫《石壕吏》：平凡而又伟大的母亲

　　暮投石壕村，有吏夜捉人。老头逾墙走，老妇出门看。

　　吏呼一何怒，妇啼一何苦！听妇前致词：三男邺城戍。

　　一男附书至，二男新战死。存者且偷生，死者长已矣！

　　室中更无人，惟有乳下孙。有孙母未去，出入无完裙。

　　老妪力虽衰，请从吏夜归，急应河阳役，犹得备晨炊。

　　夜久语声绝，如闻泣幽咽。天明登前途，独与老翁别。

　　这首诗是杜甫组诗"三吏三别"中最为有名的一篇，也是写得最好的一篇。作者通过"有吏夜捉人"的悲惨事件，记载了时代动乱给一个普通家庭带来的巨大灾难，并刻画了一位平凡而又伟大的母亲形象。

　　全诗分为三部分，开头四句是第一部分（事前），中间十六句是第二部分（事件中），最后四句是第三部分（事后）。

　　第一部分交待诗人行踪及"有吏夜捉人"所引起的惊慌情景，是情节的序幕部分："暮投石壕村，有吏夜捉人。"注意一下这个"村"字。正常的情况下，应该是投宿石壕镇，但作者不用"镇"而用"村"，说明战乱年代，石壕镇已经很荒凉了甚至荡然一空，无处投诉，作者只好投宿在乡间民家；同时，偏僻的农村，正是"有吏夜捉人"的典型环境，市镇不适合"有吏夜捉人"。在交代事件的时候，作者不说"征兵""抓壮丁"之类词语，而是用"夜捉人"一语，可见事件性质之恶劣；又将"捉人"的事情设置在夜里，说明白天已经无法公开征到兵了，只好夜晚强行抓人，为的是出其不意、乘其不备。一开头就写出了一种恐怖的气氛，下面是以一个细节来写这个抓人的场景："老翁逾墙走，老妇出门看。"老翁最可能被抓，所以闻声翻墙而逃；老妇相对安全一些，留下来开门与差吏周旋。这两句连用四个动词，表现老翁老妇的迅速反映，但并不是因为他们真的动作敏捷，而是说明他们在深夜都如此警觉，可见百姓已经长期处于惊惧不安的状态。需要读者注意的是，老翁和老妇的动作，顺序不能改变，因为这可能是老两口合计的，只有这样才能使老翁得以逃脱；而老翁逃走、老妇开门，显然是需要时间的，这就使得门外的吏更加恼怒，这就自然引出了下文的"吏呼一何怒！妇啼一何苦！"

差吏因为半天都没人开门，非常恼怒，不禁怒叫，老妇人哭哭啼啼地回答他们的追问。句中一呼一啼，一怒一苦，形成强烈的对比，突出了双方尖锐的冲突——"吏呼一何怒"，这是不顾人民的死活，硬要"捉"；"妇啼一何苦"，这可能是对吏心存幻想，以为自己的哀嚎能够免于被"捉"。放在一起，不仅是为了构成对比，也是因为后者与前者有内在的联系、直接的联系：正是因为有吏的怒呼，才有老妇人的苦啼啊。以下专门写老妇人的哭诉。"听妇前致词"领起以下十三句，这十三句三次换韵，自然形成三个层次。"三男邺城戍，一男附书至，二男新战死。存者且偷生，死者长已矣"这五句为第一层，针对差吏第一次关于"你的儿子到哪去了"之类的逼问，叙说三个儿子都参加了邺城的战争，一个儿子来信说，另两个儿子刚刚牺牲。活着的虽能苟且偷生，但也是活一天算一天，而死去的就永远死去了。老妇人先讲三个儿子的事，是企图以一家人的惨痛遭遇打动差吏，但吏能被她打动吗？"室中更无人"四句为第二层，针对差吏第二次关于家中其他人的逼问，诉说家中再没有其他人了，只有一个还在吃奶的孙子和衣不蔽体的儿媳妇。又是"更无"，又是"惟有"，老妇人生怕儿媳妇被发现、被抓走的心理顿时跃然纸上；之所以先说出"有孙"、再说"母未去"，也是为了保护媳妇，而为了保护媳妇，只有先抬出幼小的孙子，希望借此转移吏对家人的注意力，希望差吏因为同情"乳下孙"而放过这个家庭；而一句"出入无完裙"，让人觉得"存者且偷生"反而不如"死者长已矣"，让人觉得死是一种解脱，是一种幸福，这不就是一种生不如死的感觉吗？这不就是挣扎在死亡的边缘吗？做母亲的尚且"无完裙"，那个"乳下孙"的情况自然可想而知——再说那个"无完裙"的母亲能保护好、能养大那个"乳下孙"吗？很可能养活不了。读到这里，我们这些读者也忍不住要"苦啼"，岂止是"妇啼一何苦"。"老妪力虽衰"四句为第三层，针对差吏不肯罢休而言，差吏一定要捉人，老妇只好挺身而出，跟他们去河阳的部队，以应一时之急。这当然不是老妇有什么高尚的爱国主义精神，而是她被逼无奈的举动，不仅是为了保全老翁，也是为了保全媳妇和孙子。

最后四句是第三部分，写事件的结束和诗人的感受。"夜久语声绝，如闻泣幽咽"，老妇被抓以后，再也没有说话声，夜晚寂静得可怕，仿佛听到哽咽的哭泣声。这种哭泣声也许是老妇人被抓走以后，作者感到她的哭声犹在耳边回响；但也许是老妇被抓走后，媳妇想起婆婆，想到战死的丈夫以及将来的命运等，因而哭泣，又因为有客人住在家中，不便放声大哭，只能是"泣"。总之，这个"泣"是这一家人不幸的哭诉，虽然没有眼泪，但比泪流满面更让人辛酸、更让人痛心。"天明登前途，独与老翁别"，天亮后，诗人上路，只与老翁一人道别，显得格外凄凉。"独"字暗示了诗人无言的悲哀，也说明老妇人的最终结局是被抓走。有人指责作者对这一家人的不幸无动于衷，但作者目睹人间这样的惨剧，又能说些什么？这位老翁不仅失去爱子，也失去老妻。他的不幸是全家的不幸，也正是时代的不幸。面对这种不幸，作者又能做些什么？如果能做的话，老妇人也不至于连夜被抓走。那么，只剩下安慰。可是，面对这种不幸，安慰又能起到什么作用呢？作者还能与老翁说些什么呢？我想杜甫只能是无言。他心里只有痛，痛得话都说不出来。

这首诗通过这个家庭的不幸来写时代的不幸，而这个家庭的不幸又集中体现为这个老妇人的不幸。在这个家庭当中，老妇人承受的伤痛最为巨大。为了保全自己的家，她连自己都奉献出去了，但仍然挽救不了家庭覆灭的命运。我们可以试想一下这户人家的最终结局：没有了老妪，也就少了一个与吏周旋的人，老翁最终也要被抓走；没有了老翁，儿媳也将走投无路——她想一个人带着孩子活下去，在这个兵荒马乱的年代该是何等的不易；即使想嫁人，她也无处可嫁，因为男子都出征或已战死。没有了儿媳，"乳下孙"也将饿死。可见这个家庭的最终结局是走向毁灭。这个老妪辛辛苦苦地把子女养大，最终却看着自己的孩子一个个战死沙场，又听到自己年幼的孙子被活活被饿死（假如她还有这样的机会），那该是多么悲痛的事情！她本来想通过牺牲自己的方式来保全这个已经残缺的家，到头来却发现家已经荡然无存了。这是人间的惨剧！但正是这场人间的惨剧，让我们见证了一个母亲的伟大！这个母亲可能不是伟大的爱国者，但她一定是个伟大的母亲。她是那样热爱自己的家，热爱自己的孩子，甚至也热爱自己的国家——因为她也为灾难中的国家奉献了好几个儿女。为了保护自己的家（哪怕是已经残缺的家），为了保护自己的骨肉，她甚至愿意挺身而出，献出自己的生命！她的挺身而出，即使不能说是出于爱国之情，至少也是舐犊情深。这样一位普通的母亲，因为她有牺牲精神而变得伟大起来。

　　只是，这个母亲的光辉形象建立起来了，而国家的形象却暗淡下去了。这个母亲无负于这个国家，甚至对这个国家有过巨大的贡献与牺牲（包括她的儿子和她自己），但这个国家并没有给她奉献一点点温情，最后连她那个破碎的家也给葬送了。这个国家的形象在这个母亲的心中暗淡下去了，在后世读者的心中也变得阴暗起来。

王之涣《登鹳雀楼》：站在时代的高度

白日依山尽，黄河入海流。欲穷千里目，更上一层楼。

《登鹳雀楼》是王之涣的代表作，是唐诗中的名篇，也是今天的读者从幼儿园阶段就耳熟能详的经典。它是那样的浅显易懂，浅显到幼儿园的小朋友也能背下来；但它又是那么经典，经典到即使放在篇幅最小的唐诗选本中也不难见到它的身影。一首浅显的诗，何以这么经典？这真是一个值得思索的问题。

是因为鹳雀楼很有名，因而这首写鹳雀楼的诗也就容易出名吗？当然不是。对于很多读者而言，鹳雀楼之所以有名，完全是因为王之涣的这首诗。也就是说，鹳雀楼原本不是什么了不起的建筑，这首诗不是因为鹳雀楼而有名的。作者描写的鹳雀楼本身并不怎么样，但作者的描写非常出色。可是，这究竟是怎样的一种出色呢？无独有偶的是，稍晚于王之涣的畅当也写了一首《登鹳雀楼》："迥临飞鸟上，高出世尘间。天势围平野，河流入断山。"我们不妨把它拿来与王之涣的诗对照一下，说不定能发现个中原因。

应该说，畅当的诗也写得不错，所以在古代也得到一些好评。但即使是这样的一首好诗，我们发现它跟王之涣的同题之作还是有差距的。仔细玩味二诗，我觉得王之涣句句不离鹳雀楼，但又能跳出来，全诗读起来很有气象，而畅当的诗只停留在对鹳雀楼本身和登楼所见景物的描写上，虽然就描写而言，不失生动，也不乏气势，但缺少气象。

接下来的问题是，同样的题材，差不多同一个时代，气象上怎么差距这么大呢？原因当然是多方面的，有作者个人的精神、胸襟等因素，也与作者的艺术修养有关。就艺术因素而言，王之涣的诗之所以有气象，是因为它在描写上实中有虚，虚实结合。

作者置身于鹳雀楼上，但不是一味描写鹳雀楼——很可能鹳雀楼本身没有什么特殊，更大的可能则是因为作者在鹳雀楼上看到了比鹳雀楼本身更壮观美丽的景象。"白日依山尽，黄河入海流"是作者登楼所见所想之景，而不是鹳雀楼自身的景色。试想一下，白日、黄河、高山、大海等意象组合在一起，景色何等壮观。它已经超出了一楼之景，而是放眼整个山川，体现出一种宇宙的眼光，宇宙的情怀。这种艺术效果是"迥临飞鸟上，高出世尘间。天势围平野，河流入断山"所没有的。究其原因，是因为王之涣的描写并非纯粹的实写，而是虚实结合，实中有虚。"白日依山尽"也许是实景，但"黄河入海流"却不完全是实景，因为鹳雀楼离黄河的入海口还远着呢。鹳雀楼再怎么高，也不至于让作者看到黄河的入海口。所谓的"黄河入海流"之景，虽然有一定的依据（黄河毕竟要入海的），但它出现在这首诗中，是作者借助想象写出来的。如果不借助想象而纯粹靠实写，作者大概只能写出"黄河流远方"或是"河流入断山"之类的句子，气象上就逊色多了。

如果说一二句是实中有虚，那么三四两句则更多的是虚写，但更有气象。一二两句所写之景已经很壮观了，但作者还不满足，因为他发现了比这更壮观的景象，那就是再登一层楼之后所见之景。那个景色作者当然看到了，但是聪明的作者并未如实写出，这既是难以如实写出，也是创作上留有余地的需要。试想一下，如果作者真的写出了再上一层楼之后所见之景，读者们未必觉得比一二句更壮观，就会失望，甚至连同一二句带给读者们的震撼都被破坏，那不是很可惜吗？不过，作者未必是不敢冒这个险，而是因为他知道不实写，而把想象的空间留给读者，艺术效果更好。的确，正是因为作者留下了这个想象的空间，使得这首诗在艺术上达到了一个极大的升华，它把读者从一二句的壮观带到更壮观的境界，使人对那种更加壮观的境界充满无限的向往，至于那个更加壮观的景色究竟是怎样的景色，倒是没有必要说出来，读者完全可以借助自己的想象去体会，而且越体会，越觉得壮观美丽。

相比之下，畅当的诗实写的成分太多，虚写的成分较少，全诗给读者留下的想象余地不大，更缺乏升华的内容。所以它尽管不失生动，不乏气势，但在整体气象上还是不能与王之涣的诗相比。同是写庐山瀑布，李白与徐凝的诗也有类似的差别。李白的《望庐山瀑布》："日照香炉生紫烟，遥看瀑布挂前川。飞流直下三千尺，疑是银河落九天。"徐凝的《庐山瀑布》："虚空落泉千仞直，雷奔入江不暂息。千古长如白练飞，一条界破青山色。"徐凝笔下的庐山瀑布不能说不生动形象，但要是跟李白笔下的庐山瀑布相比，就显得逊色多了。徐凝写庐山瀑布太实、太板，没有什么特色、个性，作者似乎只满足于把它写得形象具体就可以了；而李白的诗却是越到后面越出色，"疑是银河落九天"纯粹是虚写，但它属天才的想象，给诗歌带来了神奇的夸张和比喻，也升华了全诗，把读者带到一个神奇而充满力量的境界，使人叹服大自然的力量，也叹服作者的艺术力量。徐凝用白练来比喻瀑布，虽然形象，但无论如何是比不上银河之水更有光彩，更比不上银河之水从九天落下的气势、力量。李白不仅写出了庐山瀑布的风采，也写出了"谪仙人"的个性。这说明，诗歌在写景的时候固然要做到形象生动，但好的诗歌从来不满足于这个层次，它一定要借助想象、虚写等艺术手段，以实现艺术上的升华，从而把读者带到一个更高的艺术境界。

对同一个对象加以描写，作品之间出现巨大差别，表面上是艺术的原因，但从更根本的原因来说，是作者的个性、精神在起作用。王之涣、李白的诗歌超越别人，显然是因为他们的个性更鲜明，精神境界更高。就王之涣的诗歌而言，我们不仅能感受到境界之壮阔，也能感受到诗人个性之鲜明。开头两句就让人看到他是在与整个山川乃至整个宇宙进行对话，这足以见出诗人的心胸阔大。"白日依山尽"写的不是一个刹那，而是一段时间，因为白日依山而尽是一个过程；再说，"白日"一词说明作者欣赏的并非落日残阳，而是光辉明亮的阳光，这即使不是正午的阳光，也应该是午后的阳光，而不是暗淡的黄昏落日。从白日到成为依山而尽的黄昏落日，需要一段较长的时间，这说明诗人目睹壮丽的山河景色是全神贯注的，以至于不知不觉之间，一轮白日逐渐依山而尽。于此，我们不仅见出了诗人在跟山河进行精神上的交流、沟通，也看出了作者对山河的壮美之景是何等的目注神驰。三四两句进一步说明了作者不满足于现状的个性，即使现状已经不平凡了。诗人有这样的个性，当然能跳出事物的表象，进入到更高的精神层次，所以他能把诗歌升华到更高的境界，把读者带到更壮观的天地。

不过，一味强调诗人的个性，很容易让人觉得他们是天才，天才超越一般诗人似乎是理所应当的事情。我们很难排除王之涣、李白等人的天才，但过分强调他们的天才因素，还是不能完全解释他们在艺术上的成功。毕竟，再怎么天才的诗人，也是时代的产物。盛唐的诗歌普遍在境界、气象上超越其他时代，在很大程度上就是时代的产物，不完全是天才的原因。

当我们读到李白的诗句"登高壮观天地间，大江茫茫去不还""黄河之水天上来，奔流到海不复回""黄河落天走东海，万里写入胸怀间"，我们还会惊讶于李白写出"飞流直下三千尺，疑是银河落九天"这样的诗句吗？当我们读到这样的盛唐诗歌："山随平野尽，江入大荒流""会当凌绝顶，一览众山小"，我们还会特别惊讶王之涣的"白日依山尽，黄河入海流。欲穷千里目，更上一层楼"吗？把这些盛唐诗歌联系起来读，我们发现它们都是那样的气象浑厚、壮阔。这说明盛唐是一个特别有气象的时代，怪不得诗歌史上要用一个专有名词"盛唐气象"来形容这个时代的诗歌。这种气象是从陈子昂的《登幽州台歌》中发展起来的，但比陈子昂少了一份寂寞，多了一份兴会。置身于"盛唐气象"之中，王之涣写诗当然就显得跟其他时代的诗人不一般了。这也说明时代给予正逢其时的诗人以高度，所以他们登高望远之际，总是胸襟阔大，精神飞扬。王之涣正是站在时代的高度上（而不仅仅是鹳雀楼的高度），发现了天地山河之美，把握住了时代的主旋律，并把这些融合在诗里面，由此形成一种浑厚阔大的气象。这是其他时代所没有的气象，也是其他时代的诗人创造不出来的气象。有了这种气象，盛唐诗人就显得超拔于一般的诗人，鹳雀楼的高度也在不经意中增加了，显得跟一般的建筑不一样——人与建筑的高度在这个特定的时代似乎都得到了一种提升。

顺便提一下，比王之涣年代更靠后的中唐诗人李益有一首诗《同崔邠登鹳雀楼》："鹳雀楼西百尺樯，汀洲云树共茫茫。汉家箫鼓空流水，魏国山河半夕阳。事去千年犹恨速，愁来一日即为长。风烟并起思归望，远目非春亦自伤。"无论从写景之壮阔，还是从境界之高远，都比不上王之涣的诗；至于"远目非春亦自伤"的感伤之情，甚至带有晚唐诗歌的特点，自不能与王之涣的兴会淋漓相比。可见，不同时代的人即使登临同一个地点，所见所感是大不相同的。

孟浩然《过故人庄》：田园与友谊的颂歌

故人具鸡黍，邀我至田家。绿树村边合，青山郭外斜。

开轩面场圃，把酒话桑麻。待到重阳日，还来就菊花。

《过故人庄》是孟浩然田园诗的代表作，既写出了优美的田园风光，也写出了朋友之间朴素真挚的友谊。毫无疑问，"绿树村边合，青山郭外斜"的轻抹淡描让我们看到优美的田园景色，鸡黍、场圃、桑麻这些平常景物，也让我们在似曾相识中感受到田园的气息。但本诗作为一首著名的田园诗，一般读者会把注意力放在田园景色的描写方面，而忽视了作者对友谊的描写。

实际上，作者在描写田园风光的同时，始终没有忘记对友谊的描写。开头"故人具鸡黍，邀我至田家"，一邀一至，绝不客套，亦无须设防，这就写出了作者与朋友之间真诚朴素的友谊。这个开头似乎太平淡无奇了，但朴实的关系，朴实的邀请，只能用朴实的笔调来写。更为重要的是，诗人能在朴实的语言中蕴含着丰富的内涵。如果我们稍微考察一下"鸡黍"一词的来历，我们不难感受到作者与朋友之间的真挚友谊。《论语·微子篇》曰："杀鸡为黍而食之。"这可能是"鸡黍"一词最早的出处了，"鸡黍"一词由此与田家、与隐逸结缘，以至于陶渊明的《桃花源记》里也有"便要还家，设酒杀鸡作食"这样的描写。在孟浩然之前，还有一个著名的"鸡黍之约"的故事：汉代的张劭和范式同在京师太学学习，成了好友。两人分别时，范式说两年后去探访张劭，两人约好了一个日期。两年后，约定的日子快到了，张劭告诉母亲：好朋友范式要来，应该好好接待他。张劭的母亲说："两年前的约定，人又在千里之外，他会如期赴约吗？"张劭说："范式是最守信用的人，他一定会来的。"母亲尽管半信半疑，但还是杀鸡做饭，准备了丰盛的饭菜。范式果然在约定的日子来拜会。"鸡黍之约"故事还有一个感人的情节：后来，张劭得了重病，临终时跟身边的朋友叹息："范式是我们的好友，临终不能见他，是我的恨事。"张劭死后，范式做了一个梦，梦见张劭告诉他自己死了，定于某日下葬，不知好友能否来送一程。范式醒来悲泣，请假奔丧。据说，张劭的棺木准备放下墓穴时，却重得抬不动。他母亲抚棺说："孩子，你是在等你的好朋友么？"便叫大家等一会儿。这时，范式素车白马飞驰而来，他对棺祝祷："行矣元伯，死生路异，永从此辞。"情辞悲切，大家也洒泪不已。在范式的引导下，棺木缓缓放入墓穴。因为这个故事，"鸡黍"一词又跟友谊结缘。我们很难说孟浩然写《过故人庄》时一定用了典故，但由于典故本身的影响力与感染力，读者很容易将这首诗与那些典故联系起来。更何况，这首诗本来就是在写田家及友谊，题材与主题的相似，很容易让我们将这首诗与历史上有关"鸡黍"一词的典故联系起来，从而丰富这首诗的内涵。退一步说，就算读者联想不到这些典故，只要想到朋友的田家身份，就能感受到这顿鸡黍宴是多么的难得——如果不是招待尊贵的客人或者特别要好的朋友，哪个田家舍得拿出鸡黍来招待啊？呈上一顿鸡黍宴，让我们感受到了田家的淳朴和友谊的深厚。

即使是"绿树村边合，青山郭外斜"这样纯粹的景色描写，也起到了烘托友谊的作用。朋友居住的这种环境，的确给人一种隐逸的感觉（村庄自成一体，与城郭保持着若即若离的关系）；作者在赴宴途中流连这样的田园风光（说明他不是直奔鸡黍去的），也说明他对隐逸生活的认可，由此见出二人的友谊建立在共同的生活趣味的基础上，而不是作为利益共同体走到一起的。这不就是人间最真挚、最淳朴的友谊吗？

"开轩面场圃，把酒话桑麻"两句写宾主饮酒交谈，表现了宾主之间的相投。"开轩"自是一个随意的动作，就像"话桑麻"是随意的交谈一样，体现了宾主之间的不拘客套、不拘形迹，但这个动作也是一个有意味的动作。这个动作把窗外的景色引到室内，吸入眼帘，让人看到更丰富的田园景色（吸入眼帘的当然有场圃，但也可能有桑麻，要知道桑麻是种在轩外的），否则的话，举目所见皆为鸡黍和酒，岂非一对酒肉之徒？试想一下，宾主举杯之际，话桑麻时不可能不看看窗外的风光，不可能不谈及场圃及其他的景物。可见开轩之后，谈话的内容也变得丰富起来了，场圃、桑麻等成为他们交谈的对象（甚至成为他们的听众）。更为重要的是，通过这扇打开的窗户，我们也能听到他们的交谈。他们是打开窗户说亮话，不谈宦海浮沉、勾心斗角，不谈人世沧桑、世态炎凉，所谈无非田家之事而已，这不仅摆脱了世俗与功利，而且给人带来愉悦之感，这就在展现田园风光的同时，也写出了宾主之间的友谊——他们的友谊和田园生活一样的纯朴而美好。"开轩"说明他们根本就不用担心被人偷听。他们对外部世界没有什么戒备，也无需戒备，这是因为他们相信外部世界和他们的心一样纯洁（当然也是因为他们谈的内容本身没有什么不能向外公开的内容），这就在写宾主友谊的同时写出了田园世界人际关系的和谐美好。甚至，我们还可以有这样的联想：宾主开轩对谈，未必是让我们能听到他们谈话的内容，而是说给窗外的农家景物听的，似乎那都是他们的听众和知音，这就不仅写出了人与人之间的和谐，也写出了人与自然之间的和谐。宾主之间固然是知音，人与自然之间何尝不是知音的关系？一个在谈，一个在听，是那样的无声，又是那样的有情。他们互为知音，互相欣赏着！"轩"在这里简直成了一个心灵的窗户，"开轩"在这里几乎成了敞开心扉的代名词——既是宾主之间敞开心扉的交谈，也是人与自然的无声交流，它不仅丰富了人的生活世界，也丰富了人的精神世界，使人在美好的田园风光和人情世界里获得极大的放松，从而得到一种精神的自由和愉悦。

至于结尾"待到重阳日，还来就菊花"，作者差不多是反客为主，主动提出下次来访，而不像开头那样等待主人之"邀"。这看似反常的举动，进一步说明了这次做客宾主之间相见甚欢，他们的友谊得到了进一步的加深，以至于要摆脱一切俗套，不拘形迹。这不是对真挚友谊的最好写照吗？下次来访，尽管主人免不了要再次奉献一顿鸡黍宴，但这决不是来访的目的。作者之所以把下次来访的时间定在重阳日，为的是和朋友一边饮酒一边赏菊，这就在平凡的生活中透露出高雅的情趣。这不仅丰富了田园生活，也升华了他们的友谊。因此，我们说《过故人庄》不仅是田园的颂歌，也是友谊的颂歌，它在描写了优美田园风光的同时，也展现出一种朴素、纯洁的友谊。

从题材和主题来看，孟浩然的田园诗与陶渊明的作品之间有一定的渊源。就本诗而言，我们还能看出二者之间的直接联系。比如"把酒"句，脱胎于陶渊明《归园田居》其二："相见无杂言，但道桑麻长。"当然不仅是语言形式上的借鉴，也是精神上的呼应和回响。还有结尾两句。有人可能觉得，重阳有赏菊的习俗，所以菊花和重阳结合在一起很自然，当无深意。其实不然，写重阳的诗中，王维《九月九日忆山东兄弟》仅举"茱萸"，杜甫《登高》则写"落木"，即便是孟浩然自己，《秋登兰山寄张五》

"何当载酒来，共醉重阳节"，也未写到菊花。可见重阳与菊花在当时并不构成固定搭配。此处言菊，当有寓意。自从陶渊明的"采菊东篱下，悠然见南山"，把菊花与隐逸、与田园结合起来，菊花由此形成了一种象征意义，象征着人的品格、情趣的高洁。因此，我们不能排除结尾两句受到陶渊明的影响。

不过，即使孟诗与陶诗之间存在诸多的联系，我们还是觉得二者的差别很明显。首先，孟浩然在田园风光的描写中加入友谊的成分，丰富了田园生活的描写，也使得隐逸生活不至于那么孤单寂寞，这应该视为孟浩然对田园诗的一大发展。反观陶诗，虽然写出了田园风光的美好，但总让人觉得有些冷清。"绿树村边合，青山郭外斜"写的是隐居环境：村庄自成一体，跟外界保持一定的距离，但这种距离不是让人走向深山老林，而是离郭不远，可见其隐居是隐在一个临界点上——既摆脱世俗，又有生活气息。陶渊明的隐居是远离城市的，虽然隔绝了车马喧，但不免显得生活孤寂冷落。就拿与《过故人庄》比较接近的《归园田居》其二来看，虽然也有"时复墟曲中，披草共来往。相见无杂言，但道桑麻长"的田园风光，但毕竟是"野外罕人事，穷巷寡轮鞅。白日掩荆扉，虚室绝尘想"。"白日掩荆扉"虽然掩去了很多的俗人俗事，但也掩去了不少志同道合的乐趣，比不上"邀我至田家"的宾主相投。其次，孟浩然笔下的田园生活透露出一种富足自在的时代气息，这与陶诗时不时流露出的生活艰辛很不相同。《归园田居》其二在写"桑麻日已长，我土日已广"之后，紧接着写"常恐霜霰至，零落同草莽"，流露出对收成的担心，见出隐居生活的艰辛。在艰辛的生活中隐居，固然见出作者个性的坚定，但由于生活条件的限制，个性不免受到束缚。陶渊明虽然爱好饮酒，但他无法享受到"把酒话桑麻"的乐趣，只能是清谈式的"但道桑麻长"。和平富足的时代给孟浩然提供了更好的隐逸条件，更好的隐居条件又为孟浩然释放个性提供了必要的物质基础，因而孟浩然的田园诗更能见出生活的丰富多彩和人物个性的多样呈现：他们用不着担心庄稼的收获，用不着品味生活的苦涩。他们可以欣赏田园风光，可以倾心交谈，可以推杯换盏，可以悠闲，也可以高雅。

当然，任何一个时代都可能有田园的颂歌、友谊的颂歌。但同样是田园的颂歌、友谊的颂歌，不同时代的作品折射出的是不同的时代色彩。这首《过故人庄》在歌颂田园与友谊中，折射出的是盛唐时代和平安宁的气象。我们将它与杜甫在安史之乱时期写的一首有名的诗歌《赠卫八处士》

比较一下，就更能感受到这一点：

> 人生不相见，动如参与商。今夕复何夕，共此灯烛光。少壮能几时，鬓发各已苍。访旧半为鬼，惊呼热中肠。焉知二十载，重上君子堂。昔别君未婚，儿女忽成行。怡然敬父执，问我来何方。问答乃未已，儿女罗酒浆。夜雨剪春韭，新炊间黄粱。主称会面难，一举累十觞。十觞亦不醉，感子故意长。明日隔山岳，世事两茫茫。

杜诗中的"处士"与孟诗中的故人身份相差不大，都是在农村生活，所以两首诗都写到了田园生活，如杜诗中有"夜雨剪春韭，新炊间黄粱"，一如孟诗中的"开轩面场圃，把酒话桑麻"。同时这两首诗也都是友谊的颂歌：在乱离之中能见到友人，特别是在雨夜接受友人"剪春韭""新炊间黄粱"的招待，无疑让杜甫感受到友谊的温暖。春韭黄粱可能比不上"鸡黍"，但在那个动乱岁月中能提供这些也算难得，特别是联系到这些东西，是朋友让孩子冒着夜雨去准备的，想必杜甫看到那带雨的春韭，不会无动于衷。但即使这两首诗有这么多的相同，读起来给人的感觉仍是大为不同，原因就在于作品产生在不同的时代，折射出不同的时代氛围。杜甫写的是乱离时代的友谊与田园，所以在令人感动的同时也给人以辛酸之感；而孟浩然写的是盛世时代的友谊与田园，所以读起来感觉是轻松与愉快。

这种区别在主客之间的举杯交谈的场面中能感受到——在杜诗中，主客之间的交谈是"世事两茫茫"，感慨的是"儿女忽成行""鬓发各已苍、访旧半为鬼"，这就没有"把酒话桑麻"的悠闲心情了；主客之间的举杯"一举累十觞""十觞亦不醉"，不是写彼此酒量大，而是要借酒来压制一下彼此见面时感情的沉重——"主称会面难""世事两茫茫"中的"一举累十觞"，哪里有"开轩面场圃，把酒话桑麻"的悠闲；"访旧半为鬼，惊呼热中肠"，使得这种乱离中的相遇，更觉沉痛。

这种差别在两首诗的结尾处也能看出来：孟诗"待到重阳日，还来就菊花"，在写完见面的愉悦之后，又展示了对未来美好的期待；而杜诗"明日隔山岳，世事两茫茫"，则是对未来命运不定的感慨，使这次见面带有一种诀别的味道，不免让人痛心。

总之，田园还是那个田园，友谊还是那个友谊，但彼此交谈的内容、把酒的姿态、对未来的态度都变了，折射出的时代氛围也就不同了。当孟浩然平淡地告别这个故人庄时，时代还给他留下了无穷的回味和美好的期待；而当杜甫告别这座田园、告别这个友人时，我们感到他已告别了孟浩然所处的那个宁静和平的盛唐时代，他的未来是一个世事茫茫、难以预料的时代。这种平淡与沉痛的差别，是诗人风神的差别，也是时代心理的差别。

李白《黄鹤楼送孟浩然之广陵》：一次浪漫的送别

故人西辞黄鹤楼，烟花三月下扬州。孤帆远影碧空尽，惟见长江天际流。

《黄鹤楼送孟浩然之广陵》是李白的名篇，也是唐诗中的经典。一般人读这首诗，很容易从题目入手推测作者写的是其与朋友之间的惜别之情，而诗歌正文也的确抒发了李白与故人孟浩然之间的深厚情谊。但仅仅读出这种感情，还是没读出这首诗特有的感觉。在我来，这首诗跟一般的送别诗不同，它写的是一种特别浪漫的送别，不仅没有很多送别诗的感伤情味，而且在抒发作者与友人之间的惜别之情的同时写出了作者的一种神往之情。为什么说这首诗写的是一种特别浪漫的送别呢？这跟这次送别涉及的人物、时间和地点都有关系。

人物：这次送别涉及的两个人物都是比较浪漫的诗人。李白作为中国最著名的浪漫主义诗人自不待说（李白写这首诗的时候，正当年轻，更容易产生浪漫的感觉），即使是孟浩然，虽然并不以浪漫诗人著名，但他作为盛唐著名诗人，又怎么会不浪漫呢？盛唐本就是一个浪漫的时代，盛唐诗歌大多充满浪漫的情调。置身于这样的时代氛围中，孟浩然的诗歌自然充满浪漫气息，我们读他的名作《过故人庄》《春晓》不难感受到这一点。那种田园气息，那种淳朴的友谊，都带着一种浪漫的生活情调。孟浩然比李白年长十多岁，这种浪漫的感觉自然会传到年轻的李白身上。在李白的眼里，孟浩然几乎成了浪漫的化身，我们不妨看看李白的诗《赠孟浩然》，看看孟浩然给李白留下的印象何等美好："吾爱孟夫子，风流天下闻。红颜弃轩冕，白首卧松云。"李白称孟浩然为"孟夫子"，不完全是出于尊敬，恐怕也有崇拜的意思。"红颜弃轩冕，白首卧松云"则把孟浩然的隐居生活写得如神仙般美好，其中不无美化的色彩，但也充分说明李白对孟浩然有一种崇拜的心理。当年轻的李白遇到这样一位浪漫的、几乎被李白仙化的前辈诗人，其心可想而知。当作者在送别的时候称孟浩然为"故人"时，我想他已经带有这种感觉了；而当作者用"故""远""惟"这些词语来突出孟浩然及其所乘之舟，渲染自己在江边久伫之情，心里涌动的何止是不舍之情，也有一种羡慕和向往之意。所以作者目送孟浩然乘船远去直至消失在天际，仍然伫立江边，久久不愿远去，他的心也和孟浩然一起走了。

时间：从大的方面来说，这次送别恰好遇到了盛唐这样一个繁华的时代（孟浩然卒于开元年间，本诗亦作于开元时期，那正是盛唐最好的时代）。这样一个时代在唐人和后人的印象中一直是浪漫的，特别是这个时代出现了一大批浪漫诗人，他们以其浪漫的诗篇诗化了那个伟大的时代，以至于盛唐时代给人的浪漫感觉更为强烈。后代的读者读这首诗的时候，自觉或不自觉地都会把这种感觉带进这首诗里，特别是这首诗出自李白之手，而李白作为中国最著名的浪漫主义诗人，也最有资格代表那个浪漫的时代，所以后人差不多是带着对盛唐整个时代和对李白所有诗歌的浪漫感受来读这首诗。从小的方面来说，这次送别发生在春天，这是春天的送别。春天给我们的感觉美好，更何况这是在烟花三月的时候，那是春天中的春天，是春天最美丽最浪漫的季节。作者用"烟花"一词来修饰"三月"，就是要唤醒人们对阳春三月的美好感受，并带着这种感受来想象这一次的送别。实际上，烟花三月的美景属于整个长江中下游地区，也就是说，从黄鹤楼到扬州，孟浩然差不多是一路都在欣赏烟花美景。这对李白来说，该有多大的诱惑力啊！

地点：这次送别涉及两个地点，一个地点是黄鹤楼，一个地点是扬州。这两个地点都很特殊，因为它们都能让人产生浪漫的感觉。先看黄鹤楼。黄鹤楼现在之所以出名，很大程度上是因为李白的这首诗（当然，崔颢的《黄鹤楼》也有一定的功劳）。但在李白那个时代，黄鹤楼已经很出名了，那是因为关于黄鹤楼有个美丽的传说（见《齐谐记》）。这在崔颢的《黄鹤楼》一诗中已经暗露端倪："昔人已乘黄鹤去，此地空余黄鹤楼。黄鹤一去不复返，白云千载空悠悠。"诗中的"昔人"是一位仙人，他曾驾鹤路经此地，后驾鹤离开。可见，黄鹤楼跟仙人有缘，这自然给这座楼增添了一种神话色彩，更让人怀想了。也许，李白置身此地给恍如仙人的孟浩然送别，觉得孟浩然这次下扬州，跟传说中的那位仙人驾鹤远去有点类似。这种感觉当然很美好，也造成李白送别时的心情更带有些向往的成分。

再看看扬州。那当然更是让人神往的地方。从六朝到隋唐，扬州不仅是江南名城，也是全国大都市。诗题中的"广陵"指的也是扬州（扬州的古称，天宝元年又改扬州曰广陵郡）。作者在标题中没用"扬州"这个名称，倒不是为了避免与正文中的"扬州"重复，恐怕是在暗示读者：扬州是一个有着悠久历史的名城。这自然增加了人们对它的向往之情。当然，扬州在六朝乃至隋唐不是仅仅作为历史名城吸引人们，也是因为它的繁华与美丽在人们的心里留下了美好的印象，在很大程度上扬州就是一个像三月烟花一样美丽的城市。六朝有部志人小说记载了这样一件事："有客相从，各言所志。或愿为扬州刺史，或愿多赀财，或愿骑鹤上升。其一人曰：'腰缠十万贯，骑鹤下扬州。'欲兼三者。"（《殷芸小说》卷六）这个故事中两次出现"扬州"，可见扬州在六朝人心目中的地位。这种情况即使到了中晚唐也没有太多变化。我们看看中晚唐诗人笔下的扬州："天下三分明月夜，二分无赖是扬州。"（徐凝《忆扬州》）、"春风十里扬州路，卷上珠帘总不如。"（杜牧《赠别》）张祜甚至不无夸张地说："人生只合扬州死，禅智山光好墓田。"（《纵游淮南》）甚至到了南宋，著名词人姜夔还在词中这样赞美扬州："淮左名都，竹西佳处。"（《扬州慢》）可想而知，盛唐时期的扬州该是多么繁华美丽啊！根据唐人的记载，除了长安和洛阳之外，全国没有哪个城市超过扬州，包括苏州、杭州这些著名的城市。直到近现代，朱自清在提及扬州时，还在散文中自豪地说："我家跟扬州的关系，大概够得上古人说的'生于斯，死于斯，歌哭于斯'了"（《我是扬州人》），可见扬州之令人神往。

正是因为黄鹤楼和扬州特别容易引起人们的浪漫和向往之心，所以作者在诗中特地加以点明。一则曰"辞黄鹤楼"，一则曰"下扬州"，之所以特别点出这些地方，是因为这些地方不单单是个地名，而且带有特别的气氛。要知道，不是所有的送别诗都要点明地点的，那得根据作者抒情的需要，如果送别的地方不是特别引发人感触，作者未必关注到地名，比如高适的《别董大》，作者只关注送别的对象，不关注送别的具体地点。李白的《赠孟浩然》应该属于赠别之作，但全诗只写人物（孟浩然），没有涉及地点。李白的《送友人》则是连送别的对象和地点都未做交代："青山横北郭，白水绕东城。此地一为别，孤蓬万里征。浮云游子意，落日故人情。挥手自兹去，萧萧班马鸣。"可见，送别诗可以不交代送别的地点和行者要去的地方，而这首诗在有限的篇幅内对此做了交代（甚至标题里也有交代），可见这是作者有意为之的，也说明这两个地方比较特殊，需要作者点明。当作者想到孟浩然离开黄鹤楼，宛如传说中的那个仙人骑鹤而去，而且去的地方是美如烟花的扬州，一定是心驰神往了，恨不得和孟浩然一起沿江东下。

总的来说，这首诗带有李白的浪漫个性，也带上了李白对孟浩然、对黄鹤楼、对扬州、对春天乃至对那个时代的浪漫感觉。它集合了关于浪漫的诸多因素：时间、地点、人物。有人说："这是一个浪漫的诗人，在一个浪漫的年代、浪漫的季节，在一个浪漫的地方，送别另一个浪漫的诗人，到另一个浪漫的地方去。"一首诗中同时具备这么多浪漫的因素，是很少见的。

唐诗中优秀的送别诗很多，但并非所有的送别诗都写得这么浪漫。王维的《送元二使安西》，因为送别的对象不是像孟浩然这样浪漫的诗友，朋友要去的地方不像扬州那样的美丽繁华，送别的地点（渭城）也不像黄鹤楼那样带有仙意，所以它虽然也像李白这首诗一样写出了依依不舍的离别之情，但缺少李白诗中的浪漫之感。另如王勃的《送杜少府之任蜀州》、高适的《别董大》等名篇，虽然写得豪迈，但因为缺少某些浪漫因素，导致全篇的浪漫感觉不及李白的这首诗。即使是在李白的全部诗作中，这样浪漫的送别之作也是不多的。这说明，产生浪漫的感觉并不容易，需要时间、地方、人物等多方面的因素。否则，天才如李白，也无法创作出这样的浪漫之作。

杜甫《饮中八仙歌》：酒中的快意

　　《饮中八仙歌》是杜甫早年的名作，写的是盛唐一群酒徒的豪放之举，尽显盛世风流。这首诗在形式上比较特殊，前人说它"分八篇，人人各异"，今人说"它象一架屏风，由各自独立的八幅画组合起来"（程千帆《一个醒的和八个醉的》）。它的形式是如此的独特，以至于我们与其说它是一首诗，还不如说它是一组诗，好像是这八个人物的群像图。

　　这八个人都是善饮的酒徒，作者从这一点出发，写出了他们的个性。贺知章虽然是官员（"骑马"是官员的标志），但性格旷放纵诞，曾自号"四明狂客"。杜甫写他酒醉之际"骑马似乘船，眼花落井水底眠"，充分展现了他这种不拘形迹的豪放性格。汝阳王李琎身份特殊（唐玄宗的侄子），所以他可以趁着酒醉向皇帝请求"移封向酒泉"，这样的请求既适合醉酒的场合，也适合李琎的特殊身份。左相李适之"饮如长鲸吸百川，衔杯乐圣称避贤"，这样的豪奢之举只有他这样的高官显贵才能做得出来，也只有他这样的人做出来才显得洒脱。崔宗之因为年轻，又出生高门（用现在的话来说就是属于"官二代"），这就决定了他的酒态迥异他人。作者结合他的年龄写他酒后的丰姿，颇有魏晋风度："举觞白眼望青天，皎如玉树临风前。"苏晋佞佛，作者从这里入手，写他"醉中往往爱逃禅"——对苏晋来说，酒的力量超过了宗教的力量。李白是著名的诗人，作者结合他的诗歌创作来写他的醉酒之态，所谓"李白一斗诗百篇，长安市上酒家眠。天子呼来不上船，自称臣是酒中仙"，何等的狂放，何等的快意！张旭是著名的草圣，作者结合他的书法来写他的醉酒："脱帽露顶王公前，挥毫落纸如云烟。"在酒的刺激下，张旭笔墨飞舞，完全进入了忘我的艺术创作境界，何等的奔放自由！焦遂善辩，作者突出他五斗之后高谈雄辩的卓然特异之态："高谈雄辩惊四筵。"让人想象到他口若悬河、语惊四座的神采。

　　这样来写，的确把八个人的个性写得鲜明突出。如果这是一组诗，而不是一首诗，这些写当然合理，但作者把它写成一首诗，这就给写作带来了困难。因为这种形式有利于写出人物的个性，但不利于写出群体的共性，而本诗写的就是群体，而不是个体。要用一首诗而不是一组诗的形式来写一个群体，面临着一个困难：写人物的个性，就会淡化他们作为一个群体的共性；突出他们的共性，就可能弱化各自的个性。但作者很好地解决了这个问题，让我们觉得这首诗不是八首诗的拼合，而是浑然一体的一首诗，这是因为作者抓住了人物的共性。这种共性，与其说是他们嗜酒豪饮，还不如说是他们作为士大夫阶层中的优秀分子，在酒酣之际展现出来的浪漫性格和惊人才华，让人们看到他们不仅是善饮的酒徒，而且是个性鲜明和才华出众的时代骄子。杜甫以传神的语言，把他们写进一首诗里，构成一幅栩栩如生的群像图。在这幅图中，贺知章、汝阳王、左相、崔宗之、苏晋的姿态可以视为个性的展示，李白、张旭和焦遂的姿态则是才华的展现。在酒的刺激下，他们的个性和才华得到了突出的反映，同时把权位、礼法、戒律等为世俗之人所看重的东西统统抛到一边，人的精神净化了，也升华了，让我们觉得这八个人的确是一个独特的群体，尽管他们并非互相认识，并非同时在长安，杜甫和他们也不一定彼此都是朋友。

这群酒徒是同时代的人，他们展现的共性，既是古代士大夫阶层独有的精神风貌，也是盛唐那个时代特有的时代性格。如果不是士大夫阶层，他们肯定展现不出这样的姿态、个性与才华，即使有人想展现，也只会让人觉得那不过是酒鬼贪杯的失态而已，而不可能是士大夫阶层特有的酒脱不羁、豪放旷达的精神风貌。而这种精神之所以能出现，又跟盛唐这一特定的时代有关。盛唐是一个健康有活力的时代，它开放、开明，不仅允许甚至鼓励人们放纵个性，不像某些朝代那样以一种刻板的模式来要求人，只要有一点离经叛道就要加以扼杀。酒中八仙，身份各异：贺知章、汝阳王、左相三人是高官显贵，崔宗之、苏晋二人近乎风流名士，李白、张旭二人是有突出才华的文人，焦遂是布衣身份。这八个人的身份几乎包括了各个类型的士大夫，充分说明盛唐是一个个性解放的时代，具有其他时代所没有的浪漫精神。这种时代精神不仅培养出了这样一群个性张扬的酒徒，而且对他们表现出足够的欣赏之情。李白在《襄阳歌》中写自己的醉态，也是出于一种欣赏甚至得意的心态："落日欲没岘山西，倒著接篱花下迷。襄阳小儿齐拍手，拦街争唱《白铜鞮》。傍人借问笑何事，笑杀山翁醉似泥。"不难发现，盛唐对李白这样酒脱不羁的人是宽容的，是欣赏的，所谓的"傍人借问笑何事，笑杀山翁醉似泥"，绝对不是笑话、嘲笑，而是带着笑意在欣赏。李白之所以能自我欣赏，也是受到了环境的影响：周围的人越是欣赏他，李白也就越发地产生自我欣赏之情，越发地以一种陶醉的眼光来欣赏周围的一切。

可见，酒不仅折射出不同人物、不同群体的个性，也能折射出不同时代的性格。酒可以是消极的反抗武器，也可以是风流潇洒的代名词，不能把所有描写醉酒的作品都理解为对现实的不满或对现实的逃避，因为生活的快意也可以借醉酒来表现，或者让酒来助兴。醉酒到底是消极的还是积极的，当然跟个人有关，如李白的《将进酒》表达的是对现实的抗争，《山中与友人对酌》表达的则是一种人生的适意。但醉酒消极与否，也与时代密切相关。同样是醉酒，饮中八仙跟竹林七贤等魏晋名士就不一样，虽然他们都属于士大夫阶层，但他们产生在不同的时代，体现的是不同的时代性格。跟之前的魏晋相比，盛唐时代显得正常而健康，它培养的审美眼光也是健康的、正常的——它有个性，绝对不会千人一面；同时它是现实的，但又超越现实，绝对不世俗。魏晋名士的确有个性，但他们的很多言行太出格，或者矫情，有些则近乎颓废变态，如阮籍和他侄子们喝酒不用酒杯，而是放在槽里喝，与猪同饮；刘伶喝醉了酒，喜欢赤身裸体地睡在地上，说天地就是他的房屋，屋子就是他的衣裤，还反问别人为何进了他的裤中。这些言行都显得过火，不像《饮中八仙歌》中的人物，再怎么有个性，但不做作，而是显示出一种自然之美。他们的浪漫不是表现为生活的变态，而是表现为超越世俗的快意洒脱。至于明清，因为专制程度渐渐加深，不大允许鲜明的个性出现，再加上当时的文人太注重科举功名，显得世俗，就更难产生像饮中八仙这样有个性而不世俗的人物了。徐渭、李贽都是有个性、有才华的人，但结局都很悲惨，与其说这是他们的性格造成的悲剧，还不如说是那个时代压抑、摧残个性的结果。试想，像贺知章、李白、张旭这样个性张扬的酒徒出现在明清那样的时代，结局应该不会太好。这说明，盛唐时代是中国封建社会最为健康的阶段，这个时代的士大夫也展现出它最为健康的精神面貌，这种精神是之前的魏晋和之后的明清所没有的，它植根于盛唐这个时代，也只属于这个时代。这种时代性增强了本诗的整体感。

在描写这群浪漫的酒徒时，杜甫也是怀着一种欣赏的眼光来写的（并非像有的学者说的那样"以客观描写为主"）。这种眼光奠定了全诗统一的基调，也增强了本诗的整体感。有人说杜甫写这首诗是在惋惜这批才人空有才华却得不到施展，只好逃入醉乡，以发泄其痛苦。这种理解未免求之过深。要知道，张旭、焦遂等人在醉酒之际才华尤为卓异，我们从中看到的是快感，而不是苦闷，因此"挥毫落纸如云烟""高谈雄辩惊四筵"不能视为人物失意之后逃入醉乡之举，而是酣畅淋漓的艺术创造。唯一有点让人产生政治联想的是李适之，他在罢官之后写了一首诗，的确流露出一点失意之情："避贤初罢相，乐圣且衔杯。为问门前客，今朝几个来？"杜甫的诗"衔杯乐圣称避贤"即从此出，但我们也不必联想过多。以杜甫当时的地位，未必能够了解到李适之与李林甫不和等高层政治内幕，对李适之罢官之后的心情未必体会得那么深切，倒是对李适之的豪饮之举更为关注。李适之尚且如此，其他人物亦可作如是观——贺知章等人的醉酒之态都很难说是政治失意的佯狂之举，即使有，当时的杜甫也未必看得出来，因为那毕竟是盛世，人们更多地带有一种醉意在享受盛世带来的快乐，再加上杜甫跟酒中八仙没有什么深交，难以看出他们醉酒背后的深刻原因（实际上也未必都有深刻的原因）。所以，杜甫不是在这群酒徒背后进行冷峻的社会观察和深刻的人生思考，而是以一种欣赏甚至羡慕的眼光来写他们的醉酒之态。杜甫虽然是个严肃深刻的诗人，但他并非时时刻刻都在严肃和深刻地思考。杜甫毕竟是盛唐培养出来的诗人，他能欣赏那个时代特有的精神，而这首诗又写于他的早期，他受时代精神的熏陶，欣赏酒中八仙的醉态和醉态背后的盛世风流，并非是不能理解的事情。认为这首诗写盛世风流和浪漫情怀的学者，喜欢把这首诗的作年提前；反对这个说法的人，努力把这首诗的作年推后，但无论如何编年，读者都认为它作于安史之乱以前，属于杜甫的早期作品。而杜甫的早期作品程度不同地都带有盛唐诗歌特有的浪漫精神（如《望岳》《房兵曹胡马》），因此根据编年来否定它写盛世风流，难以成立。退一步说，这首诗即使写于安史之乱爆发以后，我们也可以把它理解为盛世风流，因为杜甫对开元、天宝的盛世景象始终怀有一种美好的感觉，他晚年写的《丹青引赠曹将军霸》《忆昔》《观公孙大娘弟子舞剑器行》《江南逢李龟年》诸诗都充分说明了这一点。面对这群个性张扬的人，身处盛世的杜甫并不是很严肃地进行思考，而是在欣赏。我们没有必要大煞风景地说杜甫写这首诗的时候心情很沉痛，否则的话，杜甫的审美眼光连李白诗中的围观者都不如。

在这个群体当中，李白无疑是最有个性的，也是最能代表盛唐时代的，所以杜甫在这首诗中，对李白的描写着墨最多。论才华，"李白一斗诗百篇"绝对不亚于张旭的草书；论个性，他出身布衣，但敢在天子面前"自称臣是酒中仙"，这种狂放的姿态固然超过了布衣焦遂，也超过了贺知章、汝阳王、左相、崔宗之、苏晋等仕途中人。他的才华是这样的出众，个性是如此的耸动人心，当然会赢得时代的喝彩。杜甫似乎听到了时代的喝彩声，所以在描写这个群体的时候也忍不住为李白喝起彩来。

可见，本诗通过对酒中八仙的描写，不仅写出了八个酒徒的个性，也写出了一个群体、一个时代的性格，把人物的个性、群体的共性乃至时代的性格很好地融合在一首诗里，这不能不让人惊讶于杜甫杰出的艺术才能。

杜甫《春望》：望不尽的国恨家愁

国破山河在，城春草木深。感时花溅泪，恨别鸟惊心。
烽火连三月，家书抵万金。白头搔更短，浑欲不胜簪。

这首诗写于唐肃宗至德二年（757）三月，是杜甫在长安写的。当时的长安已被安史叛军占领，杜甫在投奔唐肃宗的途中，不幸被叛军抓住，被带回长安，到写这首诗时，已经八九个月了。此时，大自然的春光再次降临被安史叛军洗劫一空的都城。诗人睹物神伤，写下了这首著名的五言律诗。

这首诗不仅感情深沉动人，而且抒情主人公形象鲜明突出。抒情主人公形象的鲜明突出，是杜甫和盛唐其他诗人的创作特点，特别是他们的长篇巨作，但把这种鲜明突出的抒情主人公形象带进五律，是杜甫的贡献。此前的五律一开始是应制、应酬之作居多，个性不突出，谈不上鲜明的抒情主人公形象；后来的孟浩然、王维用五律来写山水田园，个性大大增强，但因为不属于重大题材，作品中的抒情主人公形象仍然比不上杜甫的五律那么鲜明突出。五律发展到杜甫手中，可以反映政治、历史等重大题材，可以表现广阔的社会生活内容，这是杜甫之前的律诗没有写过的题材。这首五律融入时事风云，风格沉郁顿挫，可谓浓缩型的史诗。题材的重大转变带来感情和风格的变化，因而使得这首五律中的抒情主人公形象格外的鲜明突出，以至于有人说：杜甫在这首诗中把家愁同国忧交织起来，深刻地表现了正直知识分子的个人命运与国家民族的命运休戚相关，具有高度的概括性和典型意义。

这首五律描写的抒情主人公形象有什么特点呢？衰老憔悴、忧思深广。这一形象突出地表现在结尾两句："白头搔更短，浑欲不胜簪。"作者选择白发日稀的外在形象和不断搔首的动作，把他忧国思家的满腔愁情，变成了可见可感的生动形象。这一形象，如果用杜甫自己的诗来说，就是"白首吟望苦低垂"（《秋兴八首》其八）；如果借用林则徐的两句诗来概括，就是"频搔白发渐衰病，犹剩丹心耐折磨。"（《子茂簿君自兰泉送余到凉州且赋七律四章赠行次韵奉答》）要知道，诗人这一年才46岁，却因为国恨、家愁而惊心流泪，甚至头发都白了；不仅头发白了，而且因为不断搔首，白发日渐稀少，以至于"不胜簪"，只能搔首空叹而已。这里，作者没有直接叙述国家灾难和个人不幸给他带来的痛苦，而是通过描绘诗人的自我形象，作了充分暗示——那白发日稀、频频搔首的外在形态，正表现了诗人内心深处对国家灾难的深广忧思。诗人这种充满忧思的自我形象，深深地感动着一千多年来的广大读者。这个形象几乎在我们的印象中定格了，只要一提到杜甫，仿佛就是这个样子，就像我们一提到屈原，就会想到《楚辞·渔父》中的句子"行吟泽畔，颜色憔悴，形容枯槁"，觉得那就是屈原形象的最好写照和永远定格。

这种自我形象的刻画，对这首抒情诗有何意义呢？总体上说，它起到了深化主题的作用。为什么只是刻画自我形象，就能深化忧国的主题呢？这是因为作者写他的衰老憔悴，是把它放在国破山河在、烽火连三月的背景中，这就显示出他的衰老憔悴、溅泪惊心，与国家的灾难有着紧密的联系。我们正可以通过诗人的衰老之态和忧思之深，见出国事的沉痛，也见出他对国事的极度关注。

在刻画抒情主人公形象的过程中，有两个词语的作用比较突出，一个是"望"，一个是"白头"。前者总起全诗，后者总束全诗，对抒情主人公形象的塑造作用比较突出。

先看"望"。这首诗的写法是常规写法，先写春望之景，后抒春望之情。全诗从题目开始，到最后直接刻画诗人自己的形象，均未离开"望"字。实际上，全诗也是从所"望"的景色开始，以"望"者的神态结束。"国破"是望中所见，城春的草木和花鸟也是"望"中所见；而烽火和家书都是由"国破"引发的，也都离不开"望"。作者所望是满目疮痍，因而眼里饱含热泪。

再看"白头"。"白头"当然不是作者能望出的，但它是作者"望"时的外貌描写，也是"望"后心情的描写，是对前文所见所感的一个总的收束，深化了"望"的形象。从中可以看出，作者忧念家国之情特别深重，简直无法排遣，而且将持续下去，这就加深了他满腔的忧愁。

从这两个词的分析，我们可以见到杜甫忧国思家、满腔愁情的形象。

李白诗中的自我形象也很突出，我们不妨从"望"和"白头（发）"两个角度，将杜甫和李白的自我形象比较一下，以见出各自的特点：

同样是"望"，李杜的视角（目光）不一样，神态也就不一样：杜甫不仅双脚稳稳地踩在大地上，双眼也似乎永远面对着大地（而非天空）。不仅这首《春望》是通篇"望"到底，就是《兵车行》、"路有冻死骨"、"三吏三别"等，又何尝没有这种"望"的形象呢？如《兵车行》中"道旁过者"和"长者"就是杜甫的形象。在这些诗里，我们何尝看不到诗人的目光在注视着大地呢？杜甫把他看到的一桩又一桩的人间悲剧、一个又一个人生苦难，装进心里，写进诗里，尽管他痛苦得须发皆白，沉重得步履维艰，但他决不推脱、决不躲避，杜甫也因此定格了他为苦难的时代而哭泣、为苦难的民众而呼号的形象。李白总想冲破现实的束缚，以此显示自己的高傲不羁与高远脱俗，似乎总是眼睛向上、向着天空，如"难于上青天""欲上青天揽明月""黄河之水天上来""疑是银河落九天""仰天大笑出门去"的姿态，均非杜甫式的面对大地的望者形象。李白的"望"多半是仰首天空、昂首向天的姿态，连他思故乡的时候也首先是"举头望明月"才有个"低头"的动作。李、杜相比，一者神态飞动，一者目光沉着。胡晓明教授说："中国唐代诗学的两座主峰，一个是天的精神，一个是大地的精神。"（《两个老先生和两个禅师》）的确如此，李白就是唐诗中的天，杜甫就是唐诗中的地。

同样写"白头（发）"，李杜的手法也不一样，形象也就不一样。李白也写过"白发三千丈""朝如青丝暮成雪"之类的句子，但这些白发都是夸张性的描写，因而无法改变他本质上青春的形象。所以他即使有"白发"的描写，情绪仍然是热烈的、飞扬的，他总是给我们年轻的感觉。而杜诗中的"白发"是真实的描写，是各种深重的愁苦之情导致的，所以白发的杜甫永远给人一种老者、长者的形象，他的感情永远是带有深重的忧愁，他的形象永远是沉郁忧伤的。以至于有人说，李白从来没有过暮年，一如杜甫从来没有过青春，虽然李白死的时候已过了60岁，而杜甫死的时候还不到60岁。

莫砺锋教授在百家讲坛所作讲座《杜甫的文化意义》说："江油的那尊李白雕像雕的是李白青年时代，将要走出四川那样一种意气风发的形象，昂首阔步，非常像我们想像中的李白；而巩县的杜甫雕像就像我们所想像的那样，是一个垂暮的老人，愁眉苦脸，往下怜悯地看着满目疮痍的大地，使人看了以后觉得很沉重。"李杜这种形象的不同，当然与作者个性的不同有关，更与时代环境有关。李白所处的多是盛世时代，他追求的是个性自由，所以同样是抒写愁情，李白努力去挣脱，要努力"销万古愁"，甚至讲气话要"散发弄扁舟"；而杜甫所处的大环境是"国破"，面对各种忧愁，杜甫没有寻求解脱，也不能解脱。所以同样是"望"，李白可以用抬眼望天的姿态来表示他对权贵的蔑视，而杜甫不能用这种姿态来表示他对民众疾苦的漠然。

杜甫晚年的律诗，大多和《春望》一样有着鲜明突出的抒情主人公形象，而且和《春望》一样以凝望大地的苦难者这个姿态来写。如大历二年（767年）写的《登高》，前面叙登高所见，最后以"艰难苦恨繁霜鬓，潦倒新停浊酒杯"的自我形象收束。又如大历三年（768）冬写的《登岳阳楼》，前面述登楼所见，最后以"戎马关山北，凭轩涕泗流"的自我形象压轴。《秋兴八首》（其八）亦以自己的痛苦悲吟形象（"白头吟望苦低垂"）收束全篇。这样由所望到望者，使景和情更为统一，主题得以深化。即使是被誉为"生平第一首快诗"的《闻官军收河南河北》，其中的抒情主人公形象也很鲜明突出，无论是"初闻涕泪满衣裳"的悲喜交加，还是"漫卷诗书"、"放歌纵酒"的狂态毕露，都来源于"官军收河南河北"这一重要历史事件。联系到《春望》，我们可以看出，作者的悲喜之情离不开时事，他的一举一动与时事的变化密切相关——诗人始终都以一种关注时事、忧虑时代的形象出现在诗里。

杜甫《江南逢李龟年》：江南的忧伤

岐王宅里寻常见，崔九堂前几度闻。正是江南好风景，落花时节又逢君。

关于这首诗的写作背景，唐人多有记载。晚唐范摅《云溪友议》（卷六）记载："明皇幸岷山，百官皆窜辱……唯李龟年奔泊江潭，杜甫以诗赠之。龟年曾于湘中采访使筵上唱'红豆生南国'……又'清风明月苦相思'，皆王右丞所制，至今梨园唱焉。歌阕，合座莫不望南幸而惨然。"稍后的郑处海《明皇杂录》也有类似记载："开元中，乐工李龟年善歌，特承顾遇，于东都大起第宅，僭侈之制逾于公侯。其后流落江南，每遇良辰胜景，为人歌数阕，座中闻之，莫不掩泣罢酒。杜甫尝赠诗。"

从这两则材料可以看出，这首诗是杜甫在潭州（今湖南长沙）遇到李龟年的时候写的，两人的见面情景颇让人感伤。杜甫流落到长沙，正是他去世的那一年。这时候的杜甫和李龟年都是晚景凄凉，彼此相逢异地他乡，自然唱不出盛世的风味。了解盛唐历史的读者，再结合上面两则材料，不难看出，作者在这首诗中不仅流露出身世之悲，也表达了强烈的今昔盛衰之感。这主要是因为诗中出现的人物非同一般，他们都具有很强的时代性，代表着盛世阶段的文采风流，他们的凋谢与沦落也就意味着盛世的消逝。

岐王是唐睿宗第四子、唐玄宗的弟弟李范，身为皇亲国戚，而以雅爱文章、好学爱才著称；崔九即崔涤，是中书令（地位相当于宰相）崔湜的弟弟，曾任殿中监，甚得玄宗宠遇，可以自由出入禁中，与诸王侍宴可以不让席而坐，地位"或在宁王之上"。李龟年擅长唱歌、作曲，是盛唐时期著名的梨园弟子，不仅与达官贵人多有交往，甚至得到了皇帝的"特承顾遇"，与玄宗的关系非常人所能及。在这些人物背后，还有一个重要的人物，虽然没有出现在诗中，但他的巨大身影是一个不可忽略的存在，他是李龟年和杜甫回忆开元盛世时不可能忘却的对象——唐玄宗。没有唐玄宗，就没有开元盛世（可能是因为这个原因，上面那两则材料中都出现了唐玄宗的身影）；没有唐玄宗对文艺的鼓励，就不会有王公贵族的爱好文艺，当然也就没有李龟年的知名一时；没有这种文艺风气，年轻的杜甫就不可能凭着自己的文艺才华受到王公贵族的提携，也无法获得领略这些名人风采的机会。

正是因为有了这些艺术家和他们的艺术创造，盛唐那个时代显得更加的光辉灿烂，更值得人们追忆。没想到几十年之后，因为安史之乱的爆发，杜甫和李龟年都流落江南，彼此回忆"开元全盛日"，一定是不胜今昔盛衰之感的：岐王和崔九在开元时期已经去世，安史之乱后唐玄宗逃难到了成都，李龟年和杜甫则流落到偏僻的江南。杜甫在这里遇到李龟年，追忆的并不仅仅是他当年和李龟年的交往，而是由李龟年联想到岐王和崔九（甚至还可能想到唐玄宗），这等于是由一个人带出了一个时代。实际上，诗人是在怀念整个的"开元全盛日"，再对照当下的现实，不禁感慨万端：既感慨彼此的流落他乡，也感慨时代之由盛转衰。因为诗人遇到的和回忆的这些人，要么是盛世的创造者，要么是盛世的见证者（杜甫至少是一个见证者），他们共同体现着大唐盛世的文采风流，因而这些人物在很大程度上成为盛世的标志。作者将其写入诗中，自然能带出时代的场面并带有时代的感受。

类似的作品，杜甫并不是只有这首七绝，他还有一首七言歌行《观公孙大娘弟子舞剑器行》。这首名作作于大历二年（767）。杜甫在夔州（今重庆奉节）遇到盛唐著名舞蹈家公孙大娘的女弟子李十二娘，不禁回忆起他在开元年间看到公孙大娘舞剑器的情景："观者如山色沮丧，天地为之久低昂。"但"五十年间似反掌，风尘倾动昏王室。梨园子弟散如烟，女乐馀姿映寒日"，饱经忧患的杜甫也是不胜今昔兴衰之感。这说明，经历过开元盛世和安史之乱的杜甫，只要一遇到能勾起他回忆开元盛世的人和事，总是免不了感慨唏嘘。时代的盛衰巨变早就在他的心里投下巨大的阴影，稍有触动，就情动于衷。这次在江南遇到沦落至此的盛唐著名音乐家李龟年，更是勾起杜甫一直郁结于心的时代沧桑之感。

但这首诗之所以在写身世之悲的同时，带有强烈的时代感受、具有丰富的时代内容，也与"江南"这一地点不无关系。很多人只关注到李龟年、岐王和崔九等人的特殊身份，却忽略了诗中的"江南"有着特定的内涵。一般人，特别是熟悉张若虚的《春江花月夜》、白居易的《忆江南》等作品的读者，看到"江南"就以为杜甫写的是今天的江苏、浙江等地（即古代的吴越地区），就联想到江南美丽的风景——宋人胡仔说："天宝后，子美未尝至江南。"（《苕溪渔隐丛话前集》卷十四）他甚至因此说"此诗非子美作"，恐怕是把这首诗中的"江南"理解成了那个繁华美丽的江南吴越之地。实际上，这首诗写于潭州，也就是今天的长沙，因而此处的"江南"指的是江湘之地，与吴越地区并非同一个"江南"。杜甫的那个时代，尽管多数诗人把山水秀美的吴越之地称为"江南"，但也不乏称江湘之地为"江南"的诗人，如岑参诗《春梦》："洞房昨夜春风起，故人尚隔湘江水。枕上片时春梦中，行尽江南数千里。"就是用"江南"指湖南一带。李白《留别曹南群官之江南》《赠别舍人弟台卿之江南》等诗所指"江南"均为潇湘之地。杜甫多次在诗中称这个地区为"江南"，除了这首诗之外，还有《梦李白》："江南瘴疠地，逐客无消息。"但这种称呼并非杜甫的创造，而是来自《楚辞·招魂》："目极千里兮伤春心，魂兮归来哀江南。"这首诗一般被视作宋玉为投汨罗江而死的屈原所写的招魂之作，因而诗中的江南指的是江湘之地。汉朝王逸在《楚辞章句·离骚章句》里也说过这样的话："襄王迁屈原于江南，在江湘之间。"可见，江湘之地的江南与屈原、与《楚辞》关系密切。后来，南北朝时期的大诗人庾信写过著名的《哀江南赋》，既哀悼梁朝灭亡，也感慨自身的不幸命运。这些作品中写到的"江南"，指的都是今天的两湖之地，而非吴越之地的江南。《楚辞》对包括杜甫在内的历代诗人都有影响，庾信对杜甫影响也非常大（杜甫曾特地写诗赞扬"庾信文章老更成，凌云健笔意纵横"，见《戏为六绝句》），因而杜甫继承他们的写法，并不让我们觉得意外。更为重要的是，因为《楚辞》和《哀江南赋》等经典作品的影响，"江南"这个词语与作家的政治遭遇、国家的兴亡、时代的盛衰产生了紧密的联系，这也使得杜甫这首写于江南的诗篇具有强烈的政治性与时代性。

　　总之，由于李龟年、岐王和崔九等人的特殊性和代表性——他们以其特殊身份创造着盛世的文采风流，也代表着盛世的文采风流，也由于"江南"有着悠久的传统——江南本来就有忧伤的传统，不仅有身世之悲，更有时代之悲。特定的人物，再加上特定的地点和文学传统，使得这首诗在抒发浓厚的身世之悲的同时，也表达了强烈的时代感受，尽管它并没有直接描写时代巨变的场面，但这不影响它对时代兴衰的反映。

　　按理说，融合了这么深沉的时代感受和身世之悲的作品，作者应该尽可能地宣泄。但即使感慨这么强烈，作者还是运用他一贯的顿挫之笔，让人觉得更有无穷感慨隐藏在诗中，这跟杜诗的主导风格沉郁顿挫是一脉相承的，甚至可以说这首诗的风格就是沉郁顿挫。

开头两句是极尽渲染，突出盛世的气息，但后面两句一下子从盛世繁华跌落到如今流落在异地他乡的不幸，盛世的回忆反而加重了彼此的流落之悲，这是强烈的对比，也可以说是一大顿挫。尽管这首诗中的江南并非那个以风景秀美而著名的吴越之地，甚至这个江南还曾作为流放之地流放过屈原，但毕竟是南方，春天来临的时候仍然有花开放，只要有花开，人们就能感受到春天的气息。不过，作者将他与李龟年的相逢安置在江南美景中，并不是为了写江南风景之美和彼此相逢之喜，而是要抒发"风景不殊，举目有山河之异"和"同是天涯沦落人"的感慨。也就是说，江南好风景，与彼此的沦落之悲、山河之异的感受，形成了鲜明的对照，这可以说是全诗的第二次对比，也可以说是一大顿挫。好风景的江南，不仅没有化解彼此的忧伤，甚至成为身世飘零和时代沧桑的反衬。风景这么美好，尚且唏嘘不已，如果不是好风景的季节，相遇之后不是更觉难堪吗？

后两句抒发悲情，这是全诗的重点，但作者并不是倾泻无余的，而是欲说还吞，欲言又止，即使说出，也不说尽。作者先写江南好风景，并且用"正是"一词来突出，似乎暗示下文要写彼此相逢之喜，但紧接着"好风景"而来的却是"落花时节"，让人的心情从"好风景"中跌落下来。跌落之后，又接着说"逢君"，似乎又要将心情振作一下，但落花带来的是沉重的忧伤，又怎么能振作起来呢？诗人似乎是要说彼此相逢得正是好时候（正是江南好风景），却又似乎在感慨相逢得不是时候（落花时节）。这次相逢到底是悲是喜，很难说清。这是一种矛盾得难以说出的心情，作者用他惯有的吞咽之笔来写，让人觉得他的心情真是沉郁之至。

除了对比的手法，比兴手法的运用也增强了感慨的意味，突出了身世之悲与时代的关系，这主要体现在江南落花的描写上面。表面上看，落花似乎是在承接上文，进一步写江南的好风景，让我们从落英缤纷的景象联想到江南的好风景，但似乎也是在暗示好风景是好景不长，有一种"流水落花春去也"的无尽悲慨，因而落花具有很强的象征意味。如果说李龟年等人的代表性是因为他们的身份特殊，"江南"具有丰富的内涵是文学传统赋予的，那么落花的丰富性则是由象征和写实结合在一起而形成的，其象征的意味处于有意与无意之间。我们不必说作者一定是要借落花来象征彼此的不幸身世，也不必说作者要借落花来象征时代的衰败，但对于杜甫来说，想起或者谈起开元盛世的局面，再看到眼前的落花，也许会感受到彼此的身世就像落花那样沦落不堪，甚至联想到盛世的局面就像眼前的落花一样消歇。我们说"落花时节"里面有比兴象征的意味，当然不是说诗人是在有意识地搞寄托，但考虑到《楚辞》中的香草美人比兴对后代的文学影响很大，而杜甫又是一个深受《楚辞》影响的诗人，眼下又置身在《楚辞》的产生之地，未必就没有这样的联想。即使这种联想只是读者的"牵强附会"，也不至于唐突杜甫吧。

　　一般的读者想到江南，只是想到它的风光旖旎；即使想到江南的忧伤，好像也只想到那是因为离别和相思的原因。但读了杜甫这首诗，我们知道江南固然是美丽的，但也有自己的忧伤，即使是唐代的江南，也免不了有这样的忧伤，而且不限于相思和离别，而是和时代一样沉重——当时代像落花一样凋落，江南也忍不住为之伤心落泪。毕竟，江南不仅仅属于江南，它也属于整个时代，属于整个中国。

白居易《问刘十九》：温情的召唤

绿蚁新醅酒，红泥小火炉。晚来天欲雪，能饮一杯无？

这是一首招饮诗，招饮的对象是作者的好朋友刘十九。刘十九，名不详，但多次出现在白居易的诗中，如《刘十九同宿》《雨中赴刘十九二林之期及到寺刘已先去因以四韵寄之》《蔷薇正开春酒初熟因招刘十九张大夫崔二十四同饮》，这说明他们的关系很密切。从作者多以排行称呼他来看，他们应该是熟悉已久、关系亲密的朋友。这首诗就是写给这样一位好友的，作者希望他能来与己共饮。

招好友来饮，是因为自己有饮酒的渴望，但也需要有个好友能来与己对饮。如果好友拒绝，招饮就会落空。但作者既然有了饮酒的渴望和招饮的念头，就不希望好友拒绝！就本诗而言，刘十九似乎有理由不来。先不说刘十九可能很忙，也不说他们住的地方可能不在一起（如果住在一起就无需招饮了），就拿"晚来天欲雪"一句来看：已经是傍晚的时候，而且"天欲雪"，朋友来一趟是颇为不易的（即使他们隔得不太远）。这些因素作者想必也知道，但作者还是忍不住向刘十九发出邀请，难道他不怕好友拒绝吗？不会的，因为作者有足够的理由让朋友不仅不会拒绝，而且召之即来。

首先是酒的美好。"绿蚁新醅酒"，是新酿制的酒，绿色的酒面泛起微小的泡沫，细小如蚂蚁。《历代诗话》引《古隽考略》："浮蚁，杯面浮花也。酒之美者，泛泛有浮花，其色绿。"可见开头一句是写酒色之美，是在赞美酒好。"红泥小火炉"写温酒，因为"天欲雪"，天气有点冷，酒不好直接喝下去，这对身体不好，所以要温着喝。这说明屋子里不仅有火炉，而且生起了火，酒正在炉子上温着呢！红泥小火炉是那样的粗拙小巧，不仅创造了一种朴素温馨的氛围，也让嫣红的火苗映衬着新醅的绿酒，进一步增加了酒的诱惑力。这种酒未必就是"金樽清酒斗十千"那样的美酒

（作者没有强调酒的名字，可能饮的不是特别名贵的酒，但好朋友之间本来不是靠名酒来维持关系的，所以是不是名酒无关紧要），但因为它出现在"晚来天欲雪"的情况下，再普通，也具有一种吸引人的力量。梁遇春在散文《遇雨》中说："阴森森的天气使我们更感到人世温情的可爱，替从苦雨凄风中来的朋友倒上一杯热茶的时候，我们很有放下屠刀、立地成佛的心境。"明乎此，我们就能理解白居易在"晚来天欲雪"之际为什么想到喝酒，因为"晚来天欲雪"的时候，是最适合饮酒，也是最需要酒的时候——酒不仅可以驱寒，也可以消除寂寞无聊，让平淡的生活具有温度和诗意。因为"晚来天欲雪"，"绿蚁新醅酒"就显得温馨多了；再加上"红泥小火炉"，这酒就更显得温情了，让人难以拒绝。至此，作者给出了招饮的三个理由：一是酒好，二是环境好，三是天气适宜——酒这么好，饮酒的环境这么温馨，再加上"晚来天欲雪"这种特别适合饮酒的时刻，一步一步增强酒的吸引力，刘十九怎么拒绝得了呢？

但生活中光有酒还是不行的，还得有知己，必须借助友谊的力量来招饮才行。对白居易而言，一个人在"晚来天欲雪"的时候饮酒，会饮得很冷清，他还需要友谊的温暖来消除生活中的孤寒。所谓"酒逢知己千杯少"，所谓"独酌无相亲"（李白《月下独酌》），说的就是这个道理。杜牧《独酌》："窗外正风雪，拥炉开酒缸。何如钓船雨，篷底睡秋江。"也是写风雪之际的饮酒，但因为是独酌，显得冷清多了。因为缺乏知己，杜牧诗中的酒更多地带着风雪的寒意，不像白居易诗中的酒因为有知己的存在而显得温暖动人。这说明酒只有在与知己对饮的情况下才喝得更有兴味，酒必须加上朋友才能使生活更富有情味。这个道理白居易明白，但招饮者是白居易，他必须让刘十九感觉到这种知己之意，让刘十九明白他是白居易的知己，否则刘十九没有必要冒雪来吃这顿酒——酒是可以拒绝的，但知己和友谊是不能拒绝的。所以，白居易在写出了酒的诱惑力之后，还得写出他与刘十九之间的友谊，把刘十九写成知己，让知己感觉到这顿酒非喝不可，招饮的目的才能成功。

"绿蚁新醅酒"写酒酿好了，"红泥小火炉"写火炉准备好了（炉火正旺，酒可能热好了），给人以强烈的"现场感"，用笔也一步紧跟着一步，可见作者对朋友的期待之情多么急切，似乎在说：你看，一切都准备好了，你赶快来吧！这种心情只有在跟好友说话时才会产生。从"红泥小火炉"一句来看，饮酒的环境显然不是"金陵子弟来相送，欲行不行各尽觞"（李白《金陵酒肆留别》）那样的纵饮场面。"红泥小火炉"不适合很多的人，只适合少数知己一起来喝，如果和最好的朋友对饮，那是最合适不过了，这里面自然透露出作者视刘十九为好友的意思。"晚来天欲雪"说明这样的饮酒没有任何功利目的，就是和好友一起喝酒一起闲聊，甚至彼此默坐在酒桌边上也有一种心有灵犀之感。这就在写主的同时写出了宾——写出了宾的性格，也写出了宾在主人心目中的地位，因为在这种场合中出现的宾一定是适宜这种气氛的人，一定是懂得和作者一起分享的人，一定是作者愿意与之共享的人。也就是说，不是一般的朋友能受到这种邀请、能出现在这种氛围中。作者虽然充满期待，但不是对任何人都充满期待，而是有选择的——这个人不能是势利之人、利欲熏心之徒，要懂得一点生活情趣，有点"小资情调"。在作者看来，刘十九就是这样一位朋友。从《刘十九同宿》（"唯共嵩阳刘处士，围棋赌酒到天明"）、《蔷薇正开春酒初熟因招刘十九张大夫崔二十四同饮》（"明日早花应更好，心期同醉卯时杯"）这几首诗都提到酒来看，刘十九应该是作者的一位酒友，而且性格淡泊，正适合出现在这种饮酒的场合，甚至是最合适的人选（也可以说是唯一的人选）。当刘十九明白作者是这样的看重他，视他为最合适的人选，他还能拒绝吗？他还会让白居易的期待落空吗？与其说这是酒的力量，还不如说是期待的力量，是友谊的力量。"能饮一杯无？"这样亲切的口吻，与其说是在询问，还不如说是殷切的期待和无法拒绝的召唤："来喝一杯吧！"这样的期待，这样的召唤，只有对知己才会发出。对于刘十九来说，除了那炉火、新酒的诱惑，还有白居易的深情渴望、白居易的友谊和知己之感，后者才是更为动人的因素，才是刘十九无法拒绝的真正理由。他不仅不会拒绝来饮，甚至有点未饮心先醉了——陶醉于这盛情的邀请和深厚的友谊之中。这也告诉我们一个道理，生活只有物质享受，没有知己，没有精神乐趣，一定是不完美的。

由此看来，这首诗写的是招饮之意，也是期待之情。作者用一种极其生活化的语言写出了期待的力量，让友人难以拒绝作者的招饮之意。但作者在写这番情意的时候，并不是很直白地说出来，而是很注意用笔：一是留有空白，二是用笔曲折。作者写的是招饮，结尾点到为止，并没交代朋友来没来。但因为作者写足了期待之情，所以不交代可能更好——试想，朋友欣然前来，宾主对饮的场面该是多么温馨。虽然作者没有写这种生活场面，但这正是此诗的好处，留有余味，让人对那种温馨的场面产生各种美好的想象，可见此诗有余味，有空白。这首诗语言很朴素，但朴素中有曲折。如果仅仅是写招饮，从"绿蚁新醅酒，红泥小火炉"完全可以直接过渡到"能饮一杯无"（这三句全都与酒有关，是招饮诗的题中应有之义），但这样写就显得太平直，没有什么诗意，体现不出什么期待的力量。中间插入"晚来天欲雪"，就增加了曲折。但这个曲折是合理的，因为作者之欲饮与天气有关。暮雪之际，寒意森森，自然引起作者对酒的渴望，兼之天色已晚，人比较空闲，除了围炉对酒，似乎没有什么更好的方式来消遣这欲雪的黄昏。更为重要的是，这个曲折增加了诗意，因为它从"绿蚁新醅酒，红泥小火炉"的温馨一下子转入寒冷，但这种转折并不是消减前面的温馨，而是用"晚来天欲雪"的冷衬托环境的温馨和末句的温情召唤。读到末句，我们感到雪似乎都要被这种暖意融化了，甚至觉得雪不是来捣乱的，而是来助兴的。可见，"晚来天欲雪"在结构上虽然是个转折，但它让酒和知己结缘，让生活的物质性因素和精神性因素结合在一起，从而增强我们对生活的美好感受——酒、知己给我们带来的美好感受，因为雪的存在而变得更加突出了。

但我们不能把这首诗的诗意都归因于它的用笔，因为它的感人之处不在于语言和题材，也不全在于构思曲折和留有余地，而在于作者对生活有着细腻而美好的感受，缺乏这个根本性的因素，再怎么注意用笔，也写不出这么温馨动人的诗，再好的酒，也酝酿不出这么丰富的诗意。有人说："这是最能描写冬之温暖的一首诗。因为友情与酒的温暖，而使冬日晚间欲雪的天气都不冷了。"（《罗兰小语》）与其说这是写冬之温暖，还不如说是写因为酒与知己带来的美好的生活感受。还有人说："这首诗是招友饮酒的请柬，准确讲是一封诗柬。请客而用诗，这本身就够浪漫、够情调了，何况诗还这么美，美得让人心醉；情还这么真，真得让人心跳。"（张恩富《唐诗的历史》）。这首诗之所以让我们心醉、心跳，就是因为它写出了生活的美好，虽然它写的是一种很平常的生活，但作者善于在平凡的生活里发现生活的涟漪，捕捉生活的诗意。生活中有酒，又有知己，这样的人生是美丽的人生。生活本身是美丽的，作者感受到了，并用朴素的语言把它表达出来，读者自然能从中感受到生活的美好。

在日常生活中发现诗意，并用平常的语言表现出来，表达得又那么有情趣，这不仅是白居易诗的特点，也可以说是中国古典诗歌的一种普遍性的追求，引导人们把日常生活加以诗化，过一种诗意的生活，如孟浩然的

《过故人庄》《夏日南亭怀辛大》、李白的《山中与幽人对酌》、杜甫的《客至》《遭田父泥饮美严中丞》。另如南宋诗人杜耒写的《寒夜》："寒夜客来茶当酒，竹炉汤沸火初红。寻常一样窗前月，才有梅花便不同。"也是写寒夜的酒与知己带来的温暖。还有南宋诗人赵师秀的《有约》："黄梅时节家家雨，青草池塘处处蛙。有约不来过夜半，闲敲棋子落灯花。"写的是有约而客未来的失落，但从反面说明美好的生活不能缺少知己，让读者进一步体会到知己对生活的重要性。而白居易这类诗歌更多，这首《问刘十九》篇幅那么短小，却写得如此的言浅意深，艺术上更为成功，因而更受人关注。

杜牧《清明》：雨中的清明

清明时节雨纷纷，路上行人欲断魂。借问酒家何处有？牧童遥指杏花村。

通常认为，这首《清明》是杜牧的名篇，但也有人说这首诗不一定是杜牧写的，原因在于这首诗最早见于南宋刘克庄编选的《分门纂类唐宋时贤千家诗选》，而这部诗选可疑之处甚多。兼之，杜牧的诗集以及有关唐诗的总集（如《唐诗三百首》《唐诗别裁》《全唐诗》等）也未将此诗归入杜牧名下，这就更让人觉得这首诗的作者不是杜牧。当然，怀疑归怀疑，我们一下子也很难推翻流行的说法。在强有力的证据出现之前，我们暂且还是视其为杜牧的作品，而不必太纠缠于著作权的问题。更何况，这首诗即使不是杜牧所作，我们也得承认它是一首好诗。既然是一首好诗，我们就应该好好欣赏它。

唐诗中的清明大多是以游乐的气氛出现的，而且多写晴天的景色（可能是因为唐代诗人大多是北方出身，所写作品大多以北方为背景，相对南方而言，北方的雨水要少一些）。比如韦庄《丙辰年鄜州遇寒食城外醉吟》："满街杨柳绿丝烟，画出清明二月天。好是隔帘花树动，女郎撩乱送秋千。"甚至到了宋代，这种格局也没有大的突破。比如北宋程颢《郊行即事》："芳原绿野恣行时，春入遥山碧四围。兴逐乱红穿柳巷，困临流水坐苔矶。莫辞盏酒十分劝，只恐风花一片飞。况是清明好天气，不妨游衍莫忘归。"南宋后期吴惟信写的《苏堤清明即事》："梨花风起正清明，游子寻春半出城。日暮笙歌收拾去，万株杨柳属流莺。"宋诗是这样，宋词也是如此，如欧阳修《渔家傲》："三月清明天婉娩。晴川祓禊归来晚。况是踏青来处远。犹不倦。秋千别闭深庭院。 更值牡丹开欲遍。酴醾压架清香散。花底一尊谁解劝。增眷恋。东风回晚无情绊。"《采桑子》："清明上巳西湖好，满目繁华。争道谁家。绿柳朱轮走钿车。 游人日暮相将去，醒醉喧哗。路转堤斜。直到城头总是花。"这些清明诗词写的都是好天气,充满着游乐的气息。但杜牧这首《清明》不是写晴天的景色,而是写雨天的景色,让我们看到了雨中清明也是别具一番风味的。

一般人可能会觉得,清明出去游乐遇到雨天,一定觉得扫兴,特别是读到这首《清明》的开头两句:"清明时节雨纷纷,路上行人欲断魂。"更是认定行人断魂是因为遇到下雨,还有人进一步解释说这是因为行人没带雨具。当然,也有人说行人断魂是因为清明上坟所致。其实,这些解释有不少牵强的成分。行人断魂是不是上坟所致,诗中并没有明说,而且唐宋时期的诗词很少把清明和上坟联系起来,所以这首诗中的行人断魂很难说是因为清明上坟所致(何况,上坟未必一定断魂)。至于行人没带雨具,更是读者的附会——试想一下,行人带了雨具,就不会断魂吗?本想出去游乐,没想到路上雨纷纷,岂不扫兴?要知道,清明前后气温虽然已经升上来了,但"听风听雨过清明"(吴文英《风入松》),清明时节也是冷暖气流交锋、气温最容易变化的时节,一旦遇到下雨,气温下降,甚至让人有一种春寒之感,行人即使带了雨具,也觉不爽。这种扫兴加上春寒,能不让人断魂吗?

需要指出的是,"行人"在古典诗词中通常指远行在外的人,因而我们不能把这首诗中的"行人"理解得太死,以为他就是指踏青玩乐的游人。就《清明》这首诗而言,我更倾向于将"行人"理解为远行在外的游子,因为行人借问牧童酒家何处有,说明行人不是本地人。当然,这首诗中的"行人"既可能是游子,也可能同时具备游人的身份。他羁旅在外,可能想在清明的时候出去游玩,借此散散心。说不定以前他在故乡的时候,每逢清明节都要出去欣赏大好春光。没想到这次在异地他乡,出去游玩的途中遇到春雨纷纷,顿感扫兴。但也有一种可能,清明这天,他不是出去游玩,而是奔波在外,本就有一种羁旅之感,再加上遇到了纷纷春雨,更有断魂之感,这种感觉近乎宋人杨徽之《寒食寄郑起侍御》所写:"清明时节出郊原,寂寂山城柳映门。水隔淡烟修竹寺,路经疏雨落花村。天寒酒薄难成醉,地迥楼高易断魂。回首故山千里外,别离心绪向谁言?"但杜牧《清明》所写比杨诗更简约有味。

这是不是说,诗中的"雨纷纷"除了让人败兴、让人断魂,就没有别的用处呢?当然不是。这首诗中的"雨纷纷",不单单是让行人断魂,它的作用还在于:一、让行人与牧童形成对比。行人在雨中断魂,但牧童在雨中并无断魂的感受，反而显得洒脱自在。作者用"遥指"而不用"回答"这样的词语，那是因为用手指比用嘴说更能传达"遥"的感觉，也是因为用手"指"比用嘴"说"更能体现牧童的洒脱姿态和活泼有趣。有人可能会说，牧童之所以"不断魂"，是因为他带了雨具。诗人并未明说这一点（当然也不必说），我们不必牵强解释。其实，牧童带不带雨具，都不影响他的洒脱。他可以躲在树下，甚至就以儿童嬉戏的姿态站在雨中又何妨呢？总之，雨中的牧童是洒脱的。作者意在通过牧童的洒脱来衬托行人的断魂，突出行人的羁旅奔波之感，这就很自然地引出了下文的"借问酒家何处有"——行人要借助酒来驱寒和消除旅途的疲劳。二、通过牧童的"遥指"，自然地带出雨中的酒家、杏花村，将诗意引向更丰富的地方，创造出一个幽远的意境。行人问的仅仅是酒家，但牧童给他指点了一个远比酒家更为美丽的地方：那是一个掩映在雨中、花中的村庄，酒家就在那里。接下来，行人对酒家的向往之情想必更急切了吧。"遥指"说明酒家和杏花村还有一段不少的路，同时暗示杏树很多，杏花开得茂密，可能是杏树很多，杏花开得茂密，兼之雨纷纷，才使行人看不到远处的酒家，而不得不借问。但即使遥远，又有什么关系呢？因为前方有杏花村，因为杏花村里有酒家！当行人走在雨中，不断走近杏花村，看见一路的杏花开在雨中，望见杏花深处的酒家，想象着即将入口的酒，心里的断魂之感也将不断减少；特别是当行人走进杏花村的酒家，坐下来喝酒，看看外面笼罩在雨雾中的杏花，闻着那酒香和花香，他不仅感受到了寒气的消去，也一定会发现清明雨色的美丽，断魂之感应该是荡然无存了。酒对这时的行人而言，不再是驱寒的东西了，不再是消除断魂之感的东西了，也可以说是品味的对象了。这时的雨，不仅湿润着画面中的各种景物，也滋润着行人羁旅的心情。这个时候的行人，不仅不会因为雨而断魂，甚至要为这清明的雨色而欣赏，而陶醉了。可见，这首诗通过行人遇雨的经历，不仅写出了清明时节雨中特有的乡村景色，也在写景的同时写出了雨中行人的心理变化过程（从断魂到陶醉），而这种心理的变化反过来又说明了雨中清明景色的迷人。

不难看出，清明时节，即使不是艳阳高照，即使不是游人如织，即使不是百花开放，我们也觉得，它仍然有它的美丽。这也说明，即使是雨中的清明，也是别有风味，借用一下苏轼的名句"水光潋滟晴方好，山色空蒙雨亦奇"，我们可以这样说：风和日丽的清明是美好的，下雨时候的清明也是美丽的。

　　为了突出清明景色的美好，作者精心地进行了意象的对照与组合。开头两句写雨，写行人，景色比较单调，画面也有点凄清。为此，作者特地加入了牧童这一形象。牧童的出现，固然是为了与行人进行对照，特别是让牧童的洒脱与行人的断魂对照，突出行人的断魂之感，但牧童本身也丰富了画面，使整个画面带有乡野气息，并与下文将要出现的杏花村等乡村景物互相配合，组成了一幅美丽的乡村图画。但诗歌写到这里，我们仍然觉得景色还是单调，画面仍觉凄清。接下来，作者通过行人与牧童的问答，不仅带出了酒家，还引出了另外一个景物：杏花村。景物不仅丰富了，也变得美丽了。

　　需要指出的是，"遥指"一词颇具构图的意味，但又远远超过了绘画的效果：它既让画面变得丰富了，但又不至于因为景物的丰富而造成堆砌之感，而是由近及远，富有层次感，景物得以逐次展开，既避免了单调，也避免了一览无余。按照绘画的透视原理，画面上只能出现行人、牧童、雨等景物，而杏花、酒家、村庄等景物，因为是在远处，再加上雨纷纷难免造成视线的阻隔，画面上是难以再现这些景物的。但这首诗正是凭着这些景物的出现和组合，让我们看到了清明时节的雨中乡村别有一番风味！牧童"遥指"的这些景物虽然无法画出，但我们可以通过语言的暗示和联想想象得出。当我们闭上眼睛，不难想象到酒家、村庄、杏花都掩映在纷飞的细雨之中，那种景色该是多么的美丽迷人。有人可能会觉得，杏花村可能是个村名，未必真的有杏花。即使是这样，我觉得杏花村与酒家组合在一起的画面也很美。更何况，"杏花村"的字面很容易让我们想到杏花开放的情景，想到村庄坐落在杏林的情景。我们知道，杏花本来是在清明前后开放的，古典诗词中写清明的作品大多写到杏花，这说明本诗中的"杏花村"可能不是村名（或者不仅仅是村名），而是作者有意将杏花与村庄两种景物组合在一起，这当然比单独写一个村名更有画面感，画面也显得更美丽。

　　并非只有杏花与村庄的组合让给人觉得美丽，还有杏花与雨的组合也有同样的作用：杏花因为雨水的滋润，显得更加润泽，那也是美丽的景致啊。还有杏花与酒家的组合，特别是酒香与花香组合在一起，酒香显得更加浓郁了，那该是何等的享受啊——我们甚至可以这样联想，那酒就是用杏花酿出来的。这即使不是作者的暗示，也是可以让读者联想到的，因为作者让杏花与酒家组合在一起，客观上能让读者产生这样的联想：那是杏花酒，酒不仅带着花香，也带着春意。这样的联想，自然又为这首诗增添了丰富而又美丽的诗意。村庄对于羁旅奔波的行人来说，本来就是一种温暖的向往，再让村庄与酒家在一起，更让人觉得温暖，同时显示出这个村庄不仅宁静美丽，也比较富足（经济条件差的村庄是很难出现酒家的），因而这个被杏花掩映着的村庄就更加让人向往了。

跟这些景物组合在一起的，还有那纷纷的春雨。想象一下，酒家藏在村庄里，村庄藏在杏花林中，而杏花、村庄、酒家又都隐藏在那纷纷的雨雾之中，那种景色迷离而又朦胧，真的有点像苏轼笔下的西湖雨，空蒙奇丽。有了这场春雨，空气固然显得清新湿润，就是村庄、杏花也会显得更为宁静，酒显得更加温暖。

除了这些意象外，还有一个重要的意象：牧童。如果仅仅是为了引出酒家和杏花村，作者完全可以借问"路人"。但他不问"路人"而问"牧童"，看来是有所选择的。一方面，牧童肯定是本地人（路人未必是本地人），自然知道酒家在哪里，因而更适合做行人的指路人。另一方面，在古典诗词中，牧童往往具有超凡脱俗的意味，它的出现往往伴随着一个像桃源般的美丽世界，甚至让我们有一种隐逸的联想，这些感觉就不是"路人"所能传递的。这首诗继承了这个传统。我们正是通过牧童的"遥指"，才知道远处还有一个杏花掩映、酒香醉人的村庄（牧童用手就能指给行人看见，说明杏花村并不遥远，"遥"也许指的是酒家在杏林深处。《红楼梦》大观园里有一个杏花村，"隐隐露出一带黄泥筑就矮墙，墙头皆用稻茎掩护。有几百株杏花，如喷火蒸霞一般。"情景与此诗相仿佛）。酒家隐在雨中的村庄里，村庄隐在雨中的杏花中，似乎也带了一点隐逸的意味，这跟牧童给我们带来的联想颇有几分相似。通过这个牧童，我们还看到了这个乡村除了宁静与富足，还有几分自在与洒脱。总之，牧童的出现是本诗的一大转折。他不仅指点出了一个由杏花、村庄、酒家组成的美丽的艺术世界，本身也是很有美学意味的意象。它指引着这个村庄，同时属于这个村庄，与这个村庄组合在一起，构成一片美丽的天地。有了它，那个美丽世界显得真实可信。这个美丽而真实的世界，不仅温暖着那些断魂的行人，也吸引着后代每一个读者，引发我们的想象和期待，甚至给人这样的启示：即使生活中难免风雨，但在人生的前方，一定有地方让我们欣赏人生的风风雨雨。

假如这首诗真的是杜牧所作，并且如有些记载所言，是杜牧在池州期间的作品，我们可以这样说：本诗结合游子遇雨的经历，借助雨中景色的描写，不仅写出了雨中清明特有的美景，也写出了典型的杏花春雨的江南景象，带有浓郁的江南气息。尽管这首诗对江南清明的描写，带有行人特有的羁旅感受，但丝毫不影响江南景色给人留下的美丽印象，特别是其在塑造江南美景色时精心选择的美丽意象（杏花春雨），影响很大，成为很多作家描写江南清明景色的必备意象。词如温庭筠《菩萨蛮》："南园满地堆轻絮，愁闻一霎清明雨。雨后却斜阳，杏花零落香。"诗如陆游《临安春雨初霁》："世味年来薄似纱，谁令骑马客京华。小楼一夜听春雨，深巷明朝卖杏花。矮纸斜行闲作草，晴窗细乳戏分茶。素衣莫起风尘叹，犹及清明可到家。"都在写清明的时候，运用了春雨杏花等意象。不难看出，杏花春雨几乎成为古典诗词写清明的常用意象，这也是最能体现江南景色的意象组合。我们很难说这种意象组合就是从杜牧这首诗开始的，但这首诗和其他的清明诗词共同塑造了我们对清明的感觉，也奠定了我们对江南的想象，让当代的中国人一想起清明，就想起杏花春雨的江南。

王安石《泊船瓜洲》：对江南的思念

京口瓜洲一水间，钟山只隔数重山。春风又绿江南岸，明月何时照我还？

一提到这首诗，很多读者马上就会想起作者不断修改直至最终选定"绿"字的故事，南宋人洪迈《容斋续笔》卷八《诗词改字》对此有具体的记载：

王荆公绝句云："京口瓜洲一水间，钟山只隔数重山。春风又绿江南岸，明月何时照我还。"吴中士人家藏其草，初云"又到江南岸"，圈去"到"字，注曰"不好"，改为"过"，复圈去而改为"入"，旋改为"满"。凡如是十许字，始定为"绿"。

因为这个记载，也因为后人的广为称道，"绿"字的使用成为中国古代文学史上讲究修辞炼字的著名范例，差不多可以和宋祁的"红杏枝头春意闹"的"闹"字，以及韩愈、贾岛的推敲故事相媲美了。"绿"字之所以好，很多人认为是因为词类活用，通过使动用法将一个表颜色的形容词，变成了一个使动用法的动词。还有人关注到王安石好像特别喜欢将颜色名词活用为动词、名词，另如"一水护田将绿绕，两山排闼送青来"的"绿""青"字、"无心与时竞，何苦绿匆匆"的"绿"字。这种解释当然没错，但这并没有真正解释清楚"绿"字在这首诗中的作用，更没有解释这首诗究竟好在何处。

"绿"字的使用首先在于它的活用给人耳目一新的感觉，它比作者一开始用的"到""过""入""满"等字更有色彩感、画面感，使难以写实的春风更形象可感，甚至可以让我们跟随着春风看到江南欣欣向荣的景象，给人以强烈的美的感受。但仅仅看到这一点还是不够。

一是因为前人已经有过这样的用法，钱锺书的《宋诗选注》已拈出数条，如丘为"东风何时至，已绿湖上山"（《题农父庐舍》）、李白"东风已绿瀛洲草，紫殿红楼觉春好"（《侍从宜春苑奉诏赋龙池柳色初青听新莺百啭歌》）、常建"行药至石壁，东风变萌芽。主人山门绿，小隐湖中花"（《闲斋卧病行药至山馆稍次湖亭》），后来，张鸣在《宋诗选》中又补充了数条：刘长卿"扬州春草新年绿，未去先愁去不归"（《送李穆归淮南》）、温庭筠"绿昏晴气春风岸，红漾轻纶野水天"（《敬答李先生》）、唐彦谦"春风自年年，吹遍天涯绿"（《春草》）。王安石的诗固然是青出于蓝，但不能因此就说这纯粹是王安石的创新，特别是唐彦谦的"春风自年年，吹遍天涯绿"，在构思上已经与"春风又绿江南岸"很接近了。

二是仅仅把"绿"字的活用视为一种修辞，而不将这种修辞与作者的立意结合起来看，未免尝鼎一脔、不知肉味了。其实，这里的"绿"字还有一种借代的作用，它包含着春草的形象（当然不限于春草的形象），让我们仿佛看到春风吹过的地方都是绿草茵茵。这不仅能唤起读者的视觉感受，更让人产生一种思归的联想。因为古典诗歌常常借芳草来表达思归的情绪，这个传统早在《楚辞·招隐士》中就出现了："王孙游兮不归，春草生兮萋萋。"因为《楚辞》影响巨大，后世对这种表达屡加化用，如王维《山中送别》"春草年年绿，王孙归不归"、崔颢《黄鹤楼》"晴川历历汉阳树，芳草萋萋鹦鹉洲。日暮乡关何处是，烟波江上使人愁"、白居易《赋得古原草送别》"远芳侵古道，晴翠接荒城。又送王孙去，萋萋满别情"，都借芳草来写离别之意或者思归之情。王安石自然熟谙这一文学传统，他借助"绿"字所包含的芳草形象，很自然地引出下文"明月照我还"的思归之情。明白这个传统，我们就很容易理解作者为什么一想到"春风又绿江南岸"就有一种思归之情，这种思归之情固然是作者心中本来就有的情感，但也是因为文学传统激发了他的这种情感。

可见，"绿"既是炼字，也是用典；它不仅在修辞上富有新奇感，在语意上也更有连贯感，让人从"绿"想到芳草，又由芳草产生思归之情，使得上下文的联系更为紧密自然。作者的高明之处在于，用芳草写思归之情，但在字面上不出现芳草，这就使得诗中的"绿"字既包含着芳草的形象，又蕴含着思归之情。也就是说，"绿"字既是写景，也是抒情。相比之下，前人用的"绿"字都没有王安石这首诗内涵丰富。这也给我们一个启示：分析一首诗中某个字的精彩，一定要联系全篇，否则的话，只见树木、不见森林的解读，很可能是盲人摸象式的判断。

作者的思归之情是通过末句"还"字点出的。联系上下文来看，我们知道作者是想回到钟山。用一"还"字，给人的感觉是钟山是作者的故乡。可是，我们都知道王安石是临川（今江西抚州）人，他的故乡在江西，怎么把钟山当做自己的故乡呢？这得结合王安石的生平经历来解释。王安石17岁时随父王益定居江宁（今江苏南京），19岁时父亲去世，葬于江宁牛首山，43岁时母亲卒于京师，王安石护其灵柩归葬南京。张鸣《宋诗选》认为本诗作于宋神宗熙宁元年（1068）春王安石自江宁府赴京任职翰林学士、舟次瓜洲之际，时年48岁。自17岁至48岁，共31年。虽然这31年中作者并非一直住在江宁，但从其人生经历不难看出，他对江宁有着深厚的感情，也许在王安石的心里，江宁就是自己的故乡了。这一点我们在他的《杂咏》诗中不难感受到："故畦抛汝水，新垄寄钟山。为问扬州月，何时照我还。"不过，钟山在王安石的心中那么重要，不完全是因为这是其父母的归葬之地，也是因为钟山风景幽静秀美，适宜隐居。我们不妨看看作者笔下的北山风景："北山输绿涨横陂，直堑回塘滟滟时。细数落花因坐久，缓寻芳草得归迟"（《北山》）、"南浦东冈二月时，物华撩我有新诗。含风鸭绿粼粼起，弄日鹅黄袅袅垂"（《南浦》）。还有那著名的《书湖阴先生壁》二首："茅檐长扫净无苔，花木成畦手自栽。一水护田将绿绕，两山排闼送青来。""桑条索漠楝花繁，风敛余香暗度垣。黄鸟数声残午梦，尚疑身属半山园"。此地不仅风景秀美，而且有湖阴先生这样的好友交往，自然对王安石有着巨大的吸引力。正因为此地适宜隐居，所以王安石罢相之后即寓居钟山。住的时间长了，作者很可能真的把钟山当做自己的故乡了。明白这个背景，我们就容易理解钟山为什么能成为作者想"还"的地方。

从诗的前两句来看，作者刚离开钟山不久。诗的前两句表面上是在交代几个地方之间的相互距离，实际上是在说自己离开钟山不久，也不远。京口，今江苏镇江，在长江南岸；瓜洲，又叫瓜埠洲，在长江北岸，是古渡口（今属江苏扬州），与京口隔江相望；钟山，即紫金山，又称蒋山、北山，在南京，此处代指南京。南京在京口之西，两者相距不足百公里。作者说瓜洲离京口不远（仅有一江之隔），又说京口与钟山之间隔得也不远（只隔着几重山）。两句连在一起，意在告诉我们瓜洲与钟山隔得很近，给人以作者离家不久、不远的感觉。但作者为什么离家不久就想回去呢？这还得结合王安石的生平经历来加以解释。虽然有人对这首诗的创作时间有不同看法，比如吴汝煜在《宋诗鉴赏辞典》、程章灿在《旧时燕》中认为这首诗是王安石第二次入相途中所作。但也有人说是第一次入相时所作。尽管说法不一，但可以肯定的是，这首诗跟作者的政治经历有关。如果是第二次出山拜相主持变法，作者可能因为第一次变法的挫折，对变法事业信心不大，急于思归，这容易让读者理解；但如果是第一次出山，作者怎么可能会一出山就思归呢？赵齐平《春风自绿江南岸》一文解释说作者一直有功成身退的思想，所以在出山的时候就想着归山之计（见赵著《宋诗臆说》）。这当然不无道理，不过，我觉得也不能排除另一种可能：对政治前途的担心。作者可能也觉得功业难成，因而提前做好了归隐的打算。功成身退固然是历代文人的人生理想，但功业难成、只好归隐，也是历代文人无奈的选择。这首诗读起来总让人觉得有一种感慨在里面，可能就是作者一种担忧和无奈之情的流露吧。从这个角度来说，"还"字不一定要理解为回到故乡的意思，它也可能是表达一种政治姿态，一种退避、归隐的政治态度，钟山（江宁）可以理解为故乡，也可以理解为归隐之所。《楚辞·招隐士》："王孙游兮不归，春草生兮萋萋。"王维《山居秋暝》："随意春芳歇，王孙自可留。"都写到了芳草，表达的也都是归隐的意思。王安石用的就是这个典故，表达的也可能是归隐之意。

但是这样解释就够了吗？要知道，一般读者并不知道王安石的生平，不知道这首诗的创作时间，也不知道王安石此时的身份和心情、不知道王安石与钟山的关系，而且未必有兴趣知道这么多的背景，但他们也能被这首诗打动。这又是什么原因呢？显然，这首诗在归隐之意外，还表达了一种更具有普遍性的情感，这种情感就是忆江南。在某种程度上，作者的思归也是一种忆江南的情结，或者说，作者的思归之情触发了读者忆江南的情绪——对那个明月照耀、芳草绿遍的江南的思念。尽管在王安石的心里，江南可能仅仅指钟山（这正是他想"还"的地方），但在后世的读者心中，江南是包括瓜洲、京口、钟山在内的，那是一个有山有水、山水相连的地方——诗的开头两句固然是在强调钟山与瓜洲之间仅仅隔着一水和数重山，实际上也间接地写出了江南是个有山有水、山水相连的好地方。而作者将自己思归的时间设置在月光照耀的春夜，希望"明月照我还"，这固然受到前人的启发，因为古典诗词写思乡之情喜欢写月色，比如张若虚《春江花月夜》"不知乘月几人归"、李白《静夜思》"举头望明月，低头思故乡"、杜甫《月夜忆舍弟》"月是故乡明"等，已经建立了月亮与思乡情之间的联系，作者可能受到了这种构思的影响，因而写其月夜归来，但月夜归来的构思，也是在暗示自己回望钟山之久、依恋钟山之情至深、思归之情绪颇为急切（哪怕是连夜归来也在所不惜）。但对于普通读者而言，月夜归来的构思增加了江南的美丽。江南的自然风光本来就旖旎诱人，而春天的江南更加美丽动人。试想一下，当春风吹拂、芳草绿遍江南大地的时候，再加上明月的照耀，江南该是多么美丽和宁静啊！即使我们不是宦游之人、没有归隐的想法，即使江南不是我们的故乡，我们也一定向往着江南，尤其是春天的江南。

江南是我们梦中魂牵梦绕的地方，我们都希望春天的时候来到美丽的江南，就好像我们与它有过美丽的约定。对于那些宦海浮沉的古代文人来说，江南可以成为他们宁静温馨的归隐之所；对于后代普通读者而言，江南秀美的山水又何尝不可以作为心灵的港湾而魂牵梦绕呢？江南总是给人以美丽的感觉。这个美丽的江南即使不是我们真正的故乡，但也一定是我们向往的地方。对于我们中国人来说，江南和芳草一样美丽，江南和芳草一样永恒。只要春风年年绿遍江南大地，就会有人想起那美丽的江南，就会有人想连夜踏月归来。尽管不同的读者心中有不同的江南，但江南给人的美丽感觉是一致的，而且是永恒的。所以读者欣赏这首诗的时候，能感受到江南的美丽，能唤起内心对江南的向往之情，就很满足了，他们对作者的本意倒不是很在意。可见，理解诗歌固然要结合作者生平和作品背景来分析，但也不能被这个因素所束缚。就这首诗而言，它的写作时间专家们尚且有不同看法，我们就更没必要要求读者死死抓住作者的生平经历来理解这首诗，更不能把诗意的欣赏完全等同于探寻作者的本意。好的诗歌往往在表达作者本意的同时蕴含着丰富的情意，甚至超越作者本意而表达出更具有普遍性的情感，从而感动不同时代的读者。

明白这个道理，我们可以回答一下学术界关于第三句的争论。有的本子将"又"写作"自"，孰优孰劣，学界争论不已。有人说，"自"字好一些，这是因为用"又"字，起码要求诗人在此地呆过一年。实际上作者刚到瓜洲，并非久居此地，"又"字落不到实处。"自"字则不受这种时间的限制，也更贴近作者的实际情况，而且用草之无情来对比人之有情，可以强化诗人的归情。但是，对于普通读者来说，他们未必知道王安石在瓜洲呆了多久，所以他们就想当然地以为王安石在这里呆了很长时间，以至于思归之情渐深，这也是可以说得通的，这种理解也使得这首诗的抒情更具有普遍性，而不受作品的写作背景束缚。从抒情的普遍性这个角度来说，我觉得"又"字比"自"字似乎更好一些。再说，"又"字也不必穿凿地理解为在瓜洲待了一年，因为春风年年都要回到江南，只要诗人看到春风（不管是在瓜洲还是在别的地方），都忍不住要问问自己：我什么时候能随春风一道回到江南呢？

当然，如果读者知道这首诗的写作背景，把这首诗单纯地理解为作者的思归之意，我们也不会觉得这首诗的内涵就变浅了。联系其他作品一起来读这首诗，我们照样能读出很多的人生况味。如果说贺知章《回乡偶书》写的是老年回乡被错认为外人的尴尬与无奈，贾岛《渡桑乾》（一说是刘皂《旅次朔方》）"客舍并州已十霜，归心日夜忆咸阳。无端更渡桑干水，却望并州是故乡"，写的是流落他乡太久，只好认他乡是故乡的悲哀与凄凉，但即使是那样，也仍然免不了再一次漂泊的命运，那么到了王安石这里，他已在心里认他乡是故乡，而且这种认定并没给他带来凄凉的感受，但他也不得不离开这个第二故乡。本以为认他乡是故乡之后，人生可以不再漂泊，不再有离别故乡的苦涩，哪里知道人生有太多的漂泊，人生有太多的无奈。我们不禁要问：当我们失去了第一故乡，又要告别第二故乡，我们还剩下几个故乡呢？因此，我们可以说这首诗的深刻之处在于，它揭示了一个人即使把异地他乡当做自己的故乡，仍然免不了有背井离乡的悲哀。

历史的神合:《望海潮》和《醉翁亭记》*

　　柳永的《望海潮》与欧阳修的《醉翁亭记》,一者为词,一者为文,差异之大不言而喻,可二者在艺术手法和时代气象上颇有神合之处。

　　这两篇作品都采用了赋的手法,即用铺陈的手法来写景。《醉翁亭记》是一篇赋。作者用十多幅图画描绘了一幅山水游乐图:环滁皆山、西南诸峰、峰回路转有亭翼然临于泉上、日出而林霏开、云归而岩穴暝、野芳发而幽香、佳木秀而繁阴、风霜高洁、水落石出,还有滁人游山、太守宴乐、禽鸟鸣乐等生活图景。《望海潮》是一首长调,体制上的新变,使得作者一改此前词人含蓄蕴藉的比兴方式,而改为以赋入词,铺陈其事。词中用八幅图画组成了壮丽的都市风情画卷:杭州鸟瞰图、都市全景图、钱塘江潮涌图、市场繁荣图、山光水色图、四时风光图、市民游乐图、太守宴游图。

　　如果进一步观察,会发现这些图景不仅是美丽的,也都笼罩着游乐的氛围。如《望海潮》写山光水色是"重湖叠巘清嘉",欧阳修笔下则是层峦耸翠的琅琊山,水声潺潺的酿泉。《醉翁亭记》写四时风光是"野芳发而幽香,佳木秀而繁阴,风霜高洁,水落而石出";《望海潮》则选取了最具有杭州特色、也最能体现季节变化的秋桂和夏荷两种典型的景物。《望海潮》写市民游乐是"羌管弄晴,菱歌泛夜,嬉嬉钓叟莲娃";《醉翁亭记》则是"负者歌于涂,行者休于树,前者呼,后者应,伛偻提携,往来而不绝"。《望海潮》写太守宴游是"千骑拥高牙。乘醉听箫鼓,吟赏烟霞"的盛大场面;《醉翁亭记》中亦写太守食山肴野蔌,品酿泉之酒,或射或弈,酣然而归。两者所写图景无论在内容还是情调上何其相似!这种在山川的描绘中体现出游乐的氛围,正是汉赋的流风余韵。由此可以见出,柳永的《望海潮》与欧阳修的《醉翁亭记》,在赋的手法和精神上都有着高度的契合之处。考虑到这两首作品在文体上的巨大差异,我们很难说这些契合之间存在着互相借鉴,更多的则是两位文人因为身处相同时代,同样为时代的美

---

　　* 本文由沙婷婷、叶帮义合写。

景乐事所打动，从而在不经意间完成了历史的神合，并体现出一种共同的时代气象（太平气象）。古往今来文人墨客常感慨良辰美景虚设，仿佛美景和乐事真的是"二难并"。然而这两篇作品将美景和乐事统一起来了。这一片繁荣的景象和游乐的氛围，正从一个侧面折射出了社会的太平气象。

这种跨越文体而呈现出的神合，又能给我们什么启示呢？如果我们联系到这两首作品都是出现在北宋前期比较承平的仁宗时代（欧文作于宋仁宗庆历六年，柳词一说作于宋仁宗皇祐年间），或许会明白其中隐含的某种历史信息。宋仁宗在位42年，国家安定太平，城市经济空前繁荣，号称"太平盛世"。这也是柳永的《望海潮》与欧阳修的《醉翁亭记》虽然文体不同，但时代气象神合的根本原因所在。而这种气象出现在词中显得尤其引人注目。宋人对柳永词颇多非议，但对柳词中展现的"太平气象"不乏好评。柳词中的"太平气象"与欧文如此契合，说明那个时代确实是比较安定繁荣的时代，而这也正是宋词繁荣并逐渐显示出不同于五代词的时代风貌的原因所在。宋人李清照在《词论》中指出："五代干戈，四海瓜分豆剖，斯文道息。独江南李氏君臣尚文雅，故有'小楼吹彻玉笙寒'、'吹皱一池春水'之词。语虽甚奇，所谓'亡国之音哀以思'也。逮至本朝，礼乐文武大备。又涵养百余年，始有柳屯田永者，变旧声作新声，出《乐章集》，大得声称于世。"李清照对柳永词本有不满，但在这里还是对柳永在宋词中的地位给予了足够的重视。她特别指出柳词"变旧声作新声"与"涵养百余年"有关。如果我们将"变旧声作新声"理解为"以赋入词"及其展现出新的时代气象，那么"涵养百余年"就可以理解成时代为这种新声提供的社会土壤。赋的手法在词中的运用，得益于柳永对慢词的发展。慢词和小令相比篇幅加长了，不再局限于裙裾脂粉、伤春离别，可以向更广阔的社会内容拓展。在篇幅允许的前提下，采用赋的手法，可以对都市生活进行铺张渲染，都市的繁华和太平的气象便跃然纸上。这样宋词既得到了时代土壤的恩赐，又把这种恩赐以艺术的方式表现出来，很好地回报了时代。宋词正是在这种恩赐与回报中获得了繁荣。柳词作为时代的新声，正是宋词繁荣的最佳体现；而欧文以其与柳词的神合，充分说明宋词的繁荣离不开时代的繁荣，这也就为李清照的论断提供了一个生动的佐证。

如果我们稍微把历史延伸一下，可以发现：宋初词坛沉寂了数十年，直到晏殊、欧阳修、张先等人出现，宋词才开始出现兴盛的局面，尤其是柳永，"变旧声作新声"，直接促成了词在宋仁宗时期出现繁荣的景象。很多学者都在思考，为什么宋初词坛沉寂那么长时间呢？实际上，我们看看晏殊、欧阳修、张先、柳永生活的时代，就能明白个中原因。晏殊、欧阳修、张先、柳永尽管生卒年不一，但基本上生活在仁宗朝。北宋王朝正是在仁宗时期达到最繁荣的阶段，而宋词也正是在这个时期，由晏殊、欧阳修、张先、柳永等人将其推向繁荣的局面的。两个时间吻合在一起，不正说明宋词的繁荣需要时代的繁荣作为基础吗？宋初数十年还处在五代干戈之后的休养生息阶段，词的繁荣还不具备适宜的社会土壤，词坛自然显得沉寂；休养生息久了，财富积累，时代太平，享受生活的愿望自然增强，词这种娱乐气息很浓的文体也就获得了滋生的土壤。欧阳修在滁州作的另一名文《丰乐亭记》："滁于五代干戈之际，用武之地也。昔太祖皇帝，尝以周师破李景兵十五万于清流山下，生擒其将皇甫辉、姚凤于滁东门之外，遂以平滁。修尝考其山川，按其图记，升高以望清流之关，欲求辉、凤就擒之所。而故老皆无在者，盖天下之平久矣。""今滁介于江淮之间，舟车商贾、四方宾客之所不至，民生不见外事，而安于畎亩衣食，以乐生送死。而孰知上之功德，休养生息，涵煦百年之深也。"说的虽是滁州一地，实际上折射出了整个北宋王朝的发展历程（作者也是有意识地这样来写的），其所谓"涵煦百年之深"，也正是李清照所说的"涵养百余年"。

欧阳修在《醉翁亭记》中描写了这种百年涵养的时代气氛，他在其他作品（包括词）里面也多有反映，我们读读他在颍州写的一组词《采桑子》就知道了。这组词前面有一段《西湖念语》："昔者王子猷之爱竹，造门不问于主人；陶渊明之卧舆，遇酒便留于道上。况西湖之胜概，擅东颍之佳名。虽美景良辰，固多于高会。而清风明月，幸属于闲人。并游或结于良朋，乘兴有时而独往。鸣蛙暂听，安问属官而属私。曲水临流，自可一觞而一咏。至欢然而会意，亦傍若于无人。乃知偶来常胜于特来，前言可信。所有虽非于己有，其得已多。因翻旧阕之辞，写以新声之调，敢陈薄伎，聊佐清欢。"这是用赋的手法在写自己的歌舞风流，也是在写时代的风流。至于晏殊的"一曲新词酒一杯""小园香径独徘徊"（《浣溪沙》），以及张先的"水调数声持酒听。午醉醒来愁未醒""风不定。人初静。明日落红应满径"（《天仙子》），也在描写士大夫阶层诗酒风流的同时体现出时代的太平气象。这正与柳永的《望海潮》、欧阳修的《醉翁亭记》形成时代的合唱。明乎此，我们自然能理解宋词与时代之间是声气相通的，柳永的《望海潮》、欧阳修的《醉翁亭记》之间的相通也就在意料之中了。

《江城子》与苏轼的柔情[*]

> 十年生死两茫茫。不思量。自难忘。千里孤坟，无处话凄凉。纵使相逢应不识，尘满面，鬓如霜。
>
> 夜来幽梦忽还乡。小轩窗。正梳妆。相顾无言，惟有泪千行。料得年年肠断处，明月夜，短松岗。

在我们的印象中，苏轼是豪放词派的代表，他特别擅长抒发豪放旷达的情怀。殊不知，这位潇洒豪放的东坡居士更有大量的婉约词，来抒写他的儿女柔情。著名的悼亡词《江城子》堪为代表。下面我们通过这首词，看看苏轼是怎样写他对亡妻的满腔柔情。

《江城子》悼亡词是苏轼为悼念爱妻王弗而写的。王弗16岁的时候嫁给19岁的苏轼，婚后夫妻之间感情很好。可惜结婚十一年后，27岁的王弗在京城突然因病去世。苏轼将其归葬眉山，并满怀深情地为她写下《亡妻王氏墓志铭》。此后，作者辗转各地，宋神宗熙宁八年（1075）在密州任太守，正值王弗去世的第十个年头。正月二十日夜晚，苏轼梦见了已故的妻子王弗，醒来后写下这首沉痛的悼亡之作。

这首词之所以读起来让人觉得特别沉痛，首先是因为作者对亡妻充满真挚而深厚的感情。这一点，我们只要将其与元稹悼念妻子韦丛而写的同为悼亡名篇的《遣悲怀》加以比较就能看出："谢公最小偏怜女，自嫁黔娄百事乖。顾我无衣搜荩箧，泥他沽酒拔金钗。野蔬充膳甘长藿，落叶添薪仰古槐。今日俸钱过十万，与君营奠复营斋。"我们不能不承认，《遣悲怀》前面六句在追忆"贫贱夫妻百事哀"的同时表现了作者和亡妻之间的深厚感情，甚至也可以承认，结尾两句也表现了作者对妻子的愧疚与报答之意，但只要将结尾两句诗与苏轼的悼亡词比较，我们就觉得元稹难免有点庸俗，

---

* 本文由于赛、叶帮义合写。

好像韦丛当年嫁给他，就是指望着他将来大富大贵，这未必对妻子的美好品德有点亵渎——实际上，韦丛当年完全可以不用嫁给元稹，因为她是朝中显贵韦夏卿的女儿，是"谢公最小女"，条件好，而元稹当时只是一个卑微的校书郎，是黔娄，是寒士。要是为了钱，韦丛用得着下嫁给元稹吗？为了表现自己的一番深情，却牺牲了妻子的美好形象，这种做法不仅让人觉得作者的人格近乎卑污，也破坏了全诗的艺术效果。而苏轼结合身世之感来写悼亡之情，在写自己的身世之感始终不忘对妻子的思念之情，身世之感的悲痛固然加重了悼亡之情的悲痛，但也深化了夫妇之间的深情——一种"不思量，自难忘"的深情。这里面只有纯洁与真挚的感情，没有一点杂质。就感情的纯洁度和感人的程度而言，苏词明显比元稹的《遣悲怀》高出一筹。

《江城子》的感人肺腑除了来自作者的深情，也来自作品的抒情艺术。在情感的抒发上，这首词特别擅长层层转折、层层加重，使人读后肝肠寸断、满腹悲酸，用清人刘熙载《艺概》中的话来说就是："一转一深，一深一妙。"开首"十年生死两茫茫，不思量，自难忘"是说死生相隔，即便不去想也难以忘记，若是思量，不就更加难忘吗？这是第一次转折，感情开始加重。"千里孤坟，无处话凄凉"，在死生之隔的基础上又加上千里之遥，悲情愈加凝重。"纵使相逢应不识，尘满面，鬓如霜"，设想他们突破时间和空间之隔得以相逢，可是岁月和苦难在作者脸上刻下衰老和憔悴，恐怕连妻子也认不出自己。虽然是在梦中，也忘不了体贴对方。这样的缠绵深情，谁不为之潸然泪下呢？"夜来幽梦忽还乡，小轩窗，正梳妆，相顾无言，惟有泪千行。"上片写相逢，还是用"纵使"这样的假设口吻，而这里真的见了面（当然是在梦中），那会比"尘满面，鬓如霜"的场面好些吗？十年中有多少个不眠之夜，有多少深深的思念，苏轼该有多少话要跟妻子说啊！可是真的见了面，却是话讲不出口，笑也笑不出来，只是无言地让泪水夺眶而出。越是口中无言，越是眼里有泪。那么久没有见面，好不容易在梦中相见，为什么会无言呢？是他们想说的话太多而无从说起，还是王弗看到苏轼"尘满面，鬓如霜"而心酸得不能语……这种无言的泪，比起"尘满面，鬓如霜"还让我们心痛。词写到这里，可谓悲凉至极，让人不忍卒读。"料得年年肠断处，明月夜，短松岗"，则从梦境回到现实，进入一个比"相顾无言，唯有泪千行"更凄凉、痛苦的境界。因为梦中相逢还有泪千行，而明月夜、短松岗中的王弗，一如梦醒后作者的"无处话凄凉"，即使有泪也无法让对方看到。梦中还有泪啊，而现实中无处洒泪！彼此遥远的思念，就这样成了无言的痛！"相顾无言，唯有泪千行"虽然痛苦，但毕竟是在梦中，生活中不可能天天有梦，所以这个痛苦不会经常出现，但"明月夜，短松岗"的痛苦却是年年都有的，是永无尽头的。

法国作家缪塞有诗说："最美丽的诗歌是最绝望的诗歌，有些不朽的篇章是纯粹的眼泪。"（《五月之夜》）《江城子》这首词可以说是对缪塞之诗最好的注释。像这样美丽深情的作品，永远都感动人。金庸的武侠小说《神雕侠侣》（第38回《生死茫茫》），写杨过十六年后在绝情谷等候小龙女不至，一夜白头，读来让人落泪，可谓《神雕侠侣》中最为伤情的一段，其中就引用了苏轼这首悼亡词。金庸是这样写的：

> 刹时之间，心中想起几句词来："十年生死两茫茫，不思量，自难忘。千里孤坟，无处话凄凉。纵使相逢应不识，尘满面，鬓如霜。"这是苏东坡悼亡之词。杨过一生潜心武学，
>
> 读书不多，数年前在江南一家小酒店壁上偶尔见到题着这首词，但觉情深意真，随口念了几遍，这时忆及，已不记得是谁所作。心想："他是十年生死两茫茫，我和龙儿已相隔十六年了。他尚有个孤坟，知道爱妻埋骨之所，而我却连妻子葬身何处也自不知。"接着又想到这词的下半阕，那是作者一晚梦到亡妻的情境："夜来幽梦忽还乡，小轩窗，正梳妆；相对无言，惟有泪千行！料想年年肠断处，明月夜，短松岗。"不由得心中大恸："而我，而我，三日三夜不能合眼，竟连梦也做不到一个！"

一方面，这段感人的描写，扩大了苏轼这首悼亡词在当代的影响；而另一方面，这段感情描写，也正是通过苏轼的悼亡词来渲染，让人更觉沉痛，从而扩大了金庸小说在当代读者中的影响。这是金庸的高明之处，但这段描写也说明苏轼这首悼亡词的感人至深。

人非草木，孰能无情？人生长河中，儿女柔情以一种情感的形式演绎了百样人生，能使铁骨铮铮的男儿黯然销魂，又能使柔情似水的女子望夫成石，由此造就人生的万紫千红。苏轼亦如此。他既能写"会挽雕弓如满月，西北望，射天狼"的豪放，也会写"相顾无言，惟有泪千行"的柔情。这柔情的一面，再加上我们熟悉的豪放一面，合在一起正好组成一个真实、

完整的子瞻。

苏轼的柔情，不仅体现在他对王弗的感情上，也体现在他与其他两位妻子的感情上。苏轼一生共有三位妻子：王弗"敏而静"，知书达理；王闰之，生性温柔，善良体贴；王朝云，"天女维摩"，年轻貌美。无论苏轼穷达与否，她们均伴随在苏轼左右，风雨与共。但人生无常，她们都先于苏轼而香消玉殒。"头白鸳鸯失伴飞"，给苏轼留下了深深的遗憾和伤痛。苏轼以词为纸，以悲痛作笔，以思念的泪水作墨，为亡妻们写下诸多心酸的文字。除为王弗写过墓志铭和《江城子》悼亡词外，他还为陪伴自己经历"乌台诗案"那场腥风血雨、走过黄州那片贬谪之地的王闰之，写过一首《蝶恋花》："佳气郁葱来绣户，当年江上生奇女。"可见王闰之在苏轼眼里，同样是一个世间美丽的女子。她过早的离世，同样使得至情的苏轼伤心欲绝、"泪尽目干"（《祭亡妻同安郡君文》）。身份仅为"妾"的王朝云，则陪伴晚年被贬的苏轼去了蛮烟瘴雾的岭南，并在那里度完了她凄美的一生。只因为在一个落木萧萧的秋日，她曾唱起"枝上柳绵吹又少，天涯何处无芳草"的词句，感慨万千、泪如雨下，于是苏轼在她去世后终生不复听此词，也没有再娶。苏轼为她写下很多的诗词，如《南歌子》《朝云诗》《三部乐》《浣溪沙·端午》《西江月·梅》等，特别是《西江月》中"高情已逐晓云空，不与梨花同梦"两句，对朝云作了高度的赞美。正因为有朝云，在我们的印象中，岭南的蛮烟瘴雾有时也会化作天涯芳草、梨花梦云。

苏轼既能豪情万丈，也会肝肠寸断。爱情面前，他的真情与柔情不逊于任何人。他那些儿女柔情的诗词（包括这首凄婉绝美的《江城子》），更是撑起了一片真情的天空，画下了一道真爱的彩虹。这使得这位大文豪更加有情有义，有血有肉，深情得令人心动，真实得使人心疼。

苏轼《定风波》：人生的风风雨雨

　　三月七日沙湖道中遇雨。雨具先去，同行皆狼狈，余独不觉。已而遂晴，故作此。

　　莫听穿林打叶声，何妨吟啸且徐行。竹杖芒鞋轻胜马，谁怕？一蓑烟雨任平生。

　　料峭春风吹酒醒，微冷，山头斜照却相迎。回首向来萧瑟处，归去，也无风雨也无晴。

　　苏轼的词一向以旷达著称，这也是他对传统词风的一种革新，是他以诗为词的产物。如果说《念奴娇》是豪放中见旷达，那《定风波》就是平淡中见旷达，因为《念奴娇》是结合英雄怀古那种重大题材来抒怀的，而《定风波》是结合日常生活来抒情的。小事中蕴哲理，平淡中见旷达，是这首词最突出的特点。作者借道中遇雨这件生活小事，写他的顿悟之境，写他的人生哲理，展示他随遇而安的人生态度。雨中，他吟啸自若，毫不在意——"一蓑烟雨任平生"，是一种不惧风雨、听任自然的生活态度。雨过天晴，也很坦然——"回首向来萧瑟处，也无风雨也无晴"，这既是雨后实景的描写，也是在前文"一蓑烟雨任平生"描写自我外在形象的基础上，进而表现自己忧乐两忘的胸怀。此时作者不仅能从容面对风雨，而且做到了心中根本无风雨，用佛教的话来讲就是达到了一种"无差别的境界"。这两句词大概最能表达苏轼的洒脱胸襟和随缘自适的人生态度，作者自己也很喜欢这两句词，以至于15年后他被贬到海南岛作了一首《独觉》诗，还忍不住引用了这两句："回首向来萧瑟处，也无风雨也无晴。"诗词同用这两句话，说明在苏轼的眼里，诗词之间并不存在不可逾越的藩篱。

　　需要注意的是，苏轼虽然对词体做出了诸多革新，但他也注意维护词体的本色之美，注意发挥词长于比兴、语言活泼、音乐性强等文体优势，使词在突破传统的同时能继承传统中的有益成分，从而更好推动词的发展。

首先，这首词所包含的人生哲理与生活本身化合无痕——之所以能做到这一点，是因为词人运用了比兴的手法：以自然界的阴晴风雨与人世间的穷通荣辱作比，从而寄托作者面对人生忧患的洒脱豪放之情——这一手法实际上在《水调歌头》中也得到了运用："月有阴晴圆缺，人有悲欢离合。"读这样的作品，丝毫不觉得作者是在为情造文，而是让人感觉这就是苏轼的生活态度，就是他的人生哲学；但这与纯粹的哲学推论不同，而是把哲学生活化了。

苏轼在黄州时期写的《临江仙》（作于《定风波》一词之后六个月），也是一首从小事中发现哲理的词："夜饮东坡醒复醉，归来仿佛三更。家童鼻息已雷鸣。敲门都不应，倚杖听江声。　长恨此身非我有，何时忘却营营。夜阑风静縠纹平。小舟从此逝，江海寄余生。"夏承焘先生《忧患》一文认为此词正得于"敲门都不应"之时："此等小事，在急躁者视为不愉快，在诗人不但以之表现其襟度，且因此成就其不朽妙句，使千百年后，世人亦得以分享此一段冲夷和畅之生趣。"（见《天风阁学词日记》）。这里所说的"何时忘却营营"表达的是对官场生活的厌倦，一如《定风波》词中所言"竹杖芒鞋轻胜马"；这里所说的"小舟从此逝，江海寄余生"，也是表达对隐逸生活的向往，一如《定风波》词中所言"一蓑烟雨任平生"，是一种精神上的超越，并非真的远举他适、浮海而去。这些词虽然表现的是苏轼旷达的人生哲学、人生态度这类严肃主题，但因为它们运用了比兴手法，将严肃深刻的主题与日常生活结合起来，让读者在日常生活的美丽描写中不知不觉地接受了这些人生哲学，自然亲切，不觉得有丝毫的生硬，这就是发挥了词体长于比兴的优势。如果像诗歌那样用赋笔来写，作品就难以获得这种亲切自然的效果，再深刻的主题也难以使读者获得共鸣。值得一提的是，苏轼很多诗词善于从生活小事出发挖掘人生哲理，将人生哲理与生活化合在一起，了无无痕，尤其擅长写由雨转晴的天气变化及其蕴含的哲理，著名的如《饮湖上初晴后雨》："水光潋滟晴方好，山色空濛雨亦奇。欲把西湖比西子，淡妆浓抹总相宜。"《六月二十七日望湖楼醉书》："黑云翻墨未遮山，白雨跳珠乱入船。卷地风来忽吹散，望湖楼下水如天。"《六月二十日夜渡海》："参横斗转欲三更，苦雨终风也解晴。云散月明谁点缀，天容海色本澄清。"

其次，这首《定风波》语言轻松、节奏感强，很好地体现了旷达的风格。旷达的背后其实是沉重的人生，但作者写得诙谐、幽默，从而化解了沉重，更多地体现出轻快的特点，这主要体现在词中三处两字短句："谁怕""微冷""归去"。若去掉这三句则成为八句七言诗："莫听穿林打叶声，何妨吟啸且徐行。竹杖芒鞋轻胜马，一蓑烟雨任平生。料峭春风吹酒醒，山头斜照却相迎。回首向来萧瑟处，也无风雨也无晴。"虽然意思没变，但节奏和情调不同了。改过之后，词就显得板实、沉重；有了这三句，就显得跳荡轻快，就显得旷达洒脱。当然，虚词的使用也增强了这种诙谐的风味。"莫听"与"何妨"相呼应、"一"与"任"相对照、"也无"二字重复使用，都离不开虚词的使用，增强了本词的诙谐作风、轻松味道。省去"莫听"与"何妨"等词，就成了诗句，就过于沉重；多了几个虚词，就多了一种调侃诙谐的味道。因为语言上的诙谐轻松，所以这首词尽管写的是人生挫折这种沉重的话题，但读来给人轻松之感。

诙谐轻松不仅体现了这首词的旷达风格，也体现了诗词之间的一种差别：诗庄词媚。我们不妨将此词与苏诗《和子由渑池怀旧》比较："人生到处知何似，应似飞鸿踏雪泥。泥上偶然留指爪，鸿飞那复计东西。"相比之下，诗写人生感慨，比词庄重多了，也沉重多了。诗更多地出以庄重严肃之笔，词则可以写得带点调侃诙谐的味道（即使写严肃的题材内容）。实际上，苏轼《念奴娇》中"多情应笑我早生华发"、《蝶恋花》中"多情却被无情恼"等，也都带有调侃的味道，可见词相对于诗是不必过分严肃的。苏轼正是发挥了词体的这种特点，把这首严肃的人生之词写得那么轻松，让读者充分感受到了旷达之美。

再次，这首词在结构上有反复与递进的特点，既体现出鲜明的节奏感，也较好地适应了全词的旷达风格。全词分上下两片，上下两片的结构很相似：开头两句写眼前景，后面两句写心中意，由此显示出结构上的反复，富有一种音乐的节奏感。

> 莫听穿林打叶声，何妨吟啸且徐行：眼前景。
>
> 竹杖芒鞋轻胜马，谁怕？一蓑烟雨任平生：心中意。
>
> 料峭春风吹酒醒，微冷。山头斜照却相迎：眼前景。
>
> 回首向来萧瑟处，归去，也无风雨也无晴：心中意。

不过，这种反复主要体现在形式上，而在语意上全篇又是变化和递进的。首先写景方面，由雨到晴，是有变化的。写景方面的变化与情感方面的变化相一致，因为写情方面，作者也经历了由"一蓑烟雨任平生"到"也无风雨也无晴"的变化，这是心态上的一种超越，也显示出语意上的递进。这种语意上的变化与递进，同样具有一种节奏感。词本来是一种音乐文学，这一点即使是在苏轼这类表现旷达情怀的词中也有所体现（不管是在形式上还是意义上），并不因为它的革新，就把词的这一传统给丢掉了。这就告诉我们：苏轼固然有以诗为词的一面，也有以词还词的一面。在作者的心目中，不管如何革新词体，诗词之间还是有区别的；要革新词体，并不必然破坏词体之美。我们不能因为肯定苏轼以诗为词，就想当然地以为诗词合流了。这显然不是文学事实——读懂了《定风波》这类旷达之词，我们自然会明白这一点的。

姜夔《扬州慢》：虚处着笔，空际传神

关于这首词的写作背景，作者在词前的小序中有所交代："淳熙丙申至日，予过维扬。夜雪初霁，荠麦弥望。入其城则四顾萧条，寒水自碧。暮色渐起，戍角悲吟。予怀怆然，感慨今昔，因自度此曲，千岩老人以为有《黍离》之悲也。"根据小序可知，这首词作于公元1176年，时当"胡马窥江去后"十余年，其主题即小序中提到的"黍离之悲"。《黍离》是《诗经·王风》的第一篇，第一章云："彼黍离离，彼稷之苗。行迈靡靡，中心摇摇。知我者谓我心忧，不知我者谓我何求。悠悠苍天，此何人哉？"昔日的王都一片繁华，而今只剩郁郁葱葱的黍苗，令人产生不胜今昔之感、世事沧桑之叹、物是人非之悲。前人解释这首诗说："黍离，闵宗周也。周大夫行役，至于宗周，过故宗庙宫室，尽为禾黍。闵周室之颠覆，彷徨不忍去，而作是诗也。"（见《毛诗序》）这个解释未必就是作者的原意，但因为《毛诗序》在古代的影响很大，后代的作家基本上是从这个角度来理解、并不断在作品中化用其诗意。这首词写姜夔经过扬州时，追忆昔时的繁华，悲叹今日的荒凉，在抚今追昔中控诉了侵略者发动战争的罪行，也寄寓了作者深沉的兴亡之感、家国之悲，这种主题与《诗经·王风·黍离》很接近，所以千岩老人（萧德藻）读出了词中的"黍离之悲"。

作者在写黍离之悲时，是结合自身羁旅行役、结合自身的江湖流落之感来寄托其家国之慨的，这是本词在主旨表达上的一大特点。其自身流落之悲在小序和正文中都有反映，如"废池乔木，犹厌言兵""桥边红药、年年知为谁生"等，都是包括自己在内的，流露出词人遭逢不幸时代之悲感。作者身逢兵乱时代，心情之悲伤不难想象得到！特别是作者以想象中杜牧的风流俊赏，来和自己的解鞍沉吟进行对比，则一为承平之世，一是身逢乱离，不言而喻；写家国之感而出以艳笔，这是在写自己的身世之感，也是将传统的黍离之悲与词体的特点结合起来，抒发了一种繁华不再、风流难继的感受。

这首词写伤时悯乱之情，题材是重大的，主题也是严肃的，但作者出以淡远醇雅之笔，并未用重笔，体现了白石词"清空骚雅"的特色。骚雅即内容严肃高雅，清空即不用太重、太实的笔触来抒情。就本词而言，它的黍离之悲和流落之感等感慨都在虚处，不是正面来表达的，不是直抒胸臆，而是寄情于物（景）。"过春风十里，尽荠麦青青"二句，只说荠麦青青，就表现了扬州经历战乱以后人烟稀少、屋宇不存的景象，这是虚处传神；"胡马窥江去后，废池乔木，犹厌言兵"三句，写兵乱的惨状，连没有生命、没有情感的废池乔木都感到兵祸残酷，那么人们对于战争惨痛的体验就更不用说了，这是以物衬人，采用拟人和反衬的手法来突出这种黍离之悲，属于虚处传神。清人陈廷焯在《白雨斋词话》（卷二）中说："'犹厌言兵'四字，包括无限伤乱语。"说的正是这个意思。后面写冷月无声、写红药开无主，都是借物写人，仍是虚处传神。

运用典故来进行历史的想象（包括事典和语典），构成今昔对比，从而开拓词的意境，丰富词的意蕴，这是本词在艺术方面的又一突出特点。全词自始至终都在化用杜牧的诗句和有关杜牧的典故，有六七处之多。为什么在同一首词中，要大量化用同一个作家的诗句和典故呢？这是因为昔日扬州的繁华，曾有许多文人骚客歌咏过它，并留下许多传诵千古的名篇，也曾吸引过许多风流才子到此冶游，留下不少风流韵事，其中唐代诗人杜牧最为典型。杜牧与扬州有密切的关系，这在古代是非常出名的，姜夔在年轻时亦以杜牧自许，故词中多处化用杜牧咏扬州的诗句和有关杜牧的故事，也很自然；再加上杜牧本人属于那种风流俊赏的才子，诗风比较绮艳，这与词的作风也比较接近，所以姜夔这首词多次化用有关杜牧的诗句和典故，并不让人觉得生硬。但作者并非单纯地借用其字面，而是要借助这些典故来唤起一种历史的想象，寄托当前的哀感，是用这些典故所蕴涵的风月繁华与风流俊赏之意，来与今日扬州的现实形成强烈的对比：以"淮左名都，竹西佳处"的昔日繁华，反衬今日"春风十里，尽荠麦青青"之冷落萧条；以昔日"杜郎俊赏""豆蔻词工"，来反衬自己今日"难赋深情"；以"二十四桥仍在"，反衬景物依旧、物是人非的凄凉悲哀。越烘托出昔日的繁华，越见出今日的冷落萧条。可见，将杜牧诗歌的意境融入词中，构成历史意象，起到了以昔衬今、突出今昔变化之大的作用。这种用笔与姜夔词"哀感都在虚处"的艺术特点也是相通的，词的下片假设杜牧重到扬州，不说今人，而说古人，这种历史的想象本身就是虚处传神。虽然作者没有直接抒写情怀，但他借助历史来构成现实的对比，使其黍离之悲在历史与现实的交织中，在对比手法的有效运用中，得到了淋漓尽致的渲染。今昔对照，虚实反衬，开拓了读者的想象领域，丰富了感情的对比色彩，整首词因此显得自然含蓄，有着无穷的回味。

姜夔写得更多、写得最好的是爱情词。这首词是姜夔词中反映现实较为深刻、思想性较强的作品，但即使如此，还是与辛弃疾的同类作品存在明显的距离（思想贫弱、缺乏力量）。同样是表达"黍离之悲"，姜夔在这首词中追怀的主要是扬州的风月繁华、杜牧的风流俊赏，面对扬州今日的萧条景象，只是发出无可奈何的低声沉吟和叹息。这种爱国情感与辛弃疾的大声疾呼、奋起抗争不同，缺乏辛词那种愤激不平的气势，看不到作者对敌人的强烈不满，更看不到作者要抗战雪耻的志气与勇气。读姜夔的词，我们能读出忧患感、沉痛感，但读不出责任感、使命感。同样写经过扬州的感想，辛弃疾《水调歌头》念念不忘的是事功："落日塞尘起，胡骑猎清秋。汉家组练十万，列舰耸高楼。谁道投鞭飞渡，忆昔鸣髇血污，风雨佛狸愁。季子正年少，匹马黑貂裘。　今老矣，搔白首，过扬州。倦游欲去江上，手种橘千头。二客东南名胜，万卷诗书事业，尝试与君谋。莫射南山虎，直觅富民侯。"姜夔的兴衰之感，则自"废池乔木"而转到文采风流："杜郎俊赏，算而今，重到须惊。纵豆蔻词工，青楼梦好，难赋深情。"结句"念桥边红药，年年知为谁生"，心心念念的不是事功，而是自然美景。即使与辛派词人刘过写扬州的《六州歌头》相比，姜夔词与时代的隔膜与疏离也是很明显的："镇长淮，一都会，古扬州。升平日，珠帘十里春风、小红楼。谁知艰难去，边尘暗，胡马扰，笙歌散，衣冠渡，使人愁。屈指细思，血战成何事，万户封侯。但琼花无恙，开落几经秋。故垒荒丘。似含羞。　怅望金陵宅，丹阳郡，山不断绸缪。兴亡梦，荣枯泪，水东流。甚时休。野灶炊烟里，依然是，宿貔貅。叹灯火，今萧索，尚淹留。莫上醉翁亭，看濛濛雨、杨柳丝柔。笑书生无用，富贵拙身谋。骑鹤东游。"刘过把扬州今昔不同境况作了对比，"珠帘十里春风、小红楼"也念及当年的扬州繁华，但作者更多的是痛陈金兵的罪行和南宋统治者的苟且偷安，抒发自己报国无路、请缨无门的愤慨。而姜夔留恋的是扬州的繁华和杜牧的风流，似乎战乱只是破坏了他的风流梦，内容、情感与时代终究是隔了一层，不够真切、强烈。

这种缺陷跟这首词"哀感都在虚处"的艺术特点密切有关。虚处传神的好处是更有艺术余味，就本词而言，它有助于表达作者的怅惘之情。类似的写法在白石词中还有很多，如怀古词《点绛唇》"凭栏怀古"以下，仅以"残柳参差舞"五字咏叹了之，《白雨斋词话》卷二说是"无穷哀感，都在虚处"。姜夔的爱情词中更多这类作品，如《长亭怨慢》："树若有情时，不会得、青青如此。"但这种抒情方法用在政治性强的题材中，有时不免让人觉得轻飘飘的，特别是通篇都这样来抒情，就有弊端，缺少一种强烈的震撼力。将姜词的满纸呜咽与辛、刘词的大声疾呼加以比较，我们很容易看出姜词的不足。这与作者的政治身份、生活个性有关，也与作者的艺术趣味、艺术追求有关。姜夔只是一个江湖词人，身份与能力都不足以让他具有辛弃疾那样的笔力与热情，所以他即使偶尔在词中涉及家国之情时，还是习惯性地运用他的"清空骚雅"之笔，从而使得他的这类作品虽然不乏艺术性，但掩盖不了自身的不足——缺少鼓舞人心的力量。在肯定这首名作善于"虚处着笔，空际传神"的同时，我们不能不指出这种艺术特点的不足。

陆游《示儿》：永远的遗憾，永恒的感动

死去元知万事空，但悲不见九州同。王师北定中原日，家祭无忘告乃翁。

这是陆游的绝笔诗，也是他的遗嘱，写于宋宁宗嘉定二年（1209）农历十二月二十八日诗人临终之前。这首诗的内容与陆游许多诗歌一样，写他念念不忘的爱国心事。就主题来说，是陆游诗歌习见的，类似的内容在很多诗篇中都出现过。钱锺书《宋诗选注》已拈出一些诗句为证，如"常恐先狗马，不见清中原"（《感兴》）、"砥柱河流仙掌日，死前恨不见中原"（《太息》）、"宁知墓木拱，不见塞尘清"（《北望》）、"死至人所同，此理何待评。但有一可恨，不见复两京"（《夜闻落叶》）。但这首诗在陆游的爱国诗中显得尤其感人，原因在哪里呢？

首先，"九州"及"中原"等词语表达了丰富的爱国主义内涵。陆游诗中爱国主义的情感表达得很多，表达的方式也是多种多样的，有的是以报国热情或批判投降妥协的行为来写自己的爱国思想，有的是以关心民生和思念遗民的方式来表现，有的是以热爱祖国山河和热爱民风民情、珍视民族文化的方式来体现的。虽然这首诗没有像陆游有些作品那样表达自己欲上战场的抱负（如"上马击狂胡，下马草军书""战死士所有，耻复守妻孥"），也没有像《游山西村》那样表现出对"箫鼓追随春社近，衣冠简朴古风存"的古朴民风和文化传统的喜爱；既没有写到边疆的将士，也没提及中原的遗民，但作者的爱国情感都充分体现在"九州""中原"等词语当中。这是因为，"九州""中原"这些词语在长期的使用过程中，逐渐从一个地理的概念变成一个文化的概念，超越了政治和地理的内涵，成为整个国家和民族的代名词，如杜甫《忆昔》："九州道路无豺虎，远行不劳吉日出"、李白《南奔书怀》："秦赵兴天兵，茫茫九州乱"，在宋诗尤其是陆游诗歌里面更是如此。可见"九州""中原"等词具有非常丰富的爱国主义内

涵，它表达的就是对国家统一事业的向往。就陆游所处时代而言，"九州同"直接表现为"北定中原"，因为那是宋金对峙的时期，是南宋偏安江南的时期。对于南宋而言，要实现"九州同"，就必须"北定中原"，收复中原沦陷的土地。"北定中原"是"九州同"的核心，没有了中原，就不可能有"九州同"。这是作者的一贯思想，也是时代的心声。

"北定中原"是陆游那个时代实现"九州同"的必然要求，因而诗中的爱国情感带有特定的时代色彩；但我们也要看到，这首诗尽管表现的是陆游那个时代的爱国主义情感，但它仍然能感动千载之下的我们，那是因为"九州""中原"这些词语表现的不仅仅是拥护宋朝这样的内容，而是具有超越时代的内涵。"九州""中原"这些词语在历史的积淀中，已经不再是对某个朝廷的拥护，而演变成了具有高度象征性的爱国符号。在中国的文化传统中，似乎没有几个词语能像"九州""中原"这样传达出超越时代的爱国主义情感。以"中原"一词为例，一开始它仅仅指的是中原地区，但因为中原地区是中国的经济、政治中心，以及华夏文化的发源地，越到后来，"中原"一词越来越具有文化的意味，逐渐像"九州"一样成为文化和民族认同的符号，因而"中原"也是一个有着丰富爱国主义内涵的词语，能引起不同时代人们的爱国情感。它既有地理意义，更有文化意义，体现出对本民族和民族文化的认同感。对于中华儿女来说，中原的丧失不仅意味着国土的分裂，也代表文化的危机，从而引起人们强烈的爱国主义情感。从诸葛亮《出师表》"今南方已定，兵甲已足，当奖帅三军，北定中原"，到陆游《书愤》"中原北望气如山"，再到现代话剧《北定中原》，"中原"作为一种具有高度象征性的文化符号，充分表达出历代华夏儿女追求大一统的愿望，成为全体中国人民表现爱国情感的载体。虽然"北定中原"在陆游这首诗中是对"九州同"的具体化，但由于"中原"一词本身具有丰富的文化意蕴和丰富的爱国主义内涵，因而能激发不同时代人们的爱国情感。

其次，它采取了有利于加强爱国情感的悲剧效果和感人力量的艺术手段。

一是选择示儿的口吻来写。题目"示儿"说明这首诗是作者写给儿子的，诗中的"乃翁"与"示儿"相互呼应，进一步体现了这种"示儿"的口吻。这种口吻更亲切，也更真切，充分体现出作者的爱国情感是真挚的，不是假装的。朱自清在历代爱国诗中，特别推崇陆游的《示儿》诗。他在《爱国诗》一文中对它做了具体的分析：

这种诗只是对儿子说话，不是什么遗疏遗表的，用不着装腔作势，他尽可以说些别的体己的话；可是他只说这个，他正以为这是最体己的话。诗里说"元知万事空"，万事都搁得下；"但悲不见九州同"，只这一件搁不下。他虽说"死去"，虽然"不见九州同"，可是相信"王师"终有"北定中原日"，所以叮嘱他儿子"家祭无忘告乃翁"！教儿子"无忘"，正见自己的念念不"忘"。这是他的爱国热诚的理想化。

二是选择"临终"这个特殊的时刻来写，更沉重也更真诚：这是一首绝笔诗。人之将死，其言也哀，其言也最真。85岁高龄的诗人临终前会留下什么样的遗嘱？这格外引人注目。应该说，他要交代的事情可能会有很多，而诗人最后说的还是其未了的爱国心愿。临终时不交代其他的事情，只交代这一件事，可见作者的爱国之情至死不改。第一句"死去元知万事空"，生命将终，方才知道一切都将成空，一切都将结束，他的理想和抱负这一辈子是无法实现了。这时，万事都可撒手不管，唯一割舍不下的是祖国的统一大业。"但悲不见九州同"。这是他平生最大的愿望，也是生前未能了却的遗憾。值得关注的是，作者虽然死前看不到"九州同"，但他并没有放弃希望。生前无奈，便寄希望于身后，所以他在这人生"万事空"的最后时刻，还抱着一线希望，希望死后能听到收复中原的喜讯："王师北定中原日，家祭无忘告乃翁"，仿佛诗人在九泉之下还一直要关心收复大业。他叮嘱儿孙们，等到那一天，千万不要忘了告诉他。选择"临终"这个特殊的时刻来写，也就是将作者的爱国之情延伸到死后、延伸到九泉之下（"死去"之后，"家祭"之时），既使爱国的情感显得绵延不尽，也使胜利的信念表达更为坚定，让读者在悲剧性的体验中感受到作者理想的执着和信念的坚定。爱国感情执着到了这种程度，足以惊天地、感鬼神，谁还能不为之感动呢？明人徐伯龄为此深致感慨："可谓没齿不忘朝廷者矣，较之宗泽三跃渡河之心，何以异哉！"（《蟫精隽》卷13）正是因为有这种希望的存在，这首临终之作毫无疲苶衰败之气，而是以其至死不改的爱国热忱，使全诗贯注着一股气势；又因其至死都未见"九州同"，而使全诗渗透着一种沉郁之音。沉郁与热忱交织在一起，本诗因此格外深沉感人。

可惜的是，历史跟作者的愿望开了一个残酷的玩笑。作者生前目睹不幸的历史，本已造成本诗的悲剧色彩，而作者死后未曾见到的历史，又进一步加强了后人对本诗悲剧性情感的感受。陆游死后，南宋政府不仅未能收复中原，最终连半壁河山也未保住，这是诗人所始料不及的。这使得诗人生前的遗憾，更重地压在后世读者的心头，从而构成巨大的情感冲击力。试想，如果陆游身后，南宋收复中原，九州一统，陆游的子孙也可以告慰祖先的在天之灵，而我们也会觉得诗人生前的憾事死后已得到弥补，但这样一来，这首诗的艺术感染力也将被冲淡许多。"国家不幸诗人幸"，国家未能统一，这首诗的分量却因此变得更加沉重。历史未能照顾陆游的感情和心愿，这也给后人留下了莫大的遗憾。1234年金朝被南宋与蒙古联合灭亡之后，刘克庄兴奋之余，想到陆游的子孙一定会遵从他的遗嘱，把这个好消息祭告"乃翁"，故有诗曰："不及生前见虏亡，放翁易箦愤堂堂。遥知小陆羞时荐，定告王师入洛阳。"（《端嘉杂诗》其四）。但好景不长，南宋最终也被这"盟友"灭掉。元兵灭宋后，南宋遗民诗人林景熙作《书陆放翁书卷后》，末四句曰："青山一发愁濛濛，干戈况满天南东。来孙却见九州同，家祭如何告乃翁？"这就是说，陆游临终时以不见"九州同"为憾事，现在他的孙子们看到了"九州同"，但统一中国的不是宋王朝，而是新兴的元帝国，这样的消息在家祭时怎样告诉他老人家呢？陆游那么渴望"九州同"，但历史并不是以他所渴望的方式来实现"九州同"的。历史的这种结局并非诗人所愿，这就使得后人在庆幸国家最终统一的同时，又不免为诗人平添了许多痛惜之情。陆游的遗憾未能弥补，陆游的期待也未能实现。他的遗憾成了永远的遗憾，他的期待也成了永远的期待。这种永远的期待和遗憾，在一定程度上也赋予了这首诗永恒的感人力量。

列宁说过："爱国主义就是千百年来巩固起来的对自己的祖国的一种最深厚的感情。"正是由于这首诗以其既热烈又沉郁、既执着又深沉的爱国主义情感，唤起了后人许多沉痛之情，也鼓舞了人们爱国的斗志，从而使得本诗成为人们巩固对祖国那种"最深厚的感情"的重要精神食粮。

后　记

　　促使我写这本书的动机有两个：

　　一是我在大学教书的时候，发现很多大学生除了笔记、教材，看的书很少，甚至不愿意看书，让我困惑、担忧。据我的观察和思考，大学生之所以不爱阅读，一个很重要的原因是他们从小就没有养成阅读的习惯，以为读书无非是读读教材、做做题目。上了大学以后，还是这么学习，甚至因为大学比中小学宽松，就更是放纵自己，宁可玩电脑、玩手机，也不愿在图书馆多呆一会。

　　二是我的孩子在小学上学。为了让孩子有个良好的学习习惯，我从他很小的时候就注意引导他阅读，甚至读书给他听，陪他一起读书。读得多了，就有了一些感受。后来，跟一些小学老师和家长交流，发现很多人在指导孩子阅读方面存在困惑。这就进一步启发我对中小学生阅读的思考。思考之余，我就把自己的一些想法写成文字，慢慢就形成了《悦读之旅》这本书。

　　之所以取名"悦读之旅"，是因为我觉得阅读是一个过程，贯穿人的一生。就时间（年龄）而言，悦读之旅包括了一个人从幼儿园，到小学，到中学，到为人师、为人父母的全过程；就层次而言，悦读之旅包括了一个由浅入深、由低到高的过程：首先是要有阅读的兴趣、阅读的习惯，接着是广泛的阅读，进而是文学的阅读，直至文学阅读的更高层次——诗歌的阅读。为此，我把本书分成了三个部分：阅读之美、文学之美、诗歌之美。

　　但我更希望将来能有机会把这三部分扩展成三本书，三本书的名字就叫做《阅读之美》《文学之美》《诗歌之美》，由此形成我的"悦读之旅三部曲"。我希望在《阅读之美》中再谈谈国学经典的阅读、外文的阅读，或者结合语境、互文、对话、叙事学、符号学等理论来谈谈我对阅读的一些新认识；我希望在《文学之美》中还可以谈谈冒险文学、侦探文学、战争文学、爱情文学、宗教文学、历史文学、绿色文学、报告文学、影视文学等不同类型的文学作品，或者英国文学、法国文学、德国文学、俄罗斯文学、美国文学、日本文学等不同国别的文学；我希望在《诗歌之美》中再多谈谈中国新诗和外国诗歌——中国的新诗并没有超越古典诗歌的成就，但它取得的成就足够引起我们的重视；外国的诗歌对我而言存在着语言的障碍，但我仍然是心向往之。

我觉得阅读不能都是实用的、功利的阅读，一个人也要适当读一些无用的书，比如文学作品，尤其是诗歌这样的纯文学。我提倡阅读，更提倡文学阅读、诗歌阅读。我知道，诗歌的阅读推广起来最难，所以我把诗歌的阅读放在本书的最后来说，并且做了很多的诗歌赏析以为示范，所举诗例皆见于中小学语文教材，希望能引导读者从这些熟悉的诗篇中读出诗意诗味。以我的人生经验和阅读体验来说，能读懂诗歌的人，大概也能读懂小说、戏剧、散文之类的文学作品。反过来则未必。我希望有更多的人欣赏诗歌，尤其是中国古典诗歌，也希望将来的语文教材里有更多的古典诗词，希望将来的语文老师讲起这些作品都能得心应手，希望老师能影响学生，让学生也喜欢诗歌。如果一个人能欣赏古典诗歌，大概对新诗不至于太排斥吧。新诗和古典诗歌都能欣赏，那还有什么不能欣赏的呢？阅读到了这个层次，不是很幸福的吗？

在写作本书的过程中，得到了很多人的帮助。我们在一起交流、讨论，颇得切磋之乐、砥砺之趣。"奇文共欣赏，疑义相与析"，也是阅读带给我的幸福。愿以此与诸君共勉！